高等院校旅游管理专业大专教材

旅游与中外民俗

（第二版）

张世满　王守恩　编著

南开大学出版社
天　津

图书在版编目(CIP)数据

旅游与中外民俗/张世满，王守恩编著.—2版.—天津：南开大学出版社，2007.8(2019.7重印)
高等院校旅游管理专业大专教材
ISBN 978-7-310-02736-1

Ⅰ.①旅… Ⅱ.①张…②王… Ⅲ.风俗习惯-世界-高等学校-教材 Ⅳ.K891

中国版本图书馆 CIP 数据核字(2007)第118032号

南开大学出版社出版发行
出版人:刘运峰
地址：天津市南开区卫津路94号 邮政编码：300071
营销部电话：（022）23508339 23500755
营销部传真：（022）23508542 邮购部电话：（022）23502200
*
天津市蓟县宏图印务有限公司印刷
全国各地新华书店经销
*
2007年8月第2版 2019年7月第12次印刷
880×1230毫米 32开本 11.375印张 320千字
定价:26.00元

如遇图书印装质量问题,请与本社营销部联系调换,电话:(022)23507125

第二版前言

本书第一版问世五年来，被许多院校用作旅游专业的教材和参考书，在旅游教学上发挥了应有的作用。同时，在使用的过程中，我们也收到了读者的一些意见反馈和建议，为了进一步完善本教材，南开大学出版社决定对本书第一版加以修订。修订工作由张世满、王守恩承担。本次修订主要集中在以下方面：

一、更新数字。各民族的人口数量，第一版中国部分多是1990年的人口普查数字，本次修订均采用2000年的人口普查数字；第一版外国部分人口数量用的是20世纪80～90年代数字，本次修订采用2000年以后的数据，其中不少是2006年的最新数据。

二、修改过时的概念。本书第一版出版五年来，世界局势发生了许多变化，其中有的变化与本书有关，比如塞尔维亚与黑山的分离，使得南斯拉夫联盟不复存在，这就需要将涉及的内容加以修改。

三、一些内容的必要增删。中国部分主要对各少数民族的源流、信仰作了修订，改正了个别不确切之处，删去了少数琐细枝节，增加了一些重要内容；外国部分增加了各民族国家的基本情况介绍，如国土面积、行政区划、政治体制、经济发展水平等，以便读者对各民族国家有一个简要的总体了解。与此相应，对各章目录也作了小的改动，还在页下增加了数据资料的出处。

在本书的修订和再版过程中，得到了南开大学出版社及孙淑兰老师的大力支持，在此深表谢意。同时要感谢本书第一版其他几位作者张海鸥、巫敬、张惠芝、乔新华、郭晋媛、胡恤琳，他们前期的成果为本次修订奠定了部分基础。另外还要感谢所列参考书的各位编著者，特别要感谢中华人民共和国外交部网站，本次修订外国部分几乎所有数字都来源于该网站，我们这样做基于两点考虑：一是作为官方网站具有可靠性和权威性；二是来源于同一网站的数字具有可比性，而且大都是最新数据。

我们深知，尽管是修订版，本书难免还会有欠缺和不当之处，我们真诚地希望读者一如既往提出批评意见！

张世满

2007年2月

前　言

随着当代中国旅游业的崛起与发展，民俗在旅游业中的重要性逐渐被人们所认识。由于越来越多的人意识到民俗资源可以作为招徕游人的吸引源，因而被旅游业界开发利用，而且国内不少地方有这方面成功的尝试。与此同时，旅游教学和旅游研究领域也引入了许多民俗方面的内容，陆续有教材、专著、论文出版发表，许多旅游院校也已开设相关课程。总之，从旅游的角度展开民俗研究、教学和开发已渐成气候。正是在这样的背景下，国家教育部将“中外民俗”确定为酒店管理专业自学考试专科层次的必修和必考课程。

当我在两年前获知这一确切信息时就开始思考：应当从怎样的角度来向学生介绍中外民俗？思考的结果，我认为这门课应当从旅游接待的视角来进行教学，而不应该走这几年来一些教材主要是从资源开发的角度去介绍民俗旅游资源的路子。我的这一想法受到了周围学界同仁的认同。更令我感到欣慰的是这一想法得到了南开大学出版社孙淑兰老师的赞许，因此，我们便达成了编写一本《旅游与中外民俗》教材的共识，并很快付诸实施。

之所以应当从接待的角度来写这本书，主要是由酒店管理专业的人才培养目标所决定的。大专层次的酒店管理专业主要是为酒店这一旅游接待单位培养输送服务和管理人才，对他们来讲，之所以要求学习了解中外民俗，绝不应从资源开发的角度去理解，更不能从这样的角度去安排课程的内容，而应该从他们将来所从事的实际工作，即旅游接待和服务的需要出发来取舍民俗的内容。这样就明确了本书选择内容的最根本的原则，也就是服务于接待游客需要的原则。换言之，要选择那些与旅游接待联系最为紧密的民俗。本书的章节就是在这一原则的指导下设计构建的。

本书由山西大学旅游学院(由山西大学与山西省旅游局共建)张世满副教授组织学院部分教师合作写成。全书的写作大纲、绪论、第1～6章由张世满拟就撰写。其他各章的分工如下:第7章(王守恩),第8章(胡恤琳),第9章(乔新华),第10章(张惠芝),第11章(郭晋媛),第12章(张海鸥),第13章(巫敬)。王守恩副教授对第8～13章进行了审读修改,全书最后由张世满统定。

在本书的编写和出版过程中,得到了山西大学旅游学院及南开大学出版社的大力支持,特别是南开大学出版社孙淑兰副编审给予了巨大关怀,倾注了大量心血。在此一并表示深深的感谢。同时还要感谢本书所列参考书的各位编著者。

由于时间紧促,资料有限,以及编写者的学识水平等因素的制约,本书难免会有这样那样的欠缺和不当之处,我们真诚地希望读者提出批评意见!

张世满

2001年12月

目　　录

下编　外国民俗

绪　论

学习目的

- 了解旅游与民俗的基本概念
- 熟悉民俗与旅游的基本关系
- 认识知晓客源地民俗在旅游接待中的重要性

基本内容

- 旅游的概念及旅游接待的重要性
- 民俗的内涵及其类型、特点
- 民俗与旅游的关系
- 民俗内容遴选的必要性和原则

第一节　对于旅游概念的再认识

一、什么是旅游

由于本书是从旅游的角度谈民俗，所以有必要了解一下旅游的基本概念。

旅游是一个内容非常丰富的概念，从不同的角度来看，它具有不同的内涵。我们起码可以从以下两方面来理解。

从游客的立场上说，旅游是一种活动、一个过程。也就是离开自己惯常居住的环境到异地他乡旅行、逗留的全过程。逗留期间的活动是多种多样的，观光、游览、访问、交流、休闲、娱乐、保健、购物、考察、祭祖、寻根等等，因人而异，应有尽有。但是，不论旅游者的具体目的如何不同，有一点是相同的，那就是在异地体验了一种新的生活方式。正因为如此，我们认为，旅游是一种特殊的生活方式。当然，这种生活方式一定是区别于居家日常生活的模式。而且，每个游客都希望自己在异地的短暂的生活过得轻松、愉快、富有意义。

从旅游目的地的社会来看，旅游是一种产业。既然旅游是游客的一种生活方式，那也就意味着它是一个经济消费过程。外出旅行逗留期间的交通、游览、娱乐、饮食、住宿、购物等各个"生活"环节，都需要开销，而且花费的金钱要远大于居家的日常生活。目的地社会为游客的这种"生活"提供便利的条件、设施以及全方位的服务，从而造就了一个新的产业——旅游业。而且，这个产业不仅会给当地带来可观的直接收益，还会带动许多相关产业的进一步发展，获得很好的经济效益和社会效益。正因为这一产业具有其他产业难以比拟的种种好处，所以目的地社会非常乐意尽其所能为游客的旅游活动创造良好的环境，提供优质的服务，使游客的这段生活过得满意而又有收获。

二、旅游接待在旅游中的重要性

尽管从游客和接待地来看，旅游是内涵不同的概念，但这二者又紧密地联系在一起，是一个不可分割的统一体。

一方面，游客需要旅游接待地在食、住、行、游、娱、购各方面提供相应的设施和服务，否则，旅游活动难以顺利进行。其道理不言自明。这是旅游业存在的根据。

另一方面，接待地旅游业的生存是以游客的到来为前提的。旅游产业本质上是一种服务业，其服务的对象是游客，如果没有了游客，就失去了服务对象，这个产业也就没有存在的必要了。

总体上说，游客和接待地旅游服务二者之间的基本关系是互为依存，谁也离不开谁。但具体到旅游实践当中，二者相互之间的依赖程度就不一样了。一般的情况是，接待地旅游服务业更离不开游客。这是由以下两点决定的：

一点是游客的旅游需求弹性很大。旅游需求量的大小，一方面取决于旅游者外出旅游的基本条件，如可自由支配的金钱和时间；另一方面受制于实现旅游需求的社会环境和条件。其中很重要的便是目的地的接待条件和服务。目的地既要有自己开发出来的高品位旅游资源，又要有完善的接待设施和令人满意的服务，才能吸引数量较多的游客。换句话说，旅游需求才能旺盛。如果光有好的资源，而没有好的设施和服务，游客来访的人数必然不会太多。因为旅游毕竟不仅要体验一种生活，更要享受一种生活。

另一点是旅游目的地的选择余地很大。由于旅游业给目的地经济和社会所带来的诸多好处越来越被人们认识到，许许多多的国家和地方都大力开发旅游资源，因此，可供游人选择的旅游目的地越来越多。这样就为旅游者的选择提供了广阔的空间，各地旅游业的竞争因此而越来越激烈，对游客的依赖程度逐渐提高。

在这样的情况下，一个国家一个地区要吸引更多的游客，在资源本身吸引力的基础上就必须千方百计地把旅游接待服务做好。因此，如何才能更好地为游客提供接待服务成为各个旅游目的地共同关注的重要问题。提高旅游服务质量要从多方面着手，而提升旅游从业人员的整体素质最为关键，这其中就包括拓宽他们的知识面，使其知晓主要客源地的民俗，从而有针对性地为游客提供个性化的服务。

第二节　民俗的基本概念

一、什么是民俗

要了解中外民俗，首先要知道什么是民俗。简言之，民俗就是民间习俗。尽管中外民俗学界给民俗下过许多定义，而且诸定义之间存在一定的差异，但根本点是一致的。在我们看来，民俗就是一定地域的特定人群在生产、生活和生存发展中所形成的行为和思想的习惯性事象。也就是大家习以为常进而能够自觉奉行的惯制。惯制并不是法律规定的，而是民间约定俗成的。惯制的约束力及其世代相袭，也不是靠法律来保证，而是靠惯性的力量维系的。

民俗的内容非常丰富，它体现在人类生活的方方面面。传统民俗比较重要的组成部分有：衣着打扮习俗，居住、饮食习俗，生产、旅行习俗，买卖交易习俗，婚姻、丧葬习俗，姓名、称谓习俗，人际交往习俗，岁时、节日习俗，信仰、迷信习俗，礼仪、禁忌习俗，游艺、娱乐习俗，结盟、议事习俗，财产分配、继承习俗等。

二、民俗的分类

如此广博的民俗内容有必要归纳成类。民俗学界对民俗的分类有多种意见，代表性的分法有“四分法”和“三分法”。前者是将民俗分为经济民俗、社会民俗、信仰民俗、游艺民俗四大类，后者将民俗分成心理的民俗、行为的民俗、语言的民俗三大类。

经济民俗包括生产、交换、消费过程中的习俗。社会民俗主要指家庭、亲族、村落等社会单位内部往来、组织、礼仪等习俗。信仰民俗是指宗教和迷信方面的习俗。游艺民俗是指民间文化娱乐活动的习俗。

心理的民俗是以信仰为核心包括各种迷信和禁忌在内的精神领域的习俗。行为的民俗是在日常生活和生产诸方面以行动表现出来的习俗。语言的民俗是表现在语言方面的习俗。

两种分类法自然各有道理，相对而言，“四分法”更清楚一些。如果更概括一些，可以将上述四类民俗归纳为三类：即物质民俗，大体相当于经济民俗；意识民俗，大体与信仰民俗一致；社会民俗与游艺民俗合并，共称为社会民俗。

三、民俗的基本特点

尽管民俗种类繁杂，内容丰富，却有着共同的特点。

第一个特点是集体性和社会性。民俗并不是个别人或少数人的习俗，而是社会上、集体中绝大多数人共同的习俗。尽管在民俗的演变过程中，一些民俗新内容最初表现在少数人身上，但只有当这些内容被大多数人模仿接受之后才能被称为民俗。

第二个特点是地域性和民族性。常言道“十里不同风，百里不同俗”，讲的就是民俗的地区差异性，不同的地域会有不同的民俗。民族是具有共同语言、共同地域、共同经济生活、共同文化、共同心理特征的民众共同体，是民俗的载体。往往具有共同或相近习俗的人群组成民族，换言之，不同的民族有不同的民俗。我们往往是以民族为单位来了解民俗。当然，人口众多的民族，由于地域差异等原因，其内部的风俗习惯差异也是明显的。

第三个特点是传承性和播布性。传承性是说民俗一旦形成便会世代相袭，不会因改朝换代或社会的变革而立即中断。正因为这一特性，一些古老的民俗得以延续下来。播布性是说一定地域、一定民族的民俗会随着不同地域不同民族的相互往来而向外扩散。因此，在一些相邻的民族或相近的地域单位之间会有一些相似的民俗。

第四个特点是稳定性和变异性。民俗是被绝大多数人遵从的习惯，一旦形成就有较强的稳定性，往往核心的东西多少年不变或变化很小。即使是一些落后的不合理的习俗，由于在民间根深蒂固，改变起来也很困难。当然，任何民俗都不是绝对不变的，随着时代的变迁、社会的发展，以及与外界的交流，民俗也会在潜移默化中发生改变。这种变异往往是先从少数人做起，逐渐被周围的人认可，是一个相对缓慢的过程。

第三节　民俗与旅游的关系

一、民俗是重要的旅游资源

旅游资源是旅游活动和旅游业赖以存在的基础。所谓旅游资源，就是令游人感兴趣、能够把游人吸引来的各种因素。旅游资源范围十分广泛，大致可分为人文旅游资源和自然旅游资源两大类。人文旅游资源也就是人类自身所创造的以及在历史和现实中所形成的各种吸引源。毫无疑问，各地区各民族丰富多彩的民俗事项中蕴含着许多令异地游人感兴趣的东西。比如，奇巧精妙的建筑和居住习俗、隆重热闹的节庆习俗、优美动人的游艺习俗、别具风味的饮食习俗等都是可以开发利用的旅游资源。而且，许多民俗旅游资源以其丰富的人文内涵而独具魅力，从而造就了规模越来越大的民俗旅游。

当然，并不是所有的民俗事项都是旅游资源，只有那些风格鲜明、独特、奇异的风俗习惯，才可能唤起异国他乡民众的游兴。

二、旅游有助于民俗的交融与发展

旅游是人们在不同地区之间的暂时流动。在流动的过程中，既带来了游客所在社区的某些风俗习惯，同时也认识了目的地的一些民俗内容，游客无意之中就充当了民俗文化交流的使者。如果两地之间有数量较大的人员互访，必然会使两地之间的民俗发生接触、碰撞，进而或多或少地渗透融合。可以肯定地说，一个封闭起来的地区，其民俗的稳定性会很强，变化就很少很慢；但一个开放的地区，其民风民俗的稳定性就会受到冲击，变化会相对快些。

另外，旅游本身可以划归到旅行生活习俗的范畴。一旦一个地区的民众在频繁和长期的旅游活动中，形成模式化的思维和行为，并为大多数人所遵从，那么这种旅游习惯就变成了新的旅行生活习俗，进而推动了这一领域习俗的发展和演变。

三、了解民俗是做好旅游接待的重要前提

应该说旅游与民俗之间有着特殊的关系。对游人来说，民俗令他们向往，他们渴望了解或体验目的地的有关民俗；对旅游开发商来说，民俗资源是他们开发的对象；而对于旅游接待一方来说，民俗知识是他们必须要具备的。

旅游接待者一方面要熟悉本地的民俗，以便回答游客随时可能提出的有关问题。因为许多游客把了解目的地的风土人情作为旅游的重要目的，所以很可能就当地的风土人情提出这样那样的问题。如果接待人员一问三不知，必然会令游人失望。

另一方面要了解主要客源地的有关民俗。旅游者必然是外来者，或者来自国内的其他地区，或者来自国外。不同地区、不同民族、不同国度的游客对旅游服务会有不同的要求，而要求的不同很大程度是由他们各自不同的生活习惯、思维习惯所决定，或者说是由他们所在地不同的习俗所造成。作为接待者，要使自己的服务令游客满意，一个重要的前提是要了解客源地的有关民俗。只有熟悉客人的背景民俗，才可能了解游客的需求特点；只有知道客人的需求，才可能提供有针对性的服务。从而给客人提供意想不到的个性化服务，收到非常好的效果，这是保证和提高服务质量最有效的途径。

第四节　中外民俗内容的遴选

一、遴选的必要性和原则

民俗内容包罗万象，极其庞杂。在一本篇幅有限的书中介绍中外民俗，如果中国各地各族的民俗及世界各国各地的民俗都要介绍，无论如何是做不到的。这就需要对所要介绍的国内民族和外国的国别进行选

择。在选定民族和国别之后，也不可能对涉及这些民族和国家的民俗的各个方面尽加介绍，还要对丰富繁多的民俗内容加以选择。

如何遴选呢？我们主要是从旅游接待的角度考虑的。具体一点讲就是站在旅游接待者的立场上，从接待国内旅游者和接待入境旅游者的要求来考虑介绍的对象和内容。而不是从旅游资源开发和利用的角度去考虑。在这样一个明确的原则指导下，再去遴选就比较容易了。

二、民族和国别的选择

根据选题的要求，本书分成中国和外国两部分。中国部分是按照民族来写的。中国是一个拥有 56 个民族的大家庭，在难以将所有民族一一涵盖的情况下，我们选择了汉族、满族、朝鲜族、蒙古族、藏族、回族、维吾尔族、哈萨克族、壮族、黎族、侗族、畲族、苗族、土家族、瑶族、布依族、彝族、白族、傣族、哈尼族等 20 个民族。其主要依据是：这些民族人口众多，除畲族外，其他民族人口都在百万以上，其总量占全国总人口的 99%以上；地域分布极为广阔，他们生活居住的区域占国土总面积的 95%以上；国内旅游的游客主要来自上述民族，这些民族的出游总人次占全国总人数的比例肯定超过了 99%。

我们把这 20 个民族分成 7 章来介绍，除汉族单列 1 章重点介绍外，其他 19 个民族分成 6 章，主要是按照各民族的地域分布和宗教信仰来划分的。

外国部分是以国别为单位来写的。当代世界有 220 多个国家，2 000多个民族，人口总量超过 60 亿。我们选择了英国、美国、加拿大、澳大利亚、法国、西班牙、意大利、德国、奥地利、瑞士、荷兰、比利时、丹麦、瑞典、挪威、芬兰、俄罗斯、乌克兰、白俄罗斯、波兰、捷克、斯洛伐克、匈牙利、罗马尼亚、保加利亚、希腊、塞尔维亚、克罗地亚、沙特阿拉伯、埃及、伊朗、土耳其、巴基斯坦、孟加拉、印度尼西亚、马来西亚、日本、韩国、泰国、印度等 40 个国家加以介绍。这些国家主要分布在欧洲（25 国）、亚洲（11 国）以及北美洲（2 国）、大洋洲（1 国），拉丁美洲和非洲只有埃及一个国家。这主要是因为我国的外国游客主要来自这些国家，其所占比例在 80%以上。只有个别国家是由于宗教或地域上的原因而入选的(如一些伊斯兰教国家)。

这40个国家分成6章,主要是按照宗教信仰和语言文化系统来划分的。因为信仰及语言文化相同或相近的民族国家在风俗习惯方面必然会有一些相同或相似的东西,这样做便于概括性地加以介绍,有助于避免以国别介绍有些内容会重复的现象。当然,对于各民族各国家独特的民俗还是要单独介绍的。这些国家中大多不是单一民族,讲到有关国家的民族时,有时是指这个国家的全体人民(如美国民族、法国民族等),有时是指国内不同的民族(如英格兰民族、科普特民族、爪哇族等)。另外,有时还使用了诸如英语民族、阿拉伯民族、东正教民族等超越国家范围的民族概念。

三、民俗内容的选择

在驳杂的民俗内容中,我们选择了民族的构成或形成、民族的特点、姓名称呼、宗教信仰、迷信禁忌、社交礼仪、饮食特点、传统服饰、传统节日等方面的内容。这样的选择完全是出于旅游接待的需要。

从旅游接待的角度考虑,绝不是客源地民俗的各个方面都需要了解。对于那些与接待和服务基本没有直接联系的民俗内容,如生产民俗、婚丧民俗、居住民俗、交通民俗、商贸民俗等,我们一般不予介绍,即使有些内容很令人感兴趣,也只能忍痛割爱了。从接待的需要出发,上列九方面的民俗内容都是必要的。

民俗是和民族联系在一起的,况且我们又是以民族为单位介绍民俗的,所以就有必要介绍一下民俗的载体——民族的来龙去脉及其构成、人口数量与分布、民族国家概要。

不同的民族有不同的性格特点。尽管民族内部成员也会有不同的性格和特点,但是当把一个民族与其他民族相比较时,我们就会发现民族之间的性格差异,尤其是属于不同国家的民族这种差异就更明显了。了解这些不同的性格特点,一方面是对该民族的深入认识,另一方面无疑有助于针对性地提供接待服务。

姓名和称呼是旅游接待中首先遇到的问题。每个游客都有自己的姓名,不同的民族在取姓取名以及姓名排列组合上会有不同的特点。各民族在人际之间的称呼上同样会有差别。因此,了解不同民族在姓名和称呼上的不同特点,对于做好旅游接待工作是必需的。

宗教信仰对个人的日常生活各方面都有直接的影响,不同信仰的人会表现出不同的思维和行为模式,会对服务有不同的要求。而且宗教信仰对信徒来说又是很神圣的领域。所以,旅游接待中就应特别注意游客的宗教信仰,了解有关宗教信仰方面的知识。

迷信和禁忌往往是人的思想和行为中不容他人触犯的敏感区和禁区,其中一些东西尽管不很科学,没有道理,甚至是愚昧落后和荒唐的,但当事人却义无反顾地遵循不二。因此,了解不同民族的迷信和禁忌在旅游接待中就显得尤为必要。否则便可能因犯忌而引起想象不到的麻烦。

社交礼仪在旅游接待中的重要性人所共知,作为旅游接待人员不仅要知晓国际上惯用的交际礼仪礼貌,而且还要了解不同客源地独特的礼貌仪规。只有既懂得社交的一般惯例,又知晓个别民族的特殊礼仪,才可能恰到好处地与游客交往。

饮食服务是旅游接待中非常重要的内容。来自不同地区、不同民族、不同国度的游客在饮食习惯上往往有很大差异,要为客人提供满意的饮品和食品,就必须掌握客源地的饮食特点,了解那里的人们喜欢什么、不喜欢什么、忌讳什么。因而熟悉饮食方面的不同习俗是绝对必要的。

服饰打扮是民族特征的外在表现,了解它对旅游接待的意义主要在于帮助接待人员区分或认识游客的民族属性及其社会角色和地位。因为不同的民族有着不同的民族服饰,个人的社会角色和地位有时也会通过服饰表现出来。

客源地的传统节日主要是发生在当地,但对目的地而言,了解客源地传统节日的具体时间和主要活动内容,接待单位和人员就可以不失时机地及时提供有针对性的特殊服务,即使是送一束鲜花、一张贺卡或其他适宜的小礼物,表达一下节日的祝福,也会使游客感到万分亲切和感动,收到意想不到的良好效果。

除了以上九方面之外,还简要介绍了外国各民族所在国家的基本情况，因为民族毕竟和国家紧紧联系在一起。

还需要说明的是，即使是经过遴选的上述这些方面，由于涉及民族、国家之多，其内容仍然是相当多的，我们也只能从旅游接待需要的角度再加以选择，不可能尽予罗列。当然，有的情况下受资料来源的限制，并不一定能很好地贯彻这一准则。

思考题

1. 为什么说从目的地来看，旅游是一种产业？
2. 什么是民俗？传统民俗主要包括哪些内容？
3. 民俗有哪些基本特点？
4. 为什么说了解民俗是做好旅游接待工作的重要前提？
5. 试从旅游接待的角度分析选择姓名称呼等九方面民俗内容的必要性。

主要参考书

1. 乌丙安著:《中国民俗学》，辽宁大学出版社，1985 年。
2. 张紫晨著:《中国民俗与民俗学》，浙江人民出版社，1985 年。
3. 巴兆祥主编:《中国民俗旅游》，福建人民出版社，2001 年。

上编

中国民俗

第一章　汉族民俗

学习目的

- 了解汉族的源流及分布
- 熟悉汉族的信仰
- 掌握汉族的服饰、饮食、社交、节日民俗

基本内容

汉族的基本概况

- 汉族的源流
- 汉族的人口分布
- 汉族的语言文字和信仰

汉族民俗概要

- 民族服饰
- 饮食特点
- 社交礼仪
- 传统节日

第一节　汉族简介

一、汉族的源流

1. 汉族的先民

汉族是中国的主体民族。汉族的远古先民大体活动在西起陇山、东至泰山的黄河中下游地区。主要分布在这一地区的仰韶文化和龙山文化这两个类型的新石器文化，就是汉族远古先民的文化遗存。

汉族远古先民经历过漫长的原始公社制时代。在黄帝以前处于母系氏族部落阶段，关于黄帝的传说则标志着其由母系氏族部落转化为父系氏族部落并已进入部落联盟阶段。在黄帝之后，传说尧、舜、禹以禅让方式相继为大部落联盟首领。一些来自羌、夷、苗、黎等氏族部落集团的人加入了汉族远古先民群体，不同来源的氏族部落集团逐步融合。公元前 21 世纪，中原地区的原始公社制衰落解体，阶级社会出现在黄河中下游平原的土地上。此后，相继经历了夏（约公元前 21 世纪～公元前 16 世纪）、商（约公元前 16 世纪～公元前 11 世纪）、西周（约公元前 11 世纪～公元前 771 年）几个王朝。夏王族为大禹之后。商王的祖先本是东夷。周王自称其先民为夏人的一支，杂居于戎、狄之间，与羌人关系密切。夏、商、周人都自认黄帝为其祖先，而实际却是来自不同部落集团的人们。其活动区域先在黄河及其支流渭、汾、伊、洛下至河济之间以及淮河支流汝、颍上游，继而发展至淮河、泗水、长江、汉水的广大地区。他们经过长期的接近、交往、冲突和融合，逐步形成一个共同的族体。西周时，该族体出现华、夏单称或华夏连称的族名，以与蛮、夷、戎、狄等相区别，但此时华夷之辨尚不甚严。

春秋时期（公元前 770 年～公元前 476 年），华夷之辨的观念日益强烈。当时区分华夏与蛮夷的标准既包括族类也包括文化，而文化尤被重视，华夷因礼俗、服饰等文化因素可以互相易位。例如：杞人本为夏后，但与东夷杂处而行夷礼，故被看作东夷。吴国公族出自周室，因随越人习俗而被视为蛮夷。楚国王族的先人西周初受封于荆蛮之区，春秋初楚王自称蛮夷率先称王，诸侯亦称楚人为荆蛮；其后楚王争霸中原时以维护华夏礼制自居，又被尊为华夏。秦的祖先本是东夷，在渭水上游与戎、狄杂处，习俗多与戎、狄相同，后定居渭河中下游从事农耕，成为周朝大夫；平王东迁后秦受封为诸侯，在西周镐京地区立国，春秋时期一般被看作西戎。至战国时期(公元前475年～公元前221年)，秦、楚不仅与齐、燕、韩、赵、魏同称诸夏，而且是两个最强大的华夏诸侯。七雄合纵连横、兼并争战，但族体相同，形成诸夏统一的趋势。进至中原的戎、狄、蛮、夷也逐渐融于华夏之中，于是华夏成为稳定的族体，其分布区域也达到东北辽河中下游、西北洮河流域、西南巴蜀黔中、东南湖湘吴越等广大地区。

2. 汉族的形成

公元前221年，秦国完成兼并六国统一诸夏之大业，建立了统一的中央集权的封建国家。在秦汉国家统一的条件下，汉族形成了统一的民族。对于汉族何时形成这一问题，目前学术界较为普遍地认为：汉族是以先秦的华夏族为核心、在秦汉时期形成统一民族的。汉族的族称，是在中国统一的多民族国家形成、发展过程中确立的。秦统一以后，华夏的族称仍然沿用，但原属山东(崤山以东)六国之民已同为秦朝“黔首”。秦朝虽然历时短促，但西域诸族、匈奴至汉代仍称中原人为秦人。公元前206年汉朝建立后，在四百余年间沟通西域，屯田湟中，设立护乌桓校尉，降服匈奴，征服西南夷并设立郡县，平定赵氏南越及东瓯、闽越，统一的多民族国家有了新的发展。从汉朝以后，华夷同居中国，特别是东晋十六国和南北朝(317～589年)时期，“五胡”在中国北部建号立国，成为统治民族，以据有两京(长安、洛阳)而自居中国正统。这些民族对于原先称为“华夏”的中原居民，因其行汉礼仪、服汉衣冠而渐称其为“汉人”。在以后的历史发展中，“汉人”遂逐渐成为华夏这一中国主体民族的族称。该族历代均占全国人口的绝大多数，在社会经济、文化及政治制度等方面的发展中起了主导作用。

二、汉族的人口分布和语言文字

1. 人口分布

汉族人口曾经有过几次大规模的迁移。秦统一六国时，将关东强宗大量迁入关中。西汉（公元前 206 年～公元 8 年）时也有过类似的移民活动。当时黄河中下游各郡为全国人口最稠密的地区。若以秦岭、淮河为界把全国划为南北两部，汉代北部约占户口总数的 80%，南部约占 20%。从东汉（25～220 年）末年起，北部割据混战，人民开始南迁。西晋（265～316 年）末年“永嘉之乱”，更使黄河流域人民大规模南迁至长江流域及汉水流域。南北朝时期，继续有人口南移。唐末藩镇割据及五代（907～960 年）混战频仍，北宋末年金兵南犯，又导致两次北部人口的大规模南迁。因此，南方人口不断增加，主要集中在四川盆地以及洞庭、鄱阳、太湖等大湖周围和长江、珠江三角洲地区，使之成为人口稠密之处。南部经济自东晋以后迅速发展。到两宋时，中国的经济重心已由北部移向南部。至明、清时，南部汉族人口的总数也超过了北部。

自秦汉到清朝，历代都有不少汉族人通过屯垦、移民、流亡等方式从内地移居边疆各处，与边疆少数民族交错杂处，共同开发边疆。两千多年间，移居边疆的汉族人有不少融入了当地的少数民族之中，而边疆各民族内迁，与汉族杂处，也有不少融入了汉族之中。

汉族经历了长达数千年的迁徙及与中国境内各民族的共处，形成了如下的分布特点：在松辽平原及黄河、淮河、长江、珠江等大河巨川流域农业最发达的地区和城市集中分布，在边疆与当地各民族交错杂居。

2000 年，汉族约有人口 124 261 万。该族不仅是中国人口最多的民族，也是世界上人口最多的民族。

此外，在长期的历史发展过程中，汉族有相当数量的人口移居海外。他们有的在移居国取得国籍，成为华裔外国人；有的则保持中国国籍，成为散布在世界各地的华侨。

2. 语言文字

汉族的语言通称汉语，属汉藏语系，是世界上历史最悠久的语言之一。汉语的主要方言有北方方言、吴方言、湘方言、赣方言、客家方言、闽方言、粤方言等七大方言。现代汉语共同语以北方方言为基础，以北京语音为标准音。汉文起源于远古，通行的方块文字是从殷商的甲骨文和商周金文演变而来。秦统一六国，实行“书同文”，作小篆通行全国。秦代除小篆外，还有隶书。汉末又出现了隶变的通用汉字楷书，至魏晋南北朝盛行，一直流行到现在。虽然汉族分布地域很广、各地方言差别较大，但文字的统一在秦汉已经形成，这对汉族文化的发展、各民族文化的交流及国家的统一都起了重大作用。中华人民共和国成立后，制定了《汉语拼音方案》，推广普通话，并进行文字改革，简化了部分汉字，台湾、香港、澳门地区则仍按习惯沿用繁体汉字。

三、汉族的信仰

1. 宗教信仰

汉族没有全民族一致信仰的完全意义上的宗教。汉代以后，儒学曾经长期占据统治地位，为汉族社会各个阶层所普遍接受和信奉。尽管儒学的创始人孔子日益被神化，儒学在发展过程中也具有了一定的宗教色彩，并被人称为儒教，但儒学并不是完全意义上的宗教。

汉族产生的完全意义上的宗教是道教。道教形成于东汉末年到魏晋南北朝时期，是老庄道家思想学说与民间的鬼神观念、巫术、方术相结合的产物。东汉张陵创立的五斗米道，奉老子为教主，是道教较早的一个派别。张陵被子孙称为正一真人，俗称天师，后裔世居江西贵溪县龙虎山，与孔子后代之袭封相似。唐宋时期，道教大盛，到元代盛极一时。此后道教分为正一、全真两大主要教派。该教认为万物由“道”化生，主张制欲养性、虚无清净，追求长生不老、得道成仙。自形成以来，该教历代都有一部分汉族人信奉。其庙宇称为宫、观等。其信徒分为出家与不出家两种：出家信徒男称为道士，女称为道姑、女冠；不出家信徒称为火居道士、俗家道士等。

除道教外，汉族还有部分人分别信仰佛教、基督教等外来的宗教。佛教由释迦牟尼创于印度，西汉时传入中国，至南北朝传布渐广，到隋唐进入鼎盛时期。在中国，佛教也被称为“释教”。该教以开迷觉悟、脱俗离欲、厌现世、超冥界、达涅槃、成佛渡世为宗旨。在传播的过程中，它吸收了中国传统文化中的一些东西，具有了中国特色。在汉族中传播的汉语系佛教主要是大乘佛教，其中禅宗、净土宗二派传播最广。该教庙宇称为寺、庵，出家信徒男称为僧、女称为尼，俗称和尚、尼姑，不出家信徒则称为居士。

信仰上帝、奉耶稣基督为救世主的基督教曾于唐代、元代、明代传入中国，后皆中断。近代以来，基督教再度传入中国，其中的天主教仍被称为天主教，新教则被称为基督教或耶稣教。

当前，从宗教信仰的情况来看，是道教、佛教、天主教、新教诸教并立，各有一部分汉族信徒。

2. 世俗信仰

除了上述宗教信仰外，汉族还有不少人具有世俗信仰，学术界称之为民间信仰或大众宗教。汉族世俗信仰内容庞杂、体系凌乱，具有多神论的显著特点。这种信仰的崇拜对象多种多样，难以计数。与其他民族相比，汉族所信神灵的数量之众多、神格神性之复杂非常突出。汉族的世俗信仰是跨越某一种宗教的多重复合信仰，佛教、道教的宗教神和不属于某种宗教的民间神同时都是这种信仰崇拜的对象。

大致说来，汉族世俗信仰崇拜的宗教神主要有佛教的如来佛祖、观音菩萨和道教的玉皇大帝、八仙等等。

汉族信仰的民间神可以分成自然神和社会神两大类。

自然神是由对自然现象、自然物、自然力的神化而来的神灵。例如：天、地、山、石、星辰、江、河、湖、海等自然物之神，风、雨、雷、电、火、风等自然现象和自然力之神，谷物、树木、花草等植物之神，虎、牛、马、蚕等动物之神。人们还幻想出龙、凤凰、麒麟等神兽神禽加以崇拜，认为它们能够带来吉祥、如意。

社会神是由对社会现象和社会力量的神化而来的神灵。例如：掌管某一方面事务、命运的神灵，主要有福神、禄神、寿神、喜神、财神、瘟神、婚姻神、生育神等。家庭守护神，主要有门神、灶神、井神、仓神、床神、厕神等。地方保护神，村庄有土地，城镇有城隍，北方有碧霞元君，南方及海外华人有天后（妈祖）。行业祖师神，酒业有杜康，茶业有陆羽，鞋业有孙膑，铸剑业有欧冶子，制笔业有蒙恬，造纸业有蔡伦，纺织业有黄道婆，土木瓦石行有鲁班，铁匠行有李老君，染布行有梅葛二圣，戏剧行有唐明皇李隆基，理发行北方有罗祖、南方有吕洞宾，医药行北方有扁鹊、华佗、孙思邈等，南方有保生大帝。

除了上述各种神灵之外，汉族世俗信仰还有以下几种崇拜。

鬼灵崇拜：包括阎王、判官等鬼王鬼吏及家鬼、野鬼等众鬼灵。

祖先崇拜：汉族人以黄帝为共同的始祖神，同时各个家族还信奉其本家族的祖先。

圣贤崇拜：主要有文圣孔子、武圣关公。此外还有一些地方性的圣贤，如四川的诸葛亮等。

汉族人对于信仰的对象大多为其建庙、塑像，经常进行祈祷、祭祀，因此汉族世俗信仰又有鲜明的偶像崇拜的特点。

汉族世俗信仰中还有天命观、兆象观、风水观等观念，算命、占卜、相宅等活动故随之而来。出于对神鬼的信仰，请神驱鬼之类的巫术在汉族中也曾长期流行。

以上是汉族传统世俗信仰的概况。中华人民共和国成立以来，经过广泛深入的宣传教育，唯物主义和无神论思想日益深入人心，上述汉族的传统世俗信仰正在逐渐趋于淡化和消失。

第二节　汉族民俗概要

一、汉族的服饰

1. 传统服饰

汉族最具民族特色的服饰是传统服饰。汉族传统服饰在古代经历了漫长的形成、发展过程，虽然各朝都曾发生一定的变化，但有三个总的特点却长期得到传承。其一是等级区分。社会各阶层之间乃至各阶层内部人们的服饰不同。这样的服饰发挥着辨身份、明等级、决尊卑的作用。其二是常服与礼服之分。各种礼仪活动多有专用的礼服，与日常生产生活所穿的常服明显不同。这是汉族受儒学影响特别重视礼仪活动的民族性格在服饰上的反映。其三是服装样式宽大松缓，褒衣博带，袖长腿宽。这种样式与传统农业社会缓慢的生活节奏是相适应的。

民国建立后，汉族服饰发生很大变化。第一，废止了封建王朝的冠服旧制，服饰上身份等级的区分日渐淡化乃至消失。第二，传统的中式服装有了改进，其样式基本上是从宽大松缓向合体灵便演化。第三，西式衣冠引进，西装革履和西式礼帽等日渐流行。第四，中西合璧式的服饰出现，其典型代表就是中山装。民国年间，汉族的男子大致有以下几种穿着方式：

去掉了清代的补子、披领等烦琐饰件的长袍马褂，瓜皮帽，中式裤子，棉布鞋袜。这是最为恪守传统的服饰。

冬毛夏葛的西装，冬黑夏白的礼帽（圆顶、边沿宽而略上翻），一年四季的皮鞋。这是时髦官绅、留学人员、趋新青年的服饰。

直立领、胸前一口袋的学生装加西裤。学生装是清末从日本引进的制服，是西服的派生品。这是一般青年学生的服饰。

中山装加西裤。中山装既改变了中式服装的臃肿，又减去几分西装的飘逸，并将中国意识加入了西装之中，以四个口袋代表礼义廉耻之四维、前襟五个纽扣代表五权分立、袖口三粒扣子代表三民主义。这是按孙中山意愿创制的新国服。

长袍，西裤，礼帽，皮鞋。这是20世纪三四十年代流行的一种中西合璧式服饰。

对襟窄袖上衣，折腰长裤（中式裤子），扎裤管，着布鞋。这是城乡普通居民的常服。

民国年间的女子服饰仍是上衣下裤与上衣下裙共存。上衣中，斧口衫、大襟短衫等成为常服。时髦女性也有穿西服者。女裤与裙中西式并行。女鞋也是布鞋皮鞋并行。民国年间普通女学生的装束是白上衣、黑裙子、黑布鞋、白线袜。20世纪30年代，女子服饰流行高领窄身短袄和黑色长裙相配，简便清新，玲珑娴雅，时称“文明新装”。此外，20世纪20年代直筒式满装旗袍得到改进，衣领紧扣，斜拉右襟，腰身收紧，曲线玲珑，从而体现衬托出东方女性美丽、文静、端庄、优雅的风姿；其质料可布可绸，可粗可细，可一般可华贵，且花色异彩纷呈。因此，它很快流行起来，并成为社交场合或重大典礼中女性的首选国服。

2. 现代服饰

服饰是最活跃、最具时代特征的民俗事象之一。当代汉族人的服饰与民国年间相比又有许多不同。除旗袍仍然流行外，长袍、长衫、中式裤子等现已基本无人再穿。中式上衣乃至中山装等的穿着也大为减少。与此相对应的是，西式服饰的流行空前广泛、日益普及。同时，常服和礼服在样式上的区分几近消失，只是在穿着仪态上略有不同。当前，汉族较为普遍的服装是西服套装（上衣、背心、裤子、衬衫、领带、皮鞋）。在一般情况下不一定样样俱全，但在社交场合和礼仪活动中则是衣、裤、衬衫、领带、皮鞋配套穿戴齐整。女子有着西服套装作礼服的，也有以上衣下裙或旗袍作礼服的；晚间出席宴会或晚会时，则多穿裙装或旗袍。冬春气温较低时，编织服装（羊毛衫、羊绒衫等）也常出现于社交场合。

近些年来，运动服、休闲服如健美裤、夹克衫、牛仔服、运动鞋、旅游鞋等由于穿着舒适、自然、轻松、方便、美观等原因而流行起来，进入了汉族日常服装的行列。年轻人的服饰显现出两个特点：一是追求时髦，二是张扬个性。网球场上、郊游者中，时髦女性穿起了超短裙。夏日家居，男女皆有只穿汗衫、短裤者。人们还有西服、牛仔裤、运动鞋的搭配，显出很大的随意性。但这类装束在庄重的礼仪活动和正式的社交场合中是不适宜的。

与一些少数民族尚白不同，汉族在服装色彩上有崇尚红色的传统。汉族世俗信仰认为红色可以驱邪，代表着吉祥喜庆，故有喜穿红色衣物之俗。汉族过去还认为白色不吉祥而忌讳之，并以白色为丧服之色。近代以来，汉族城市居民受西人服装色调的影响，色尚趋于浅淡，白色衣衫成为一种时髦而受到一些人的喜欢。例如：一些男子穿一身白色西服，一些新娘采用了西式的白色婚纱礼服。城镇居民不少人将丧服改为黑、深灰、藏蓝等暗色服装，臂缠黑纱。但是，汉族传统的色尚还有较大影响。现在乡村的丧服仍为白色。在乡村的婚礼上，也无身穿白色西服的新郎。新娘更不论城乡仍多着红色衣服，甚至连皮鞋也是红的。因此，一般情况下，一身纯白地去出席汉族婚礼将不会受到欢迎，戴着黑纱参加各种庆典和业务谈判也是不合适的。而去吊唁死者、探望患者、慰问受灾害者时,则应穿素服(白色或暗色服装)。

汉族服饰主要有下列配件。

帽子:从实用价值来看,汉族有质地厚实的御寒帽子和质地轻薄的装饰帽、遮阳帽。近些年来随着气候变暖,抵御风寒的帽子在一些地方日益少见,装饰帽和遮阳帽则仍广泛流行。例如:男人专用的鸭舌帽,常见于休闲和运动中(如打高尔夫球);它与西服、夹克、编织服装均可搭配,但不宜于正式的社交场合。现代女帽款式很多,除遮阳外,装饰性是其共有的品质,否则女士们宁可不戴。从礼仪意义来看,近代以来西式礼帽传入中国,在汉族中曾长期流行,但现在已较少见。当前汉族已无专用礼帽,只在礼仪场合脱掉所戴的便帽致意(致敬或致哀)。在公共场所的日常活动中男女可不脱帽,但男人进入室内应摘掉帽子,女人在自己家里做主人宴请客人时不能戴帽。

围巾:用于冬春季节,男女皆宜,到室内则摘去。

腰带:男多皮革制品,女则有革制的也有编织、纺织的。

手套:冬用御寒,夏防曝晒,和别人握手时应该脱下。

鞋袜:西装配皮鞋。运动装、休闲装配运动鞋、旅游鞋、轻便皮鞋、凉鞋等。近年来穿拖鞋者日多,但它仅限于在自家、浴场、泳场穿用,而不适于其他公共场所和社交场合。男袜过去多为深色调的,近年来则白色运动袜颇为流行。女袜有长短之分。短袜一般与长裤、过膝短裤或长裙搭配,长袜宜与短裙相配。

发饰:男性多留短发,发型有平头、分头、背头等多种。近年来有些男子或剃光头或留长发或做奇异发型,都成为一种时髦。女性发型更是千姿百态,变化多端。两条小辫显示纯真,披肩长发飘洒浪漫,隆于头顶的发髻突出高雅,收拾整齐的发髻透露着严谨,乱奇眩目的样式追赶新潮。男女发型的礼仪意义日趋淡化。

首饰:女性有各种簪子、耳环、项链、戒指。一些女性还有手镯、手链、足链。男性首饰多用戒指。此外,近些年来有些青年男女还戴十字架、佛像坠等。穿西服者有的还配戴胸花、领带夹。

汉族服饰的一些传统特色虽然已经淡化或消失,但其受地理环境影响而形成的地区特点仍然存在。例如:东北地区冬长夏短,冬季气温很低，故其服饰中注重保暖的冬装非常突出。人们有将近半年头戴皮帽，身穿棉衣或皮衣，手戴手套，脚穿皮靴。江南地区冬季不太冷，夏季不太热，四季分明，资源丰富，所以当地服饰四季更迭，花样百出。人们夏日穿葛、麻、棉、丝制成的短衫短裤，冬天穿棉衣或丝绸棉袄、皮裘。春秋两季则多夹衣、毛衣。华南、西南地区常年气温在10℃以上；夏天长达8个月之久，其气温多在28℃～30℃，因而蓑衣、斗笠、竹帽、对襟短衣、筒裙等就成了当地服饰的典型形象。

二、汉族的饮食特点

1. 饮食结构

汉族经济过去长期以农业为主，因此汉族传统的饮食结构以植物性食物即五谷为主食，以蔬菜及少量鱼、肉、蛋、奶、果品为副食。

主食俗称为饭，其中一是米饭，二是面食。秦岭、淮河以南的南方和部分北方种植稻米的地区以大米为主食，有米饭及米糕、米粉食品等。秦岭、淮河以北的北方及部分南方种植小麦和杂粮的地区则以面食为主食，其中有的以小麦为主，有的以杂粮为主，有的是两者相杂。例如：山西人的主食，南部以小麦为大宗，北部是莜麦、荞麦、豆类、马铃薯和黄米等杂粮，东南部是玉米、高粱、豆类加少量小麦，中部则是小麦和高粱、玉米、谷子、豆类等杂粮相杂。

面食的种类很多。蒸制的有馒头、包子等，煮制的有面条、水饺等，烙烤的有各种无馅之饼及馅饼，炸制的有油条、油糕等。北京的打卤面、山西的刀削面、山东的伊府面、河南的鱼焙面、四川的担担面，为我国著名的五大面食。此外，西北的臊子面、江南的阳春面等也较有名。

用米、米粉、面粉、豆粉等制成的糕点为汉族人正餐以外不定时的小食，称为点心、茶食等，其中有些（如花糕、粽子、汤圆、月饼等）也是特定的节日食品。

副食俗称为菜。汉族菜肴以独特精美的色香味形闻名于世。其常用的原料有鱼虾等水产品、畜禽之肉、禽蛋、畜乳、油脂（动物脂肪和植物油）、各种蔬菜、干鲜果品及调味品。把这些原料进行合理搭配，可以烹调出成百上千种菜肴。中国幅员辽阔，各地自然环境和物质出产不同。居住在各地的汉族人在长期的生产生活中形成了各自爱好的口味，即地方风味。不同地区有不同的口味嗜好。“南甜、北咸、东辣、西酸”或“南甜、北咸、东淡、西浓”之说虽然不是十分准确，但也大体表明了各地汉族口味嗜好的特点。例如：山西人即喜酸味，有特产老陈醋，爱吃酸饭，菜肴也多用醋熘醋烹。西北人喜爱吃牛羊肉，有羊肉泡馍、牛羊杂碎汤等地方风味食品，涮羊肉、红烧羊肉、手扒羊肉等是当地的美馔。南方人喜甜食，菜肴用料多海鲜。在各地不同口味嗜好的基础上，用不同的原料以不同的方法烹调，就制成了不同风味的地方菜肴，逐渐形成了各地不同的菜肴类型，即地方菜系。汉族较有代表性的、辐射一定地域的地方菜系有11种，即鲁菜、京菜、川菜、苏菜、粤菜、闽菜、湘菜、鄂菜、徽菜、浙菜、沪菜。

鲁菜，又名山东菜系。它是北方菜的代表，其风味不仅辐射到北京、天津，而且远播至白山黑水之间，成为影响很广的一大菜系。鲁菜主要由济南菜与胶东菜构成。济南菜擅长爆、烧、炸、炒。胶东菜以烹调海鲜著称。近些年来，曲阜又推出根据《孔府档案》中明清时期孔府向皇帝进贡的菜单和孔氏家族筵席食谱仿制的孔府菜，也深受欢迎。总的来说，在烹调技艺上，鲁菜重视爆、炒、扒、锅塌，调味以咸为主，以酸为辅，喜用清汤、奶汤和糖醋汁，烹制出的菜肴清脆、鲜嫩、味纯。该菜系的代表名菜有德州扒鸡、脱骨烧鸡、九转肥肠、锅烧肘子、糖醋鲤鱼、清汆赤鲤鱼、红烧大虾、红烧干贝肚、油爆海螺、锅塌豆腐、孔府一品锅等。

京菜，又称北京菜系。它是融合北方汉、满、蒙、回各族菜肴发展起来的，主要由本地风味与山东风味构成，并继承了明清宫廷菜系的精华。其特点是：北京菜、山东菜、清真菜、宫廷菜相融合，以爆、烤、涮、熘、炒、扒见长；取料广泛，花色繁多；调味精美，脆、酥、香、鲜为主要口味。京菜擅长烹制羊肉，如涮羊肉、烤羊肉等。以猪肉为主料的菜肴采用白煮、烧、燎法制作，更是独创一格。白煮肉软而不腻、烂而不糜。京菜还引进一些南方菜。例如：烤鸭就是大约一百五十年前从南菜中引入的。北京烤鸭色泽红艳，皮脂酥脆，肉质鲜嫩，味道醇香，肥而不腻，吃法多样，在国内外均受欢迎。该菜系的代表名菜有烤全羊、涮羊肉、爆羊肚儿、北京烤鸭、白片肉、荷包里脊、酱汁活鱼、蛤蟆鲍鱼、熘鸡脯、翡翠羹等。

川菜，又名四川菜系。它以成都菜、重庆菜为代表，不仅在长江上游较受欢迎，而且在全国享有盛誉。川菜重视选料，规格讲究一致，分色配菜主次分明、鲜艳协调。在烹调技艺上，川菜擅长小煎、小炒、干煸、干烧，菜肴嫩而不生，酥软鲜香。其调味品多种多样，口味醇美。自贡的井盐、中坝的酱油、保宁的食醋、潼川的豆豉、郫县的豆瓣、重庆的辣酱等皆富于特色。在各种调味品中，尤其离不开辣椒、胡椒、花椒和鲜姜。川菜的特点是味美、多、浓、厚，享有"一菜一格，百菜百味"之誉。除工艺考究的高档宴席味重清鲜以外，大众菜肴以辛、辣、麻、怪、咸、酸、鲜为特色，尤以"清鲜见长，麻辣见称"。该菜系的代表名菜有宫保鸡丁、麻辣豆腐、灯影牛肉、鸳鸯火锅、干烧岩鲤、家常海参、锅巴肉片、干煸冬笋等。此外，棒棒鸡、怪味鸡、夫妻肺片及赖汤圆等小吃也闻名全国。

苏菜，过去也称淮扬菜，今称江苏菜系。它是长江下游的流行菜系，主要由苏州菜、扬州菜、南京菜构成。苏菜兼合南北口味，既有清炒、清熘的南方爽口菜，又有高热量、高蛋白的北方菜，南北方人都能接受的中性菜也有很多。苏菜的特点是以炖、焖、烧、煨、炒著名，有多种烹调鱼菜的方法。烹调上用料考究，讲比例，善配色和造型，尤其注意果品雕花。其菜谱四季有别，但皆重酥滑鲜香，原汁原汤，浓而不腻，口味平和，咸中带甜，咸甜适中，适应性强。苏州菜口味偏甜，配色和谐，以烹制河鲜、湖蚧见长。扬州菜清淡适口，主料突出，刀工精细，醇厚入味，以制江鲜、鸡类著名。南京菜口味和醇，花色菜玲珑细巧，用鸭制菜负有盛名。该菜系的代表名菜有金陵盐水鸭、三套鸭、水晶肴肉、清炖蟹粉狮子头、文思豆腐、梁溪脆鳝、沛公狗肉、松鼠鳜鱼、清蒸鲥鱼、蟹黄燕窝、虾羹鱼翅、鲜藕肉夹、莲子鸭羹等。苏式点心和小吃如松子水晶肉甜糕、灌汤包子、蟹黄烧麦等也很精美。

粤菜，又名广东菜系，由广州、潮州、东江（惠州）三大流派组成。它是岭南地区的主导菜系，影响闽、台、琼、桂诸地。粤菜特点是：原料广泛，配料较多。天上飞的、地下走的、水里游的，鸟兽虫鱼皆可成菜。除猪、牛、羊外，还用蛇、猴、猫、鼠、穿山甲等，尤其是以蛇作菜历史悠久，西汉《淮南子》中已有"越人得蛇以为上肴"的记载。蛇餐为该菜系高档宴席中的主菜。烹调技艺最有特色的是盐焗、酒焗、锅烤、软炒，善于掌握火候，油温恰到好处。调味多用复合味料。例如唿汁是用姜、葱、蒜、糖、盐、香料等制成，卤水是用花生油、绍兴酒、沙姜粉、姜、葱、冰糖、八角、桂皮、甘草、丁香、陈皮、草果、罗汉果等制成。此外还喜用蚝油、鱼露、咖哩、蛏油等调料，这也是粤菜的独特之处。粤菜口味讲究鲜嫩爽滑，夏秋力求清淡，冬春偏重浓醇。粤菜中的广州菜制作精细，注重装饰，花色繁多，善于变化，形态生动，烹调重视蒸、炸，烧、烩也很精湛。潮州菜刀工精细，以烹制海鲜见长，其菜汤最有特色，甜味较浓，注意保持主料原味。东江菜下油重，味偏咸，主料突出，朴实大方，具有乡土风味。该菜系的代表名菜有龙虎斗（由三蛇和狸猫制成）、菊花龙虎凤（用王蛇、竹丝鸡、狸猫烹制）、五蛇羹片、五彩炒蛇丝、明炉烤乳猪、白云猪手、太爷鸡、东江盐焗鸡、杏元鸡脚炖海狗、鼎湖上素、护国菜、脆皮炸双鸽等。

闽菜，又称福建菜系，是闽江流域的主导菜系。它起源于闽侯县，由福州、泉州、厦门等地之菜发展而来，尤以福州菜为代表。福建位于我国东南沿海，海产品特别丰盛，所以闽菜多以海鲜为主要原料，其常用料有海鳗、海参、蛏子、鱿鱼、黄鱼、燕皮、香菇等。闽人善用红米酿酒，红糟因之成其特产。把红米、糯米用酒、药泡制封藏一年，即成玫瑰红色、具香甜酸味的红糟。闽菜的一个突出特点就是“糟”法，用红糟烹调菜肴，炝糟、爆糟、炸糟，配合主料都可成名菜。此外，闽菜擅长炒、熘、煎、煨，重视甜酸咸香，色调美观，滋味清鲜。该菜系的代表名菜有烧片糟鸡、小糟鸡丁、红糟肉、酸辣烂鱿鱼、清汤鱼丸、太极明虾、橘烧巴、小长春、蛏溜奇等，特别是具有特殊风格、香味奇异的“佛跳墙”，更享誉全国。

湘菜，又称湖南菜系。它由湘江流域、洞庭湖区和湘西山区的菜肴发展而成，尤以长沙菜为代表。湖南不少地区地势较低，气候偏热偏潮，而辣椒有提热、去湿、驱风之功效。因而湘人习惯吃辣椒，家家户户都喜食用。湘菜亦常用辣椒调味，口味重酸辣、香鲜、软嫩。其烹调方法以煨、炸、炒为主，尤以腊、炖、蒸见长，并重视原料的入味和成品的软烂。其制品质地分明，配色匀称，颜色美观，香醇多味。该菜系的代表名菜有腊味合蒸、红煨鱼翅、麻辣子鸡、东安鸡、金钱鱼、冰糖湘莲、霸王别姬等。

鄂菜，又名荆楚菜，今称湖北菜系。它起源于春秋时期楚国都城郢都（今江陵），由武汉、荆州、黄州等地菜肴发展而来，与湘菜同为长江中游的主要菜系。鄂菜以汁浓、醇稠、口重、味纯见长，烹调以蒸、煨、炸、烧、炒为主。其中，武汉菜刀工火候较好，讲究配色造型，煨汤技术尤佳。荆州菜善做淡水鱼鲜，各种蒸菜很有特色，用油薄，味清鲜，重本味。黄州菜用油稍宽，火候恰当，汁浓口重，味道偏咸，带有乡村风味。该菜系的代表名菜有清蒸武昌鱼、鸡泥桃花鱼、双黄鱼片、虾佳笔架鱼肚、清炖甲鱼裙、龟肉汤、酥炸葱虾、沔阳三蒸、烧鸭鸡等。

徽菜，又称安徽菜系。它由沿江、沿淮、徽州三地区的地方菜构成，而以徽州菜为主要代表。徽菜的特点是：选料朴实，讲究火功，重油重色，芡大汤清，味道醇厚，香气四溢，擅长山珍野味，精于烧炖、烟熏及以糖调味，烹制鲜鱼尤有独到之处。此外，沿江地区擅长河鲜、家禽，注意形色，重于调味，烟熏技术别具一格。沿淮地区则惯用香菜佐味配色，其菜咸中带甜，汤汁口重色浓。该菜系的代表名菜有马蹄鳖、火腿炖鞭笋、火腿炖甲鱼、腌制鲜鳜鱼、奶汁肥王鱼、红烧果子狸、符离集烧鸡、雪冬烧山鸡、李鸿章杂烩等。

浙菜，又称浙江菜系。它由杭州、宁波、绍兴等地菜肴构成，其中杭州菜久负盛名。杭州菜清鲜细嫩，制作精细，变化较多，烹调方法以爆、炒、烩、炸、烤、焖为主，因时而异。宁波菜鲜咸合一，以蒸、烤、炖制海鲜见长，讲究嫩、软、滑，注重保持原料本味。绍兴菜擅长烹制河鲜家禽，入口香酥绵糯，汤浓味重，富有乡村风味。该菜系的代表名菜有西湖醋鱼、新风鳗鱼、三丝敲鱼、宋嫂鱼羹、东坡焖肉、干菜焖肉、荷叶粉蒸肉、干炸响铃、生爆鳝片、龙井虾仁、宁波摇蚶、薄片火腿、叫化童子鸡等。

沪菜，又称上海菜系。它吸取了四川、广东、湖南、江苏、安徽、浙江、北京等地菜肴的风味特色，并受到西餐菜肴的一些影响发展而来，是独具一格的一种江南菜系。沪菜的烹调方法长于红烧、煨、糟、炸、蒸，其制品汤卤醇厚，浓油赤酱，糖重色艳，咸淡适口，保持原味。例如：红烧鮰鱼讲究火候，卤汁浓厚，色泽红亮，突出本味，肉质肥嫩。肉丝黄豆汤是用生料焖煨，其特色为豆酥汤浓。该菜系的代表名菜有虾子大乌参、清炒虾仁、八宝鸭、桂花肉、松仁鱼米、枫泾丁蹄、五香烤麸、下巴划水等。

各地菜肴都是有素有荤。汉族信仰佛教的出家信徒只吃素菜而不吃荤菜，不出家信徒有些也是完全忌荤，有些则是平时荤素兼食，而在若干固定的日期(例如正月初一)不吃荤菜。

汉族的传统饮料主要是茶和酒。茶又叫“茗”，不论自饮还是待客，它都是最盛行的日常饮料。汉族饮茶之法以冲泡为主。饮茶的时间及泡茶所用之水、茶与水的用量比例、开水的温度等都有讲究。茶好、水好、火候恰到好处，才能泡出色香味俱佳的茶水。泡茶饮茶普遍使用茶壶、茶杯、茶盘等器皿，宜兴的紫砂壶茶具是最负盛名的。在对茶的选择上，一般说来人们讲究夏饮绿茶、冬饮红茶、春秋饮花茶。绿茶是不发酵之茶，其珍品有浙江杭州的西湖龙井茶、江苏吴县的太湖碧螺春、安徽的六安瓜片茶、湖南洞庭湖的君山银针茶、安徽的黄山毛峰茶、河南的信阳毛尖茶、安徽的太平猴魁茶、江西的庐山云雾茶、四川蒙山的蒙顶茶、浙江长兴的顾渚紫笋茶，今被称为全国绿茶中的十大名茶。花茶也属于绿茶之类，但是加工时加了花熏，因用不同的花熏而分成不同的香型，如茉莉花茶、珠兰花茶、玉兰花茶、玫瑰花茶等。红茶是经过发酵的茶，其名品有安徽祁门红茶、云南凤庆红茶等。此外，还有半发酵的乌龙茶，其珍品有福建的武夷岩茶、武夷水仙、铁观音、大红袍、佛手等，也为部分汉族人乐于饮用。

酒在汉族人的生活中地位很重要。有些人将它作为祛病养生之物天天饮用。多数人在岁时节令、祭祖酬神、嫁娶寿诞、祝捷庆功等场合都离不了添乐增趣的酒。而在社交往来中，例如贺喜、庆生、压惊、奠死、饯行、洗尘及宴宾飨客、亲朋聚会等，酒更是示诚示敬的必备饮料。汉族人饮用的传统酒类有下列几种：

黄酒，是中国特有的品种，其历史已达三四千年之久。该酒含有丰富的氨基酸和多种糖类，热量及营养价值较大。黄酒的代表是绍兴酒(如绍兴花雕酒、元红酒、加饭酒、香雪酒、善酿酒等)，其特点是色泽黄亮，透明如琥珀；香气浓郁，沁人心脾；口味醇和，芳冽爽口。此外，黄酒名品还有无锡惠泉酒、丹阳百花酒、山东即墨酒、福建龙岩的沉缸酒和福州的福建老酒等。

中国白酒，为世界六大蒸馏名酒之一，香型齐全，风格多样。酱香型以贵州仁怀县的茅台酒为代表，该酒居于中国名酒之首，酱香突出，酒体醇和，回味悠长。浓香型以四川泸州老窖为代表，该型又称泸香型、窖香型。四川宜宾的五粮液、安徽的古井贡酒也是该型的名品。清香型以山西汾阳的汾酒为代表，故又称为汾香型。米香型以桂林三花酒为代表。混合香型又名复香型，以陕西凤翔的西凤酒为代表。

果酒，以水果为原料酿制，名声最著的是葡萄酒。其品质优秀的有山东烟台红葡萄酒、河南民权白葡萄酒、北京中国红葡萄酒等。

药酒，为酒与中药结合的产物，分治疗性药酒和滋补性药酒两类，其民族特色、文化特色最浓。北京的虎骨酒、山西汾阳的竹叶青、上海的华佗十全大补酒、广州的五加皮酒等是著名的药酒。

近些年来，上述汉族传统的饮食结构随着市场经济的发展和生活水平的提高发生了一些变化。南方城市面食的食用和北方城市米饭的食用日渐增加。菜肴中鱼、肉、蛋等的比重也在加大。各种鲜奶、酸奶正成为汉族人日常饮用的重要饮料。此外，近代以来，西式食品和饮料传入中国，面包、西餐菜肴、啤酒、香槟酒、咖啡、汽水、可乐等成为汉族人的时尚饮食，其饮用食用正日趋民俗化。

2. 饮食惯制

汉族一般采用一日三餐制。城市居民多将晚餐、农村居民多将午餐作为一日三餐的重点，饭菜比其他两餐丰盛。三餐的配餐方式，南方普遍为早餐吃粥与早点，午餐、晚餐吃米饭和菜肴；北方多为一日三餐都有面食，早餐、晚餐另加小米稀饭或其他汤类饮食。此外人们或有点心、果品等间食，一些城市居民还在晚餐之后加食夜宵。

汉族传统的饮食方式是共餐制，它体现了汉族传统伦理道德中的群体精神。西方以个体为本位的分餐制虽然在近代传入中国并受到一些人士的提倡，但它至今尚未在汉族中普遍流行起来。

在嫁娶、生育、寿诞、丧葬等礼仪活动中，在祝捷庆功及贺喜、接风、送别、聚会等社交活动中，往往少不了宴席。宴席是人们为着某种礼仪或社交的需要、按照一定的规则举行的聚餐，是融合了许多礼仪内容和社交惯例而形成的一种饮食方式。

宴席古称筵席。先秦时代没有桌椅，人们在室内席地而坐，地上多铺一层蒲、苇等的编织物，称为筵。请客吃饭时，筵上再铺层用材精细的编织物，称为席。一般筵长席短，合称为筵席，今之宴席一词即由此而来。宴席的规格、程序、座次、礼节等等都有一定的讲究和规矩。宴席的饮食比普通的一日三餐要好而多，一般要求菜点配套，花色丰富，工艺精湛，口味多样，须有冷碟、热炒、大菜、甜菜、点心、水果、茶、酒等多种类型的饮食，构成完整的席面。宴席的规格即其菜点的质量、数量一般由主宾的身份而定，随其地位高低而有不同。菜点质量分出高、中、低档，数量少则十余味，多者可达上百味。上菜的顺序，一般是先上冷碟，继上热炒、大菜、甜菜、点心、汤、果品等。客人入席的顺序与位置，既要显出对主宾的尊重，又要适当地安排好其余宾客，以使他们各得其所，形成和谐的气氛。一般说来，人们总是首先安排贵宾或主宾，其他客人依次入座。为了避免客人互相谦让或不知情而耽误时间及搞乱座次，有些宴席的主办者用卡片写好客人姓名放在座位上，客人即依此入座。宴席上的座位，古代汉族多以朝向东方者为尊，或以坐北朝南为尊。明清以来圆桌日益流行，所以人们逐渐不再以东南西北的朝向来定座次，而以面朝大门的座位为尊位。具体座次排列参见下图：

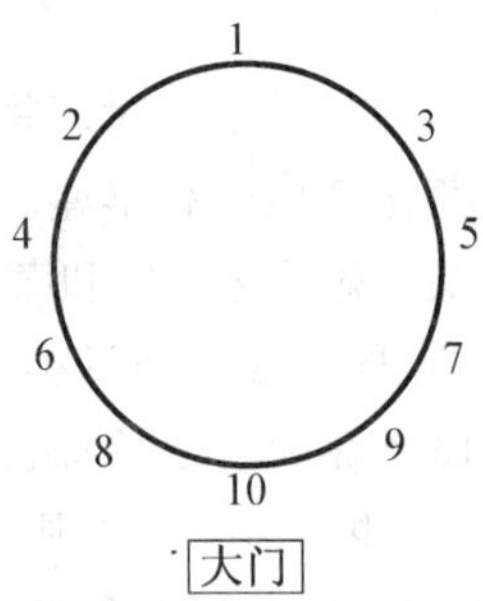

宴席如果不只一桌而是多桌，则又有首席桌与陪席桌之分。首席桌即主宾所在桌，一般面对宴会厅门口。陪席桌在首席桌两侧依次排列，或在首席桌与宴会厅门之间排成若干行。主人和主要来宾坐在首席桌，其他来宾坐在陪席桌。取食菜点时，先让主宾，而后其他宾客依次再取。主人要不时地招呼宾客进食，有的还为宾客取菜。

冷碟上好后，主人按顺序向来宾敬酒。斟酒一般以满为敬，俗曰：茶七饭八酒十分。客人或起立承之，或以手护杯示谢。喝第一杯酒时，众人举杯相碰而饮。汉族人劝酒敬酒的礼节很多，各地又有各自流行的做法，但其宗旨各地皆同，那就是示诚示敬，尽兴尽欢。

三、汉族的社交礼仪

1.姓名与称谓

汉族人的姓名由姓与名两部分组成，姓在前，名在后。姓一般随父系，但近些年来也有随母者。汉族的姓数以千计，有些发源于远古氏族，有些来自祖先的封国、居地、官职和名字，有些则是由少数民族融入而增加的。从字数来看，汉族之姓以单字为多，如张、王、李、赵等；但也有非单字者，如司马、令狐、欧阳等。与英语民族司空见惯的父子同名相反，汉族人的名绝不能与父亲等长辈相同。汉族人大多有小名和大名。小名又叫乳名，是婴儿哺乳期所取的名，一般比较随便。过去多为粗俗、亲昵之名，如大狗、小宝等。现代人的小名，则多为大名某个字的重叠，如伟伟、珍珍等。大名又叫正名，一般是终生所用之名。大名过去以两字为多。20世纪七八十年代，单字名风行，结果导致同姓同名者很多。近些年来，一些地方兴起命三字名之风，这对避免同姓同名十分有效。汉族人比较注重大名，不论是几个字，在字形、字音、特别是字义上有许多讲究。例如，字形搭配要匀称、协调，字音要清晰响亮并且悦耳，字义力求富有吸引力、能给人以深刻印象。从字义表达来看，主要有情境名、教诲名、期望名、祝愿名、志趣名等几大类型。

在人际关系中，汉族推崇仁、义、礼、智、信等传统道德，在社会交往中特别讲究礼仪。在社交的第一个程序上，要求根据具体的交际场合、谈话对象以及自己与对方的关系选择合适、有礼的称谓。汉族的称谓系统比较复杂。从礼仪角度来看，各种称谓大致可以分为通称、尊称、谦称三个大类。一般说来，对别人是使用得体的通称或尊称，自称则多使用谦称。

通称是普通称谓，包括一般称谓、职业称谓、职务称谓、亲属称谓等几个系统。

一般称谓是适用于任何人的。它主要有以下几种。第一种是姓名，即以姓名做称谓。或者连姓带名完整称出；或者只称其姓，在姓前加老、大、小等前缀，如老孙、大刘、小郭等；或者直呼其名。在非正式场合，这种称谓使用率较高。但应注意的是：全称姓名比较郑重，却不如只称姓或名客气、亲切。小名仅用于家庭，让父母兄姊呼唤。它至多扩展于亲戚和熟友之间，晚辈和外人是叫不得的。对于长辈或尊者，不仅不能叫小名，而且不能直呼其大名，应使用亲属称谓或尊称。此俗旧时称为名讳，现今仍为多数人所遵行。第二种是“先生”、“太太”、“小姐”、“女士”。这种通称在民国年间较为流行，中华人民共和国建立以后其使用范围大大缩小。20 世纪 80 年代以来，男称先生、女称女士或小姐又流行起来，其使用范围日益普遍。第三种是“同志”。中华人民共和国建立以后，这种通称曾在全国通行。它体现了一种平等的人际关系，但也带有浓厚的政治色彩。近些年来，它的使用范围日渐缩小，主要仅存于党内、政界的正式场合之中。第四种是“老板”。在市场经济的作用下，这种曾在旧时使用的通称又于改革开放后流行起来，其使用范围正从工商界向全社会扩展。

职业称谓是对某些职业从业人员的称谓。它含有尊重对方职业和劳动之意，一般用于较为正式的交际环境中。例如：对具有某种技艺的工人称“师傅”，对教育工作者称“老师”，对医务人员称“大夫”、“护士”，如此等等。

职务称谓是由对方所任职务而来的称谓，一般用于较为正式的交际场合中。例如：行政机关里的部长、厅长、局长、处长、科长、省长、市长、县长、乡长等，军队里的军长、师长、团长、营长、连长、排长、班长等，企业里的董事长、总经理、主任等。在涉外交往中，多将对方政要客气地称为“阁下”。

亲属称谓是具有亲属关系的人们之间的称谓。汉族的亲属称谓严格而又复杂，对亲属按血缘远近、辈分高低、男女性别、年龄大小做了细致的区分。比如父辈的男性亲属汉语中分为伯父、叔父、姑父、舅父、姨父等，而英语中则通呼之为“Uncle”。汉族亲属称谓父系的有祖父、祖母、伯、叔、姑、堂兄弟姐妹、姑表兄弟姐妹等，母系的有外祖父、外祖母、舅、姨、舅表兄弟姐妹、姨表兄弟姐妹等。值得注意的是，在过去长期存在的宗法制度的作用下，汉族人具有十分强烈的宗族观念，其亲属是以父系为中心来论亲疏的，而且同姓同宗与亲属一样是一种很强的联系纽带。

尊称是对交际对象特别表示尊重的称谓，它有以下几种形式。第一种是用亲属称谓称呼非亲属。例如：如果双方年龄相差不多，就称对方为大哥、大姐、兄弟、妹妹等；对年长者则称大爷、大娘、伯伯、叔叔、大婶、阿姨等。这种称谓表达了对对方的尊敬，且有亲切感，常用于朋友、熟人之间非正式的交际场合。第二种是在对方姓氏后边加一老字，如钱老、周老等，用来尊称老年人。第三种是用加有“令”、“尊”等字的特定词语来尊称对方的家人、亲属。例如：“你的父亲”称为“令尊”、“尊翁”、“尊大人”等。“你的母亲”称为“令堂”、“尊堂”、“尊慈”等。“你的哥哥”称为“令兄”。“你的弟弟”称为“令弟”。“你的妹妹”称为“令妹”。“你的儿子”称为“令郎”。“你的女儿”称为“令媛”、“令爱”。“你的妻子”称为“令室”、“尊夫人”。“你们夫妻二人”称为“贤伉俪”。如此等等。

谦称是说话人对自己及家人、亲属的特殊称谓，用来向交际对象表达自己谦逊的态度。谦称有以下两种形式。一是用一些特定的名词来代替“我”，如“在下”、“鄙人”等。子女对父母自称“儿子”、“女儿”，学生对老师自称“学生”、“弟子”，男性对同龄人自称为“弟”，女性对年龄差不多的同性者自称为“妹”。二是用含有“家”、“拙”、“贱”、“舍”、“敝”、“小”等字的特定词语来称自己的家人和亲属。例如：“我的父亲”称为“家父”、“家严”、“家君”、“家尊”。“我的母亲”称为“家母”、“家慈”。“我的哥哥、嫂嫂”称为“家兄、家嫂”。“我的弟弟、妹妹”称为“舍弟、舍妹”。“我的妻子”称为“敝内”、“贱内”、“拙荆”。“我的儿子”称为“贱息”、“犬子”、“豚儿”。“我的女儿”称为“小女”、“弱息”。如此等等。

2. 相见与交谈

汉族人相见现有握手、问候等礼节。一般说来，男性相见时是彼此趋前握手，女性则多习惯于点头或微笑。男性与女性相见若行握手礼，则应由女性先伸出手来。若是初次相见，或在比较庄重的场合，晚辈对长辈还要行鞠躬礼。在行相见礼的同时，双方互致问候。汉族过去长期流行的一句问候语是“吃了没有”。20世纪80年代以来，这一问候语的使用日益减少。现在最通行、最简单的问候语是“你好”或“早上好”、“晚上好”等。如果是熟人、平辈，平时相见仅点头致意或打一声招呼（按平时称谓称呼对方一声）即可。

在交谈中，汉族人一般忌问对方难于启齿的个人隐私，忌谈大家都忌讳的问题。此外，有些词语在人们的观念中认为说出来不吉利，因而也属于禁忌语。例如：大年初一忌说“病”、“穷”、“霉”、“败”等字，坐在船上忌说“翻”、“沉”等语。有些禁忌语往往用其他词语替代，这些替代语称为委婉语。比如“死”在多数场合都是一个禁忌语，人们常用“逝世”、“辞世”、“仙逝”、“老了”、“不在了”等委婉语替代。有些词语在人们的观念中认为说出来不合适或不礼貌，因而也有替代的委婉语。如人体器官、人的生理现象及性行为方面的词语：“月经”被说成“例假”、“大小便”被说成“方便”、“耳聋”被说成“耳背”、“腿瘸”被说成“腿脚不利索”，如此等等。如果在交谈中不慎问了对方忌讳的问题或说了人们禁忌的词语，就会招致对方的反感，影响交谈的顺利进行。

3. 待客与送礼

汉族人很重视对客人的招待。客人上门，主人要到门口欢迎，与客人握手，致以热情的问候。客人进门后，主人让座，送上香烟、茶水、果品等物。近些年来，因吸烟有害健康，不少人戒了烟，不吸烟者更不愿被动吸烟，所以香烟在待客中的重要性正在日益减退。而茶水则是男女老少都喜欢喝的，汉族自古以来即有以茶敬客、以茶会友的民俗，至今仍然盛行不衰。主人待客要用嫩茶、好茶和精致的茶具，有些地方还要在茶中泡某种果品（如橄榄、槟果干、山楂果等）。主人给客人斟茶时，壶嘴不能对着客人（因为壶嘴谐音“虎嘴”，对着客人有克人遭难之嫌）。茶水一般斟至七分上下，不能太满；但要随喝随斟，切忌客人茶杯见底。主人以果品敬客时，忌与客人分吃梨子（分梨与“分离”同音，恐有不吉）。

客人告辞，主人送客到门口，与之亲切道别，并邀请客人有时间再来。如果主客双方关系比较密切，主人还会说“你慢走”、“下次请把某某人带上一起来”；客人则说“请留步”、“别送了”，并请对方到自己家做客。对长辈和路远的客人，主人一般要多送一程，有的直至送到车上，等车开动后再返回。

汉族人在走亲访友、贺喜慰病等社交活动中多有赠送礼品之举。20世纪80年代前，人们赠送的礼品主要是食物，如花馍、糕点等。近些年来，礼品趋向多样化。土特产品、干鲜果品、工艺品、家用小电器、玩具、文具、书籍、鲜花等也都成为常见的礼品。至于选择以何物作为礼品，一般是视具体的交往对象及事项而定。例如：对外地人赠以本地的土特产品，对老年人赠以糕点、水果等食品，祝贺乔迁赠以工艺品作其新居之装饰，探望病人赠以鲜花祝其早日康复。应当注意的是，送礼也有一些禁忌。例如：结婚礼品一般忌为单数。有些地方婚礼忌送钟（送钟与"送终"同音，被认为不吉），或忌送格子衣料（人们认为疙里疙瘩，是婚后不和之兆），或忌送玩具娃娃（恐遭婚变，出现携子二婚）。对商人忌送茉莉花、梅花（因与"没利"、"霉"同音，被认为不吉利）。探望病人也忌送梨（梨与"离" 同音，恐有令人离开人世之嫌）。赠送礼品是为了表达赠送者的某种心意。汉族人讲究礼尚往来，因而对方一般也会回赠一定的礼品以示答谢。

四、汉族的传统节日

据学者考证，汉族的传统节日约有150个。除去地区性、行业性节日及已经衰落或转化成平日的节日，全国各地各行各业至今仍然盛行的传统节日有下列几个。

1. 春节

春节为汉族及一些少数民族共同的年节，也是中国最悠久、最隆重的传统节日。此节时在农历正月初一，为农历一年中的第一天，即农历的元旦、新年，过去又称"元日"、"元朔"、"正旦"、"正元"、"新正"、"大年"、"年初一"等。辛亥革命后，民国政府使用公历，以公历1月1日为元旦、新年，而将此节改称春节。但社会上公历与农历并行，汉族民间仍然最重视农历正月初一，仍把春节作为自己的元旦、新年来过，过此节仍然称为过年。

春节是以辞旧迎新、庆贺祝福为主题的综合性大节。汉族人过此节的时间较长，其序幕在节前的腊月下旬即已拉开。腊月二十三日（有些地区是二十四日)，各家用麦芽糖等物祭送灶神，称为祭灶或“过小年”。此后各家打扫房屋，除旧布新，购买年货，准备节日新衣和食品等。

农历的年终之日称为“除日”、“岁除”、“年关”、“年三十”等；因旧岁至此夕而除，故又称为“除夕”。是日家家都要贴挂新的春联、福字、年画等，亲友邻好有的还要互送年礼。入夜，各家屋里屋外张灯结彩，灯火通明。人们全家团聚，吃年夜饭，饮分岁酒。台湾汉族人将此称为“围炉”。全家人围坐在一起，中间圆桌上设有火锅，摆满丰盛的菜肴。其中每一道菜都有讲究，例如鱼圆、肉圆意味着合家团圆，整只熟鸡取意全鸡起家、吉祥顺利，食蚶代表发财发福，食萝卜(当地人叫做“菜头”)寓意为好彩头。各人要把每一样菜都吃一点，妇女也要喝些酒以图吉利。各地年夜饭的菜中一般都会有鱼，其意为年年有余。此外，晚辈要向长辈行礼辞岁，长辈则给晚辈压岁钱。人们彻夜不眠，谈笑娱乐，欢度良宵，这叫做“守岁”。

初一一到，各家燃放鞭炮，迎接新年。北方人吃饺子，南方人吃汤圆。饺子和汤圆中有的包有小钱等物，人们认为谁吃到谁就会有好运到。此外，此日几乎全国各地的汉族人都要吃用江米面或黍子面做的年糕，以祝生活水平一年更比一年高。此日最重要的活动是拜年。除一家人中小辈拜长辈外，亲友邻好之间也要互拜，互致问候和祝福。初二开始探亲访友。来往密切的各家互邀饮宴，共同庆贺新年。

在拜年的同时，人们还有多种娱乐活动，如舞龙、舞狮、踩高跷、观看文体表演、到公园和游乐场游玩、逛庙会、逛花市等等。北京的庙会和广州的花市久盛不衰，闻名全国。

节日期间，人们严守多种禁忌。例如：忌打骂孩子，忌打破碗碟，忌说不吉利的话语等等。各种禁忌一般到初五解除。从这天起，人们开始恢复日常劳作，年节至此方算过完。

过去，春节期间人们除了祭灶之外还要迎祭诸神和祖先，并以多种方式进行占卜，以求在新的一年中万事如意。现在，对灶神及其他诸神的祭祀日趋减少，各种占卜活动日渐衰落。其他节日活动也有一些变化。例如：除夕观看中央电视台的春节联欢晚会成为守岁的一项新内容。互相上门拜年在城市党政机关、企事业单位人员中正被集体会聚一堂的团拜取代，电话拜年、网上拜年也日益流行。全家外出旅游过年者近些年来已越来越多。

2. 元宵节

元宵节时在农历正月十五日。此夜为一年中第一个月圆之夜，称为“元宵”，所以此节称为元宵节。因道教将此日称为上元日，故此节旧称上元节。由于有张灯、观灯的民俗活动，因而此节又称为灯节。

元宵节活动持续的时间历代不尽相同，民国以来是 3 天，从正月十四日开始，到十六日结束。

此节特定的食品是汤圆，南方多叫水团、汤团，北方多叫元宵。它象征着家人团圆和睦、生活幸福美满。

此节是一个以游乐为主题的节日，可以视作中国的狂欢节。节日期间，人们除了团聚饮宴、祭祀神灵祖先之外，活动的重点是丰富多彩的欢庆娱乐（称为闹元宵）。它包括以下几项内容：

一是张灯观灯。家家室内摆灯、门口挂灯，处处街巷亦张灯结彩，晚上人皆出户观灯，各地城乡多要组织赛灯。传统花灯有动物灯、植物灯、人物灯、戏曲故事灯及花炮制作的烟火灯，其中五谷、六畜、蔬菜、瓜果、花卉、鸟兽、虫鱼等造型最多，象征五谷丰登、六畜兴旺、政通人和、国泰民安等。近些年来，又出现各种电动的新型花灯，不仅千姿百态，五彩缤纷，而且动态逼真、栩栩如生。各地花灯争奇斗巧，美不胜收。福州的橘灯、苏州的走马灯尤有特色，北方的面灯、冰灯别具风情。各种花灯上多有谜语，称为灯谜。人们一边赏灯一边猜谜，情趣倍增。

二是燃放烟花焰火。各地都有颇具地方特色的传统的烟花焰火，在节日期间燃放。其时鞭炮争鸣，花弹飞舞，火树银花，灿烂辉煌。

三是闹红火，即各种民间锣鼓乐舞、杂戏游艺表演。其中大头娃娃、二鬼摔跤、张公背张婆、猪八戒背媳妇、花鼓、跑驴、旱船、抬阁、背棍、高跷、舞狮、舞龙、扭秧歌、小车会等深受民众喜爱，历来盛行不衰。

此外，过去民众在此节中还有迎紫姑神进行占卜及求子、祛病等活动。近些年来，这类活动与迎祭神灵一起渐趋少见，不再盛行。

3. 清明节

清明既是一个节气，也是一个节日，其时在农历三月、公历 4 月 5

日前后。此时已是春季的后半段,“万物至此皆洁齐而清明矣”,所以此节叫做清明节。这是一个融合了古代寒食节民俗而发展起来的传统节日。

寒食节在清明前一天或二天,民众于此日禁火、吃冷食,并插柳于门,以纪念春秋时期晋国人物介子推。大约从唐朝起,寒食节与清明节逐渐合二为一。今日一些地方的人们在清明节吃冷食,例如苏沪一带之人吃用糯米粉、豆沙馅做成的青团子,晋南万荣一带之人吃凉面、凉粉、凉糕,即为寒食之遗意。

清明节最主要的活动是祭扫祖先及其他亡亲之墓。人们在墓前焚香点烛,祭献供品,并为坟墓除草添土,在墓上悬挂纸条纸钱等物。明清以来,历代政府皆派官员前往陕西省黄陵县祭扫民族始祖黄帝的陵墓。孔子后裔皆于此节到曲阜孔林祭扫祖坟,届时商贩、艺人在孔林门前摆摊设点、叫卖献技,各地香客、游人络绎不绝,形成了为期三天的林门会。它是山东省内规模最大、最具特色的民间集会之一。中华人民共和国成立后,清明节又成为民众凭吊革命先烈的节日,各单位集体到烈士陵园扫墓已成惯例。

清明节另一较为普遍的活动是春游踏青,观赏春光明媚、草木萌生的清明景象,因此该节也叫做踏青节。同时,不少地方的人们还有拔河、打秋千、放风筝等活动。近些年来,节日期间植树也日益盛行。

4. 端午节

端午节是夏季最重要的汉族传统节日。此节时在农历五月初五,本名端五节(“端”意同“初”,初五可称为端五)。农历以地支纪月,正月建寅,二月为卯,顺次至五月为午。所以五月亦称午月,五月初五又称端午节。因月、日数字重复,故此节又称重五节、重午节。此节活动侧重于午时,而午时为阳辰,因此该节亦称端阳节。由于此日出嫁之女必回娘家,因而此节还称女儿节。此节的起源有祭祀龙图腾和纪念屈原等说,而纪念屈原之说在民间流传最广、最有影响。

节日期间,人们照例要包粽子,自食并送亲友。今日粽子种类很多。北方多用糯米或黍米,以红枣、豆沙为馅,有的也用柿饼等果脯做馅;无馅的纯米粽子称为凉粽子。南方则除了上述品种外还有独具特色的鲜肉粽子、火腿粽子。南方滨水之处，此节例行龙舟竞渡。由于自然条件的限制，此举未在北方流行开来。

此节遍及南北各地的一项重要活动是驱邪避瘟。时值初夏，气温转热，细菌病毒活跃起来，人易感染得病。因此人们以多种方式禳毒却病。例如：以白艾、菖蒲悬插于门，在门窗上贴五毒（蛇、蝎子、蜈蚣、壁虎、蟾蜍或蜘蛛）图像或挂葫芦，妇女儿童在身上戴符及香袋、香牌、艾虎等物，儿童更多于手（或足、颈）上系五色丝线（名为健牛绳、长命缕、百索线等等）。节日午时，人们多举行家宴，饮雄黄酒，并以此酒洒墙壁、地面，涂儿童耳鼻面额。有些人还在室内焚烧白芷等，或以草药煮水浴身。这些活动有些具有一定的科学道理和实际效用，有些则是出于迷信和错误认识，今已不再流行。例如雄黄旧为中药，但含对人体有害的砷，今人已不再饮雄黄酒。

5. 中秋节

中秋节是秋季汉族最重要的传统节日。此节时在农历八月十五日。古代以七、八、九三个月为秋季，此日正居仲秋之中，故称中秋节（江南俗呼“八月半”）。由于此夜月亮圆明倍于常时，成了团圆的象征，因而人们将此节视为亲人团聚之日，又称其为团圆节。节前，离家在外者（包括住娘家的出嫁之女）都要尽量赶回自家，全家人一起过节。

此节的特定食品是象征团圆的月饼。过去人们多自制月饼，俗称“打月饼”。月饼的图案与月相关，如嫦娥奔月、银河明月、犀牛斗月、吴刚伐桂、白兔捣药等等。现在月饼品种很多，其中广式、京式、苏式、宁式、潮式月饼较为著名，人们买来馈赠亲友和自用。

此节的活动颇具浪漫色彩。节日之夜各家在月下陈列月饼、瓜果等物祭月拜月。北京人过去还拜兔儿爷。祭拜完毕，全家人团聚饮宴，按人数将月饼分切成块，各吃其一，当时不在家的人亦有一份，以庆贺或祈祝团圆。大家边饮食谈笑，边观赏圆月。有些人或邀友好登高或泛舟赏月。

此外，有些妇女还在是夜结伴行游街市，名曰“步月”。有些地方还有灯火娱乐活动。例如：香港人观看舞火龙，苏州等地点塔灯，广州儿童提着柚灯、茉莉灯满街跑动游戏。一些地方于次日晚上亦行赏月等举，谓之"追月",浪漫色彩更为浓厚。

6. 重阳节

重阳节时在农历九月初九,故又名重九节。古以九为阳数,重九故称重阳。

过此节时,人们多插茱萸或簪菊,饮茱萸酒或菊花酒,以辟恶气、御初寒、延年益寿(古人常把菊花与长寿联系在一起)。时值菊花盛开、魏紫姚黄,因此人们又有赏菊之举。近些年来,还有些人在此节时互赠菊花,以表友谊和祝愿。

此外,人们还要吃重阳糕(又称花糕、菊糕等)。重阳糕本是秋粮收获后的一种尝新食品,后来发展成应节食品,所以此节实际上也是农民喜庆丰收的一个节日。今日的重阳糕十分精致,有些地方(例如山西)多达九层,像个小宝塔,其上有两只小羊象征重阳,或插彩旗以图吉利。糕谐音"高",吃糕寓意步步登高。同时,许多人更有登高之举。此举原意是避祸,现已成为一种锻炼身体、娱乐精神的节日活动,广为流行。

除了上述传统节日外,近代以来一些外国民俗节日传入汉族之中,如圣诞节、母亲节、情人节等。近些年来,这些节日日渐流行,呈现出了融入汉族节日民俗的趋向。

思考题

1. 华夏的族名是何时出现的?汉族是何时形成统一民族的?"汉人"这一族称是何时出现的?

2. 汉族人口分布的特点是什么?

3. 汉族有哪些宗教信仰?

4. 汉族世俗信仰的特点是什么?

5. 汉族服饰有哪些地区差别?

6. 南方汉族人的主食与北方有何不同?

7. 汉族有哪些地方菜系?它们各自的特点是什么?

8. 汉族人喝的茶主要有哪几种?它们各有哪些珍品?

9. 汉族人饮的酒主要有哪几种？它们各有哪些名品？

10. 汉族宴席的座次是怎么安排的？

11. 汉族称谓中有哪几种通称？它们分别在什么范围、场合使用？

12. 汉族人在社交中如何使用尊称和谦称？

13. 汉族人在交谈中有什么禁忌？

14. 汉族人赠送礼品有什么禁忌？

15. 汉族有哪些传统节日？各个节日的主要活动是什么？

主要参考书

1. 中国大百科全书编委会编:《民族百科全书》,中国大百科全书出版社,1993 年。

2. 乌丙安著:《中国民间信仰》,上海人民出版社,1996 年。

3. 马书田著:《中国民间诸神》,团结出版社,1997 年。

4. 钟敬文主编:《中国礼仪全书》,安徽科学技术出版社,2000 年。

5. 林正秋著:《中国旅游与民俗文化》,浙江人民出版社,2000 年。

6. 巴兆祥主编:《中国民俗旅游》,福建人民出版社,2001 年。

7. 高占祥主编:《中国民族节日大全》,知识出版社,1993 年。

第二章　满族、朝鲜族民俗

学习目的

- 了解满族、朝鲜族的源流及分布
- 熟悉满族、朝鲜族的特点
- 掌握满族、朝鲜族的主要民俗

基本内容

- 满族、朝鲜族的形成及人口分布
- 满族、朝鲜族的信仰
- 满族、朝鲜族的服饰
- 满族、朝鲜族的饮食特点
- 满族、朝鲜族的社交礼仪
- 满族、朝鲜族的传统节日

第一节　满族民俗概要

一、满族的形成及人口分布

满族，又称满洲族。满族这一民族名称是17世纪30年代才出现的，但该族却有着悠久的渊源。满族的远古祖先是周秦时代的肃慎。肃慎的后裔在汉代为挹娄，魏晋南北朝时期为勿吉，隋唐时期为黑水靺鞨，宋辽金元明时期为女真。明代女真在迁移聚合过程中，至15世纪中叶以后，逐渐形成三大部分，即建州女真、海西女真和野人女真。

建州女真是金代女真的后裔，元末居住在合兰府水达达路（今黑龙江省伊兰县境）桃温、胡里改和斡朵怜三个万户府一带。由于女真社会生产的发展和内部斗争的演变，以及明初招抚政策的作用，至元末明初之际这部分女真开始辗转迁移。大约在明朝正统年间（1436～1449年），定居在浑河流域一带，分布在抚顺至鸭绿江边的广大地区。

海西女真也是金代女真的后裔，元代居于忽剌温地区（今呼兰河流域）。元末明初之际迁移至海西江流域，即松花江大转弯处，南至开原边外。

野人女真分布在黑龙江、乌苏里江即松花江下游的广袤地区，其部落甚多，名称各异。

在互相兼并的征战中，建州女真的首领努尔哈赤举兵统一女真各部，并创立八旗制度，1616年称汗建国。随着女真各部的统一，以建州女真、海西女真为基础，吸收一部分野人女真以及其他民族的一些人，经过长期共同生活，逐渐形成了一个新的民族共同体。1635年，后金太宗皇太极改女真为满洲，以后简称满族。

族名正式确立以后，满族仍在发展之中。顺治元年（1644年）清军入关，清朝定都北京。原来世代居住在东北各地的满族兵民除小部分留守外，绝大多数都相随入关。入关后的满族大部分驻防北京及其周围一带，其余分驻各军事要地。由于长期驻防，子孙繁衍，这样满族便遍布于全国了。清朝统治者为巩固其统治，维护满族特权，曾颁布许多保持满族特点、习俗的法令和规定，如坚持剃发易服，保持国语骑射，坚持满汉不通婚、旗民不交产等等，试图把满族同广大汉族隔离开来而不受其影响。但满族同汉族交流、受汉族影响是历史发展的必然趋势。广大满族兵民，甚至包括统治者本身在内，并未因为人为的束缚而停滞不前。满族在发展过程中，全面、深刻地接受了汉族文化的影响，学习和吸收了汉族优秀文化，从而丰富和发展了自己。根据2000年全国人口普查公布的数字，满族有1 068.2万余人，主要分布在东北三省，以辽宁省为最多，其余散居在河北、内蒙古、宁夏、甘肃、福建、山东、新疆等省区，以及北京、天津、上海、成都、广州、杭州、银川、西安等大中城市。其分布特点是在大分散中有小聚居。现在主要聚居区已建立岫岩、凤城、新宾、青龙、丰宁等5个满族自治县，还有若干县建立了满族乡。

满族的语言是满语，属阿尔泰语系；其文字是在蒙文字母基础上拼写而成的满文。满语、满文均有一个形成和发展的过程。满族在从肃慎、挹娄、勿吉、黑水靺鞨到女真共同体的历史发展中，不断地融合进新的成分，其语言也在不断地丰富，并在更大范围内广泛使用。女真建国之初便仿汉字楷书和契丹制字的特点，创制出女真文字。后经过改进，出现女真小字。女真字成为金朝的通用文字。明正统十年(1445年)后，女真人由于交际需要，开始使用简便易学的蒙古文。这种操本民族语言、使用外民族文字的现象，存在着诸多不便。所以当满族共同体的形成日臻完善之时，满文应运而生。

满文是女真族首领努尔哈赤于万历二十七年(1599年)二月下令文臣额尔德尼、噶盖利用蒙古文字母而创制的。这是一种拼音文字，即用蒙古文字母按满语语音拼写而成。满语基本上可以按此办法拼写出来，这便是新创制出来的满文，历史上称老满文，或无圈点满文。后来，皇太极针对老满文的问题与不足命令文臣达海、库尔缠对老满文加以改进。其主要内容是将十二字头增加了圈点，规范了字母的形式，准确地区分了原来难以区分的满语语音，同时还增加了一套拼写外来语的特定字母。这样便出色地完成了改造老满文的任务。直到现在，满文还在一些地区某些研究领域被使用着。

二、满族的信仰

满族的先世笃信萨满教。萨满教是原始宗教的一种晚期形式，形成于原始社会后期，具有氏族部落宗教的特点。满族等一些少数民族都曾信仰此教。各族的萨满教之间没有共同的神灵、经典和统一的组织，但有以下几个相同的基本特征：相信万物有灵和灵魂不灭。认为宇宙有上、中、下三界（上界为天上神灵所居；中界即人界；下界为阴间，为鬼魔和祖先神所居），宇宙万物、人世祸福由神鬼主宰，神灵赐福，鬼魔布祸；氏族神灵为保护族人，特在族内选派自己的代理人和化身——萨满，并赋予其特殊品格以通神，为本族消灾求福。各族萨满教都崇奉氏族或祖先的圣灵，有全氏族参加的宗教节日和宗教仪式。

萨满被认为是沟通人神之间的中介，能为族人消灾治病，并为人求生子女。萨满还参与重大典礼和各种祭祀活动。在祭祀祖先、社稷、风雨雷师、岳镇海神，以及为皇帝即位、受尊号、纳后、册名、巡狩、征戈等举行的奏告祖先天地的仪式中，都有萨满参加或主持。

萨满地位崇高，是女真语“天使”、“天仆”的意思。满族神话中讲，第一个萨满是天神派来的或天神命神鹰变幻的，因而萨满是宇宙的骄子，天穹的裔种。萨满不但会击鼓甩铃，焚香祈祷，用满语吟唱神歌，和诸多的神灵交往，转达人的愿望，传达神的意志，有的还会模拟各种神兽灵禽翩翩起舞，甚至会钻冰眼、跪火池子、喷火、跳上树等各种神技。萨满还能够讲解“神龛尚的故事”，即萨满教神话。这种神话充满了英雄主义，凝聚着族人的理想、愿望和憧憬，规范着人们的道德、行为，实际是原始时期的民族宪章。除在祭祀中扮演主角外，往昔满族民族生活中的大事，如出征、打围、婚嫁、育子、送葬都要请萨满祈祷或举行一定仪式来求得神灵的庇佑。古时候，部落酋长、氏族首领往往兼任萨满，而且多是女性。后来男萨满逐渐替代了女萨满，但在祭祀中，男萨满也必须穿上神裙，这是女萨满留下的历史标记。直到今天，有的满族姓氏仍有女萨满。

萨满教有许多禁忌。对所祀神灵平时避免谈论，本姓的神话一般不外泄。萨满的神衣神器不能放在寡妇的住所和家庭成员有夭亡的人家，也不能放在棺材前。萨满用来做神偶的原料是经过特殊挑选和“神验”的，外人不能摸。所以，神偶平时放在神匣中不得打开，只有祭祀时才能请出。有的姓氏平时也供神偶，外人进屋切忌仔细察看。平时，恭放窝车库的西炕不住人。在做打糕的时候，打糕人不喧哗，不吐唾沫，身板要直。做神糕的女子必须身体洁净，做牺牲用的喜猪不能有杂毛。祭过神的阿木孙肉，族人围坐分食，以肉为饭，而且必须在祭祀期间吃完，如有剩肉和骨头，则要埋在高岗上的洁净之地。路人可以分享神糕、神肉，但一般不能带走。

此外，明末努尔哈赤屯兵赫图阿拉，在离其住所五里的地方，建一有围墙的堂宇，祭祀天地。凡有征伐诸事，努尔哈赤亲率诸将祭祀。后来，努尔哈赤兵下辽沈，堂子祭礼随军南下。每到一处，必先建堂子。堂子是爱新觉罗氏萨满祭祀的神圣殿堂。各部族都有自己的堂子，寄托部族信仰。

民间则多设“神堂”，满语称“恩都利色”。所谓神堂，不一定是房舍。早期，先民为了便于携带，把崇奉的神偶、神谕、祭祀中用的神器恭放在桦皮匣、柳匣、骨匣、石罐中，这就代表着众神祇所居的“金楼神堂”。后来，多放入长方形抽盖式的木匣中，俗称“神匣”。神匣恭放在西墙上的神板上，神板前常贴有代表家世的挂签，神匣右侧常放代表“佛托妈妈”（女神）的“妈妈的口袋”（多为黄布口袋），这些就组成了神圣的“窝车库”，意即神龛，俗称“祖宗板”。在阖族祭祀跳神时，置放神龛的房舍是祭祀的中心场所，即神堂。有的姓氏仍保留了野外祭祀的古俗，祭祀时把恭放神偶、神器的桦皮盒或柳匣等请到野外的洁净之地，那里也就成了神堂。民间神堂虽然不如宫廷神堂那样气魄雄伟，但在该族人民心目中是同样的圣洁。平时，任何人不能随意打开神匣。只有在祭祀中，净身洗面的萨满或穆昆达（族长）方能打开。

随着社会进步，看到了人的作用，便产生了对人的崇拜。满族人除了歌颂英雄人物之外，还把自己的祖先奉为神明来祭祀。与此同时，在汉、蒙等族的影响下，满族也信仰了佛教。于是，满族的信仰出现了萨满教、祖先崇拜和佛教并存的局面。

三、满族的服饰

满族服饰与其能征善战的骑射生活有密切关系，最大的特点是束装紧袖。

满族男子平时的服装是长袍、马褂、白袜、青鞋。长袍又称旗袍、大衫，满语为“介衣”。它合上下衣为一体，按季节不同又分为单、夹、皮、棉四种。其特点是左衽、无领、四面开襟、束带、窄袖。袖口为马蹄形，又称马蹄袖。这种装束极便于骑射。马褂又称“行褂”，满语为“额伦代”，是穿在长袍外面的上衣，它高领对襟，四面开禊，长仅及腰部，而两袖较短。当其著于袍上，则袍袖外露数寸，名曰小大袖。这种长袍、马褂便是满族男子普遍穿用的服装。

满族妇女的服装是旗袍。妇女旗袍款式与男子长袍相同，不过，更讲究装饰，于领口、袖头、衣襟处多绣有不同颜色的花边或镶嵌花绦。但是旗袍的样式一直在不断变化中，四开禊变成两开禊或不开禊，由宽腰直筒式变成紧身合体的流线型款式，并为汉族妇女所喜爱，在社会上广泛流行。

满族的常服还有坎肩、兜肚。坎肩又叫背心，为对开襟，无袖，有棉、夹之分，以布或者丝绸做成，长穿在衫袍之外，是清军入关后吸收汉人衣装而成的常服。兜肚为贴身内衣，以布裁成椭圆形，上端缝两带系于颈项，中间系于腰间。不论男女老幼一年四季均系兜肚，此习俗在一些地区一直延续至今。

满族人一年四季都戴帽子，其种类样式很多，有便帽、礼帽之分。便帽有耳朵帽、四喜帽、帽头等。耳朵帽，即毡帽，为冬季及早春、晚秋时所戴，多为黑、褐等颜色，有左右两耳，上缝制皮毛。四喜帽，又称“四瓦块”，毛面用缎缝制，有四个毛皮耳。帽头，又称“小帽”，是以六瓣缝合而成的半圆形小帽，俗称“瓜皮帽”。礼帽，又称“大帽”，是出门会客或在比较庄重的场合所戴的帽子，按季节不同又分为暖帽和凉帽。暖帽是用绸缎或毡子缝制的圆形帽子，周围卷起约二寸的上仰帽檐，其上缝以青绒或皮毛。凉帽，一般用草或竹丝藤丝编结而成，所以又称为草帽。暖帽和凉帽的顶上有红毛作为装饰，称为“顶子”。清朝官员所戴的冠顶均镶以各色宝石，以其质地颜色不同而标志一定的品秩，称为“顶戴”，就是由满族帽上的顶饰演变而成。满族妇女秋冬时所戴之帽为坤秋帽，样式如男子暖帽。帽顶装饰华丽。

满族最有特色的鞋子是寒冷季节所穿的靰鞡。这是一种以牛皮、猪皮等皮革缝制的鞋，内絮以经捶打而柔软如絮的靰鞡草。它轻便暖和，在冰雪中行走，“温暖异常”。妇女所穿之鞋较有特色的是“旗鞋”，分寸底鞋（即平底鞋）与高底鞋（又名花盆底）。高底鞋的鞋底中间高出数寸，下端为方形，与现今后跟高之高跟鞋不同。

满族的发式也最具民族特色。男子的发式为半剃半留式，即将头顶部以前及头部周围之发全剃去，只留头颅后部少量之发，并将余发编成辫子，垂于脑后。而未成年男孩的辫子则盘于脑后。现代满族已经极少再有保留剃发之俗的人了。妇女发式分为两期。未成年之前与男孩发式相同；成年之后方蓄发，名曰“留头”。所蓄之发待嫁未婚时或梳单辫或绾成抓髻；已婚后开始绾成发髻。发髻有各种式样，其中青年妇女最普遍的发式是“两把头”，又称“如意头”、“架子头”、“叉子头”。它将头发梳到头顶，平分成两绺，并梳结成横长式的发髻，以高髻为尚。再将脑后余发绾成两个扁髻，名为“燕尾”，压在后脖领上。一般劳动妇女只是在头上梳个大发髻，名为“盘盘髻儿”。满族妇女还有重视头饰的习俗，在头发上装饰讲究的簪、钗、花针、耳挖、鲜花等饰物，出现“鲜花满鬓，老少无分”的景象。此外，在喜庆日子和结婚时，满族妇女还在发髻上戴用青色缎纱等制成的扁形之冠，即“旗头”。

满族妇女还有戴耳环的习俗，一般从幼小时即在耳朵上扎小孔，以为成年后戴耳环或耳坠之用。耳坠多由金、银、翡翠、珍珠、玛瑙等制成。

满族不分男女老幼，均喜佩荷包，男子多挂在束腰带的两侧，女子一般挂在“大襟嘴”上或旗袍领襟之间的第二个钮上，年龄大的也有戴在腋下的。年轻的妇女或儿童，在戴荷包的同时往往配些“小零碎儿”，如小怀镜、香串、香牌之类。荷包成为满族喜爱的装饰品，但仍有某些实用价值，荷包里常装些香料、烟草、小零食之类。这是满族先民的一种遗风。

平凡的柳树，在往昔满族的民俗生活中有着超凡的地位。清明，妇女儿童有戴柳条的，今天仍可以看到这种习俗。柳饰包含着深邃的原始宗教思想和神话观念。在满族萨满教中，“佛托妈妈”是一位重要的女性大神，“佛托”就是满语的“柳”，“佛托妈妈”即以柳为代表的始母神，民间也有称“佛托妈妈”为“子孙娘娘”的。所以饰柳的原始含义就是对氏族子孙“瓜瓞绵绵”的长久祝愿。

四、满族的饮食特点

满族主食以面食为主，主要是蒸煮食品，即将高粱、谷子、糜子、荞麦、小麦、玉米、大豆等磨成面粉，制成各种饽饽。其中用黏米面蒸熟摊开卷以炒熟的大豆面的豆面卷子（俗称“驴打滚”）及用奶油、鸡蛋和白面炸成条状再和以蜂蜜的“萨其玛”最为有名，这两种食品是满族独特的名吃。

除面食以外，满族的主食还有饭和粥。饭有高粱米饭、小米饭、大小黄米饭、稷子米饭等，粥有高粱米粥、小米粥、杏仁粥、龙虎斗（高粱米与小米混合熬煮）、腊八粥等。

副食包括肉食类和蔬菜类。肉食中主要原料是猪肉和羊肉。烹制方法煮、炖、炒、烧、蒸、炸均可。其中猪肉的耗量最大。满族人最爱吃猪肉，每逢年节及喜庆日子总要杀猪，阖家或亲朋好友聚集一堂共吃猪肉。祭祀祖先也用猪，祭毕便食之。猪身各个部位的肉各有不同的做法、吃法。猪油是烹调中最主要的油料。猪肉佳肴中以白肉血肠最为著名，是满族饭桌上的常肴；其次是坛肉，也很受欢迎。清代以来，北京的砂锅居、沈阳的那家馆均以制作经营白肉血肠和坛肉而著称于世。另外，烧仔猪、烤全羊也很有名。獐肉、鹿肉、狍肉、野鸡肉、飞龙（一种鸟）肉等野味也是满族喜爱的菜肴。

蔬菜中，除各种山珍野味以外，满族最喜欢的常用蔬菜是大白菜及大白菜发酵而成的酸菜。窖贮的大白菜及酸菜食用时间可达半年以上。以酸菜、猪肉、粉条为主要原料的火锅是满族最喜爱的菜肴之一。为解决寒冷的冬季和早春、晚秋淡季吃蔬菜困难的问题，还有大量的以盐腌渍的咸菜。用料主要是白菜、黄瓜、萝卜、芥菜、青椒等。另外还有各种干菜，多以豇豆、芸豆、倭瓜、茄子等切成片、丝，晾晒阴干而成，均备无青菜时之需。豆制品，特别是豆腐是满族常用的副食，几乎家家会做，一年四季都有。

满族还喜欢饮酒和吸烟。酒有白酒、黄酒和米儿酒之分。白酒多以高粱发酵酿制而成，俗称“白干”。黄酒以黄米酿成。米儿酒以谷、麦等粮食酿制而成，其制法简单。善于饮酒是满族豪放性格的一种体现。烟草种植技术是满族兴起之时，即清入关前由朝鲜传入的。东北辽吉黑三省出产的关东烟(又称红烟)最为有名。吸烟有旱烟、水烟两种，不论男女几乎都有此嗜好。

满族还喜食甜食。甜源主要是蜂蜜。蜂蜜可单食和用以制作各种糕点，还可渍制各种果脯蜜饯等。

满族有忌吃狗肉的习俗，这里有一个动人的传说——黄狗救憨王，憨王即努尔哈赤。相传，他被明兵追杀时，昏睡在荒草甸里，被大火包围，黄狗沾水，拼死相救。后来，憨王得救，黄狗却累死了。满族人崇拜自己的民族英雄，所以这则传说在满族中流传。实际上，狗是满族狩猎中的忠实助手，满族爱狗的心理是在长期狩猎中形成的。

五、满族的社交礼仪

随着满语的逐渐废弃，满族的亲族称谓绝大部分改用汉语，其中一些常用的称谓则沿用满语，如祖父称玛法，祖母称妈妈，父称阿玛，母称额姆。有的受地域影响，发生某些音变，如黑龙江瑷珲一带满族称母亲仍是“额姆”，吉林有些地区则称“额娘”，辽宁有的地区则称“讷讷”。

姓氏，满语为“哈拉”。清代满族的姓氏多达679个，在我国的少数民族中名列前茅。满族及其先民的姓氏本来都是用本民族语称谓的，所以为多音节。一部分满族姓氏来源于古老的部族名称，一部分满族姓氏以居住地地名为姓，还有沿用金代女真旧姓的。日常交往中，满族人习惯称名，不称姓。尊称或尊官衔时，常以名字的第一个字代姓，如首任黑龙江将军富察·萨布素，人们敬称为“萨大人”。在瑷珲一带的满族流传着关于萨布素的长篇口头传说，名为“萨大人传”。

满族有敬老之俗。不分贵贱，呼年老者曰“玛法”。随行出遇老者于途，必鞠躬垂手而问曰“赛音”(汉语之意为“好”)。若乘马必下，候老者过，老者命之乘，乃敢避而乘。一般满族人家有对老人三天请小安、五天请大安的礼俗。请大安又称“打千儿”，满语称“埃拉搭拉米”。其动作是：先掸箭袖，袖头伏下，左膝前屈，右腿后弯，头与上身稍微向前俯倾，左手贴身，右手下垂，边动作边唱喏：“请某某大人安。”受礼者应稍弯腰，两手略向前伸，掌心向上，稍低头，表示还礼。请小安就是问安，是垂手站立，低头唱喏：“问某某好。”平时平辈相见，也常用此礼。妇女请安礼仪与男子不同，双腿平行站立，两手扶膝一弓腰，膝略屈如半蹲状，俗称“半蹲儿”。抱腰礼是满族大礼。至亲相见，久别重逢，贵宾来临或重要的外交场合，都施这种礼节。行礼时，行礼人右腿抢上一步，双手张开，左膝着地，双手抱住受礼者的腰部，头轻轻顶于受礼者胸下，受礼者略弯腰，双手轻抚施礼者的头。对长者、尊者施此礼时，必须取得对方点头示意后方可。一般平辈之间，则常彼此相抱，然后执手问安。今天，满族社交礼仪大为从简，晚辈对长辈多以鞠躬致礼，平辈以握手礼为常见。在至亲中，妇女还行“半蹲儿”礼。

满族重客，客来由父兄接待，上菜以双为上礼。每逢大宴，主人家必跳“空齐舞”。待客喝酒，妇女也可以敬酒，而且妇女敬酒不喝则已，只要客人沾唇就要饮尽，不可推辞。一般客人或老人从外面进来时，年轻媳妇赶紧迎出施礼，把烟袋接过来请到屋里。到屋后，先敬烟，年轻媳妇背着客人装好烟，双手递给客人后，稍稍弯腰点火，然后倒退一旁，一般接烟人也稍稍欠身以示谢意。然后倒茶。

往昔客人就餐，由族中长辈陪同，晚辈人一般不同席，年轻媳妇在旁边站立侍候，装烟倒酒，端茶盛饭，十分周到。进餐时，由主人先向客人斟第一杯酒，喝酒用小盅，没有干杯、碰杯的习惯，客人喝酒必须留点底子，俗称“福底”。盛饭也用小碗，而且只盛多半碗，年轻媳妇在旁随时增添米饭。平时，家中人就餐，上辈人不动筷，晚辈人绝不动筷，年轻媳妇在公公、婆婆旁服侍。如今，满族礼节已经简化，阖家围坐进餐已是常事，但崇长者、敬宾客的风尚仍在。

昔时，满族贵族凡有祭祀和喜庆事时，设肉食宴会，无论相识与否，旗人都可参加，事先不发请帖。是时，在院内搭一个高于房子的大棚，院内铺芦席，喜事则铺红毯，客人席地盘膝坐在座垫上，十人或八人围坐。

入席后，主人端上一盘约十斤的白肉，客人们依次轮流喝一大碗白酒，自备手刀割肉吃。客人吃的越多，主人越高兴，高呼添肉，并到客人前边添肉边致礼称谢。如果某一席上连一盘肉也吃不完，主人就不去照顾。客人进门时，向主人“打千儿”道喜后，就转身随意入座。客人吃完后，不道谢，气氛热烈而轻松，吃得十分实在。

六、满族的传统节日

满族在岁时节日风俗上受汉族影响最多，因而它的节日与汉族节日大同小异。比如元旦、元宵节、龙抬头日、清明节、端午节、中元节、中秋节、腊八节、小年、除夕等都是满族重要的节日。除此之外，满族生产及交往中还有一些岁时习俗。如正月初五为“破五”，全家包面饺曰“捏破”。正月十四日沈阳实胜寺喇嘛扮诸天神鬼怪，铙鼓喧阗，舞蹈出寺至北塔法轮寺，谓之“跳跶”。经过路上，士女往观，热闹非常。正月初一至十五，闺房中停止针黹，妇女结伴做抓嘎什哈戏，又名“抓子儿”。正月十六日，满族妇女结伴游行，是为“走百病”，或者连袂打滚以脱晦气。有的地方是在冰上打滚，又称“拔河戏”。“满风春望拔河戏，燕支影落冰痕睡。女子联翩男子观，倾营穿灯摇鞭至。”是这种习俗的形象描绘。十六日入夜，满族习俗点燃灯火，并提灯笼遍照屋内各阴暗角落及庭院僻静之处，名曰“照贼”。正月、二月两月之内，凡有女之家多架木打秋千，又称“打油千”。三月初三日为上巳日，妇女结伴赴郊外田野，名曰“踏青”。十五日盛京北塔法轮寺天地庙会，香火极盛。十六日为山神庙会，东北东部山区各地各参户（采集人参户）集资演戏。二十八日为东岳庙会，又称天齐庙会，各地均举行祀神演戏活动，游人甚多。四月十八日为碧霞元君庙会，俗称娘娘庙会，妇女多焚香还愿。九月九日为重阳节，食菊花糕。十月初一日为下元节，也是鬼节，烧纸，展墓祀祖，称为“送寒衣”。

第二节　朝鲜族民俗概要

一、朝鲜族的形成及人口分布

朝鲜族是我国东北地区的一个勤劳、勇敢、具有悠久历史的少数民族。19 世纪 60 年代，清朝统治者为了统治全国，内迁大批满族，造成东北很多地区荒芜，给朝鲜人迁徙提供了空间地域。同时，由于朝鲜封建统治阶级的残酷剥削和压迫，以及 1869 年后朝鲜北部连年遭受大饥荒、1901 年日本帝国主义猖狂入侵朝鲜等，朝鲜人从朝鲜半岛大批迁入我国，逐渐形成我国境内又一支民族共同体。目前朝鲜族约有 192.3 万余人(2000 年)，主要居住在吉林、黑龙江、辽宁三省，其余散居在内蒙古、河北及北京等地。吉林延边朝鲜族自治州是朝鲜族最大的聚居区。中国朝鲜族与朝鲜半岛民族共同体的区别是该族在其形成过程中不断地凝聚了中华民族的新的共同要素，但在血统、气质、文化、风俗、心理素质上，这一民族和朝鲜半岛民族共同体至今仍有多方面的共性。这是因为民族历史文化的传承并不因为民族迁徙而中断。朝鲜族在我国境内的社会历史虽然应以其迁入为起点，但要了解其族源，须把其同朝鲜半岛民族共同体联系起来考察。

公元前 4 世纪前后，朝鲜先民在朝鲜半岛上建立了第一个奴隶制国家——古朝鲜。古朝鲜的居民主要由秽族构成。随着历史的发展，古朝鲜进入了准王统治时期。时值我国秦末汉初，由于战乱频繁，当时住在今我国河北、山东等地的人民，为了避难，纷纷逃至古朝鲜。公元前 195 年，燕人卫满带领千余人亦亡命去朝鲜。古朝鲜王准“封之百里，令守西边”。不久，卫满发动政变，推翻准王朝，自己继承王位，史称“卫满朝鲜”。

大约公元前 3 世纪时，在今朝鲜半岛中南部曾兴起三个部落联盟：马韩、辰韩、弁韩。后来马韩统一三韩建立了辰国。优越的自然条件，使其成为朝鲜古代文化的发祥地之一。公元前后，辰国分裂，朝鲜半岛又先后出现了高句丽、百济、新罗三个国家，史称“三国”时期。7世纪中叶以后，新罗统一了朝鲜。9世纪后半期，在原新罗疆域内又形成了后百济、泰封国、新罗三国鼎立的局面，史称“后三国”。936年，王建建立的高丽国再次重新统一朝鲜半岛。1392年，李成桂发动政变，建立了朝鲜王朝。

综上所述，在朝鲜民族形成的过程中，不断融合了诸多民族和种族成分，如秽族（古朝鲜居民）、韩族（辰国居民）、燕人（卫满朝鲜部分居民）、汉人（朝鲜半岛汉四郡部分居民）、貊族（高句丽居民），以及扶余人、沃沮人、豆莫娄人等。其中秽、貊和韩族是朝鲜民族的主体。

朝鲜族绝大多数使用朝鲜语和朝鲜文。朝鲜语的语言系属尚无定论，但学术界多倾向属阿尔泰语系。少数杂居地区的朝鲜族居民通用汉语。朝鲜语的词汇很丰富，完全能够精确地表达各种复杂、细微的思想感情，可以刻画各种事物和现象的微小变化和差异，以及人们对这些事物和现象所持有的各种复杂的情态。在朝鲜语词汇中，除本民族固有的词和外来词之外，汉字词占相当大的比重。在朝鲜语中，对不同对象使用不同的“阶称”，一般分为“尊敬阶”、“对等阶”、“对下阶”三种阶称，这样可以表达不同的社会地位、不同的感情色彩。朝鲜语从形态的特性看是属“黏着语”。朝鲜文创制于15世纪中叶。这种朝鲜语文，在朝鲜半岛都是通用的。

二、朝鲜族的信仰

朝鲜族信仰多种宗教，其中既有萨满教，也有佛教、儒教、基督教等宗教，还有晚近出现的大倧教、天道教等新的本民族宗教。

朝鲜族祖先最初信仰的是古代神话中的始祖神——檀君。传说檀君的母亲是熊的化身，檀君的父亲是天帝桓因的儿子桓雄。“檀君神话”反映了朝鲜族祖先的原始图腾、祖先崇拜和敬天思想的结合。

朝鲜族的原始信仰除图腾崇拜、祖先崇拜外，还有守护神崇拜。守护神崇拜最普遍的是村落公共信仰中的神堂信仰，即将村落守护神供奉于神堂，并举行村落公共祭祀，以祈祷村落的安宁和五谷丰收。最普遍的私人信仰有：星立神、萨丹神、帝释壶、风神、七星神等，满足人们安住宅、保平安、祈丰收、遂心愿等心理需要。

萨满教在朝鲜族历史上一直起着不可忽视的作用。凡信仰萨满教的人，遇生老病死及其他需要得到神灵帮助的事情，或需安抚作祟的神灵，都要请巫堂举行祭神仪式。目前，萨满教巫堂已经绝迹，但其影响仍残留在一些老年人中间。同时，萨满教仪式中的某些部分，被吸收到朝鲜族民间音乐、舞蹈中。

其他如佛教、儒教、基督教、大倧教、天道教等在朝鲜族的经济、文化和生活习俗中也有着一定的影响和作用。

三、朝鲜族的服饰

朝鲜族祖先在纪元前后，开始穿类似北方的胡服。随着与中国的交往不断加强，其服饰在造型上开始受到中国的影响。新罗时期，由于与唐朝极为频繁的交往和密切和睦的外交关系，当时的官服、女服均形成了仿唐风格，袖口和裤管下摆变得宽广。高丽时期，由于受元代服饰的影响，服装的袖口和裤管的下摆又逐渐变窄。李朝时，由于以儒教为国教，因此官服多采用明代服饰。19 世纪 60 年代，朝鲜人北迁我国东北地区形成我国朝鲜族后，其服饰多沿用李氏朝鲜民间服饰，并有日常服、仪礼服(婚、丧、祭礼)、特殊服(舞蹈、农乐)等服饰之分。

朝鲜族女子的传统日常服为短衣、长裙。这种常服不分地位高低、年老年幼，是一般女性的基本服装，一直流行至今。短衣，朝语叫“则羔利”，长度仅及胸部。斜襟，以长布带在右肩下方打蝴蝶结。袖子呈鱼肚形。另外在袖口和衣襟上还镶有色彩鲜艳的绸缎边，系的长布带也多为红、紫、蓝色绸质飘带。长裙，朝语叫“契玛”，有长裙、短裙之分，长裙至脚面，短裙及膝下。其裙又分为筒裙和缠裙两种。缠裙带宽腰带，有许多细褶，长及脚跟，是分衩裙子，穿时把裙子裹一遍后，将其下摆的一段提上来掖在腰带里即成。筒裙是缝合的筒式裙子，上端按腰身打有细褶，并连着一个白布小背心，前胸开口扣纽扣。穿衣时，首先穿衬裙、裙子，然后穿裙子上面的“则羔利”。这种穿衣顺序，是由三国时代开始的，到现今为止，一点未变。

朝鲜族男子的传统日常服为“则羔利”、长裤。男子的“则羔利”较女子的为长，袖口也宽。长裤的特点是裤裆肥大，裤腿宽，裤脚紧。外出时，一般在裤腿下端用布带系结，以示端庄。上面穿坎肩和以布带系结的斜襟长袍。

“波沈”是朝鲜族人穿的传统袜子，用棉布缝成，多为白色。“高木欣”是朝鲜族妇女穿的传统鞋，古时多用木作底，布作帮，形如船，前端回勾跷起。

朝鲜族妇女传统的发式有两种，即已婚女之髻式和未婚女之辫发式。男性头部饰戴的传统冠帽种类繁多。笠帽类有平凉子、草笠和黑笠，防寒帽有挥顶、风遮，冠巾类有幅巾、方冠等。

朝鲜族传统的婚礼服，男戴纱帽冠带，女穿圆衫和婚纱，均为红色。上衣还织有金圆形五爪龙补，其他纹饰则以云纹、风纹为主。腰系织金红色腰带。雍容华贵，极为典丽。

朝鲜族服装的颜色以白色为主，大部分是玉白色和浅青色，故有“白衣民族”之称。这种尚白习俗，自古有之。而今，青壮年男子即使不穿素白衣服，也要在衣襟上镶一道可以经常拆洗的白布边。老年妇女不仅喜着素白衣裙，还习惯用白绒布包头。这不仅体现了朝鲜族爱清洁、朴素的特性，也反映了朝鲜族人敬天思想和顺应自然的民心。“白衣”在朝鲜族百姓心目中成了自身民族的象征。

四、朝鲜族的饮食特点

朝鲜族地区是我国北方著名的水稻之乡，大米因此是朝鲜族的主要食粮。

朝鲜族一日三餐。有时米饭中也掺一些豆类，如豌豆、角豆等。偶尔也做“莴苣饭”，以调口味。莴苣饭是将米饭佐以辣椒酱，包在洗净的白菜、紫菜等菜叶里的一种吃法。农家尤其喜欢这种吃法。此外，朝鲜族还特别喜欢吃打糕和冷面。

打糕是朝鲜族最富民族特色的传统食品，在逢年过节、婚丧嫁娶、宴客祭祀等活动中必不可少。做法是先用洗净泡好的糯米或黄米蒸成饭，然后在木槽或木臼里打成很黏的面团。吃时，用刀将其一块块切下，分层码进碗里，撒上豆面，也可蘸蜂蜜或白糖吃。

冷面是朝鲜族最讲究的主食。其原料是荞麦面和白薯粉，将其压成面条，佐以牛肉、鸡肉、猪肉、蛋丝等，调料是腌的韭菜花、青菜、白菜或黄芽菜等。如今调料种类略有增加，冷面味道酸甜香辣，凉爽筋道，不仅朝鲜人爱吃，汉族和其他民族也很喜欢吃。

朝鲜族传统的食品还有五谷饭、松饼、药饭等。五谷饭是将糯米、小米、高粱米、黏黄米、豆类混在一起，用火焖成的饭。松饼以豆类为主要原料，再拌以芝麻、苏子、栗子、糖等为馅做成的点心。药饭是用糯米拌枣、栗、油、蜜、酱，并蒸调海松子而成。因“东俗谓蜜为药，故蜜饭曰药饭”，旧时此饭多用于供祀，今偶尔也食之。

朝鲜族人爱喝汤，汤是家常饮食中必备的。最常见的是冬季喝的大酱汤和三伏天喝的凉汤。凉汤清凉去暑。

朝鲜族人喜欢吃素。副食品主要有泡菜、海带、桔梗、蕨菜、辣椒酱及各种蔬菜。凉拌的多，很少炒菜。还有一个特点就是每菜必放辣椒末。

泡菜是朝鲜族最富民族特色的传统副食品，以白菜为主要原料。它酸辣适中，清爽可口，在东北、华北一带享有盛誉，备受欢迎。

朝鲜族居住地区依山傍水，特别是物产丰富的长白山，更为朝鲜族采集食用桔梗、蕨菜、木耳等山珍提供了条件。桔梗，不仅是朝鲜族日常生活中的副食品，也是朝鲜族人的药用品。相传，海带有“清淤下奶”之妙用，因此朝鲜族妇女产期多有饮食海带的习俗。把泡好洗净的海带放入煮沸的酱汤中，若与猪蹄一起煮，效果更好。

肉食中，朝鲜族人爱吃牛肉、鸡肉、海鱼，特别是明太鱼等。但最爱吃的还是狗肉，狗肉皮更被认为是一道上等佳肴，且有“三伏天大喝狗肉汤，可大补”的说法。

朝鲜族男子多喜欢饮酒，家里来了客人，一般都要摆席以酒款待。除白酒外，还有民间自酿的“马利格”酒，它比汉族的黄酒稍甜，是乡间最为流行的一种酒。

朝鲜族的炊具和食具也有独特之处。一般每家均为一灶两锅，一锅做饭，一锅做菜或做汤。

五、朝鲜族的社交礼仪

朝鲜族人文雅、礼貌、好客，十分重视礼节。儒家“孝”的思想对朝鲜族影响最为深远。

朝鲜族祖先仁爱礼貌，“其人好让不争”，“行者相逢”往往“皆住让路”。至今，在朝鲜族聚居地区，邻里关系相处非常和睦融洽，大家彼此互相帮助，并有民族自豪感。

尊老，是朝鲜族最具民族特色的风尚。讲话时晚辈对长辈必须用敬语，平辈之间初次见面也用敬语，以示敬意。饮酒、吸烟父子不同席，晚辈不在长辈面前喝酒、吸烟，无法回避时，晚辈背席而饮，以示尊敬。路遇亲戚长辈时要恭候请安并让路。吃饭时，先给老人和长辈盛饭上菜，并给老人设单人席桌，媳妇或儿女恭敬地把饭菜端到老人面前，等老人、长辈举匙子后全家才能就餐。

陪客人吃饭时，如果主人先把匙子放下，便是失礼。节日的饮食，不管多少，多与邻居分尝。

六、朝鲜族的传统节日

朝鲜族的五大传统节日有元日（春节）、上元（元宵节）、寒食（清明）、端午、嘉俳（秋夕）等。在节日里，除做节日饮食外，还根据节日的季节特点，组织各种游戏和体育活动，以此娱乐。春节是盛大的传统节日。破晓前祭祀祖先，然后向老人叩首拜年，早饭后再向全屯老人拜年。男人喝“屠苏酒”，以求“除邪长生”。白天按自然屯分组进行拔河比赛。青少年打“石战”，姑娘和妇女们跳板，儿童们放风筝。晚上男女老少分别玩“栖戏”，往往通宵达旦。上元节，吃药饭或五谷饭，早晨还喝“聪耳酒”（可使人耳聪目明）。晚上登山“迎月”。寒食节约在清明节或清明节后一日，各家纷纷前往祖先的坟地扫墓，进行祭祀活动。同时给墓地添土，并在周围植树。端午节吃松饼或艾糕。嘉俳日（农历八月十五日），人们怀着喜悦的心情，杀猪宰牛，庆贺丰收，感谢神祖保佑。

此外，还有婴儿周岁、回甲（六十大寿）、归婚（结婚六十周年纪念日）三个家庭节日。每逢后两个喜庆日，子女、亲友、邻居都要向老人祝福、祝寿。老人节时在农历九月九日，是专为老人祝福的节日。小孩过“百日”也有庆贺之举，百日那天做打糕，由近亲庆贺，并照百日纪念照。

思考题

1. 简述满族的形成过程及其分布情况。
2. 满族的宗教信仰如何？
3. 为什么满族人忌吃狗肉？
4. 满族人的服饰和他们的生产生活有何联系？
5. 在和满族人的交往中，应该注意些什么？
6. 我国的朝鲜族怎样发展而来？
7. 朝鲜族尚白的原因和表现有哪些？
8. 朝鲜族的宗教信仰有哪些内容？
9. 在和朝鲜族人的交往中，应该注意些什么？
10. 朝鲜族有什么与汉族不同的节日和纪念日？

主要参考书

1. 田晓岫编：《中华民族》，华夏出版社，1991 年。
2. 施联珠编：《满族风俗志》，中央民族学院出版社，1989 年。
3. 张碧波、董国尧编：《中国古代北方民族文化史（民族文化卷）》，黑龙江人民出版社，1993 年。

第三章　蒙古族、藏族民俗

学习目的

●了解蒙古族、藏族的源流及分布
●熟悉蒙古族、藏族的特点
●掌握蒙古族、藏族的主要民俗

基本内容

●蒙古族、藏族的形成及人口分布
●蒙古族、藏族的信仰
●蒙古族、藏族的服饰
●蒙古族、藏族的饮食特点
●蒙古族、藏族的社交礼仪
●蒙古族、藏族的传统节日

第一节 蒙古族民俗概要

一、蒙古族的形成及人口分布

北国草原游牧民族——蒙古族有着悠久的历史。蒙古族始源于古代望建河(今额尔古纳河)东岸一带的古老部落。见于新旧《唐书》的"蒙兀室韦"中的"蒙兀",是"蒙古"一词最早的汉文译名。"蒙古"原先只是蒙古诸部落中的一个部落的名称,后来逐渐成为这些部落的共同名称。额尔古纳河东岸一带,是蒙古族的历史摇篮。大约在公元 7 世纪,蒙古部落开始向西部蒙古草原迁移,到 12 世纪已经散布在今鄂嫩河、克鲁伦河、土拉河等三河的上游和肯特山以东一带,分衍出许多部落,并逐渐结成以塔塔尔为首的联盟,称雄一时。"塔塔尔"或"鞑靼"曾一度成为蒙古草原各部的通称。13 世纪初,以成吉思汗为首的蒙古部落统一了蒙古地区诸部以后,逐渐融合成为一个新的民族共同体。"蒙古"也就由原来一个部落的名称变成为民族名称。从此,中国北方出现了一个强大、稳定和不断发展的民族——蒙古族。

统一的蒙古建立后,它统辖的漠南、漠北地区概称为蒙古地区。此地区各个部落的居民,统称为蒙古人。忽必烈任蒙古大汗时,建立了元朝,结束了唐末、五代以来辽、宋、金等长期并立和相互争夺的局面,基本上奠定了中国统一的多民族国家的版图。元朝灭亡后,蒙古族与明朝之间保持和平关系,开设互市,发展贸易,促进了蒙古族经济的发展。清朝建立后,历经一个半世纪统一了蒙古各部,并根据同蒙古族长期接触的政治经验,制定了一系列统治蒙古族的政策。在清代大一统局面和汉族先进经济的影响下,蒙古族经济有了一定发展。近代以来,蒙汉人民对外共同斗争,对内共同发展。1947 年内蒙古自治区成立。中华人民共和国成立后,蒙古族实现了民族区域自治,真正享有了当家作主的权利,成为国家和自己民族的主人。

蒙古族主要聚居于内蒙古自治区和新疆、青海、甘肃、黑龙江、吉林、辽宁等省区的蒙古族自治州、县;其余散居于宁夏、河北、四川、云南、北京等省、市、区,有 581.3 万余人(2000 年)。该族使用的蒙古语,属阿尔泰语系蒙古语族。现在通用的文字是13 世纪初用回鹘字母创制的,经过本民族语言学家多次改革,已经成为规范化的蒙古文。

二、蒙古族的信仰

“东蒙无处不建庙,祭天祭火祭敖包”,这是蒙古族宗教信仰的真实写照。蒙古族主要信奉喇嘛教,但由于该族分布很广,在国内多与其他民族杂居,因而也有少数人信仰天主教、伊斯兰教以及道教等。

喇嘛教即藏传佛教,为中国佛教的一支,形成于10 世纪左右。喇嘛是藏语音译,意为“上师”或“上人”,是该教对高僧的尊称。喇嘛教在元朝开始传入蒙古族,历经几百年,逐渐成为大多数蒙古族人的共同信仰。在喇嘛教最盛的时期,蒙古族几乎家家都供有佛像,朝夕膜拜,绝大多数人都佩戴护身佛。蒙古族地区的宗教活动中心是各地的喇嘛寺院。人们的宗教生活,除了在家中敬佛、祀佛外,主要是到寺庙礼佛、拜佛。每逢庙会寺院都要举行隆重的佛事活动。如百灵庙,每年夏历六月十四日至十六日,都要举行三天规模盛大的喇嘛“禅木”活动。“禅木”是梵语,汉译为“跳鬼”,其意义是禳除不祥,预祝平安。每当此时,各地牧民来敬佛赶会者如云汇集,有的全家扶老携幼,赶上牲畜,坐着勒勒车,从遥遥数百里外赶来,给寺庙“布施”供品,磕长头,点酥油灯,希望得到佛爷的保佑。

祭敖包也是蒙古族每年重要的信仰活动。敖包用石头、沙土或树木堆成,最初是道路和境界的标志,起着辨别方向和行政区划的作用。后来随着宗教的传播,敖包就成了家乡、祖先的标志,并被认为是氏族保护神所居和享祭的处所。每年六、七、八月,是草原上水草丰富、牛羊肥壮的大好季节,祭敖包就于此间举行。祭祀仪式大致有血祭、酒祭、火祭、玉祭四种。无论哪种祭法,都要请一些喇嘛来焚香点火,诵经念咒,官民也要一起围着敖包,从左向右走三圈,祈神降福。参加祭祀的青年男女往往借此机会登高游玩,相互追逐,诉说衷肠。电影、小说中的“敖包相会”描写的就是这种情景。

三、蒙古族的服饰

由于蒙古族历史上就生活在高原地区，过着游牧生活，所以他们的服饰以御寒的皮件为多。蒙古族传统民族服饰为大襟长袍（俗称蒙古袍）、腰带（蒙古语为“布斯”）和高筒皮靴（俗称蒙古靴）。男子喜戴蓝、黑色帽子，通常在腰带的两边佩挂吃肉用的刀，有的还挂火镰、鼻烟壶等，俗称“三不离身”。女子喜用红、蓝布缠头（蒙古语为“卡里”）。有的地方女子喜欢穿坎肩（蒙古语为“乌吉”）。蒙古袍、蒙古靴、帽子为蒙古族服饰的主要部分，坎肩、腰带是独具民族特色的服饰构件，而“三不离身”、喜带头饰是蒙古族男女长期形成的一种佩戴习俗。

为适应高寒地区的气候，蒙古族男女老幼都喜欢穿长袍，袍料为皮、布、绸缎、呢子和氆氇等。各式袍子兼有衣服和被子的作用，讲究袖长、肥大、宽敞，下端左右不分衩，白天穿着温暖，夜间盖着舒适。袍子的领口、袖口、襟摆沿边，常用各色布条、花边、刺绣边、彩色线装饰点缀，尤其讲究镶一指宽的水獭皮边。袍子的颜色，因人而异。袍子的款式和领条也因人而别。男袍为大斜襟、大领条，少女袍为方襟、方领，成年女袍为小斜襟、方领子。冬春秋三季，人们都离不开皮袍。

蒙古族的靴子分布靴和皮靴两种。布靴用厚布或帆布制成，穿起来柔软轻便；皮靴用牛皮、马皮或骆驼皮制成，结实耐用，便于防寒防水。而在式样上，最受牧民欢迎的还是不利阿耳和马海两种靴子。不利阿耳靴是用贴花的方法，在靴子上缝缀盘肠等各式图案，美观素雅，独具特色。马海靴一般用布料制成，其式样美观灵巧，穿用舒适。这两种靴子不仅舒适耐穿，而且是一种非常美观的工艺品。

帽子分为冬帽和夏帽两种。男式冬帽为平顶双层圆形，内层为棉布，外层为白羔皮，天冷时羔皮翻下来遮脸遮耳。男式夏帽为平顶圆形夹帽，内衬棉布，外附平绒等面料。女式专用帽是圆锥形高尖帽，尖端有红穗子，帽檐是白色胎羔皮，环周檐。

坎肩是鄂尔多斯蒙古族妇女特有的服饰，分长短两种，一般用色彩鲜艳的绸缎缝制而成，镶上彩色的花边，十分漂亮。早先，女子嫁衣的外罩就是这种前后四开襟的长坎肩，是礼节性场合必穿的礼服。

蒙古人的腰带及扎腰带的方法十分讲究，腰带不仅是男子服饰中必不可少的组成部分，也是未婚女子的主要装饰。蒙古族俗称男子为“布斯台浑”，意为“扎腰带的人”。已婚妇女不扎腰带，称“布斯贵浑”。腰带有的是布料，有的是绸缎，其颜色讲究要与袍子相协调。袍上束腰带不仅是为了防寒保暖，而且为在骑乘时以此保持腰部垂直稳定。

蒙古族不论男女多用紫红色布缠头，名曰“卡里”。女人用的卡里冬长夏短，长卡里除缠头外还用来遮脸。

四、蒙古族的饮食特点

“天苍苍，野茫茫，风吹草低见牛羊”的诗句将天高云淡、绿草无垠、牛羊遍野的草原风光展露无遗。长期的草原游牧生活使蒙古族的饮食独具民族特色。

蒙古族饮食相当丰富，种类大致有四，即茶食、粮食、奶食和肉食。

茶食在蒙古族人民的生活中占据很重要的地位，是必不可少的饮品，尤其是在夏、秋两季，不少人更是多饮茶、少吃饭。茶食分为淡茶、奶茶、酥油茶和油茶。淡茶是在熬得很淡的茯茶水里，加入少量的姜片、草果和食盐；奶茶是蒙古族酷爱的饮料，蒙古族牧民的一天就是从喝奶茶开始的；酥油茶是将少许酥油放入碗里，用烧沸的淡茶一冲即成；油茶是将适量的动物油置锅内熬好，加入适量小米，炸黄，再放少许面粉，微黄时，冲上淡茶而成。

炒米，也叫蒙古米，是蒙古族的主要食品之一，系用糜子米经蒸、炒、碾等工序加工而成。炒米的吃法有好几种。内蒙古有句俗语“暖穿皮子，饱吃糜子”，充分说明炒米在蒙古族生活中的重要地位。

奶食，蒙古语叫“查干伊德”，是纯洁、吉祥的意思。奶食分食品和饮料。食品主要有六种：一是白油，二是黄油，三是奶皮子，四是奶豆腐，五是奶酪，六是奶 。饮料除奶茶外，还有酸奶和奶酒。奶酒也叫马奶酒、蒙古酒，有驱寒、活血、舒筋、补肾、消食、健胃等效用。

羊肉是蒙古族人最普通最爱吃的食品。羊肉的吃法不下几十种，最负盛名的有“手扒羊内”、“全羊大席”等。除羊肉外，牛肉、鹿肉、兔肉、野羊肉等也是蒙古族人喜爱的肉食。

蒙古族同胞热情而好客，尤其是接待远道而来的尊贵客人时，不但颇讲规矩，而且待以尚宴，最著名的两种尚宴即“全羊大席”和“八珍肴”。

全羊大席最早出现于元朝。清康熙年间，清圣祖玄烨曾为外藩王公举行过全羊席。清代袁枚《随园菜单》中有“全羊法七十二种”的记载。全羊席是以一体之物，烹制七十余种甚至上百种形色不同、口味各异的菜肴。所制菜肴的名称也很讲究，而且每菜都不露“菜”字。如以羊眼睛做的菜，名为“玉珠顶”；羊脑，名为“烩白云”；羊肚，名为“素菊花”；蹄筋、骨髓合烧的菜，名为“蜜汁髓筋”。其他还有：樱桃红腐、清炖百合、五香兰肘、吉祥如意、满堂五福等。不仅菜名高雅、菜品丰盛，而且配料讲究，烹艺精湛。煎、炒、烹、炸、爆、煮、蒸、烩各种烹调方法皆有，色、形、味俱佳。全羊席上菜时也有一定顺序，诸菜要以羊菜为首菜，上桌菜品按四四编组。

蒙古八珍即八种珍肴，是“醍醐、麆沆、野驼蹄、鹿唇、驼乳、麋、天鹅炙、元玉浆”的总称。醍醐，是从牛奶中提炼出的精华。麆沆，系獐的别称，獐肉在内蒙古食谱中被列为高级食品。野驼蹄，即骆驼之蹄，营养丰富，与熊掌齐名。鹿唇，是犴达犴的唇肉。驼乳，是滋养身体的名贵补品。麋，即麋鹿。天鹅炙，即烤天鹅肉。元玉浆，是马奶子的雅称。八珍是由专任“亲烹饪奉饮食”的人——博尔赤（蒙古族厨师的尊称）做的，原本是元朝蒙古大汗每年六月三日驿马宴，八月马奶子宴上的“御膳”，也是蒙古大汗赏赐群臣的一种荣誉。今天，八珍肴以其独特的风味吸引着国内外游客。

五、蒙古族的社交礼仪

“没有羽毛，有多大的翅膀也不能飞翔；没有礼貌，再好看的容颜也被人耻笑。”这句广为流传的谚语生动地说明了蒙古民族是一个非常讲究礼貌的民族。“长者为尊西为大，敬烟敬茶献哈达”即是蒙古族礼貌好客的真实写照。

蒙古族牧民对来客，无论是熟人还是生人，一见面先是热情问候：“他、赛吉、百势！”意即你好。随后，主人把右手放在胸前，微微躬身，请客人进蒙古包，全家老少围着客人坐定后，便煮奶茶招待。在喝了奶茶之后，慷慨大方的主人又把香甜的黄油、醇香的奶酒、酥脆的油炸子和奶皮、炒米、奶酥以及独具草原风味的“手扒羊肉”，一一摆在客人面前，请客人痛饮饱餐。主人若对客人表示特别敬意，常把奶壶、酒壶托在哈达上端出来。蒙古族把酒看作是食品的精华，敬酒是表示对客人的欢迎和尊敬，有时还唱一些表示欢迎和友谊的歌曲来劝酒。客人接杯畅饮，主人格外高兴。他们认为对客人的招待，持小气吝啬的态度是看不起人家的表示，对客人的食宿也不取酬谢。当客人告别的时候，常常是举家相送，指明去路，并一再说：“白日太！”意即再见，或“白日太，乌查热亚！”意即希望我们愉快地再相见，“阿木日、赛音、雅巴！”意即祝你一路平安。

哈达是藏语音译，常在迎送、馈赠、敬神、拜年以及喜庆时使用，以表示敬意和祝贺。这种礼节由来已久，据《马可·波罗游记》中所写，蒙古族“过年过节时，都相互用金、银、玉石做的礼品同白色绸布一起捧献”。哈达，有的是布做的，有的是绸或帛做的；颜色多是白色，也有黄色、浅蓝色的；长短不等，一般在二至五尺左右，两端有拔丝，约为半尺许，也有丈许或更长一些的，不过只用于献佛。哈达在不同的情况下，代表着不同的意义。如节日之际，人们互相敬献哈达，表示大家共同庆贺佳节，祝愿节日愉快，身体健康，生活幸福；举行婚礼呈献哈达，是祝愿新婚夫妇恩爱似海，白头偕老；在迎接贵宾时奉献哈达，表示对远方来客的热烈欢迎和最崇高的敬意；佛法圣会上向活佛敬献哈达，作为敬谒礼品，以示对活佛的无限敬仰和信教的一片赤诚之心，也希望菩萨保佑，万事吉祥如意；在举行葬礼时敬献哈达，表示对死者的沉痛哀悼，和对已故者亲属的莫大安慰。献哈达的方式也十分讲究。献哈达者必须将哈达叠成双楞，并把双楞的一边对着客人，鞠躬俯首，双手奉献，以示恭敬。通常在给活佛及长辈献哈达时，一般要求鞠躬九十度，双手捧哈达必须过头顶，同辈之间相互赠献哈达，弯腰幅度就没有那么大了，只要把哈达呈送到对方手掌或手腕上即可。对晚辈或下属赠献哈达，可以将哈达搭在对方肩上，或双手递于对方手臂上即可。对于这种世代相传的习惯，人们总是看得至高无上。接受的人也是同样的姿态，同样的情感。

递鼻烟壶是蒙古族的又一传统习俗，它同汉族人的握手、西方人的拥抱一样，是普通的相见礼，以表示敬意、友好。在蒙古包里做客，殷勤好客的主人，常常要拿出一个小瓶样的精致小壶，敬给客人闻嗅，这就是装着鼻烟的鼻烟壶。鼻烟壶，一般为一立方寸大小，小巧玲珑，形式多样，有的像小梨，有的像小桃或小柿。壶上的图案，绚丽多彩，有飞龙奔马，奇珍异兽，也有摔跤射箭或翩翩起舞的人像。壶的质料不等，贵重的有用玛瑙、翡翠、琥珀制作的，还有用金、银、铜等金属制作的。壶内装的是带有香料的烟粉，也有装药品的，嗅一下可以提神。鼻烟壶通常装在一个长六七寸、宽四五寸的绸缎袋子里。袋子外面绣着美丽的图案，经常佩在腰间。牧民们若能得到一个漂亮的鼻烟壶，则视为珍品保存。递鼻烟壶也有一定的规矩，如果是同辈相见，要用右手递壶，互相交换，或双手略举，鞠躬互换，然后各自倒出一点鼻烟，用手指抹在鼻孔处，品闻烟味，品毕再互换。如果是长辈和下辈相见，要微欠身，用右手递壶，下辈跪一足，用两手接过，各举起闻嗅，然后再互换。

彼此装烟是蒙古族的另一独特礼节。客人入蒙古包后，主客寒暄相问："玛拉、赛音努！"意即牲畜好吧！"木日、门！"意即全家平安吧！如已有先来的客人，客与客无论认识与否，也同样这样相问。然后客人取出烟袋说："塔玛哈、嗒嗒！"意即请吸烟。主人边答应边用客人的烟袋装自己荷包中的烟，点火后，用布擦烟嘴，以双手或右手递给客人；客人接受以后，也同样取主人的烟袋，装自己的烟，点火后送主人。

口利，亦称"口到"，是蒙古族宴会风俗。客人进入蒙古族人家中，主人以酒和奶酪等食品待客时，必须自己先喝，然后奉客，或者客人接酒后先请主人饮一口，此谓"口利"。此俗相传已久，原有防毒之意，而今天已经变成尊客敬友的美俗。

问好请安是必不可少的见面礼。同辈相遇都要问好，遇到长辈则首先请安，如果骑在马上要先下马，坐在车上要先下车，以示尊敬。男子请安，单屈右膝，女子请安则屈双膝。无论何人，对比自己年龄大的都称"您"。走路、上车、进门、入座、喝茶、吃饭、喝酒，一定让老人或长辈领先。在老人或长辈面前，年轻人都说话客气，恭恭敬敬。蒙古族人民酷爱文化科学知识，所以历来尊敬教师，看到老师来了，老远就打招呼，对教师常作为贵宾招待，此风至今未减。

蒙古族很重视命名，名字内涵丰富，寓意深刻，常常表达人们对人生的美好祈盼和祝福。蒙古尚白，白色代表纯洁、吉祥，具有丰富、平安之意。反映到人的名字上，用“察罕”（白）为人名的很多，如察罕帖木儿、察罕不哈、察罕巴拜等。蒙古族也喜欢用“结实”来命名，如巴图拔都、八都、伯秃等，均含结实之意。也有以喜庆之意来命名的，如巴雅尔、伯牙台等。还有以金属为名的，如索罗（钢）、铁木儿（铁）等。此外还有以祝福来命名的，如那苏图（长寿）、伯颜图（有福分）。为了表示低贱，不引起鬼神注意，不受疾病的侵害，还以不雅之词来命名。蒙古族人名之后常有一个结尾词，男性的名字往往有台、特、带、解等，其意义相当于汉语“有”或“的”。女性的名字后面往往有各种含义的词，如哈儿八真（温和）、哈剌真（瞭望）等。

在蒙古族的礼俗中，还有一些不成文的禁忌和规矩。比如：骑马、坐车到牧民家里做客，接近蒙古包时，就要轻骑、慢行，以免惊动畜群。骑马的鞭子，在进蒙古包前要放在门外，若带入包内，则被看作对主人的不恭。进门从左边进，入包后在主人的陪同下坐在右边，离包时也要走原来的路线。出蒙古包后，不要立即上车上马，要走一段路，等主人回去了，再上车上马。凡蒙古包后面通常立着一根光溜溜的木头杆子，蒙古族对这根杆子十分敬重，平时不仅不准外人随便走近它，更不许任何人随意动摇它，把它作为苏武当年留在身边的节杖的象征以表示对苏武的感激和纪念。主人躬身端来奶茶，客人应欠身双手去接。旧时包内的西北角为供佛的地方，睡、坐时脚不能伸向西北方。不能用烟袋或手指人头。锅灶不许用脚踩碰，不能在火上烤脚，否则等于侮辱灶神。蒙古包里若有了病人，便在包前门的左侧缚一条绳子，把绳子的一头埋在地下，表明主人不能待客，来访者就不应进门。此外在生活习俗方面的禁忌有：吃肉时须用刀，给人递刀时，忌刀尖冲接刀者。忌用碗在水缸、锅中取水，忌碗口朝下扣放。忌从衣、帽、碗、桌、粮袋、锅台、井台上跨过。忌乱摸乱动有宗教意义的法器、经典、佛像等。敖包上的石头、树枝忌随便拿下。“白为纯洁九吉数，崇鹰恨蛇爱犬马”反映了蒙古族的好恶。蒙古族喜爱的颜色是白色。在饮食方面，人们最喜欢吃的“查干依德”就是“白食”，也就是奶制品。在衣着方面，喜欢穿雪白的皮袄。在居住方面，常以住进一座崭新的白色毡包而自豪。他们把鹰看作是刚毅、勇猛的象征，把蛇看作是毒辣丑恶的象征，认为马是力量、胜利的象征，犬是忠诚、信义的象征。客人来，狗就叫，客人不能打狗，打狗会犯禁忌，遭到主人冷眼相待。

六、蒙古族的传统节日

蒙古族以春节为上节。古代，蒙古族把春节视为“白节”，把农历正月视为“白月”。据说这和他们吃奶多有关。奶食是洁白的，于是，白色被蒙古族视作吉利的颜色。节日前，家家户户要打扫房屋，贴门联、年画，缝制新衣，买糖打酒，制作各种奶食，经济条件好的人家还杀猪宰羊。大年三十，居住在草原上的牧民，全家围坐一起，吃“手抓肉”。晚上“守岁”时，全家老小围坐短桌旁，桌上摆满一盘盘香喷喷的肉、奶食品及糖果、美酒。饭后有各种娱乐活动。有的去亲友家拜年做客，互赠哈达礼品。青海省的蒙古族，在年三十，必须人回家、畜归厩，换上新衣隆重地敬天、敬地，然后合家团聚，吃手抓羊肉、饺子，喝酒。初一大早，男女盛装，给亲友、长辈拜年，互赠哈达。初二居家不出。初三起，相互走访拜年，开展文娱活动，互致节日贺词：“献上哈达，献上爱心，祝愿新年皆顺心。”

麦德尔节又称“麦德尔经会”，是蒙古族的宗教节日，大都于农历正月或六月举行，具体日期各寺庙不尽相同。麦德尔是佛教菩萨的名称。麦德尔经会是蒙古族地区喇嘛庙中的重要宗教活动。每逢节日，喇嘛们除在麦德尔像前焚香燃灯、诵经祈祷外，还要举行盛大的跳神活动。目的是禳除不祥，祈求平安。届时，各地农牧民扶老携幼，从四面八方纷纷赶来赴会。有的倾其所有，布施献供，以求麦德尔神保佑全家平安，人畜兴旺，五谷丰收。随着时代的发展，麦德尔节的内容发生了很大变化。现在烧香敬神的农牧民已不多，而是欢聚在一起，唱歌跳舞，彼此互祝新的一年里身体健康，万事如意。

鲁班节，又称鲁班会，是云南省南部通海县城一带蒙古族的节日，于每年农历四月初二举行，为期两三天。这里的蒙古族修建的房屋不仅造型别致、美观，而且经久耐用，颇受远近各族的称赞，被人们誉为云南的“建筑之乡”。为了纪念和庆祝在土木建筑方面取得的成就，他们就把鲁班向徒弟赠送“木经”的日子农历四月初二定为鲁班节。每逢这天，外出修建的泥、木、石、瓦等工匠，无论路途远近都要按时赶回家里来欢度节日。

那达慕大会又称“那雅尔”，蒙古语音译，意思是娱乐、游玩。是蒙古族盛大的传统节日，每年农历七八月间，在牧草繁茂、牲畜肥壮的季节里举行。会期根据那达慕大会的规模而定，有的三五天，有的六七天不等。那达慕大会一般与祭敖包同时举行，因此，又有“敖包那雅尔”之称。“那达慕”在蒙古族人民的心目中，是古老而神圣的。它有着悠久的历史。最早记载“那达慕”活动的是1225年用畏兀尔蒙古文铭刻在石崖上的《成吉思汗》铭文。元、明两代，射箭、摔跤、赛马比赛结合在一起，形成男子三项比赛的固定形式。到了清代，逐步变成定期召集的有组织的游艺活动，其规模、形式和内容较前均有发展。会上，不仅有勇猛顽强的摔跤，惊险动人的赛马以及令人折服的射箭，还有争强斗智的棋艺，引人入胜的歌舞。如今，那达慕大会已成为蒙古族喜闻乐见、踊跃参加的具有民族特色的体育、娱乐、物资交流的隆重集会。

马奶节是内蒙古自治区锡林郭勒部分地区蒙古族牧民庆祝收获的盛大节日，每年农历八月末举行，为期一天。农历八月，是黄金季节，到处牛羊欢叫、骏马嘶鸣。牧民们为了祝愿健康、幸福和吉祥，以洁白神圣的马奶命名这个收获的节日。庆祝节日的大会开始时，先由主持人向客人及蒙医敬献马奶酒和礼品，祝大家节日愉快，然后在人们轻声哼出的歌声中，朗诵马奶节的献词，接着琴师们便拉起扎有彩绸的马头琴，歌手则纵情唱起节日的献歌。随后举行赛马活动。参加比赛的骏马，全是二岁的小马，它象征着草原的兴旺和蓬勃，也唤起了人们对马奶哺育的感激之情。

第二节 藏族民俗概要

一、藏族的形成及人口分布

藏族发源于西藏境内雅鲁藏布江流域中游地区。据汉文史籍记载，藏族属于两汉时西羌人的一支。当时甘青一带西羌诸部已与汉朝发生密切的政治经济联系，而西藏有“发羌”、“唐牦”等部，与甘青诸部已有往来。据藏文史籍记载，吐蕃王室的始祖崛起于西藏山南地区雅隆河谷，为“六牦牛”部的首领，在松赞干布以前已传二十余世。隋末唐初，“悉补野”部的松赞干布兼并诸族部，统一了西藏地区，定都逻娑(今拉萨)，臣民共进赞普(王)尊号。松赞干布始制藏文、藏历，创制法律、度量衡，分设文武各级官职，划分全境为四大军政区域，在西藏建成自称为“蕃”、汉籍作“吐蕃”的奴隶制王朝。松赞干布在发展政治、经济建设的同时，引进唐朝先进的封建文化，佛教也于此时正式传入吐蕃。

松赞干布以联姻促进吐蕃与唐朝关系的发展。贞观十五年(641年)唐太宗以文成公主出嫁松赞干布，唐蕃之间友好往来与日俱增。松赞干布一生为藏族各部的统一与发展，为促进吐蕃与唐朝关系的建立与加强，作出了卓越的贡献。自松赞干布以来两个世纪唐蕃关系的发展为西藏成为中国不可分割的一部分、藏族成为中国诸多民族中的一员奠定了历史的基础。

藏族分布于辽阔的青藏高原，主要聚居在西藏自治区，以及青海省的海北、黄南、海南、果洛、玉树等藏族自治州和海西蒙古族藏族自治州，甘肃省的甘南藏族自治州和天祝藏族自治县，四川省的阿坝、甘孜两个藏族自治州和木里藏族自治县，云南省的迪庆藏族自治州，人口为541.6万(2000年)。该族所用藏语属汉藏语系藏缅语族藏语支，分为卫藏方言、康方言、安多方言三种主要方言。藏文是参照梵文某些字体于公元7世纪前期创制(后经三次修订)，为自左向右横写的拼音文字，通用至今。

藏族为汉语称谓,该族自称为“蕃”(bod)。此外藏语对居住在不同地区的藏族人有不同的称谓:居于西藏阿里地区者自称为“兑巴”,后藏地区藏族人自称为“藏巴”,前藏地区藏族人自称为“卫巴”,居于西藏东境和四川西部的藏族人自称为“康巴”,西藏北部及川西北、甘南、青海的藏族人自称为“安多娃”。“巴”、“娃”藏语意为“人”。前、后藏地处雅鲁藏布江河谷,为藏族主要的农业人口聚居区;康区以游牧为主,也有一些较大的农业区;安多区虽有小块农业区,但主要是纯牧区。藏族农区人口与游牧区人口大体相当。

二、藏族的信仰

藏族普遍信奉喇嘛教。喇嘛教即藏传佛教,是公元10世纪左右在佛教教义的基础上、杂糅了西藏原有宗教苯教的某些形式而形成的一个新的佛教宗派。“喇嘛”是藏语的音译,汉语意为“上师”或“上人”。

初到西藏的人,感受最深的便是西藏浓郁的宗教气氛。这不仅表现在八角街大昭寺门前每时每刻都有虔诚的信徒在那里磕头,而且还表现在随处可见、迎风飘扬的经幡上。古老而富有神秘感的八角街(八廓街),长三里、宽三丈,两旁是老式藏房,街心的巨型香炉,昼夜烟火弥漫,享有“圣路”之称。拉萨群众几乎每天都要沿着八角街环绕大昭寺三圈,信徒们循顺时针方向,口念六字真言“唵嘛呢叭咪吽”(意为“阿!愿我功德圆满,与佛融合”),脚下不停地走动。大昭寺门前虔诚的信徒磕长头,无论是烈日当空,还是风雪弥漫,从未空过。常常是数十人同时在磕长头,后面还有些人静静等候着。没有拥挤,没有争吵,只有木板或纸板贴着地面滑动的唰唰声。藏民的信仰与崇拜还体现在随处可见的经幡上。经幡是一种印在布上的版画作品,它不仅具有宗教意义,而且有艺术价值。经幡艺术的内容颇为丰富,有历辈高僧、贤圣的传记画、肖像画,还有的表现佛经中的故事和传说。经幡挂在屋顶、山头、大树、桥梁、佛塔寺院,起初为白色,后来发展到红黄蓝白紫绿等多种色彩,形状从正方形扩大到长方形、大宽条等。在拉萨,家家户户的房屋、帐篷上到处挂着各色经幡,可以说,凡是有藏族人的地方就有经幡。

三、藏族的服饰

藏民服装基本特点是肥大、右襟、宽腰、长袖。男子内穿白或红、绿绸、布制成的立领右衽衫,外罩宽松的缅襟长袍,右襟系带,下穿长裤。冬季,头戴长檐毡帽。妇女夏天穿着无袖长袍,腰间系一条色彩艳丽的条纹围裙“邦单”。冬天,则穿与男子相同的服装,头戴无檐毡帽。牧区和农区的差异主要表现在衣着的质料和制作的不同上。牧区以皮毛为主,农区则以羊毛织成的氆氇为多。无论男女为了行动方便,穿衣时均习惯于右袖拉下掖入红、绿条格相间的腰带内,脚蹬氆氇长靴或牛皮靴。女子喜戴由珠宝、金银、玉石、松石、料器等制成的琳琅满目的首饰。譬如,女子头顶缀“巴珠”,发辫饰银币,胸前挂“格乌”,腰间佩长串银币、腰刀、火镰等。男女均蓄发结辫,男子编成独辫盘于头顶或剪短如盖,妇女成年后梳双辫或多辫。藏族服饰具有色彩对比强烈的特点,图案多以坚定有力的条纹构成,从中也衬托出藏人的粗犷、坚毅的禀性。以藏袍、藏靴为主要组成部分的藏装是其传统服饰,围裙(“邦单”)、头饰(“巴珠”)是独具民族特色的服饰构件,而男女蓄发、“珠宝满衣着”是藏族长期以来形成的服饰佩戴习俗。

藏袍是藏族的传统服装,特点是大襟、长袖、肥腰、无兜。由于适应青藏高原寒冷期长的气候特点和“作息一袭衣”的游牧生活方式,这种服装式样几乎历经千年基本没有变化。

藏靴种类很多,名目不一,它是高原草地特殊的地理气候条件和生产生活条件下的产物。藏靴皆为直楦,不分左右,夜间护理牲畜穿着方便。穿上藏靴走路时不沾沙而省力,底子穿破后可以换。由于藏靴具有牢固耐穿、美观大方、御湿保暖、行走舒适的特点,所以深受藏民喜欢。

“邦单”是一种藏族围裙,是藏族妇女喜爱的衣物之一,也是藏族妇女的标志。它具有织法独特、色彩明快、美观大方的特点。在使用上,各地习惯有差别。拉萨地区只许已婚妇女扎束,而在日喀则地区,女孩从小就可系用。现在的藏族妇女已普遍使用这种装饰品。“邦单”种类很多,最好的叫“斜玛”,一般的叫“布鲁”。西藏山南贡嘎县杰德秀镇生产围裙已有五六百年的历史,被誉为“围裙之乡”。

“巴珠”是藏族妇女头饰。主要有两种式样，一种略呈三角形，流行于前藏一带；另一种呈弓形，流行于后藏。在节日或喜庆的日子里，妇女戴上“巴珠”，显得漂亮大方，独具民族特色。

“贡布服”是在贡布地区流行的一种服饰，流传时间可以追溯到六七百年前。它始终未被其他奇装丽服所代替，是因为其特殊的来历。据说是为了纪念一个受藏人爱戴的藏王吉布，几位老阿妈根据吉布遗体一针一线缝制成袍衣，并取名为“贡布服”。随着星转斗移，日月交辉，“贡布服”在民间逐渐流行。“贡布服”无领无袖，下幅分作前后两摆，好像裙子一样垂至膝盖，衣襟、衣袖口和下摆的衣沿均镶着金边，古色古香，构成了贡布地区藏族同胞独特的民族服饰风格。

四、藏族的饮食特点

藏族的饮食习俗因所居地不同而各异。农区以青稞面做成的糌粑为主食，牧区以牛羊肉为主食，但都喜欢喝青稞酒、酥油茶，吃糌粑，这是独具特色的藏族传统食品和饮品。为叙述方便，仍按四大种类介绍，即茶(酒)食、粮食、奶食和肉食。

茶(酒)食在藏族人的生活中占据很重要的地位，是藏族同胞一年四季早、中、晚离不开的饮料。藏族有句俗语：“饭可以一天不吃，茶却不能一天不喝。”可以说任何民族嗜茶之习都无法与藏族同胞相比，他们把茶和幸福连在一起，正如歌中唱道：“男女老幼聚集在帐房里，帐房里有茶就更有幸福。”藏族茶(酒)食主要有奶茶、酥油茶和青稞酒。

奶茶是藏族民间常用饮料。制作过程是先将大茶放在锅中或茶壶里熬煮，当茶水煮成赤红色时，用特制的漏勺捞去茶叶末，加入牛奶煮沸即成奶茶。饮用时加入少量食盐，会使其味道更加鲜美。奶茶有提神清脑、解除倦乏、生津止渴、滋润咽喉等作用。藏民多食糌粑和手抓羊肉，喝上几碗奶茶，不但有消食化腻的效力，还能保证一天之内不会出现饥渴之感。常饮用奶茶，还可以弥补长期吃肉食引起的维生素缺乏症。奶茶也是藏民招待宾客的常备饮料，无论是亲朋好友，还是旅者游客，只要进入藏民的帐房，揖坐之后，就会有一碗热气腾腾、香味飘溢的奶茶端至座前，请其品尝。

酥油茶是藏族传统饮料，清香可口，营养丰富，既可解渴，又可滋润肺腑。把砖茶用水熬成浓汁后，加上酥油和食盐，加工后即成酥油茶。喝酥油茶有一定的讲究，主人斟上的茶，客人不要直接端来喝，待主人捧到面前时再接过来喝。一般先喝一口，并赞美道：这酥油茶打得真好，油和茶分都分不开。然后主人再给斟满，稍后，边斟边饮，主人保证茶热茶满。客人若无告辞之意，不得一口喝干。假如你不能喝酥油茶或当时不想喝，起始就不要动它。若是喝着喝着，喝不下去了，就放下碗，主人斟满后，让它摆着，待告辞前连着多喝几口，但不要喝干，碗里要留点漂油花的茶底。这样才符合藏族的习惯和礼貌。

青稞酒是用青稞酿成的一种度数很低的酒，色淡味酸甜，约15～20度。它是喜庆节日佳期的必备饮料。藏族人不但自己爱喝青稞酒，也喜欢用青稞酒招待客人。按习惯，在酒壶嘴上和酒杯沿上要抹一小块酥油，以示吉祥(有宗教含义)。客人从劝酒者手中把酒杯接过来时，先要用右手无名指在杯中一蘸，接着向上苍弹三下，然后饮下第一口(可深可浅)。主人再给续上，再饮第二口，一连三次，最后一次要一饮而尽。这样主人才会满意。否则，主人认为客人没礼貌或瞧不起主人。

糌粑、卓花包子是藏族农区的主要食物。糌粑是藏族的主食，藏族人一日三餐都有糌粑，它是以青稞为主要原料制成的面食。藏族人食用糌粑时，把糌粑面放在碗里，加上酥油茶、奶渣子等，用手指在碗内搅拌均匀，再用手捏成团状，抓着吃。糌粑中还可放入红糖或白糖，也可放入肉和菜，香甜可口，别具风味。随着藏族人民生活水平的提高，酥油拌糌粑和肉、菜拌糌粑成了藏民的日常主食，它高脂肪、高蛋白，营养丰富，热量颇大，既能充饥，又可御寒，确是一种经济实惠的食品。卓花包子又名藏包子，制作工艺简便快当。草原上的藏族同胞不仅喜爱吃，而且擅长做。按照他们的传统习惯，用卓花包子招待客人，是一种盛情的表示。

奶食是藏民的重要食品。藏族地区牛羊多，奶制食品也多，其中最普遍的是酸奶子和奶渣子两种。酸奶子有两种，一种是奶酪，藏语叫“达雪”，是用提炼过酥油的奶制作的。另一种是用没有提炼过酥油的奶制作的，藏语称“俄雪”。酸奶子是牛奶经过糖化作用以后的食品，营养更为丰富，也较易消化，适合老人和小孩食用。奶渣子，是奶子提炼酥油后剩下的物质，经过烧煮，水分蒸发后，剩下来的就是奶渣子。奶渣子可以做成奶饼和奶块。此外，在煮牛奶过程中，还可以揭起奶皮，藏语叫“比玛”，奶皮就像豆腐皮一样，好吃又富有营养。

酥油是藏族传统食品，是从牛奶或羊奶中提炼出的奶油。作为藏族人民日常生活中的一种主要食品，酥油在一日三餐中都是不可缺少的。吃糌粑时，需用酥油调拌；制作酥油茶，酥油是主料之一；吃的油糖“哲色”、酥油包子及各种油炸面食都离不开酥油。喇嘛教徒敬神供佛时，点灯、煨桑等也要用酥油。男女青年用酥油擦脸，防寒防冻，保护皮肤。喇嘛教圣地塔尔寺用颜料调拌酥油，塑造出的酥油花，被誉为塔尔寺“三绝”之一（其余两绝是堆绣和壁画），成为中外闻名的工艺美术品。

此外，蕨麻米饭、虫草炖雪鸡、蘑菇炖羊肉被誉为甘南藏区的“草原三珍”。

肉食是藏民的重要食品。藏族同胞逐水草而居的游牧生活特点，决定了其饮食结构是粮菜少而肉食多。风干的牛羊肉和手抓羊肉是颇具特色的藏族传统肉食。风干肉一般在冬天 11 月底做。这时的气温在零度以下，把牛羊肉割下来，挂在阴凉处，让其冰冻风干，既去了水分，又保持鲜味，到第二年 3 月以后，拿下来烤食或生吃，味道是极为鲜美的。手抓羊肉是藏民款待宾客的上乘佳品，也是日常生活中不可缺少的主食之一。仲夏至初冬是草茂羊肥的黄金季节，此时的羊肉肉赤膘白，肥而不膻，色泽诱人，鲜嫩可口。吃羊肉时，一手抓肉，一手拿刀割、挖、剔片，尽情享用。

五、藏族的社交礼仪

藏族同胞有句谚语：“最好的食品留给客人吃，最好的衣服留给自己穿。”这句谚语充分体现了他们的好客风尚。他们认为，谁家的客人越多，谁家在社会上的地位就越荣耀。好客的藏族同胞在历史上形成了一套完整的待客礼节，并延续至今。

献哈达是藏族最普遍的一种礼节。婚丧节庆、迎来送往、拜会尊长、礼佛敬佛等，都有献哈达的习俗。献哈达是对对方表示纯洁、诚心、忠诚、尊敬的意思。献哈达的方式因人而异，一般来说，要用双手捧哈达，高举与肩平，然后再平伸向前，弯腰给对方，这时哈达正与头顶平，这表示对对方尊敬和最大的祝福——吉祥如意。对方以恭敬的姿态用双手平接。对尊者、长辈，献哈达时要双手举过头，身体略向前倾，将哈达送到座前或足下；对平辈或下属，则可以系在他们的颈上。哈达在不同情况下代表着不同的意义。佳节之日，人们互献哈达，表示祝贺节日愉快、生活幸福。迎宾时奉献哈达，表示一片虔诚，祈祷菩萨保佑。

磕头也是西藏常见的礼节，一般是朝觐佛像、佛塔和活佛时磕头，也有对长者磕头的。

鞠躬是对长辈或尊者所施之礼。行礼时要脱帽，弯腰45度，帽子拿在手上低放近地。如果对一般人或平辈行鞠躬礼，帽子放在胸前，头略低即可。有时合掌与鞠躬并用，对尊敬者合掌要过头，弯腰点头，回礼动作也相同。

宴请习俗讲究较多。客人到了门前，主妇先走上去牵住马匹，然后主人迎上前来向客人问好："你光临了，一路平安吗？"客人进门时，主人便站在门前摊开双手招呼客人："请进，请先进。"客人进门后，向主人的一家老小按辈分问好。对长辈老人，就问他玉体健康，对平辈就问你好，对小孩就问你乖吗？吃饭时，主人请客人上坐，男左女右客上主下就地排坐。待客人坐好后便上藏餐。藏餐是颇有次序而十分讲究的。第一道上的是红白馍馍和奶茶。红馍是油炸的油饼、油馃，白馍是馒头锅盔。奶茶也是红白二色，意味着吉祥如意，钱财旺盛。藏族同胞尤其喜欢白色。白色代表着纯真、洁净，表示心里没有污点以及对客人的尊重。第二道上的是蕨麻米饭。蕨麻是红色，米饭是白色。这红、白二色蕨麻米饭，亦叫吉祥如意饭、长寿饭，是祝愿客人食后时运亨通、健康长寿、一生平安。第三道上的是包子、手抓肉、清汤面片。手抓肉唯独来了远方的尊贵客人时才上。同时，手抓肉的盘中要有羊尾巴，羊尾巴上要带一撮毛，意即表示从此彼此的交往就要有头有尾、善始善终。吃手抓肉时，主人还要给客人捧献羊胸岔和羊臀部的肉，以表示赤诚、庄重。最后一道上的是一碗酸奶子。酸奶子上也放有白糖和红糖，这次的红、白二色，代表着欢喜、崇拜、诚实、忠厚。藏族同胞为了尊重客人，在盛奶、盛饭的用碗上也非常讲究。一是用双龙碗。碗上有二龙腾跃，表达贵客是英雄好汉。二是用八宝碗。碗上有海螺法轮，寓意贵客吉祥如意。三是用三叶碗。碗上有三朵荷叶，表达贵客前程似锦。但是不管给客人用哪一种碗，都不能有裂缝，尤其对老年客人更是如此。客人离去时，要对主人家中最年长的老者说祝词，祝他健康长寿、四季平安，并感谢主人的热情招待。主人家的老者也要向客人致答词。出门后，主妇还要给客人牵马、扶坐、垂镫，并祝客人一路平安、全家幸福。

藏族的姓名称谓颇有特点。小孩出生后，多请舅舅、长者、喇嘛、活佛取名，一般取名者将自己名字中的两个字纳入小孩的名字。藏人名字多为四个字，如扎西才仁等。为方便呼叫，可简呼前两个字或后两个字，也可取一、三两个字。藏族人同名的很多，为了区别，人们在名字前加一些说明，如加大、中、小，或加上地名，或加上其职业，或在名字后面加上人的生理特征，或用性别和老幼来区别。对长者、尊者说话时须用敬语，忌在平时交往中直呼其名。

藏族有很多禁忌。进寺庙，须经主事喇嘛同意，而且进庙时忌戴眼镜，禁止在庙里吸烟、摸佛像、翻经书、敲钟鼓等。信教者路过寺庙、宝塔、嘛尼堆笼树时须下马并绕左行。忌在寺院附近砍伐、喧哗、捕鱼、狩猎等。饮食方面，忌吃狗、驴、马、猫肉，忌吃鱼、虾等水生动物，忌食鸡、鸡蛋，忌吃“当天肉”(即当日宰杀的动物肉)。碗、茶具忌倒扣放置，因为只有死人用过的器皿才倒扣。进藏胞帐房，忌男女混坐，一般男坐左女坐右。忌双腿伸直，脚底朝人坐，须盘脚端坐。藏族群众非常讲究餐具卫生，如果你想喝水，绝不能在水缸或水桶里直接舀水，或端起碗来就喝，必须用勺子把水舀上倒在碗里再喝。用碗筷很讲究专碗专用，客人的碗是固定的，主人不能随便乱用。吃手抓羊肉时，给对方递刀子，必须将刀把让给对方，禁忌刀刃朝向别人。逢年过节，群众煨桑，切忌胡乱拨弄，也不能抽煨桑的柏枝点火吸烟，更不能在酥油灯上点烟抽。牧区的狗是牲畜的“卫士”，如若跑来咬你，你只能把它挡走或吓走，绝不准乱打乱赶。否则，对主人来说是一种欺侮。在野外，你若碰见了单独游弋的、角上和毛上挂了很多红布条和绿布条的牛或羊，绝不能驱赶、追逐和乘骑。因为它是“放牲节”放出来的“神牛”或“神羊”。你若带枪到了牧区，不能把枪直接带进牧民家中，必须取下来立在一旁。死者的名字被视为禁忌，不准提及，如果要提及死者时，需用专用名词替代。如男性长者用“噶什顿博”，女性长者用“噶什顿玛”等。这种死后讳名的习俗，是任何人在任何场合都必须严格遵守的。

六、藏族的传统节日

藏族的传统节日主要有藏历年、酥油花灯节、雪顿节、旺果节等。

藏历年是藏族人民最隆重、最欢乐的传统节日。从藏历十二月起人们便着手准备供过年吃、穿、玩、用的东西。酥油、白面炸馃子、糌粑、炒麦粒、人参果等都要一应俱全。除夕之日，要吃面团土巴，此饭是按照日期名称命名的。大年初一早上，要从河边背回第一桶水——吉祥水。全家要举行新年仪式，由长辈顺次祝吉祥如意，后辈跟着回贺：“祝你身体健康、永远幸福，明年新年又如此团聚欢庆。”初一这天，一般是闭门欢聚，互不访问。从初二开始，亲戚朋友互相拜访祝贺新年。

酥油花灯节是西藏、青海、甘肃等地藏族人民的传统节日，藏语叫“坚阿曲巴”，意为元宵供品，于每年藏历元月十五日举行。酥油花是灿烂的民族艺术之花，是藏族人民智慧的结晶，它是用白色酥油配以彩色颜料而塑成的各种彩像。拉萨的酥油花灯节非常热闹，届时，拉萨市附近的藏族人民身着艳丽的民族服装，扶老携幼，成群结队云集拉萨，晚上汇集于大昭寺周围的八角街，共度佳节良宵。

雪顿节于每年藏历七月一日举行，为期 5～7 天。“雪顿”是藏语音译，“雪”意为喝酸奶子，“顿”为宴会。按藏语解释，雪顿节是喝酸奶子的节日，后逐渐演变为以演藏戏为主，因此又称之为“藏戏节”，已有三百年历史。按喇嘛教格鲁派规定，每年藏历六月十四日至三十日为禁期，全藏大小寺院的喇嘛，只能在室内念经修习，不准外出，以免踏死小虫，“有伤上天好生之德”。到六月三十日期满，达赖喇嘛宣布解除禁令，喇嘛走出山门，纷纷下山，世俗百姓则要准备酸奶子进行施舍，喇嘛们除了饱饮一顿酸奶子外，还尽情地欢乐玩耍，这就是“雪顿”的来源。

旺果节是预祝农业丰收的传统节日，又称丰收节。“旺果”是藏语的音译。“旺”的意思是土地，“果”的意思是转圈，“旺果”就是绕田间地头转圈。此节主要流行于农区，没有固定的日期，一般在秋收之前的藏历八月选择吉日举行，节期3～5天。旺果节历史悠久，早在一千多年前就流行于雅鲁藏布江中下游地区。近年来，藏族同胞欢度旺果节，普遍要举行赛马、射箭、歌舞等活动。

思考题

1. 简要概括蒙古族、藏族的源流及其分布。
2. 蒙古族、藏族的宗教信仰是什么？
3. 蒙古族、藏族的服饰文化分别表现出何种特点？
4. 蒙古族、藏族各自有哪些重大的传统节日？
5. 蒙古族、藏族在社交礼仪中都有哪些不成文的禁忌习惯？

主要参考书

1. 蔡志纯等编著:《蒙古族文化》,中国社会科学出版社,1993年。
2. 高占祥主编:《中国民族节日大全》,知识出版社,1993年。
3. 崔唯、肖彬著:《世界民族服饰》,河北教育出版社,1993年。
4. 覃光广等著:《中国少数民族宗教概览》,中央民族学院出版社,1998年。
5. 邱任编:《蒙古族风俗志》,中央民族学院出版社,1991年。
6. 李勤德著:《中国区域文化》,山西高校联合出版社,1995年。
7. 王锡龄编著:《中华风情大观》,中国民间文艺出版社,1990年。
8. 戴平著:《中国民族服饰文化研究》,上海人民出版社,2000年。
9. 穆子尧主编:《中外传统习俗1001》,中国青年出版社,1997年。
10. 李晋有主编:《民族知识千题》,中央民族大学出版社,1999年。
11. 祁春英编著:《中国少数民族头饰文化》,宗教文化出版社,1996年。

第四章　回族、维吾尔族、哈萨克族民俗

学习目的

- 了解回族、维吾尔族、哈萨克族的源流及分布
- 熟悉回族、维吾尔族、哈萨克族的特点
- 掌握回族、维吾尔族、哈萨克族的主要民俗

基本内容

- 回族、维吾尔族、哈萨克族的形成及人口分布
- 回族、维吾尔族、哈萨克族的信仰
- 回族、维吾尔族、哈萨克族的服饰
- 回族、维吾尔族、哈萨克族的饮食特点
- 回族、维吾尔族、哈萨克族的社交礼仪
- 回族、维吾尔族、哈萨克族的传统节日

第一节　回族民俗概要

一、回族的形成及人口分布

回族是回回民族的简称，它是在长时期的历史发展进程中，由中国国内及国外的多种民族成分融合形成。伊斯兰教的传入及其在中国的发展，对回族的形成起了重要的纽带作用。

伊斯兰教约在651年(唐高宗永徽二年)正式传入中国，大批阿拉伯和波斯的穆斯林商人陆续由海路来华，在广州、泉州、杭州、扬州及长安等城市定居。他们中的许多人，因商业繁盛，在华世代定居下来，建筑了中国最早的一批礼拜寺，并辟建了穆斯林的墓地。他们置产任官、通婚繁衍，成为中国最早的穆斯林。当时，他们被称为蕃客或土生南蕃，直到元代才被称为回回蕃客或南蕃回回，成为回回人的一部分。

“回回”一词最早出现在北宋沈括撰著的《梦溪笔谈》一书中，主要指葱岭东、西处于哈喇(哈拉)汗朝统治下的回纥(回鹘)人。回回和回纥、回鹘音近，应是后者的音转或俗写。当时伊斯兰教已由喀什噶尔向东南传播到和田、叶尔羌、英吉沙尔等地。据此推测，回回原本应包括信仰伊斯兰教的回纥(回鹘)人在内。12世纪30年代，西辽灭哈喇(哈拉)汗朝，西辽居民大部分仍是穆斯林。13世纪初叶，蒙古西征灭西辽后，将葱岭东部喀什噶尔等地信仰伊斯兰教的回纥(回鹘)人的后裔，以及葱岭西部的中亚、波斯、阿拉伯等广大地区不同民族的穆斯林，大批签发到东方来；同时，也有许多穆斯林自动迁徙东来。他们到达东方后，主要以驻军屯牧的形式，以及工匠、商人、学者、官吏、掌教等不同身份散布在中国的西北、中原及江南、云南等地区。他们被通称为回回人，是构成元代色目人的重要部分。后来，他们逐渐也以回回自称。这部分回回人是形成回回民族的主要部分。

明中叶以后，高昌等地原本信仰佛教的维吾尔族普遍接受伊斯兰教信仰。这些维吾尔人迁到内地之后，自然渐渐同化于回回之中，成为回回民族又一个重要组成部分。此外，元、明以来，不少蒙古贵族及士卒因接受伊斯兰教信仰也逐渐同化于回回人之中。如明代哈密地区的哈剌灰人，原是蒙古人，16世纪初期开始由哈密迁到甘肃，到万历年间已经与回回同俗。在长期的民族融合过程中，由于通婚及政治原因，不少汉族人也融进了回回人中。

从元代到明代，各种不同来源的回回人逐渐形成一个民族。

回族是在中国形成的民族，但在元代形成之初就没有一个固定的地域。随着回族军士的到处镇戍屯牧、工商业者的贸易往来、官吏学者的宦游、宗教人士的传教活动以及反压迫斗争后的流动迁徙，回族人逐渐形成了小集中、大分散、愈来愈分散的居住特点。历史上，回民不仅在西北边疆、云南等地区进行垦牧，且逐步散居全国各地。从与其杂居的民族来看，在全国，回族主要与汉族杂居；在边疆地区，回族则与当地民族杂居。从聚居特点来看，在内地，回民多分布在沿水、陆交通线上；在农村，回民往往自成村落；在城镇，则多聚居关厢或若干条街巷。同时，为了宗教活动和生活习俗上的便利，回民多习惯在住地修建礼拜寺。这些寺院，明末清初统称“清真寺”，回人多围寺而居。

2000年，回族有981.6万余人，是我国少数民族中散居全国、分布最广的民族。回族主要聚居区是宁夏回族自治区，此外，散居较多的省份还有甘肃、青海及河南、河北、山东、云南等。在这些地区，回民多聚族而居，建有大小不等的居住区。

二、回族的信仰

回族信仰伊斯兰教。回族在中国的形成和发展过程中一直受阿拉伯、波斯等传统的伊斯兰文化的强烈影响，同时，伊斯兰教在中国又随着回族的兴起而兴盛。伊斯兰教在唐宋时期尚不受关注，元代回回民族兴起时，该教被当作回回所信仰的宗教来看待，称为回教。明代沿袭了这种称谓。清代以后，把信仰伊斯兰教的维吾尔等族前面加上“回”字，以至人们从称谓上误把回族同回教混淆、甚至等同起来。

伊斯兰教与佛教、基督教并列世界三大宗教，公元7世纪初产生于阿拉伯半岛，为穆罕默德所创。伊斯兰系阿拉伯文之音译，原意为“顺服”。该教教徒通称穆斯林(阿拉伯文之音译,原意为“顺服者”,即“顺服安拉旨意的人”)。穆斯林信安拉,信天使,信古兰经,信死后复活及末日审判。中国旧称伊斯兰教为回教及清真教、天方教等。伊斯兰教有其历法,在中国称为回历或回回历。622年,穆罕默德率众由麦加迁至麦地那,回历即以这一历史事件为纪元,并以这一年阿拉伯太阴年的岁首七月十六日为元年元旦。中国穆斯林今天仍以回历推算传统宗教节日,如每年九月为斋戒月,十月初过开斋节,十二月上旬为朝觐日期,十二月十日是宰牲节等。

三、回族的服饰

回族是多民族融合的产物,随着居住地日益分散,与汉族长期杂居,在许多领域受到汉文化的影响。特别是回、汉通婚之后,这种影响更为广泛深刻。具体表现在语言上,到明代后期汉语已成为回族的共同语言;同时,回族还开始使用汉族的名和姓。在服饰上,至明代回族的衣着已经逐渐与汉人相同。今天,民族融合进一步发展,回族服装与汉族基本无异,只是男子在宗教节日等隆重场合、仪式上,仍戴一种无檐白色小圆帽,保留了民族特色。这种帽子俗称“回回帽”或“礼拜帽”,其形成与伊斯兰教有关,流行于全国回民地区。

四、回族的饮食特点

回族多聚族而居,因此在饮食习惯上,有着十分明显的民族特色,特别是一些饮食禁忌。回族人最大的饮食禁忌是忌吃猪肉,不吃一切动物的血和自死之动物。一些地方的回民还禁酒。

回族人的正宗宴席十分考究。宴席名“九碗三行”,指宴席上的菜全部用九只大小一样的碗来盛,并要把碗摆成每边三只的正方形,这样从东西南北四个方向看都是三行。这种宴席不仅讲究摆法,上菜程序、菜肴配置也有约定俗成的规矩,且烹饪方法只用蒸、煮、拌三种形式。由于所有菜肴都不用油炸,所以十分清淡、爽口,别有风味。

此外,还有油炸馓子等民间喜爱的风味名点。在开斋节、宰牲节等宗教节日期间,回族、维吾尔族家庭的餐桌上,一般都有一盘或几盘黄澄澄的油炸馓子。当拜节的客人到来入座后，主人会先掰下一束油炸馓子递给客人，然后再斟上奶茶或茯茶，宾主边吃边谈天说地，温馨盎然。

五、回族的社交礼仪

回族是一个颇具凝聚力的民族，他们十分注重对民族传统文化的弘扬。在漫长的历史进程中，回族虽在语言、服装等方面与汉族融合，但在共同心理状态、经济生活、宗教信仰和风俗习惯等方面，仍表现出自己的特点。这些特点主要与伊斯兰教义有关。

回族同胞一生许多方面都要遵从伊斯兰教教规，如出生时，就要请阿訇起名字，结婚时要请阿訇证婚，且一般是同族通婚，亡故后要请阿訇主持殡葬等。一些地方食用的家禽、家畜都要请阿訇诵经后宰杀。回族同胞受《古兰经》“穆斯林皆兄弟”的教义影响，彼此相遇，如遇兄弟一般亲昵、友善。

六、回族的传统节日

回族的传统节日以圣纪日、开斋节和宰牲节三大节日最为隆重。这些节日均源于伊斯兰教。

圣纪日在每年伊斯兰历三月十二日，相传这一天是穆罕默德的诞辰日。穆斯林在这一天要诵经、赞圣、讲述穆罕默德的生平事迹，举行祭奠活动。

开斋节在回历每年十月初。它是宣告穆斯林斋月结束的节日，也是回族穆斯林最为崇高的节日，在新疆地区也称肉孜节。由于伊斯兰教历是纯阴历，一年354天或355天，比公历少10日或11日，又不置闰月，故开斋节在公历每年的不同日子出现，每年比上年提前10、11或12天。如1970年是11月30日，1971年是11月21日，1972年则是11月8日，依次类推。

每年回历九月，被称为斋月，阿拉伯语称“来买丹”，是炼炉的意思。回民认为斋月是一年中最高贵、吉祥、快乐的月份。云南南部的回民乡村，因使用回历不方便，一般以农历来计算。一到斋月，穆斯林便要进行斋戒。斋月开始的日期在九月初三以前。如在初一的晚上，人们能见到新月，那么这天晚上就进入斋月。若因气候条件或其他原因不能见月，可延迟到初三晚上。斋月开始这天，昏礼过后，要举行仪式欢庆接斋头，宣告明天开始把斋。是夜两点多钟，又要敲响锣鼓，催醒人们做饭。东方发白前的四十分钟，把斋的人们就要断绝一切饮食，祈祷过后一天的斋戒就开始了。整个白天，人们不吃不喝，但照常工作、学习，直到晚霞消失、开斋的钟声响起时。每天开斋前，斋戒的男子一般都要洗净身体，换上洁净的衣服，戴上白帽，聚集到清真寺等候开斋。晚上，有毅力的穆斯林还要在清真寺里做礼拜、诵经、赞圣，通宵不绝，这叫“守介德尔”或“守二十八”。斋月的最后一天要寻看新月，见月的次日即为开斋节。开斋节清晨，清真寺的钟声响过之后，回民男子要穿上新衣服、戴上洁白的小帽，妇女要换上节日的盛装，到清真寺参加礼拜。之后，还要互相祝贺、互赠油香，气氛如同汉族的新年一样。开斋节的午后，要到坟上为死者祈祷，整墓培土。至此，斋月即告结束。

宰牲节，即古尔邦节，也称忠孝节。伊斯兰教规定，教历每年十二月上旬，是教徒履行宗教功课、前往麦加朝觐的时期。在朝觐的最后一天（十二月十日），要宰杀牛羊共餐庆祝，这就是古尔邦节。这一习俗来源于阿拉伯的一个民间传说。传说先知伊卜拉欣梦见真主安拉要他的儿子伊斯玛仪献祭，以考验他对安拉的忠诚。当其子遵命俯首时，安拉为其虔诚感动，特遣使送来一只黑头绵羊代替。从此，阿拉伯人便有了宰牲献祭的习俗。后来，伊斯兰教仍尊称伊卜拉欣为“圣祖”之一，并继承了这一礼仪，把古尔邦节定为宗教节日。世界各地的穆斯林都十分重视这一节日，每年这一天都要举行宗教祈祷，宰杀牛羊献祭，表示对安拉的顺从。在中国，节日这一天，穆斯林群众身着新衣相互拜节，互致节日祝贺。

第二节　维吾尔族民俗概要

一、维吾尔族的形成及人口分布

维吾尔是维吾尔族人民对本族的自称，一般认为含有“联合”、“协助”的意思。维吾尔族的先民在汉文史籍中有不同的称谓。从公元前3世纪至公元3世纪期间为丁令(即丁零)，3世纪以后先后被称为高车、狄历、敕勒、乌护、韦纥、回纥、回鹘、畏吾尔等。

公元以前，丁零分布在匈奴以北，主要在贝加尔湖一带，一部分在当时西域的额尔齐斯河流域。5世纪以后，在西域地区的丁零(或称铁勒)人大量增加。7世纪居住在蒙古和西域境内的铁勒人均受突厥汗国统治。唐天宝三年(744年)，回纥建立回纥汗国，贞元四年(788年)，改回纥为回鹘。开成五年(840年)，回鹘汗国被灭，向西迁徙，其中大部分移居新疆，逐渐形成维吾尔族。10世纪中叶，葛逻禄建立哈剌(哈拉)汗朝。哈剌汗朝的建立对维吾尔族历史的发展产生了深远的影响。在此期间，维吾尔族的社会生产由游牧逐步转变到以农业定居为主，社会经济、文化都发生了很大变化。

1124年，辽宗室耶律大石西徙，建立西辽，辖境包括今新疆及以西地区。1211年乃蛮王屈出律灭西辽，1218年又为蒙古所灭。这一期间今新疆境内的维吾尔族先后受制于西辽和乃蛮贵族。1209年，高昌首领主动要求臣属于成吉思汗，同年蒙古政权在此置达鲁花赤。1324年，高昌并入蒙古察合台汗国(成吉思汗次子察合台的封地，初期建都于今新疆霍城县永定镇西北)。蒙元王朝时期，起用了许多维吾尔族的政治家、军事家和学者，帮助蒙古贵族征服了金朝和南宋。在此期间，有许多汉人被遣至天山南北屯田，他们在维吾尔族地区传播了汉文化。同时大量的维吾尔族官吏、学者、商人、士兵等移居内地，与汉民族杂居。这些活动对发展汉族与维吾尔、蒙古等民族之间的经济、文化交流起了很大作用。

明洪武四年(1371 年)察合台汗国灭亡,今新疆境内分裂为许多割据政权,统治者仍为察合台蒙古贵族后裔。他们为了便于统治维吾尔族人,强行推行伊斯兰教。这一措施的实施,使为数众多的蒙古族、汉族等族人,在这个时期相继同化于维吾尔族之中。

17 世纪初,叶尔羌汗国建立,其范围在天山以南包括天山间诸盆地——焉耆、吐鲁番、哈密等,统治者仍是蒙古贵族的后裔。清康熙十七年,准噶尔等部攻入,叶尔羌汗国灭亡。清朝平定准噶尔贵族之乱后,1762 年在惠远城设立伊犁将军,统辖今新疆等地。清朝重新统一新疆之后,结束了长期分裂的局面,当地社会经济有所发展,同时国防加强,有力地防止了内部的分裂和抵御了外部的入侵。

鸦片战争后,清政府日益腐朽,大和卓的后裔等为虎作伥,对南疆的经济造成了极大的破坏,引起了大规模的人民起义。同治四年(1865 年),喀什噶尔封建主利用人民起义的时机,勾结英国走狗阿古柏匪帮侵入新疆,建立了所谓的"哲德沙尔"(七城)汗国。同治十年(1871 年),沙俄乘机占领伊犁地区。同治十三年(1874 年),清朝派左宗棠率军入新疆,在各族人民的配合、支援下,于光绪三年(1877 年)消灭了阿古柏匪帮,并于 1881 年迫使沙俄军队撤出伊犁地区。

光绪十年(1884 年),清政府将原伊犁将军所辖西域之地建为行省,定名新疆。清初在统一全国过程中对一些边远地区多称新疆,乾隆统一西域诸部后,其地亦称新疆。至此,"新疆"一词逐渐成为今新疆维吾尔自治区的专称。

今天,维吾尔族主要分布在新疆维吾尔自治区,大多聚居在天山以南的各个绿洲,也有少数分布在湖南省桃源、常德等县,人口约 839.9 万(2000 年)。该族使用维吾尔语(属阿尔泰语系突厥语族),11 世纪伊斯兰教传入以后,开始使用以阿拉伯字母为基础的老维吾尔文;解放后,曾以拉丁字母为基础创立过新文字,20 世纪 80 年代初又恢复使用了老维吾尔文。

二、维吾尔族的信仰

维吾尔族在古代信仰过萨满教、摩尼教、景教、祆教(拜火教)和佛教等教，12世纪以后开始主要信仰伊斯兰教。大部分维吾尔族人信仰伊斯兰教中的逊尼派。

逊尼派全称“逊奈和大众派”，是伊斯兰教的主要派别之一，与哈瓦利吉派、穆尔吉阿派、什叶派等构成了伊斯兰教早期的四大政治派别。该教派形成于第三任哈里发被刺之后，他们除遵从《古兰经》以外，还以《圣训》为立法、立论的依据，故被称为遵守“逊奈”（即《圣训》）的人们。该教派人数约占全世界穆斯林的90%，中国穆斯林绝大多数属于该派。

三、维吾尔族的服饰

由于维吾尔族社会生活很早以来就以农业定居为主，其服装主要特色也与之相应。维族人的衣服禁忌短小，上衣一般都要求过膝，裤腿长达脚面。他们特别禁忌穿短裤在户外活动。

男子外衣多长过膝，宽袖，无领，无扣，腰部系长带，带中可放食物及零星物品；内衣较多，且多不开胸（青年人的内衣，则多缀花边）。女子普遍穿连衣裙，外罩西服背心或西服上装，喜爱画眉、染指甲、佩项链及戴耳环、手饰、戒指等。在南疆，妇女外出时，除戴帽外，还要蒙上一块白色或棕色的头巾。男女均喜脚穿皮靴，靴上加套鞋，入室后则脱套鞋，以保持室内清洁。维吾尔族人对衣料选用很讲究，普遍喜爱质料好的衣服，妇女偏爱鲜艳的绸缎。

绣花帽是维吾尔族人的标志，男女老幼皆有戴绣花帽的习俗，外出时必定戴帽。维吾尔族的绣花帽，通称“多帕”，在新疆东部也称“伯克”，花色多样、种类繁多，常见的有下列十几种：

巴旦姆花帽：维吾尔族对巴旦姆花情有独钟。花帽图案是用巴旦姆杏核变形和添加花纹组成，纹样活泼、多变，多为白花黑底，古朴大方。最早流行在喀什地区，是一种男用花帽。

塔什干花帽：原是塔什干流行的一种花帽，现在为格架绣几何形纹花帽的通称。一般色彩艳丽明亮、对比强烈，为男女青年所钟爱。

格来木花帽：即扎绒花帽，帽似地毯绒面，故也称地毯花帽。因其绣法费工，主要为男女青年所喜爱，其中以和田最为多见。

曼波尔花帽：帽顶绣四组圆形花纹，周边有四组长方形或圆形纹样。这种花帽最普通常见，男女老幼皆宜。

奇曼花帽：花帽以米字为骨架，纹饰由奇曼古丽花枝叶组成，枝干连接或用线条形成多个正反三角形或菱形图形，底面绣冰裂纹或点线纹与主花相映，图案似地毯排列，具有很强的装饰效果。也称奇曼·塔什干多帕，多为知识分子戴用。

翟尔花帽：即金银线盘绣花帽。花形多为立体图案，色彩绚丽斑斓，在阳光下熠熠生辉，显得华贵端庄。为女性钟爱，是喀什地区的另一种特色花帽。

玛力江花帽：即串珠亮片花帽，最早流行于库车地区，是未婚女子常戴的花帽之一。

五瓣花帽：维吾尔语称“白西塔拉多帕”。这种花帽成人由四瓣拼缝而成，小孩则多一瓣，由五瓣组成，帽形较小，纹样较为简单，颜色清爽，有串珠、平绣、挑花等不同品样。

此外还有吐鲁番、鄯善、托克逊等县老人常戴的吐鲁番花帽，流行于伊犁地区的伊犁花帽，流行于库车地区的库车花帽，男子居家戴用的钩花花帽，以及做礼拜时戴用的阿克多帕（这是一种白色帽，帽上用白色线扎花纹，以示对真主的虔诚）等。

四、维吾尔族的饮食特点

维吾尔族是较早从游牧转而农耕的古老民族，其饮食风俗不仅体现了绿洲农耕文化的特点，而且保留着许多游牧民族的特色。此外，受伊斯兰教的影响，维吾尔族在饮食方面的禁忌比较严格。他们不仅禁吃猪肉，驴肉、狗肉、骡马肉及骆驼肉也都在禁食之列，在南疆部分地区还禁食禽类。凡是自死的动物，维吾尔族人一律不食。

维吾尔族人最喜爱的主食是抓饭，其次是拉面、包子（有薄皮包子和烤包子两种）。家常主食有馕、各种面食，粗食主要有玉米粥（维吾尔语“吾玛什”）、浓包谷粥（维吾尔语“吾玛挤”）等。副食则主要是牛、羊肉以及各种蔬菜。饮料主要是茯茶，也有喝砖茶的。条件稍好的多喝奶茶，即在茶水中加入牛、羊奶煮成。吃饭时，要铺上饭布，全家共席而坐。饭前饭后要洗手,吃抓饭时还要剪指甲。

抓饭,维吾尔族人称之“波罗”,是新疆维吾尔等民族食用稻米的独特形式。它的基本原料是鲜羊肉、黄萝卜(胡萝卜)、洋葱、清油、羊油和大米。所谓“抓饭”,是新疆汉人对这一进食方式特点的形象概括。维吾尔族人食用这种饭时,无论在哪里、何种身份,都是把手冲洗干净之后,伸出五个手指把饭撮掇起来送到嘴里。维吾尔族民间常说:“吃抓饭不用手抓不香,不抓吃不出抓饭的滋味。”维吾尔族民间的“波罗”种类很多,往往因地、因人、因季节和条件而不同。它营养丰富、美味可口、饭菜俱全,且烹制简单,是维吾尔族人日常生活及婚丧嫁娶等宴席上的理想饭食。

烧烤羊肉是新疆各族人民食用羊肉最普遍、最有特色的方式。维吾尔族人将烤肉通称为“喀瓦普”。根据烤制方法的不同,又各有不同的名称,如“图奴尔喀瓦普”,即烤全羊;“孜合喀瓦普”,即烤羊肉串;“咯赞喀瓦普”,指炒烤肉;“刻仁喀瓦普”,即“肚子烤肉”。其中,烤全羊可与北京烤鸭等相媲美。维吾尔族民间烤全羊时所用的羊一般是生长于南疆较干旱地区的绵羯羊,且最好是两岁以内的肥羊。“肚子烤肉”则因烹制方法原始、独特,有一种天然的鲜嫩、清香而极负盛名。

新疆的烤馕源于古波斯,历史悠久,今天伊朗人仍食用这种食品并沿用此称。它原名“艾麦克”,随伊斯兰教传入新疆后,改称馕。它是天山南北各族人民、特别是维吾尔族人日常生活中不可缺少的食品。馕的基本原料是小麦面粉与玉米面粉。其中用小麦面做成的民间称为“阿克馕”,用玉米面做成的叫做“扎克尔馕”。维吾尔馕的正宗在和田、喀什。

保留着鲜明游牧民族特色风味的食品主要有灌面肺和灌米肠。维吾尔族人不仅能用牛羊肉做出种类繁多的风味饭食,而且能以牛羊的内脏为原料做鲜香异常的美味,上述两种食品就是其代表。这两种食品选料严格,烹制工序烦琐费工,技术性强,且制作过程忌讳旁观,一般在室内秘密进行。

此外,新疆的各类小吃,如羊肚、面筋、羊心、羊肝、羊头、羊蹄等,都是维吾尔族饮食文化中的佳品。

五、维吾尔族的社交礼仪

维吾尔族的家庭一般都是直系亲属同居。亲属称谓一般只限三代，而且只用于直系亲属，范围比较狭窄。他们称父亲“大大”，称祖父“群大大”，称母亲“阿娜”，称祖母“群阿娜”。除直系亲属的三辈以外，其他长幼常不按辈次而以年龄大小来称呼，对比自己年长的男性称“阿卡”（维吾尔语“哥哥”），对比自己年幼的男性称“吾康”（维吾尔语“弟弟”）；对比自己年长的女性一般称“阿洽”（维吾尔语“姐姐”），年幼的则称“泰额而”（维吾尔语“妹妹”）。

维吾尔族人待人接物，颇重礼貌。他们对长者非常尊重，走路、说话都让长者先行、先说。入座时，也要礼让长者坐上座。在北疆，还禁止在长辈面前说不敬、粗鲁和揶揄的话。亲友相见，握手问候，互道“撒拉木”（意为你好或你们好）或“牙可西姆塞斯”（意为您好），然后双手摸须，恭身后退一步，右手抚胸，再问对方家属平安。妇女在问候之后，双手抚膝恭身后退。

在民间礼尚往来及迎宾待客的社交活动中，“给洗手水”是一项必不可少的礼仪。主人亲自或特意安排专人向客人掬起的手掌倒水，服侍客人洗手，它一般在宾主寒暄之后和进食之前进行，无论应邀而来的客人，还是突然光临的贵客，都要“给洗手水”。这种礼仪使洗手的自然功能和社会人际关系、交友之道得到了巧妙结合。究其产生的根源则与进食习惯及缺水环境有关。

新疆虽不产茶，但维吾尔族人最讲究饮茯砖茶，茯砖茶具有除腻清神的特殊功效，十分适合当地的生活环境。在民间，无论是否熟识，走进任何一个家庭，都会受到主人真心实意的欢迎，并以民族特有的方式热情款待。客人一落座，家庭主妇便将餐单铺开，把馕饼、干果、冰糖之类的食品摆放在客人面前，接着将热气腾腾香气四溢的茯砖茶斟在小瓷碗里，用托盘双手敬献给客人。在瓜果飘香的季节，人们从园里摘下新鲜瓜果，冲洗装盘，端出来摆在客人之前，此前也要先给客人敬献一碗热茶，这是一个重要的礼节。

在维吾尔族家中做客，一定要注意礼貌。在屋内坐下时，要求跪坐，禁忌双腿伸直，脚底朝人。接受物品或奉茶请饮时，要用双手，否则就是失礼。吃饭时，不可随便拨弄盘中的食物，不要随便到灶前去，不要把食物剩在碗中，同时注意不要让饭屑落地。如不慎落地，要拾起放在自己近前的饭布上。共盘吃饭时，不要将自己抓起的饭粒再放进盘中。吃饭时或与人交谈时，不要擤鼻涕、吐痰、放屁，否则会认为是很大的失礼。饭毕，如有长者时，不要东张西望。如果来客，要安排客人先入座。餐毕由长者领作"都瓦"（祈祷），待主人收拾餐具后，客人才能离席。

维吾尔族人称食盐为"土孜"，他们和所有信奉伊斯兰教的民族一样，把食盐看得很神圣，认为盐有一种超自然的力量，可以左右人的吉凶、祸福和顺逆，与人命运息息相关。在维吾尔族人的婚俗中，有一项必不可少的仪式就是让新人各吃一块在盐水中蘸过的馕，以祝福他们婚姻甜蜜、白头偕老。同时，在民间纠纷或其他激烈争执中经常借食盐来赌咒发誓。踩着食盐或《古兰经》赌咒发誓，是最郑重的一种形式。对盐的这种心理，还表现在忌讳把洗碗刷锅的泔水泼在容易被人踩到的地方。在民间，人们还在婚嫁等喜庆仪式中把食盐作为表示美好祝愿的佳品相赠。

六、维吾尔族的传统节日

维吾尔族的传统节日主要有开斋节（肉孜节）、古尔邦节（亦称库尔班节或献牲节）、诺鲁孜节等。其中一年一度的古尔邦节最为隆重，其详情见回族的传统节日中所述。

第三节　哈萨克族民俗概要

一、哈萨克族的形成及人口分布

根据出土文物和人类学资料，早在青铜时代，哈萨克族的祖先就居住在今哈萨克斯坦地区，他们主要是塞西安人、乌孙人和阿兰人。公元前 2 世纪～公元前 1 世纪，汉朝遣细君、解忧公主和女官冯嫽与乌孙昆莫(王)、大将联姻,由此,乌孙与汉朝建立联盟与隶属关系。6世纪中叶,在阿尔泰地区游牧的突厥人建立了突厥汗国,在乌孙故地又增添了突厥的成分。随后,又陆续吸收、融合了其他一些外来民族,如10～12世纪哈喇(哈拉)汗国的回鹘、葛逻禄人,12世纪建立西辽的契丹人,12～13世纪蒙古兴起时的克烈、乃蛮、钦察及察合台汗国的蒙古人。到15世纪末16世纪初,随着哈萨克汗国的建立形成了哈萨克部族。可见,哈萨克族与中国古代曾统治过今伊犁河谷及伊塞克湖四周地带的古代民族均有渊源关系,在现代哈萨克族一些部落中仍保留着上述古代民族的名称。

此外,关于哈萨克族的起源还有几种说法。据民间有关白鹅的传说,有人认为哈萨克为"白鹅"之意。也有人认为,哈萨克是中国古代"曷萨"、"阿萨"或"可萨"的异名。还有人把哈萨克解释为"战士"、"自由的人"。

国外学者多认为"哈萨克"名称最早出现于15世纪初期。15世纪20年代,以锡尔河下游为中心出现乌孜别克汗国。1456年,由于内讧两个苏尔坦脱离汗国,他们向东逃入亦力把里统属地区。亦力把里主把楚河、塔拉斯河流域西七区让给他们游牧。这一部分脱离乌孜别克汗国的人被称为哈萨克人,意为"避难者"、"脱离者"。此后,哈萨克人建立了哈萨克汗国。1589年哈萨克人及其分布地区已区分为大、中、小三个玉兹(血缘的部落联盟),即清文献中的左、右、西三部。

17世纪70年代,统治西域的蒙古准噶尔汗西攻哈萨克等族,迫使其离开原牧地。1755～1757年,清政府统一了准噶尔部,解除了哈萨克部来自准噶尔的威胁。由于哈萨克的三个玉兹曾先后表示归顺清朝,部分牧民迁到阿尔泰、塔城、伊犁地区放牧。

18世纪中叶,沙俄侵略中国,迫使清政府签订了不平等条约,按照条约中"人随地归"的规定,原属中国的哈萨克族人及其居住地区归属沙俄。一些部落不堪沙俄的统治和压迫,离开原牧地,移居阿尔泰地区。中俄划界后,又有不少哈萨克族人迁入中国境内。至19世纪中叶,哈萨克族占了伊犁地区居民的大多数。他们有丰富的畜牧生产经验,对祖国边疆经济发展作出了贡献。

目前，哈萨克族主要分布于新疆维吾尔自治区伊犁哈萨克自治州、木垒哈萨克自治县和巴里坤哈萨克自治县；少数分布在甘肃省阿克赛哈萨克自治县，人口约125万(2000年)。他们使用的哈萨克语，属阿尔泰语系突厥语族。13～14世纪，随着伊斯兰教传入，哈萨克族逐步形成了以阿拉伯字母为基础的老文字。中华人民共和国成立后，曾创制了以拉丁字母为基础的新文字，后根据推行情况，又恢复使用老文字，新文字作为音标保留。

二、哈萨克族的信仰

哈萨克族主要信仰伊斯兰教，属于逊尼派，部分地区则保留了萨满教和祖先崇拜。

萨满教是晚期原始宗教的一种，曾广泛流行于我国的东北、西北边疆操阿尔泰语系的满—通古斯、蒙古、突厥语族的许多民族中。该教有较复杂的灵魂观念，在万物有灵信念支配下，以崇奉氏族或祖先的圣灵为主，兼有自然崇拜和图腾崇拜的内容。随着原始公社的解体，萨满教日益衰落，社会上层人士陆续皈依藏传佛教、东正教和伊斯兰教。但在民间，萨满教仍有着一定的影响，以变异了的形态残存下来。

三、哈萨克族的服饰

在历史上，绝大多数哈萨克族人一直逐水草而居，其服饰明显反映了牧区生活的特点。

牧民主要用皮毛作为衣服的原料，且多用冬羊皮缝制大衣。在哈萨克语中，皮衣不挂布面的称为“桶翁”，带布面的叫“衣什克”，还有一种用驼毛作里的叫“库普”。为了骑马方便，牧民的服装一般都比较宽大结实，衣袖一般都长过手指。传统男子服饰为白色上衣、宽裆裤子、长及腰部的马甲，冬季外穿羊皮大衣，腰束镶有金属花纹的皮带，戴白色圆皮帽，穿毡袜和皮靴。皮带上一般系有小刀，便于随时切肉食用。男性内衣衣领较高，多绣花边，外套西服背心。男子所戴的帽子因地而异，如阿勒泰地区的克勒部哈萨克人，牧民冬季戴一种两侧和后边都有一块下垂的三叶皮帽，天热时戴用三角布做的头巾；伊犁地区的哈萨克人，冬季则戴一种叫"标尔克"的圆形皮帽，夏天戴毡帽。妇女喜欢穿色泽鲜艳的衣物，胸前多绣有花饰，对花连衣裙情有独钟。在夏季，她们喜欢穿腰际开衩的花连衣裙；冬季一般外罩对襟棉大衣；她们还穿长马甲、长裤，戴白布盖头，盖头外披白布大头巾，头巾左上端佩带一件首饰，并戴耳环、戒指、手镯等饰品。无论男女都喜欢穿长腰皮靴"买色"，冬天穿毡袜以保暖。

哈萨克族妇女的头饰别具一格。根据不同的头饰，可以准确地判断哈萨克族女性的年龄及婚姻状况。

未婚少女戴马皮制成的小花帽，称作"吐麻克"，多为红色和紫色，顶端平形，镶嵌有珠宝、玛瑙之类饰物，并插有猫头鹰羽毛。胸部佩带珠串。哈萨克族人把猫头鹰羽毛视为吉祥之物，同时也象征勇敢和坚强。姑娘戴有"吾克缕塔合亚"帽、"麦克尔"帽和方头巾等。"吾克缕塔合亚"帽用红、绿、黑色绒布做成，成圆斗形，顶端用金丝绒线绣花，镶有珠子，并插有猫头鹰羽毛；"麦克尔"帽是用布、绸和水獭皮制作的圆帽子，装饰物除了猫头鹰羽毛，还有珠子、玛瑙等；方头巾的四角用绒线绣有各种艳丽的图案，姑娘们在家时一般只包方头巾。

姑娘出嫁时要戴"沙吾克烈"，这是一种尖顶帽，帽里用毡，帽面用布、条绒、绸缎，绣有各种图案，并饰有金银珠宝，帽子前沿还吊有串珠在脸前，这种帽子婚后一年之内都要戴。

生了孩子的妇女和中年妇女则戴一种叫"克依米赛克"的头巾。这种头巾十分宽大，可遮住头、肩和腰部，直达臀部以下，戴上以后只露出眼睛、嘴巴和鼻子。年长的妇女戴的"克依米赛克"，没有花纹图案，年纪较轻的妇女戴的"克依米赛克"，则在胸前、头顶绣有纹饰。

四、哈萨克族的饮食特点

长期以来，哈萨克族主要从事牧业生产，与游牧传统相适应，饮食习俗带有明显的牧区特点，主要以牛、羊、马肉和奶制品为食物，其次是用面粉制成的馕、面条以及抓饭等。哈萨克族人恪守《古兰经》戒律，忌食猪肉。

哈萨克族最喜欢的食物有"金特"、"那仁"等。"金特"是将奶油与幼畜的肉混合，装进马肠里，蒸熟后食用。“那仁”则是将肉切碎，加上“皮羊孜”（洋葱）和香料，搅拌蒸熟食用。奶制品主要包括酥油、奶疙瘩、奶皮子、奶酪等。他们的主要饮料是牛、羊、马等各种动物的奶，尤其喜欢喝马奶，在他们的生活当中马奶酒占有重要的地位。随着生活水平的提高，他们不仅在传统的节日里喝马奶酒，而且现在几乎天天喝、顿顿喝。此外“米星茶”也是哈萨克族的一种特色饮品，它用小米炒熟制成。为了适应游牧、迁徙生活，他们还特制有便于携带的食物，如“柯柯”（用小米或麦粒炒熟制成）、“奶疙瘩”（将奶发酵后晒干），以及熏肉、腊肉、酥油等。

马奶酒是由马奶经过加工发酵制成的。从表面上看，和牛奶、羊奶毫无区别，但内行人只须一闻，便能分辨出来。每年从6月底到9月末这段时间，被哈萨克人民称为“金色的季节”，它既是牲畜长膘的最佳季节，也是酿制马奶酒的最佳时机。牧民们把牛、羊、马群赶到气候凉爽的夏季牧场，一边给牲畜抓膘，一边准备过冬的奶制品。马奶酒不像葡萄酒那样甘甜，也不像二锅头那样辛辣，它有一股独特的浓烈、醇厚的酸味，没有喝过的人很容易喝醉。即使哈萨克族牧民也是边谈边饮，慢慢品尝。因此，哈萨克牧民不仅从你吃手抓羊肉的饭量，也从你喝马奶酒的酒量来判断你的力量。

哈萨克族牧民不分男女老幼，对马奶酒都有浓厚的兴趣。夏季牧场上的每座毡房里，都飘着马奶酒的清香。热情好客的哈萨克族妇女，不仅每天给劳动归来的亲人准备好马奶酒，而且还经常用它招待远方的来客。走得人困马乏的行路人，如果在夏季的牧场上遇见哈萨克毡房，就一定能喝到浓烈、清香的马奶酒。

此外，在哈萨克族的饮食中，茶也占有特殊地位。哈萨克族人最喜欢饮用的是砖茶，其次为茯茶。他们多在茶中加奶，称之奶茶；如果在茶中加少量酥油，更会香味扑鼻。

五、哈萨克族的社交礼仪

游牧传统使哈萨克族人的社交礼仪简约、古朴，悠久的历史又沉淀了哈萨克族人独特的民族文化气息。

哈萨克族给小孩命名的传统方式大致有五种。一种是小孩生下来后，以父亲第一次出门、第一眼所看到的物件为名；第二种是父母预先提出许多名字，如果喊到一个名字，正好打着了火，就取此名；第三种是生小孩时如果正好有客人在家，便以客人的名字为名；第四种是在转场途中，以孩子的生地为名；第五种是以宗教上的经名或著名的祖先和英雄的名字为名。哈萨克族人喜欢孩子，但忌讳别人在父母面前赞美孩子，他们认为这样做不大吉利。

哈萨克族家庭组织曾长期保留着一种幼子继承制。即如果一家有数子，年龄大的要分出去，另立门户，成立单独的家庭，而父母留下年龄最小的儿子作为自己的继承者。另立门户的子女均在父母毡房周围居住，这样经过几代，就成为一个“阿吾勒”。父母对子女有抚养、教育、命名的义务，子女对父母有养老送终的义务。哈萨克族亲属之间，都有固定的称谓，如弟弟称“义宁”，侄子称“纳密里·义宁”，女性称自己的妹妹为“僧能”，而男性称自己的妹妹为“哈米达斯”。

新疆草原上的哈萨克族人质朴、诚挚、大方，其热情好客闻名于世。草原人稀寂寥，牧民居住又分散，平素难见人影，所以在哈萨克族人心目中，客人总是吉祥和幸运的使者。只要听到外面有牧羊狗的叫声，牧民便会立即迎出毡房，无论客人是特意拜访、还是望门投宿，不论是否相识，也不论客人属于哪一个民族，他们都会竭诚款待。

他们待客的主要礼仪是，主人要掀起毡房的门，请客人先进屋，并替客人把他的“吐马克”即帽子和马鞭挂好。宾主相见，一般要首先问候“麻勒加浓姆”(意思是“牲畜平安”)，然后问“维玉兴阿姆”(意思是“全家平安”)。客人进房后，切忌坐床，要坐在地毯上。要让客人坐在正上方。客人坐好后，主人即把餐布(大小不等，正方形或长方形，用白布做成)铺在客人面前，把馕、方块糖、水果糖、甜奶疙瘩、奶豆腐、酸奶疙瘩和油等放在其上，家庭主妇再把烧好的奶茶送上来。如果是夏天，有马奶子的人家则会请客人饮用马奶子。喝完之后，主妇会再给加上。如果客人不想再喝，应用手掌捂住茶碗示意。客人喝得越多，主人会越感到荣幸。入坐后，如需调换位置，绝对不要跨过或踏过已经铺上的饭布，一定要绕行而过。

喝了奶茶或马奶子并食用了其他食物之后，羊只多的家庭便会宰羊待客。肉熟之前，主客继续喝茶吃东西，同时或弹冬不拉，或唱歌，或讲故事，总之，尽情欢娱。肉熟之后，一般是由主人家的晚辈帮客人用凉水浇水洗手，通常用水洗三次。洗毕不能甩掉手上的水珠，必须用毛巾擦干，否则就是失礼。

当主人端着满盘的整羊进来，并首先将羊头送到客人手中时，客人要首先割一块羊脸送给席中的长者，再割一只羊耳朵给席中的幼者，然后再将羊头送给主人。当客人喝茶时，往往是女主人（一般是女孩）跪坐倒茶。客人喝完第一碗，将第二碗喝上一口之后，回敬女主人，等女主人喝完之后，客人喝茶便自便了。饭后，如果已是黄昏，主人一定要留客人住宿。哈萨克人有一句俗话："太阳落山时放走客人，是跳进河里也洗不尽的奇耻大辱。"客人必须遵循哈萨克族的习惯。客人留宿后，主人要为客人铺床，要安排客人的马饮水、吃草。第二天，要安排客人吃罢早饭再走。如果重要的客人走时索要某种东西，只要有，主人一定会奉送。对常客和生客，则一般按惯例送行，不送东西。

哈萨克族重视友谊，情投意合者往往结为"塔睦尔"，双方财产共同拥有，亲如一家。哈萨克族有尊老的优良传统，在日常生活中，不论吃饭喝茶、说话走路，都要对老人礼让。年轻人不得直呼长辈的名字，不准当着老人的面喝酒，不准乱丢食物。一般在住宿处，还有为老人特设的木床，其他人不得在上坐卧。有时床上遮挂布幔，客人切忌牵动，否则就是失礼。

哈萨克族的禁忌很多。不要当着主人的面，数他拥有牲畜的数目；不要跨过栓牲畜的绳子；与羊群相遇，要绕道而行，且不能乘马进入羊群；不准乱丢食物，不要用手背擦食物等。

六、哈萨克族的传统节日

哈萨克族的传统节日主要有开斋节（肉孜节）、古尔邦节、诺鲁孜节等。诺鲁孜节的时间在旧历正月，过节那天，人们相互祝贺，有如汉族的春节一般，具有辞旧迎新的象征意义。

每逢这些传统节日都要举行叼羊、赛马、姑娘追等传统游戏，其中姑娘追是哈萨克族青年男女特有的一种娱乐活动。它一般在赛马、叼羊之后进行。在场的青年男女，不论婚否，可以自由结合，小伙子策马先跑，姑娘扬鞭后追，追上者为优胜。在追逐中，姑娘发现小伙子有不检点、不礼貌的言行，或不喜欢对方时，可以用马鞭对其抽打，男子不得还击。许多青年利用这一活动，觅得意中人，喜结良缘。这种游戏尽现了游牧民族热情、奔放的性格。

思考题

1. 回族的形成与伊斯兰教在中国的传播、发展有什么关系？
2. 目前我国回族分布的主要特点是什么？
3. 伊斯兰教规对回族日常生活的影响主要体现在哪些方面？
4. 简述维吾尔族的形成过程。
5. 维吾尔族“抓饭”主要有什么特点？
6. 在维吾尔族家中做客应注意哪些礼节？
7. 哈萨克族的马奶酒有什么特点？
8. 哈萨克族社交礼仪中主要有哪些禁忌？
9. 怎样从服饰判断哈萨克族女性的年龄及婚姻情况？

主要参考书

1. 中国大百科全书编委会编:《民族百科全书》，中国大百科全书出版社，1994 年。

2. 国家民委民族问题丛书编委会《中国少数民族》编写组编:《中国少数民族》，人民出版社，1981 年。

3. 中国大百科全书编委会编:《中国大百科全书》光盘(11 版)，中国大百科全书出版社，2000 年。

4. 白寿彝著:《中国伊斯兰史存稿》,宁夏人民出版社,1983年。

5. 民族问题研究会编:《回回民族问题》,民族出版社,1980年。

6. 冯家升等编:《维吾尔族史料简编》上、下册,民族出版社,1981年。

第五章　壮族、黎族、侗族、畲族民俗

学习目的

- 了解壮族、黎族、侗族、畲族的源流及分布
- 熟悉壮族、黎族、侗族、畲族的特点
- 掌握壮族、黎族、侗族、畲族的主要民俗

基本内容

- 壮族、黎族、侗族、畲族的形成及人口分布
- 壮族、黎族、侗族、畲族的信仰
- 壮族、黎族、侗族、畲族的服饰
- 壮族、黎族、侗族、畲族的饮食特点
- 壮族、黎族、侗族、畲族的社交礼仪
- 壮族、黎族、侗族、畲族的传统节日

第一节 壮族民俗概要

一、壮族的形成及人口分布

壮族由中国古代越人的一支发展而来。它与周秦时的西瓯、骆越，汉唐时的僚、俚、乌浒，宋以后的僮人、良人、土人等有着密切的渊源关系。唐朝在壮族地区设置了羁縻州县。元、明、清各代建立土官制度，以加强对壮族地区的统治。清代实行“改土归流”，推动了壮族地区的发展。中华人民共和国成立后，壮族的发展步入了一个全新的时代。

壮族原有的称谓各地不同，主要有布爽(转译为“壮”)、布侬、布土(或根土)、布样、布斑、布越、布那、侬安、布偏、高栏、布曼、布岱、布敏、布陇、布东等20种左右。中华人民共和国成立后，统称为僮族。1965年根据周恩来的倡议，经国务院批准，将“僮”改为“壮”。

2000年，壮族有1 617.8万人，是中国少数民族人口最多的民族。该族主要分布在广西壮族自治区、云南省文山壮族苗族自治区，其中90%以上聚居在广西壮族自治区的河池、百色、南宁、柳州地区，少数分布在广东连山、湖南江华、贵州、四川等地。该民族使用的壮语，属汉藏语系壮侗语族壮傣语支。南宋时，壮族已出现用方块汉字构成的土俗字。1955年，中国共产党和人民政府为壮族创制了以拉丁字母为基础的壮文，得到推行。1982年，对壮文作了修订，改换了几个非拉丁字母，恢复了一度中断的壮文报、壮语广播和壮文学校，出版了壮文课本，壮文得到进一步推广。

二、壮族的信仰

壮族的传统信仰比较复杂，道教、佛教与其固有的原始宗教相结合，近代又传入天主教和基督教，各教并存，相互影响。在多种信仰中，壮族人主要信奉多神崇拜和祖先崇拜。

壮族认为万物有灵，祭祀的神灵有土地神、社神、雷神、水神、山神和灶神等，可分为自然神、社会神和保护神三种。每村每屯几乎都有固定的祭祀日期，每年春季集体做春祈，秋季则要做秋报，祈求和感谢神灵赐予平安和丰收。“社公”是村寨的保护神，主宰全村人的吉凶祸福，其祭祀一般在除夕举行，全体村民共同参加，村中小辈遍拜尊长，称为“拜社”。“土地神”被视为一方之主，村村设有土地庙，逢年过节或遇重大危难事件，村民会到土地庙祭拜。“花神婆”被奉为专管生儿育女的女神。此外，壮族还崇拜龙、禾、牛、火等神灵。

壮族每家每户都在堂屋正中供奉祖先牌位，每乡每寨都设立以宗族为单位的宗祠，里边列有历代祖先牌位，定期举办敬祀祖先的活动，逢年过节还要烧香供奉。

壮族地区神职人员可分为释、道、师、巫等几种。释信奉释迦牟尼创立的佛教，但他们不一定是苦修的和尚，可以是有家业的“花僧”，每月选几天吃斋。他们作法的仪礼、经文、法器来自佛教，但也混杂着道教内容和壮族固有宗教的影响。道信奉太上老君，他们没有固定的寺院和组织系统，也可以成家立业，在礼仪、法器、经文等方面接近汉族的道士。师公多为世代相传，有的也师徒相授。师公是壮族民间的巫师，不必吃斋，其宗教礼仪、法器、经文主要来自其民族固有的原始宗教。释、道、师三种神职人员，均是“多面手”，既可以主持宗教仪式，也可以为婚丧作法，为病灾念咒，还可以驱祸及合八字等。巫婆是“无师自通”的“禁婆”，地位一般在释、道、师公以下。各种神职人员在壮族中都有一定的声望，受到尊敬。

三、壮族的服饰

壮族服装各地不一。广西西北部，老年壮族妇女多穿无领、左衽的上衣，绣花边、宽脚的裤子，腰间束绣花围腰，喜戴银首饰。广西西南部龙州、凭祥一带的妇女，着无领、左衽的黑色上衣，包方形头帕，穿黑色宽脚裤。男子多穿唐装。衣料过去多是自织土布，现多用机织布。过去人们有文身习惯，现已改变。

壮族妇女的头饰是非常有趣的。居住在广西都安一带的壮族姑娘参加歌圩或走亲戚时，每人都戴一条崭新的白底花边的毛巾。其头饰有特殊标志，通过看她们的头饰，就可知她们究竟是未婚还是已婚。她们若把毛巾折叠成三四层，使之像手帕大小，盖在头上，则表示未婚；若把毛巾包头打结，则是已婚。龙州一带姑娘头上有刘海的，表明还没有对象；把前额的刘海梳向左边，用发夹夹起来，这种头上左边和后边仍留有刘海的，表明已有对象或结了婚还没生孩子；那些不留刘海，而把头发向后梳起来绾成髻的，则表明已成家，且有了孩子。天山女孩子留发不打辫，已婚的结髻，或梳顺后由左向右绕，用头巾扎上；未婚的反过来由右向左，用白印花或提花巾扎上。桂南地区又有所不同，少女是一条长辫加刘海，少妇则梳双辫，中老年结髻垂于脑后。

四、壮族的饮食特点

壮族人喜爱食大米、玉米，居住南方的壮家人多食糯米，将糯米做成糍粑和粽子。蔬菜类喜欢青菜、菠菜、卷心菜、白菜、苋菜、冬瓜、南瓜、芥菜、莲菜等。肉食包括猪、牛、羊及野兽肉，此外还吃鱼、虾、蛋。壮胞最喜欢吃酸辣和腥味的食物，其腌鱼、腌肉、腌菜、腌汤都很有特色。独具壮族风味的食物主要有“血红”、“别”、“凉粽”等。“血红”的具体做法是用生猪血加醋和盐腌半小时后，掺上辣椒末、花椒末调匀，再把瘦肉、猪肝、猪腰切薄片烧烤半熟，放入配好的猪血中拌食。“别”是用牛的十二指肠的肠液，用布滤汁后加入茶油，然后放盐和调料，把牛肉片烤成半熟时拌上后食用。“凉粽”是用木炭灰过滤的水浸泡过的糯米包的粽子。

壮族饮食上的礼仪因地区不同而略有差别。有的地区规定60岁以下的妇女不能在客厅吃饭。家庭内部吃饭有一定的座位，公公、婆婆坐在背靠神台那边，男子坐左侧，媳妇坐右侧，孙子坐在公公对面。有外人来家吃饭，要由男性家长作陪。在节日，男孩都可以上桌与客人同食，但妇女却不能。有的地区有女儿必须给客人和父亲盛饭的习惯。村中有红白喜事时，妇女不能坐在高桌上吃饭。小辈在给老人送茶送饭时，要双手捧上，而且不能从客人面前递，也不能从背后递给长辈。用餐时须等最年长的老人入席后才能开饭；长辈未拈动的菜，晚辈不得先吃；先吃完的要逐个对长辈、客人说“慢吃”再离席，晚辈不能落在全桌人之后吃完饭。农历正月初一不杀牲，不吃糍粑、粽子，还有的地区忌吃青菜。十月初二不吃米粉和面条。新媳妇在结婚的头三天内，不能做任何食物。不生育小孩的妇女，每月初一、十五两天，在十二点钟前不能吃肉。

五、壮族的社交礼仪

壮族人在和别人交谈时，从不使用第一人称“我”，而是把自己的名字说出来，他们认为直截了当地讲“我”字是不尊重别人的表现。

在广西龙州、防城、上思、宁明等地，壮家人盛行着“客至不设茶，惟以槟榔为礼”的习俗。他们嚼槟榔像喝茶、抽烟一样，不限次数。每当客人来，就一边咀嚼一边聊天。

路遇老人，男的要称“公公”，女的则称“奶奶”或“老太太”。路遇客人或负重者，要主动让路，若遇负重的长者同行，要主动帮其代负并送到分手处。

壮族还有一些禁忌。壮人把彩虹称为“龙杠东”(即龙挂在东方)，禁止用手指，认为冒犯者手指会秃。

忌大门正对大树。认为那样会前途无望。

忌踩踏门槛。进出门口时，一般要从门槛上跨过去。

送礼忌送单数。两家喜事不能互贺。壮胞认为去祝贺别人的喜事，会将喜气、好运送走，自己就背时、倒霉。

出门忌碗碎。若出门前碗碎，预示出门不顺，诸事不吉利。

六、壮族的传统节日

吃立节是广西壮族自治区龙州县、凭祥市一带壮族人民特有的节日。“吃立”壮语意为“欢庆”。壮族人民素有欢庆年节的传统。但在1884年春节来临之际，法国侵略者侵略我国边境。为了打击侵略者，保家卫国，青壮年奔赴疆场，英勇杀敌。正月三十日，出征的将士凯旋，乡亲们杀鸡宰羊，做糯米粑，盛情款待，共同欢庆胜利，补过年节，从此以后逐渐形成吃立节。节日期间，人们舞狮子、耍龙灯、唱歌、跳舞等，热闹非凡。

歌圩是壮族最隆重的民族传统节日。歌圩，壮语意为“歌的集市”。各地圩期不完全一样，但多半在春秋两季举行。春季的歌圩多在正月初四或正月初五、二月十九、三月初三、三月十六举行。定期歌会一般一年举行两三次，规模大者上万人，小者也有一两千人。不定期歌圩一般是小型的，三五十人、一二十人都可以。歌圩上所唱的歌，主要是以男女青年追求美好爱情为主题。其内容一般为见面歌、邀请歌、盘歌、新歌、爱慕歌、盟誓歌、送别歌等。歌圩一般为期一天，也有连续两三天的。参加歌圩的除青年们外，也有中老年和少年。老人、小孩主要是“观战”、“观赏”、品评，有的老年歌手也参与，但他们不唱歌，只是给青年人当参谋。歌圩中，除青年们对歌外，还有商品交易会。

崇蛙敬蛙、崇雷敬雷的蚂虫另节是壮族的特殊节日，每年正月初一开始，各地持续时间长短不一，短则半个月左右，最长的为期一个月。

壮族人也过与汉族相似的端午节，但具有壮乡的民族特色。有的地方在端午节用植物的藤叶、糯米和水磨细，滤成干糕来包粽子，煮熟成乌色。粽子有的掺豆粒，有的泡碱水，有的夹绿豆馅或肉馅。

第二节　黎族民俗概要

一、黎族的形成及人口分布

黎族自称“孝”、“岐”、“美孚”、“本地”等。在我国古籍中很早就有关于黎族的记载。西汉曾以“骆越”，东汉以“里”、“蛮”，隋唐以“俚”、“僚”等名称来泛称中国南方的一些少数民族。海南岛黎族先民即包括在这些泛称之中。“黎”这一专有族称始于唐末，固定于宋代，沿用至今。

“骆越”作为“百越”的一支，同黎族有着密切的渊源关系。早在秦汉以前，“骆越”的一支就从祖国大陆两广地区陆续迁到海南岛，过着原始母系氏族公社生活。汉王朝在此设置琼、崖、儋、振、万安等 5 州 22 县。元朝政府在黎族地区设置土官，利用黎族上层首领统治人民。明、清两代，封建生产方式占统治地位。1840 年以后，帝国主义势力的入侵，加重了黎、汉各族人民的苦难。1950 年春，海南岛解放，从此黎族的经济、文化得到迅速发展。

黎族有 124.7 万余人(2000 年)，90%分布于海南省保亭、琼中、白沙、陵水、乐东、东方、昌江等县，其余散居海南省万宁、屯昌、琼海、澄远、儋县、定安等县。该民族使用的黎语，属汉藏语系壮侗语族黎语支，不同地区有不同的方言，由于长期与汉族接触，不少黎族群众兼通汉语。1957 年，曾创制拉丁字母形式的黎文方案。

二、黎族的信仰

黎族传统信仰中鬼神种类繁多，敬畏特甚。

山鬼。黎族认为山林中的飞禽走兽都受山鬼管辖，猎人只有在得到山鬼“授意”的首领“俄巴”带领下，才能捕获猎物。出猎前，也要由“俄巴”占卜以定吉凶。捕获猎物后，要以猎物举行祭祀仪式。为祈求丰收，每年农历正月选地种植时，要到深山密林中举行祭祀山鬼的仪式。他们在选好的旱谷地里插上数根木棍，上盖带叶的树枝，作为祭坛，然后口念祭山鬼的咒语，进行占卜。假如反复占卜多次还得不到吉祥征兆，就弃此地。一俟选定，烧山前夕必须在旱谷地上撒米，请山鬼保护火力和风向。

地鬼。黎族认为农作物的丰收是地鬼的恩赐。稻谷成熟后，要贡献几个小饭团，感谢地鬼的恩典。

灶鬼。由于敬畏和崇拜火，因而家家户户敬祀灶鬼。禁止任何人跨越、敲击或移动用三块石头砌成的品字形炉灶，否则认为将触犯灶鬼，从而招致病痛或其他灾难。

黎族人认为太阳等天体、云雾雷电风雨等自然现象都有灵性。如人头痛发热，就认为触犯了雷公鬼、太阳鬼，患疟疾则认为触犯了风鬼。触犯鬼要杀猪献祭，请娘母、鬼公(巫师)联合做法事。

此外，黎族尚存对动、植物的崇拜，如崇拜青蛙和牛等。

黎族人还信奉祖先崇拜，认为鬼魂吃饱穿好就可到祖先处“团聚”。黎族的祖先崇拜主要是崇拜父系祖先。

黎族还流行鸡卜、蛋卜。鸡卜是黎族较为重要的占卜形式，即口念咒语将小雄鸡杀掉，一看鸡股上的营养孔多少来定吉凶，二是在营养孔上插竹签，以倾斜的方向和角度来定吉凶。蛋卜就是用一个小木签刺破鸡蛋，让蛋汁自然滴落地上，如聚成圆形或朝单一方向则为吉兆，如四散则为凶兆。当人们患病时，又多采用筊杯卜、石卜，以查病因和预测病情发展。

娘母和鬼公为黎族固有的巫师，被认为是人与鬼的中介；而道公是随道教从汉族地区传入的，借用汉语海南方言称为“三伯公”。道公遍及黎族各个地区，成为黎族信仰活动新的主持者，逐步取代了娘母和鬼公在宗教活动中的职能。

三、黎族的服饰

黎族妇女束髻于脑后，插以箭猪毛或金属、牛骨制成的发簪，披绣花头巾，上衣对襟开胸无扣、尚青色，下穿无褶织绣花纹的筒裙，有的地方穿套头式上衣。女满地区妇女喜穿五件图案花上衣，显得雍容华贵；通会地区妇女喜穿图案鲜艳的短花裙，露出洁白的小腿，显得体形美观。妇女盛装时戴项圈、手镯、脚环、耳环等，有的地方妇女的耳环多且重，耳根下垂至肩，史称“儋耳”。部分地区居民保留古代“雕题”的文面、文身习俗。

男子结发于额前，上衣无领、对襟。东方县有少部分黎族男子上衣与女子无大差别，也戴耳环。有些地区的男子留长发，结发额前，缠长夹巾，留巾角高于头，如戴高帽。其传统服饰是，男子戴项圈，上串铜钱，手缠“保平安”绒线，佩挂红色“胸挂”，内装火药、铅子，挂腰刀，扛火枪，刀带、枪带上都有绣花，色泽著目。中华人民共和国成立后，男子服饰与当地汉族的服饰相似。

四、黎族的饮食特点

黎族人的主食以大米为主，也吃玉米和甘薯。蔬菜一般煮着吃，很少炒菜。吃肉的方法也多是用火烤或生腌。腌肉有一套方法，掺上米粉和野菜，腌成酸肉以长期贮存，随吃随取。黎族人普遍以各种鼠肉为食，如扁尾巴、黑毛的松鼠，背黄腹白的坡鼠，背灰腹白的田鼠，比一般鼠较大的灰色山鼠，还有家鼠等，都是食用的对象。食用方法也是多种多样：如将毛烧掉，开膛挖去内脏，洗干净后撒上食盐，烤熟后食用。又如将毛去掉，开膛除去内脏，洗净后切成肉块，再放入食盐、生姜等，煮熟后食用。比较有民族特色的饭食是"竹筒饭"，将米放入竹筒内，加上水，用火烧竹筒，米熟成饭后有竹香味。这种饭最适于出门野餐。酒在黎族人民的日常生活中占有非常重要的位置。黎族家家会酿酒，他们酿酒一般以山栏糯米为原料，先将糯米用水浸泡半日，再捞入锅内蒸成干饭，晾干，放进吊箩；将作为酒曲的"酒饼"水按比例倒入吊箩，与干饭拌匀，然后用芭蕉叶把吊箩裹严密封，三日即可发酵，散发出酒香气味。七日后打开吊箩将其倒入罐内封存，封存的时间越长，酒的味道越浓、越香。黎族人将这种封存时间很长的酒叫"酒蜜"。酒蜜是滋补和保养身体的高级营养品，也是用来招待贵宾的一种传统饮料。黎族人常常几人围坐在一起用细竹管吸坛内的酒，很有情趣。也有部分黎族人喜吸水烟。口嚼槟榔是当地妇女的一大爱好。长期嚼槟榔，牙齿大多是乌黑亮泽的。

五、黎族的社交礼仪

黎族人热情好客。黎语"待抱奥"，意即"招待客人"。有宾客至，主人先取出炭火、烟叶、烟筒或槟榔盒，在门口接待。接着，把客人的行李（如猎枪、弓箭、尖刀、斗笠等）收藏屋内并安排好客人休息，然后准备饭菜。对于男性客人，先酒后饭；对于女性客人，则先饭后酒。宾、主分开对坐，待以鸡、酒。请酒时，主人先双手举起酒碗向客人表示请酒，然后自己把酒一饮而尽。接着，把一碗碗的酒捧给众客人。待客人把酒喝完后，主人还往每人嘴里送一块肉（菜），表示尊敬。客人必须接下，表示领情。客人也必须用酒回敬主人，表示谢意。主人不陪客人吃饭，怕客人不好意思吃饱，所以客人吃饭时，主人应离开家屋，让客人自己吃。女子做客，不能在一家就吃饱，应留着肚子去应酬几家的邀请。男子做客，可在一家吃饱。

客人吃完饭后应自己洗碗筷，并放回原来的位置。筷子不能交叉放在碗上，也不能筷子头尾倒着放在饭碗上，更不能把碗倒扣而把一根筷子放在碗脚上，杯子也不能倒扣。因为民间认为上述做法对主人和客人都是不吉利的。客人要走时，主人不能在家里就把行李递给客人，应在把客人送出门外或送到村寨路口时，才把行李交给客人。

平常黎族人忌讳别人当面提及自己先辈的名字，部分地区对猫禁杀忌食。

六、黎族的传统节日

农历三月初三，是黎族人民的传统节日。它源于黎族民间传说。古时候，有一年洪水泛滥，淹没了高山和村寨，只剩下一男一女，男的名叫肋杠法，女的名叫百观音(有些地方把这一男一女叫阿贵和阿贝)。他们长大后，在某年的三月三，于燕窝岭的岩洞里成亲。婚后，他们在燕窝岭下开荒种田，挖塘养鱼，生儿育女，为黎族人民繁衍了后代。为了纪念他们，每逢三月三这一天，各村各寨的黎族男女老少都带着粽子、糕点从四面八方聚集到牙南良、亲天峡、牡丹坡、报翠坡，祭拜祖先(肋杠法和百观音)。然后进行射弩、摔跤、荡秋千、跳竿、唱山歌等文体活动。晚上，山坡上、河岸边燃起一堆堆篝火，人们围着篝火尽情歌舞。未婚的青年男女相识以后，互赠信物，姑娘们将亲手编织的七彩腰带系在小伙子腰间，而小伙子则把耳铃穿在姑娘的耳朵上，或把鹿骨做的发钗插在阿妹的发髻上，相约来年的三月三再相会。

居住在广东、海南一带的黎族人民，过春节时，要杀猪宰鸡，置备佳肴美酒。全家吃过“年饭”后，男子要集体上山打猎，女子要结队到河里摸鱼。打来的食物，由全村平分共享。第一个打到猎物的人，可以多分到猎物一条腿的肉，以示奖励。

第三节　侗族民俗概要

一、侗族的形成及人口分布

侗族自称为“甘”，宋时音译为“仡伶”，明以后称为“峒人”、“峒僚”、“峒蛮”、“峒苗”，或误称为“苗”。中华人民共和国成立后统称为侗族。侗族的祖先源于古时居住在今两广一带的“百越”中的一支“骆越”，魏晋以后，这个部落又统称为“僚”。唐朝在湘西、黔东南等地区设置诚州、徽州等羁縻州郡。宋初，侗族地区社会主要由大姓与“田丁”两大阶级构成。大姓首领被封为州郡刺史，直接对本民族人民实行统治。元朝先后在侗族地区设立了上黎平、古州、洪州亮寨等15个长官司。明朝在贵州侗族地区设20个正副长官司，并于1414年设黎平、新化二府，直接管辖土司，出现“土流并存”的统治局面。清朝建立后，在侗族地区仍然因袭明代“土流并存”的办法，但土司实权已趋弱，均为流官所控制。中华人民共和国成立后，侗族经济、文化的发展进入了一个新的阶段。

侗族人口为296万(2000年)，主要分布在贵州省的黎平、从江、榕江、天柱、锦屏、三穗、镇远、剑河、玉屏，湖南省的新晃、靖县、通道，广西壮族自治区的三江、龙胜、融水等县。该民族使用的侗语，属汉藏语系壮侗语族侗水语支，分南、北部两个方言区，南北方言又主要以语音差异为依据，各分三个土语区。侗族原无文字，沿用汉文，1958年设计了拉丁字母形式的侗文方案。

二、侗族的信仰

侗族的传统信仰主要是自然神崇拜和祖先崇拜。

侗族人民相信万物有灵，认为自然界各种物类和现象都有神灵主宰，并影响人们的生产和生活，因而崇拜众多的神灵。例如：土地神，分为桥头土地、寨头土地和山坳土地等几种。每个村寨都设神龛供奉，但只有牌位没有神像，有的供一块石头，也有悬挂猪下颏骨的。逢年过节或遇自然灾害，必须用猪、羊、鸡等献祭，祈求丰收和平安。此外，每年岁首，侗族人民还要敬祭水神。这天，妇女到河里或水井汲水，须先在河边或井旁点香烧纸，然后才能取水回家。牛神也是侗族人民崇拜的神灵(详见后面传统节日部分)。

此外，侗族人还信奉龙王、雷祖、飞山、南岳等神。侗族把神灵分为善恶两种，善神保护他们，恶鬼则带来灾祸。不同的病是由不同的鬼作祟。他们对善神奉祀，对恶鬼则请巫师驱赶。最大的鬼叫“煞”，奉祀他是祈求他能约束众鬼，保佑平安。

祖先崇拜的对象除本族共同的女祖先、男祖先和英雄人物外，每个家族和家庭还各自祭祀自己的先人，而妇女又单独供奉家神和外家神。“萨丙”是侗族共同供奉的女祖先，被认为本民族的最高护佑神。黎平、从江、榕江、通江和三江等县的侗族村寨都有名为“萨殿”或“堂萨”、“然萨”的神坛。管理神坛事务者名为“登萨”，一般由老年妇女担任。农历初一、十五要烧香化纸和供茶。农历正月初三或初七、二月初七（春种前）和八月初七（秋收前）为隆重祭祀之日。“三容神”是湖南通道侗族自治县黄柏一带侗族供奉的男祖先。每逢子年和午年的农历八月十五举行一次淹牛仪式，祈求人口繁衍，村寨兴旺。同时利用这一天集体议事。

平时，侗族人喜欢以鸡卜、草卜、米卜、卦卜来测定吉凶。法师、道师、阴阳先生是侗族信仰活动的主持者。

三、侗族的服饰

侗族女子服饰大致可分为着裙和穿管裤两种。在天柱、锦屏、九寨和通道北部及靖县一带，妇女着右衽无领衣，托肩滚边，钉银珠大扣。黎平、锦屏接壤地区，妇女着衣长至膝，包三角头帕。在都柳河、平永河、寨蒿河两岸，妇女着右衽无领长衣至膝，襟边、袖口、裤脚镶滚边或花边，冬系围腰，着白布袜、花鞋。通道、三江、龙胜地区，着大襟无领衣，衬胸襟，着褶裙，系围腰，裹绑腿或穿布套，穿绣花船形踏脚勾鞋。榕江东里、瑞里妇女着右衽宽袖上衣，衣襟镶宽绣花滚边，裙长过膝，穿无跟草鞋。妇女喜佩银饰，如项圈、项链、手镯、戒指、耳环、银花、银冠等。姑娘大多将辫结盘于头顶，出嫁后挽头髻(有的是生小孩后挽髻)

男子服饰大致相同，喜穿青、蓝、白对襟或右衽上衣、长裤，包头巾，腰间系有腰带。有的地区男子头上插鸡尾羽毛为装饰品。

四、侗族的饮食特点

侗族人的主食是大米。由于居住地的产出不同，所食品种也不同。平坝地区多吃粳米，山区多食糯米，杂吃小米、稗米、包谷等。蔬菜种类颇多，青菜、萝卜、油菜、蕃茄、瓜类等应有尽有，还采各种野菜佐餐。肉食喜欢猪、牛、鸡、鸭、鹅肉，也喜欢吃鱼、虾。有些侗族人还喜欢把田鼠捕来腌制而食。侗族人对菜的烹调很有特色，不擅炒菜，最爱煮菜吃。他们最喜欢的调味品是辣椒和酸味，最具有侗族风味的饮食有腌鱼、腌肉、油茶。腌鱼、肉时，用盐将生鱼、生肉渍三四天，然后抹上辣椒、生姜、花椒、糯米等，密封于坛内，过几个月即可取出食用，醇香可口。做油茶时，把茶叶和茶油、糯米同炒，炒到一定火候，加水煎，饮用时加上自己喜欢的配料，有糯米粑、炒米花、黄豆、花生、核桃仁、蒜叶、肉末等，味道极美。侗族人还有一种最具特色的佐料叫“别”，将牛小肠内的东西取出，用水搅拌过滤，滤出汁叫“别”，做佐料用。侗族人大多喜欢吸烟饮茶，并善于酿酒，用糯米酿米酒，用杂粮做白酒。

饮食禁忌是正月初一不能吃青菜。

五、侗族的社交礼仪

侗族人热情好客。如果你到侗族人家做客，一进屋全家老少都会起身让座，欢迎你的到来，老人给你递烟，大娘给你端油茶，并用侗家最讲究的“酸宴苦酒”来款待你。不过喝茶时有个规矩：主人请喝茶不必客气，客气式的喝茶是对主人的不尊敬；另外每人发一根筷子，当喝完不想再喝时，就把筷子架到碗上，主人便知客人不想再喝，不然主人会一碗碗地斟下去。

侗家的待客宴，要先请客人、长者入席，然后主人方能入座。客人坐定，主人斟酒，举杯致辞。主人首先干杯，客人才饮酒，有“主不喝客不饮”之说。敬酒时，主人敬客人，晚辈敬长辈，而同辈之间，则多以“交杯酒”互敬，再就是全席间的左右轮流饮“团圆酒”。整个饮宴过程要以喝酒助兴。有的地区还以对歌的输赢作为敬酒或罚酒的依据。

酒席上，除了敬酒，还要敬菜。侗族视敬酒、敬菜为至尊至敬，以客人吃饱喝醉为荣。敬菜时，不论酸、鲜、荤、辣，不断敬到客人面前。客人此时不要推辞，只要尝一点儿就算领情了。酒席菜，酸鱼、酸肉一般不再下锅。客人若吃不惯，主人也会将酸鱼、酸肉入锅煎炒一下或放炭火上烤一烤，再让客人吃。鸡鸭菜的鸡头、鸭头被认为是上品，一定要送给客人或长辈，以示尊敬。

此外，侗族待客还有吃合拢饭的习俗，称为“腊也”。即一家来客，近族近邻纷纷提着自家的佳肴美酒前来会客，将各家的美食美味合拢到一块儿宴请客人。若是来了贵客，便会惊动全寨。各家来一个成年男子，带来各家的美食，全寨吃合拢饭。吃饭前，先由家长、族长或寨中老者举杯致辞，接着众人开始饮用团圆酒，吃转转菜。

侗族人还有"打标"的习惯，这是人们在长期的交往中相互沟通传递信息的一种表达形式。我们可以通过各种不同的打标方式，进一步了解侗族人的社交习惯。

打标，侗语称为"多标"，是侗族人在生产活动和社会交往中逐渐形成的以芒冬草或其他植物、或用生产工具等作出某种标志的习惯。人们只要看到标志就知某件事可做或不可做。例如：

山标，谁先上柴山打柴，就可以找一块较平坦的地方，找几根草扭成两个结，用一个树枝挂起来放在合适的地方，表示这块地方已有人占，别人看见草标就不会来了。

水标，侗族人喜欢饮生泉水，然而不是所有的泉水都能喝。凡能饮用的泉水边上，都有用草扭成耳朵形的标记，在树枝上挂起。

田标，在犁好耙平的田里插上用草扭成结的标记，放牛的和小孩就不会进入。另一种田标用草扭成一个田螺形的标记，上面插上鸡毛，插到田埂上，表示田里有鱼，放鸭人就不会将鸭放到田里。

寨标，侗寨都有篱笆作围墙，进出寨子都要经过关闭的"把门"。当瘟疫流行时，往往在"把门"上放置生产工具，一般是放一把利刀和一把草，表示外寨人不能随便进寨。

门标，如在楼底层的门上挂蛋壳或青树叶，表示这家刚生下小孩，未满三天，生人不能随意进去。如门上挂柚子树叶，表示家里有病人，请不要随便进入。

约标，是男女青年恋爱关系还没公开时，男青年与女青年约会的标志。男青年用草扭成三个结，放在自己走过的柳条上，草标的头朝前，尾朝后，像指路的箭头。女青年随后而来按草标的方向去赴约。

若在侗乡路上相遇，人们即使素不相识也要互相打招呼问候，谦让对方先走；出嫁的姑娘若在路上相遇，要解下身上的花带或头帕互赠对方，以示相互尊重和祝福。赶路人若遇上天黑，可随意进入村寨讨火把照明;若借宿,主人会热情相待,不取分文。寨中不管谁家孩子出门或上学,全寨的人都带着礼物前往祝贺。冬天,在鼓楼的火塘里生有柴炭火供人取暖。夏天,在风雨桥、凉亭里备有清泉水供村人饮用。

侗族人忌讳在山林、水塘等被认为有"风水"的地方乱挖土,禁止砍伐宅基周围的古树。妇女生孩子后的三天内,忌外人入家。忌坐门槛,认为门槛是一家人的主要通道,希望保持畅通无阻,财运滚滚来,坐了门槛,则于家道兴隆不利。还忌在社坛、神龛上放凶器(如刀、枪、剑、矛等),以防对祖先和神灵的不敬。

侗族关于称谓方面的习俗有:凡是做了爸爸、妈妈的人,别人就不再唤他(她)的名字,而是尊称为"甫某某"(某某的父亲)、"奶某某"(某某的母亲)。

六、侗族的传统节日

花炮节是湖南、贵州、广西相毗邻的侗族地区最热闹的传统节日,过节时间分别为正月初三、二月初二、三月初三,其主要活动是抢花炮。花炮用长约10厘米的铁筒制成,内装火药,炮口上放置直径4厘米用丝线包扎成五颜六色的铁环,由上穿黑衣下穿白裤扎绑腿的小伙子组成仪仗队,举行隆重仪式。随指挥员令下,一体格健壮的小伙子点燃导火索。一声巨响,铁环冲上天空,自由落下,运动员争相抢夺,称为"抢花炮"。抢完头炮,抢第二、第三炮。三炮铁环分别赋予"团结"、"胜利"、"幸福"之意。抢花炮后,还要举行唱侗戏、听彩调、赛芦笙等丰富多彩的文娱活动。夜间,穿着节日盛装的青年男女在广场上纵情跳"多耶"集体舞。

每年农历二月十五和三月十五,黎平县地区侗族举办摔跤节。

四月八日是姑娘节,侗族杨姓的出嫁姑娘,都要回到娘家与自己家的姐妹做乌饭糍粑,唱歌说笑。

每年农历谷雨前两三天举行的土王节是侗族妇女的社交日,为期一天。土王节是纪念十八对情侣为反抗封建婚姻习俗,于清明节前自缢身亡而举行的歌舞形式逐渐演变而来的,一般在离村寨不远的土王坡举行。

四月初八、六月初六侗族人祭牛神。当天让牛休息，以鸡、鸭等祭品摆在牛圈边敬祭。有的地区还特做黑糯米饭喂牛，以表示对牛终年为人耕作的酬谢。

七月二十日举办赶歌会，纪念忠于爱情的侗族女歌手肖玉娘。

侗族多数地区过春节，也有的地区在十月或十一月择日“过侗节”。

尝新节、吃新节是部分农耕民族为庆祝丰收而举行的特殊节日，多在秋季举行。贵州北部地区侗族在吃新节以前，由家族中的妇女依长房二房的顺序排列走到河边，将桶、水筒、粽粑叶、干蕨菜、糯米、高粱等物洗净，回家将蕨菜、糯米、高粱与盐巴拌匀腌入坛内备用，并用刚从井里担来的“新水”泡糯米蒸熟酿制甜酒。这天以鱼为菜肴，还炖一罐不放盐的包谷和瓜菜。

此外，侗族地区有“诗的家乡，歌的海洋”之称。侗族大歌是侗族传统文化最精粹的部分，多系长篇叙事诗，用多声部演唱。琵琶歌，因以琵琶或加“格以琴”(俗称“牛罢腿”)伴奏而得名，曲调欢快流畅，为侗族所特有。侗族人民爱跳舞，人们齐奏芦笙，边走边舞。在许多节日里歌舞都是必不可少的。

第四节　畲族民俗概要

一、畲族的形成及人口分布

畲族，自称“山哈”。“哈”，畲语意为“客”，“山哈”即居住在山里的客户。但这个名称不见于史书记载。南宋末年，开始出现“畲民”的族称。畲作为民族名称，大概是由于他们从事刀耕火种的农耕而来的。中华人民共和国成立后统称为畲族。

有关畲族的民族来源说法不一。有人主张畲瑶同源于汉晋时代长沙的“武陵蛮”(又称“五溪蛮”)，持此说者比较普遍；有人进一步追溯到春秋战国时期生活在淮河、黄河之间的“东夷”里靠西南的一支“徐夷”；有人主张由“南蛮”的一支发展而来，是广东的土著居民；此外还有古越人后裔说等等。但各地畲族都以广东潮州凤凰山为其民族发祥地，传说他们的始祖盘瓠就葬在这里。总之，畲族早在7世纪初就已居住在闽、赣、粤三省交界的山区，自宋代陆续向闽中、闽北一带迁徙，约于明、清时始大量出现于闽东、浙南等地的山区。

畲族人口为70.9万(2000年)，分布在福建、浙江、江西、广东、安徽五省的部分山区。其中福建、浙江两省最多，占96%。99%的畲族人操接近于汉语客家方言的语言，但语音上与客家话稍有差别，有少数语词跟客家话完全不同。广东惠阳、海丰、增城、博罗一带的畲族约1000人，使用接近于苗瑶语族苗语支的瑶族“布努”炯奈话的语言。本民族无文字，通用汉文。

二、畲族的信仰

畲族长期和汉族杂居，其信仰与汉族颇多类似，但仍保持着本民族的某些特点。

图腾崇拜。每个家族都保存一根犬头“祖杖”，是图腾的标志。有的地区祠堂里供奉犬头主牌位，并把关于祖先的传说绘在五丈长的白布上，称为“祖图”。祖图、祖杖是神圣不可侵犯的。畲族每三年举族大祭一次，将祖杖和祖图从一乡传入另一乡，届时还要跳舞游行，典礼甚为隆重。

祖先崇拜。男子年满16岁，要举行祭祖仪式，名为“做醮”，又称“度身”或“入醮”，颇似成丁礼。祭祖多在冬季，具体日期由巫师择定，仪式一般在祭祖者家中举行。先祭盘瓠，厅堂中悬挂祖图，神案上置放祖杖，并按姓氏、辈分、排行、年龄的不同，排列数目不等的香炉。另在红布条上书写祭祖人的姓名，系于祖杖，作为祭过祖的标志。祭过祖与未祭祖者的社会地位明显不同，未祭祖者，父死不得作为孝子治丧。一家之中，祭过祖的人愈多，愈受人尊重。

畲族人受汉族影响还信奉佛教，建有庙宇。有病时要请佛占卜或请巫师招魂，碰到夜未深而鸡鸣或母鸡啼鸣一类怪事，也要燃香拜佛。如久旱无雨，需“接佛”求雨。菩萨是畲族的最高神灵。

清末西方宗教也进入畲族地区，但并未构成统一的宗教组织系统，也没有形成统一的宗教伦理和教义。

三、畲族的服饰

由于长期与汉族交错杂居，畲族男子的装束与汉族人基本上没什么差别。妇女服装式样较多，多穿自织的青蓝色麻布上衣，衣领、袖口和右襟镶花边。有的地区妇女不分季节都穿短裤、绑腿，腰间束彩色条带，打赤脚。男女在劳动时腰间多悬一条围身裙。妇女发式与汉族不同，一般都将头发从后梳成螺式或截筒高帽式盘在头上，发间环束红色绒线。福建东北沿海一带山区居住的畲族妇女，有头佩“三把刀”的习俗。三把刀其实是三支外形似刀、两面有锋、长五六寸的金属簪，分插于脑后发髻上。畲族妇女结婚时头戴凤冠，插以银簪。她们喜欢在服装上刺绣各种花鸟以及几何纹样为装饰。

四、畲族的饮食特点

畲族人的主食为番薯和稻米，普遍吃“番薯丝饭”、玉米粉和水炊食的“包罗糊”。他们吃的蔬菜有各类青菜，也吃芋头、南瓜、花生、豆腐等。肉食，他们喜吃猪肉、牛肉、羊肉，爱吃水产品如鱼、虾、蟹、蛏、海带等。畲族民间传统食品是黄金糍，也叫“黄粿”或“黄米粿”。其做法是将糯米浸泡后，上锅蒸至半熟，取出倒入竹箩中；用一种灌木烧成灰，放在水中搅拌，待灰质沉淀后，取其清水（水中含碱）慢慢淋箩里的米；淋透后，米呈黄色，再倒入甑内蒸熟，再淋遍碱水，之后舂成烂泥，用木模压制成“桃酥”大小的圆饼，即成黄米糍粑。糍粑上多印有各种花纹或福字。逢年过节，人们可拿它馈赠亲友。另外，在浙江丽水畲族聚居地区人们还流行喝惠明茶，这种茶叶片肥厚，冬绿春白，又称“白芽茶”。它的特点是色泽翠绿、气味芬芳、滋味鲜爽、数泡有味。惠明茶不但是畲族人民待客的上等饮品，并且在国内外享有盛誉。此外，大多数畲族人好饮酒，好吸烟。畲族禁食狗肉。祭祖的时候畲族人要奉献“麦精饭”、“桃榔面”等相传为祖先盘瓠所喜爱吃的特殊祭品。

五、畲族的社交礼仪

畲族人待客热情。去畲族家一般都有进门三道关。按畲族的规矩，客人来了，主人首先端一条凳子请你坐，然后泡茶、敬烟，敬烟总是敬两支表示敬重，喝茶也要喝两碗。有一种说法："喝一碗就是无情茶。"再拿出花生或炒黄豆请你吃。如果你客气，不坐、不喝也不吃，主人认为你不是真正的朋友，只不过是过路人而已，会生气，再也不理睬你。因此去畲家做客，主人请你吃什么，千万不要客气。

畲族人待客非杀鸡不可，有趣的是，鸡是当点心吃的。一般是在饭后两小时吃，一人一大碗，假如过年过节去畲族人家里做客更有意思。到时全村各家各户会给客人送来一杯酒、一碗菜，客人不吃是不行的。有些地方，酒席上还煮着大块肉，让客人散筵后带回去。畲族人有个良好的习惯，每餐饭后，主人总要给客人端来一杯水漱口、一盆水洗脸。不仅是待客人这样，他们自己也这样做。

凡猎获较大的野兽，兽肉大家平分，过路人若在野兽四脚捆好之前见到，也同样能分得一份。

必须注意的是，到畲族人家里做客，如果随身带着雨伞，进门以后将伞放到门后，别拿来进厅堂。因为雨伞放进厅堂是报丧的标志。

如果某家大门上挂着用红布条捆住的龙舌兰，说明这一家生了孩子，客人不要随便进去，当然，如果主人邀请自可入内。就座后主人煎四个荷包蛋用糯米酒泡好请你吃，这说明生的是男孩；如果只煎两个荷包蛋，说明生了女孩。遇到这种情况，客人不能不吃。他们认为，客人不吃是最不吉利的，因此会很恼火，甚至会当着客人的面，连蛋带碗一起砸在地上。但要注意，吃完以后绝对不能抹嘴巴，他们认为抹了嘴巴孩子会不好带。

六、畲族的传统节日

农历二月十五日是畲族特有的祭祀节日。这一天畲族人祭祀祖先。祭时宰杀猪、白羊各一头，并备有鸡、鱼、豆腐、青菜等物。祭毕，大家在祠堂聚餐。

三月三畲家人染乌米饭祭祀祖先。

五月初五端午节前一天，浙江建德一带的畲族家里，主妇用糯米包粽子，粽子分咸、甜两种。端午这天中午要吃“五王饭”，即必须有“王鱼”、“王瓜”、“黄酒”、“雄黄酒”、“王蟹”等五种酒菜。

九月九重阳节时，畲家人用米粉制成重阳糕和红糖糕，并吃豆腐、辣椒、猪肉等食品。

畲族过春节除杀鸡宰猪外，还要舂糍粑，取其谐音：祝愿在新年里有好时（糍）运，日子年年（黏黏）甜。初一晨起，全家叩拜“盘古祖图”，讲述祖先创业的艰难。节日期间，到处都能听到悠扬悦耳的山歌。伴随着情真意切、悠扬动听的山歌，含情脉脉的畲家姑娘，把亲手绣制象征纯洁爱情的彩带系在情郎腰上。

思考题

1. 简要介绍壮族、黎族、侗族和畲族各自的人口分布情况。

2. 简述壮族的宗教信仰特点以及神职人员的种类。

3. 黎族人民的传统服饰是怎样的？

4. 侗族有哪些具有民族风味的饮食，你能说出他们的一些饮食礼仪和饮食上的禁忌吗？

5. 简述畲族人民待客的礼节。

主要参考书

1. 中国大百科全书编委会编：《中国大百科全书·民族卷》，中国大百科全书出版社，1986 年。

2. 李晋有主编：《民族知识千题》，中央民族大学出版社，1999 年。

3. 祁春英编著：《中国少数民族头饰文化》，宗教文化出版社，

1996 年。

4. 王景海等主编:《中华礼仪全书》,长春出版社, 1991 年。

5. 高占祥等主编:《中国文化大百科全书·哲学宗教卷》,长春出版社,1994 年。

第六章 苗族、土家族、瑶族、布依族民俗

学习目的

- 了解苗族、土家族、瑶族、布依族的源流及分布
- 熟悉苗族、土家族、瑶族、布依族的特点
- 掌握苗族、土家族、瑶族、布依族的主要民俗

基本内容

- 苗族、土家族、瑶族、布依族的形成及人口分布
- 苗族、土家族、瑶族、布依族的信仰
- 苗族、土家族、瑶族、布依族的服饰
- 苗族、土家族、瑶族、布依族的饮食特点
- 苗族、土家族、瑶族、布依族的社交礼仪
- 苗族、土家族、瑶族、布依族的传统节日

第一节　苗族民俗概要

一、苗族的形成及人口分布

苗族是中国历史悠久的古老民族之一。早在四千多年前，从黄河流域到长江流域以及长江中下游以南地区居住着许多史称为“南蛮”的氏族和部落，苗族先民即在其中。秦汉以后，封建王朝在大多数苗族地区建立郡县。唐宋年间苗族一些头人成为世袭的土官。南宋时期许多土官被中央王朝封为土司。元明时期，苗族地区封建领主经济已相当发达，但部分山区仍处于“无君长，不相统属”状态，被封建王朝称为“生界”。清雍正年间实行“改土归流”，对封建领主制的瓦解和地主经济的发展，起了很大促进作用。

在历史上，苗族人自称“牡”、“蒙”、“摸”、“毛”，有的地区自称“嘎脑”、“果雄”、“带叟”、“答几”等。中华人民共和国成立后，依照该族人民的意愿，统称为苗族，其发展也进入了一个新阶段。

苗族主要分布在贵州、湖南、云南、四川、广西、湖北、广东、海南等省、区，在黔东南和湘鄂川黔的交界地带（以湘西为主）有较大的聚居区，人口 894 万（2000 年）。苗族使用苗语，属汉藏语系苗瑶语族苗语支，有湘西、黔东、川黔滇三种方言。川黔滇方言中又分七个次方言。杂居地区苗族讲汉、侗、壮等族语。苗族原无文字，后来曾有过一些外国传教士创制的拼音字母，仅在部分地区使用。1956 年，中央人民政府组织汉、苗语言工作者创制了拉丁拼音文字。

二、苗族的信仰

苗族人过去是万物有灵的多神论信奉者，他们把神灵分为“善神”和“恶鬼”两大类，对被认为能造福于人的善神做虔诚的供祭，对那些被认为专门与人为祟的恶鬼则躲避和驱赶。苗族的传统信仰主要体现在以下几个方面。

其一是祀奉祖先。为纪念祖先披荆斩棘、建设家园的功绩，并为团结整个血缘家族，苗族十分重视祭祀祖先。各地苗族对祭祖的称呼各异，祭祀过程也不相同。规模较大的有：

鼓社祭。这是黔东南苗族最隆重的祭祖仪式。苗族认为木鼓为祖先之灵所居，是一个血缘家族的纽带与象征。鼓社是以木鼓为核心的祭祀组织，故称鼓社祭。各地祭祀日期不一，有的十二年举行一次，有的三、五、七或九年举行一次，有的由巫师占卜择吉日举行，以猪、牛为主要牺牲。

吃猪。这是湘西苗族祭祖与祭雷神相结合的祭祀。祭祀活动各家分散举行，日期由巫师择定并请其主持仪式。祭品为生猪四头、水牛肉若干。

其二是傩神与土地崇拜。湘西、黔东北的傩神是苗族古老的洪水故事中的兄妹两人，称为“傩公傩婆”，被奉为祈福消灾、许愿求子之神。神像由巫师自备和保存，需用时才陈设供奉。向傩神求告被视为有验的，要“还傩愿”，大多在每年农历九月初九至年底之间举行，少数在三月初三举行。还愿时要请巫师作法事。

苗族崇拜土地神主要为祈求村寨吉利，猛兽不犯。一般小村建土地祠（屋形神龛）一座，大村各个寨口都建一座，由各家男性家长供祭，不请巫师。黔东南所供土地神既非人形塑像，亦非写着神名的牌位，而是以三条长形天然石块竖于小祠中，称为“地鬼”；黔东北和湘西则同汉族一样供奉的是土地公婆。

其三是巫师和祭司。巫师各地情况不一。湘西有苗巫和汉巫之别，祭祀时分别用苗语或汉语作法事。另有“仙娘”、“走阴”，自称能知人畜生病由何鬼作祟。黔南的巫师都是苗巫，分为“走阴”和“不会走阴”两种，但都用芭茅（一种野生植物）卜鬼。黔西北的巫师“走阴”的不祭鬼，祭鬼由“不走阴”的巫师担任。云南苗族祭司有两种：一种是村社祭司，一般由年高有威望的寨老担任；另一种是家族祭司，负责为家族中的死者做开路和烧灵等祭祀活动。

云南、贵州、四川等地少数苗族人信仰天主教、基督教等宗教。

三、苗族的服饰

各地区苗族妇女服饰差异较大，式样约有几十种之多，但大多数妇女穿大领对襟或胸前交叉的短衣和长短不同的百褶裙，有些地区穿右衽大襟上衣和宽脚裤。妇女们无领满肩衣的边沿、胸口、袖口以及裤脚边，都嵌有一朵或数朵大花（有的是鸟、兽），脚上穿的也是一双绣花布鞋。头上的发髻和裹巾、衣服的颜色、绣花图案等各地不同。绣花的题材极为丰富，有反映家庭生活的，如双凤朝阳、双狮滚球、喜鹊闹梅；有反映生产的，如五谷丰登、六畜兴旺、瓜瓞绵绵；有反映爱情的，如鸳鸯戏荷、鱼水相怜等等。苗家妇女在少女时就开始绣花了。她们一生绣花的高潮是快要出嫁的时候。如果哪家的姑娘不会绣花或不穿花衣，她们的伙伴以及多情的男子都不亲近她。黔东南的苗族妇女服饰多将银饰钉在衣服上，称为“银衣”，头上戴着形如牛角的银质头饰，高达尺余，独具特色。有的苗族妇女盛装上银饰的白银近十公斤。

苗族男子服饰简朴。黔西北、滇东北的男子穿带花纹的麻布衣，肩披织有几何图案的羊毛毡；其他各地苗族男子一般都穿对襟大褂或左大襟长衫、长裤，束大腰带，头缠青色长巾，冬天腿上裹绑腿。

四、苗族的饮食特点

黔东南、黔南、湘西、广西大苗山及湖北、海南等地的苗族同胞多以大米为主食，玉米、红薯、小麦为辅；滇东北、黔西北、川南等地以玉米、荞麦和土豆为主食。苗族人普遍嗜酒、喜吃糯食；每逢节日或重大活动，都要舂糯米粑粑，蒸糯米饭。苗族人喜食酸辣味，酸菜、酸汤、酸辣子常年不断，酸猪肉、酸鸡、酸鸭子味道鲜美。

凡是到苗家做客的人，经常会在餐桌上吃到具有独特口味的酸鱼和酸汤。

酸鱼是苗族人民的传统佳肴。苗族人民捕得鲜鱼后，洗净，取出内脏，然后撒上适量的盐和辣椒，再加上香料，浸泡两三天，用糯米粉、包谷粉放在鱼上，一层鱼、一层粉地装进坛子里，盖好、封严。等到半月后，就可以取出来用油煎吃，也可以生吃，隔年酸鱼吃起来味道更美。

酸汤，苗语叫“禾儿秀”，是苗族人最爱吃的“常年菜”。过去，苗族人很难买到盐，只好借助酸汤代盐，刺激肠胃，把杂粮吞下。今天，用酸汤代盐的日子不存在了，但苗族人民吃酸汤已成为习惯，不同的是酸汤里也放进了盐。酸汤制作简单，食用方便。只要把青菜、白菜、萝卜叶或其他蔬菜洗净汆熟，加上少许特制的酸水，放入坛子、蒸钵或其他餐具中一两天，酸汤就制成了。吃的时候，加上一点盐煮沸，掺入辣椒粉调味，便是一碗滋味浓烈的菜汤了。酸汤，苗家人户户皆有，餐餐上桌，不仅开胃助食，在炎夏酷热季节，喝上几口酸汤，还有清凉解渴提神之功效。

冬春时节，要是到西林、隆林、田林县的高山苗寨做客，进餐时，热情、好客的苗族同胞就会捧出一碗热乎乎、香喷喷的辣椒骨汤，给予盛情招待。辣椒骨是用辣椒、骨头、生姜、酒、食盐等作原料，经过加工制作而成的。它具有香气馥郁、鲜辣甜酥等特点，能增进食欲、帮助消化、驱寒解表、活络生肌，是当地农家的调味佳品。平时早餐和午餐，盛上大半碗辣椒骨当盐碟，全家大小围桌而吃。做重工走远路，带上一小包辣椒骨，在田头路边开饭当菜食。民族节日煮各种菜类时，用辣椒骨作配料调味。碰上远方来客，就煮一锅辣椒骨汤，盛上热乎乎一大碗端到客人面前，或作汤喝，或作泡饭用。

苗族喜食酸味食品是由他们的生活环境所决定的。苗族同胞大多居住在大山里，山高路远，平时很难买到蔬菜和肉类，所以每户都备有酸坛，用来腌制酸肉、酸鱼和各种酸菜。这样就可保证常年有菜吃，既方便又味美可口。

五、苗族的社交礼仪

苗族同胞热情好客。客人来访，必杀鸡宰鸭盛情款待，若是远道来的贵客，有的地方还要在寨前摆酒迎候。吃鸡时，鸡头要敬给客人中的长者，鸡腿要赐给年纪最小的客人。有的地方还有分鸡心的习俗，即由家里年纪最大的主人用筷子把鸡心或鸭心拈给客人，但客人不能自己吃掉，必须把鸡心平分给在座的老人。有的地方还敬“牛角酒”、“梳子肉”，客人如一一接受，主人最高兴。如客人酒量小，不喜欢吃肥肉，可说明情况，主人不勉强。但不吃饱喝足则被视为看不起主人。

苗族同胞在日常生活中有不少禁忌。他们不吃羊肉，忌狗肉上灶，忌在屋里煮蛇肉。险恶环境中忌嬉笑，忌刀口朝上，忌用凶器指人。忌在家里或夜间打口哨。父母或同村的人去世，一个月内忌食辣椒。人死入葬后一个月内，家里人不能婚嫁，也不能唱歌或吹芦笙。婚嫁时，忌讳参加送亲的人在路上扭伤腿脚，否则会被认为不吉利。禁止在村寨周围挖土和砍古树。同辈男女都以兄弟姐妹相称，忌讳“姐夫”、“妹夫”之称。

六、苗族的传统节日

苗族节日很多，主要有龙船节、赶秋坡、苗年、赶歌节、吃新节、芦笙节、爬坡节、四月八等。节日里有唱歌、踩鼓、吹芦笙 、打秋千、爬杆、斗牛、赛马和各种体育活动，同时也是青年男女社交游方的好时机。

苗年是苗族的传统节日，流行于贵州黔东南部分地区及广西大苗山等地。时间一般在冬月的第一个卯日，也有在丑日或辰日过苗年的。届时，各家各户要在清晨到田间以青草、草粪等物祭田，意在祈求来年风调雨顺，还要将酒洒在牛鼻上以示对牛的敬谢之意。节日里，人们身着盛装，举行传统的游年活动，如跳芦笙舞、踩鼓、游方等。

芦笙节主要流行于贵州东南部苗族聚居区。每年农历正月十六至二十日和九月二十七日至二十九日分别在凯里县舟溪和黄平县谷陇举行规模盛大的芦笙节。节日里不仅要聚集在广场跳芦笙舞，还要进行斗牛、赛马、文艺表演、球类比赛。青年男女在一起对歌，增进相互间了解，建立友谊和爱情。

四月八是贵阳市附近苗族人纪念古代英雄“亚努”的传统节日。相传在很早以前，足智多谋的首领亚努率众英勇抗击来犯者，但终因寡不敌众，不幸于农历四月初八牺牲，葬在“嘉八许”（今贵阳市喷水池附近）。为了纪念亚努，每逢农历四月初八，身穿节日盛装的苗族人，从四面八方汇集到贵阳市喷水池旁聚会。届时，人们吹奏笙笛，对歌传情，耍狮子，舞龙灯，打球，比武，热闹非凡。夜晚，贵阳市喷水池一带灯火辉煌，欢歌曼舞，一派欢乐景象。四月八的活动在川、鄂、湘、黔等地苗族中也极为盛行。

第二节 土家族民俗概要

一、土家族的形成及人口分布

土家族自称"比兹卡",汉语称为"土家"。历史上对土家族称谓较多。秦汉时称为"廪君种"、"板楯蛮"、"赛人"等。此后多以地域命族,被称为"西水蛮"、"嵝中蛮"、"巴建蛮"、"信州蛮"、"酉阳蛮"等。宋代,出现了区别于武陵地区其他族别而专指土家的"土民"、"土蛮"、"土兵"等名称。以后随着汉族居民大量迁入,"土家"作为族称开始出现。土家族的来源 ,一说为秦灭巴后定居于湘鄂川黔边境的巴人,二说由湘西土著与进入的巴人、汉人融合而成,三说为唐中叶的乌蛮。自秦至隋各王朝均在湘鄂川黔边境设置郡县,但控制松弛。由于战争频繁,土家族处于不稳定状态。唐代对土家族首领委以官职,并准其世代承袭。元至清康熙年间,建立土司制度。雍正年间"改土归流",废除土司制度,地主经济迅速发展。中华人民共和国建立后,土家族地区实现了民族区域自治,其发展也进入了一个新阶段。

土家族主要分布在湖南、湖北、四川等省的部分地区,湖北省有长阳土家族自治县、五峰土家族自治县,贵州省有沿河土家族自治县。土家族有人口 802.8 万(2000 年)。土家语属汉藏语系藏缅语族中的一种独立语言,无文字。现绝大多数土家人使用汉语或兼通汉语。

二、土家族的信仰

土家族信奉多神,其中白虎信仰和祖先崇拜影响最大。

白虎信仰源于古代巴人的白虎传说。相传在古代,巴人五姓中的巴氏出了个强人,名叫"廪君",他把其他四姓都征服了。他死后魂魄化为白虎,要杀人来祭祀。这是其他四姓无法忍受的,于是秦汉之间在川东北就出现了一个要"射杀白虎"的巴人特殊分支,名叫"板楯蛮"。到了宋代,著名的舆地书《太平寰宇记》在写到湘鄂川接壤地区时,就把三峡一带川鄂相交之处的居民称为“巴民”，而把湘鄂紧邻之处的居民称为“板楯蛮”。“巴民”以巴氏作为主导成分，有敬白虎这样一种信仰活动。“板楯蛮”则有“射杀白虎”之传说。因此，永顺、龙山等地传说白虎有两种，一叫坐堂白虎，一叫行堂白虎。坐堂白虎坐镇厅堂、威风凛凛，是要“敬”的；行堂白虎破门而入，凶恶无比，是要“赶”的。在湘西土家族，往昔凡是小孩得了“急惊风”症，四肢抽搐，两眼翻白，口吐泡沫，就说是“白虎罩（扑）了”，一定要请梯玛（巫师）来“赶”。

土家族信奉的多种神大都与祖先有关，而且多数具有较原始的色彩。

首先是媒山。媒山是女性，英勇剽悍，膂力过人。传说有一猛虎为害远近，媒山前往搏斗，结果把猛虎打死了，自己也牺牲了。媒山从此受人敬仰，成为猎神，猎人打猎出发之前都要敬她。据说她牺牲时衣着被虎全部抓掉，因而她的神位必须设在偏僻角落里。敬时要悄悄的，不能让人看见。

其次是阿密麻妈。阿密麻妈又叫巴沙婆婆或沙巴妮，是供在灶边的小孩的保护神。土家族煮饭一般都用火灶，碗柜放在火灶边。妇女生小孩后，就要用纸剪一个阿密麻妈的神像，贴在碗柜门上，每到吃饭时都要装饭菜敬供，以求保佑孩子平安。如果小孩睡后脸现欢愉之色，即说这是阿密麻妈在惹他发笑。

其三是八部大神。湘西土家族地区建有八部大神庙，是年节盛会群众祭祀游乐之处。八部大神是八个弟兄，为土家族先民中的八个部落酋长，他们在土家族先民的长途迁徙中作过贡献，故而成为当地群众崇拜的神灵。

三、土家族的服饰

现在，土家族的服饰似乎与当地汉人的服饰差不多。但是高山地区土家老人的穿着和保存的衣饰，则与汉族不同。土家族的服饰布料多为自纺自织的土布（史称“溪布”或“峒布”）。男装为对襟短衫，扣子很多，下着长裤。无论年老年轻，爱用青布包头。女装为短衣大袖，左衽开襟，滚镶花边，原着八幅罗裙，后改为镶边筒裤，头缠墨青丝帕或布帕。此外，被称为“土家锦”的土花铺盖是土家族妇女独特的织锦工艺品，享有很高声誉。

四、土家族的饮食特点

土家族人民勤于耕山，善于渔猎，并在冬春季节赶仗(围猎)，所以具有饮食多样化的特点。土家族多食包谷、稻米，爱好喝酒，喜食辣椒、花椒、山胡椒，习惯做腊肉、甜酒、团馓和糍粑等。

贵州的少数民族，均有特别喜爱酸辣的饮食习惯。这和他们居住在高原山地、吃的是粗粮饭食有关。吃酸辣既有助于御寒，又能促进消化。土家族尤喜酸辣，并有这样的俗谚：“吃饭没酸辣，龙肉都咽不下。”吃酸辣，成为土家族很有特色的饮食习惯。下面介绍几种土家族的酸辣食物：

糯米酸辣子。将糯米拌红辣子，在石碓里舂成粉状，再放入坛子里。要吃时，从坛子里取出，放入锅中用茶油或菜油煎。因糯米粉有黏性，用油一煎就成块状，煎熟后切成三角形或四方形，趁热吃，或煮白菜、萝卜，味道鲜美爽口。

包谷酸辣子。将包谷面和剁碎的红辣子拌好，在石碓里舂成坨，放到坛子里腌。吃时，把腌成的包谷酸辣坨坨从坛子里取出，放到锅里，用茶油或菜油炒成粉状，便是一道可口开胃的送饭小菜，吃起来酸辣满口，别有一种风味。

酸扎鱼和酸扎肉。夏、秋两季，鱼塘和田里养的鱼吃不完时，可把鱼洗净拌上糯米粉和红辣子放到坛子里腌十天半个月，便成酸扎鱼。吃时，把腌成的鱼从坛子里取出，放上姜、葱，用茶油或菜油煎，即成一道酸辣醇香的风味菜；同法腌制的猪肉，便成酸扎肉，味道同样酸辣可口。

酸泡辣子。把嫩包谷煮成包谷汤，再取出包谷，在汤里放上糖、姜、盐和红辣子一道放到有酸水的坛里泡。过七八天，就泡出了酸辣子。用“泡辣子”和蔬菜拌炒野味，诸如锦雉野猪，味道格外鲜美。

油茶汤和野味在土家人的饮食中亦相当重要。

油茶汤的做法是，先用油把茶叶炸黄后加入少量的水煮沸，成褐色茶浆时再加水稀释，烧开，投入食盐、大蒜、胡椒和其他佐料，亦可掺入炒米、油炸豆腐、粉丝、肉丝、蛋片，即成味美可口的油茶汤。

用野味招待客人是土家族对嘉宾的一片厚意。黔地山里野味很多，如野兔、野猪、野鸡、鹿子、白貊等等。还有一种野蜂蛹，用油炸了吃，是土家族下酒的上等野味，其营养极为丰富。

五、土家族的社交礼仪

土家族人民十分好客，家有来客，必盛情款待。若是逢年过节到土家人家里做客，主人还会拿出雪白的糍粑去烤，待烤得两面金黄开花时，吹拍干净，往里灌白糖或蜂蜜，双手捧给客人。有的地方给客人吃糍粑很有些讲究，即把烤好的磁粑给客人后，客人不得吹拍火灰，要接过就咬，这时主人会抢回去吹打拍净，蘸上糖再给客人。

土家人禁食狗肉。忌随意移动火坑中的三角架，忌用脚踩灶或坐在灶上以及将衣裤、鞋袜和其他脏物放在灶上。客人不能与少妇坐在一起，不能和少妇同坐一条长凳。忌在家里吹口哨和随意敲锣打鼓。不能扛锄头、穿蓑衣、挑空水桶进家。忌讳在吉日和节日说不吉利的话。

六、土家族的传统节日

土家族的传统节日主要有赶年、调年会。

赶年，就是土家族比汉族提前一天或几天过春节。大月在腊月二十九，小月在腊月二十八，也有在二十七、二十六的，所以称为赶年。过赶年是土家族最重要的节日，是四川、湖南、湖北三省交界处的土家族纪念历史上出征抗倭的传统节日。1555 年岁末，正当人们筹办年货、喜迎年节的时候，朝廷调兵抗倭的军令驰达湖南的永顺和保靖。土家族人民听说要出征抗倭，保家卫国，个个摩拳擦掌，斗志昂扬。为了尽快开赴抗倭前线，保靖、永顺的将士便提前一天过年，举行盟誓大典，发誓不打败倭寇决不还乡。从此，为了纪念这个光荣出征的日子，人们每年都提前一天过年，代代相传，成为今天土家族的过赶年。节日期间，亲戚朋友要共进午餐，吃团圆饭。男女青年身披绚丽多彩的“西兰卡谱”(土家锦)，打着绣有龙凤的吉祥彩旗，抬上木鼓，在二胡、唢呐、牛角等乐器伴奏下，跳摆手舞。摆手舞是流行于土家族的舞蹈，常伴有诗歌，舞姿古朴、典雅、优美，包括狩猎、军事、农事、宴会等七十多个动作，形象鲜明，有显著的民族特点和浓郁的生活气息。参加摆手舞会的往往达万人之多，场内外洋溢着节日的欢乐。

调年会，土家语叫“社巴”。它是与祭祀祖先、祈求丰收相联系的一种群众性歌舞活动。农历十月初，各村寨的调年坪和摆手场(即平坦的开阔地)上锣鼓喧天，与会者往往上万人。除跳摆手舞外，还有汉戏、西戏、阳戏、车车儿灯、龙灯、狮舞等。这种大规模的调年会每隔数年举行一次，单日开始单日结束，会期也是奇数，一般为七天左右。还有一种叫“小摆手”，日期短，只有三天，规模较小。

第三节　瑶族民俗概要

一、瑶族的形成及人口分布

瑶族自称“勉”、“金门”、“布努”、“拉珈”、“炳多优”等；因经济生活、地域、服饰的不同，又有“盘瑶”、“山子瑶”、“过山瑶”、“平地瑶”、“白裤瑶”等三十余种称谓。中华人民共和国成立后，统称为瑶族。

关于瑶族的来源有多种说法，大多数人认为瑶族与古代的“荆蛮”、长沙“武陵蛮”、“莫徭”、“蛮徭”等在族源上有渊源关系。中华人民共和国成立前，瑶族大部分地区已进入封建地主经济阶段，自给自足的自然经济占主导地位，以农业生产为主，部分从事林业等，而个别瑶族地区还保留有少量的原始氏族残余，采用“刀耕火种”的耕作方法。云南的部分瑶族山区则长期处于封建领主经济阶段。中华人民共和国成立后，进行了民主改革，废除了封建剥削制度和各种封建特权，瑶族进入民族平等团结共同发展的新时代。

瑶族主要分布在广西、湖南、云南、广东、江西、海南等省、区，在广西的瑶族占70%强，人口为263.7万(2000年)。瑶族有自己的语言，但无本民族文字。瑶语属汉藏语系苗瑶语族，分属瑶语支和苗语支。因各地瑶语差别很大，甚至互相不能通话，故通常用汉语、壮语或互相较熟悉的语言交谈。

二、瑶族的信仰

瑶族的信仰比较复杂，有些地区原始崇拜或图腾崇拜占有一定地位，有些地区则主要信奉巫教和道教，此外也有信仰佛教的。

道教对瑶族影响很大，信仰者较多。凡属丧葬一类祭祀仪式，基本上按道教法旨进行，只是其中掺杂了一些民族原始宗教的内容。道教教职人员称为师公和道公，他们略识汉字，粗知瑶族的历史和传统，分属于道教正一道的不同派系。师公主要为人跳鬼，道公则为人们打斋、超度亡灵。两者由于被认为能传递神灵的意旨，而受到人们的敬畏，有的还升为村寨头人。

自然崇拜和鬼神崇拜对瑶族也有一定影响。世居山区的瑶族崇拜山神，他们每每结合伐木、狩猎等生产活动进行祭祀。在翻土、播种、收割时，要祭祀土地神。浸种、播种、收割、建仓、入仓、开仓都要择吉日祭谷神。发生火灾，要请师公念经，祈求天神灭火、火鬼不要作祟。他们还认为雷王主管天上雨水，龙王主管地上的水，在"雷日"、"龙日"有相应的行为禁忌。春节还要到井边、溪边祭水神。新娘步行到夫家的途中，凡经过溪流均要投钱币。到夫家后，还要投钱币于水缸和水桶中，表示敬奉水神。

瑶族认为社神是村寨的保护神，每年定期祭社。仪式由村老主持，道公、师公协助，各户派一男子参加。祭社除向社神举行祷告仪式外，还杀猪聚餐，通过"社约"，并由村老颁布执行。社约规定一年内的生产生活各种条规及违反条规的处罚办法。

瑶族以犬为其图腾，有的在除夕和尝新节举行祭祀仪式。

三、瑶族的服饰

瑶族人精于织染和刺绣，瑶斑布在国内享有盛名。男女服装主要用青、蓝土布制作。男子穿对襟无领短衫、长裤或过膝短裤。广西南丹瑶族男子喜着绣边白裤。广东海南瑶族男子喜留发髻，插雉毛以装饰，并以红布帕包头。妇女穿无领大襟上衣、长裤、短裙或百褶裙，在服装的周边饰以挑花、刺绣。头上喜戴各种银饰。

四、瑶族的饮食特点

瑶族多以玉米、大米、红薯为主食，用黄豆、饭豆、南瓜、辣椒和家禽家畜肉类佐餐。广西金秀大瑶山瑶族利用“鸟盆”捕鸟，腌制为酢，是款待宾客的美味佳肴。桂北地区的一部分瑶族盛行“打油茶”，即以油炒茶叶煎汤，佐以生姜、辣椒、食盐调味，趁热冲泡炒米、炒豆、米花之类同饮，具有特殊的风味。

五、瑶族的社交礼仪

连南瑶族同胞的姓氏多为房、唐、盘、李、邓、沈，这些姓氏在汉族里多属大姓。一个瑶胞的名字在一生中一般要更换四次之多，而妇女婚后则连姓氏都要更改。

假设一个瑶族男子小时候的姓名叫“唐一贵”(瑶胞多以数字命名，长子为一，次子为二)，那么，他婚后做了父亲，名字后面的“贵”便改为“鳖”(读音 biě)，叫“唐一鳖”。第二次改名是在他添了孙子后，“唐一鳖”就改为“唐一公”。当他的孙子结婚，有了曾孙，“唐一公”又改为“唐黄公”了。

假设一个瑶族女子小时候的姓名叫“盘三妹”，那么她结婚后就在丈夫的姓名后加一个“沙”字，作为自己的姓名和表示自己已经结婚了。如果她丈夫叫“房一”，她就改姓名为“房一沙”。“房一沙”做了母亲，且第一胎是男孩，她的名字就改为“房一尔”；如果第一胎是女孩的话，她的名字就改为“房沙一尔”。第三次改名字，是在她有了孙子后，改为“房一婆”或“房沙一婆”。

由于瑶胞以数字命名的多，因此同姓同名者很多。为了有所区别，父母给儿女命名时，往往在姓氏后加上父名。比如父名为“唐龙者四”，第一个儿子的名字便叫“唐龙者四一贵”。有些还加上祖父的名字，有些以身体特征为名，有些以物为名。解放后，不少瑶胞取名方法同汉族一样，这多见于在外工作、读书的瑶胞，如“房卫民”、“唐志兵”、“盘堂生”等。

连南瑶胞很注意礼貌，他们对已婚的男子都称呼为“伙计”，对老年人称呼为“公爹”，对已婚女子称呼为“亚嫂”，对中年妇女称呼为“亚尔”，对老年妇女称呼为“亚婆”。由于瑶胞对未婚男女都统称为“亚贵”、“亚妹”(未婚女子或称“沙腰妹”)，因此，往往出现“一呼百应”的趣事。

瑶胞热情好客，家中来客，必盛情款待，一般是男女分桌进餐。进餐时，不能让老人和客人自己盛饭，须由晚辈盛饭，盛毕，要双手举筷说声“慢吃”，以示敬意。凡给老人、客人东西，都要双手捧上，以示尊敬。路不拾遗，非己莫取，是瑶族的传统美德，他们常常把自己一时带不走的东西放在路旁，打下草结作记号，不管放多久，别人也不会取走。

瑶族禁忌主要有以下这些：禁止杀狗食肉；男女对唱山歌时，双方须各在一方，忌同坐一条凳子；妇女生孩子满月时，忌外人来访；当着女人的面不能说粗话；堂屋内不准吐痰。

六、瑶族的传统节日

瑶族节日较多，且有大小之分。大节日有盘王节、春节、祝著节、中元节、社王节、清明节、敬鸟节等，小节日几乎每月都有。

盘王节是瑶族祭祀祖先盘瓠的重大节日，海内外的瑶胞都十分重视这一民族祀典。在湘南、湘西南的兰山、宁远、江华、江永等县瑶族地区，每年的农历十月十六日，瑶族男女老少都要穿上自己民族的节日盛装，聚集在一起唱歌、跳舞，欢度盘王节(也称“跳盘王”或“调盘王”)。他们唱的歌是以《盘王歌》为主的乐神歌；跳的舞则是每人手拿长约80厘米的长鼓群舞，一般为双人或四人对舞。

盘王节歌舞盛会的由来主要有两种传说。据至今仍在湘南江华瑶族地区流传的民间传说《十月十六调盘王》的叙述，相传在古老的年代，瑶胞乘船飘洋过海，遇上狂风大浪，船在海中飘了七七四十九天不能靠岸，眼看就要船毁人亡。这时，有人在船头祈求始祖盘王保佑子孙平安，许下大愿。许过愿后，风平浪静，船很快就靠了岸，瑶人得救了。这天是农历十月十六日，恰好又是盘王的生日。于是，上了岸的瑶民就砍树挖成木碓，把糯米蒸熟舂成糍粑。大家唱歌跳舞，庆祝瑶人的新生和盘王的生日。此后，瑶族人就把这一天定为盘王节。另据流传在宁远县瑶族地区的传说故事《长鼓舞的来历》说，盘王死后，当地官家欺压、逼迫瑶胞，欲占夺瑶山土地。瑶胞上告，禀贴(状纸)总到不了金銮殿(皇帝)那里。后来，瑶胞把禀贴藏在长鼓里面，闯州过府去打长鼓，表演民族技艺。这样瑶胞才到了京城，上了金銮殿，打开长鼓，取出禀贴，把状告准。以后，过盘王节时，瑶胞就跳长鼓舞，唱《盘王歌》，并且一代一代地传了下来。

祝著节以前称为“达努节”，1986年广西壮族自治区民族事务委员会根据瑶族人民意愿将此节日名称改为“祝著节”。祝著节，亦称祖娘节、二九节、盘古节或瑶年，以广西都安一带的瑶族人民最为重视。根据习俗及谷物成熟季节，各地过节周期各异，两三年一次、三五年一次不等，时间在农历五月二十九日。该日为祖娘生日，也是庆丰收的节日。

瑶山敬鸟节是瑶胞特殊的节日。不论湘南、湘西南，还是粤北、桂东北，瑶族多在山上居住。我国南方山上树木繁茂，鸟类群聚，因此，瑶胞与鸟关系密切，感情深厚，瑶山传承的与鸟有关的风俗较多，节日有粘鸟节(农历二月初二，湘南双牌县瑶区)、敬鸟节(二月初一，湘南江华县一带)、麻雀节(二月初二，湘东桂东县、赣南遂川县等地)等。

农历二月初一是湘南瑶族的敬鸟节。这一天，江华瑶族民众穿上本民族的节日盛装，愉快地开展喂鸟、比鸟、歌鸟等活动，欢度敬鸟节。他们祝福鸟类快乐、繁衍，把自家做的圆糍粑一个个地插在房屋的四方和田土的四角，心里不停地默念着传统的“祝词”：“鸟神王，鸟神王，你的生日我不忘。吃饱吃好要个够，为我农夫大帮忙。”敬祭完毕，一家人才坐在堂屋里火塘边，欢欢喜喜地吃糯米粑粑。早饭以后，男女老少成群结队，高高兴兴地去赶“鸟会”。

传统的鸟会有比鸟、歌鸟两项活动。“比鸟”是甲、乙两方把各自的鸟笼挂在一起，双方的鸟便会搏斗起来，人们观看喝彩，赞美胜者。“歌鸟”是以鸟为由，以歌为媒，男女青年对唱瑶歌，选择伴侣，自由恋爱，缔结良缘。在传统的鸟会上，那情意缠绵的歌声缭绕云端，成双成对的情侣笑逐颜开。

第四节　布依族民俗概要

一、布依族的形成及人口分布

布依族自称“布依”、“布仲”、“布饶”、“布曼”等。史籍记载有“牂牁”、“西南蕃”、“仲家”、“夷家”、“蛮僚”等多种称谓。解放后，根据本族人民的意愿，统称布依族。

一般认为布依族是古代“百越”中的一支，与壮族同源。古越人的习俗，如居干栏、敲铜鼓等，至今布依族还保留着。还有人认为西汉时的夜郎国与今日布依族可能有渊源关系。元、明、清时，中央王朝在布依族地区建立土司制度。到雍正年间，清王朝实行“改土归流”政策，确立了布依族地区的封建地主经济，加速了领主经济、土司制度的崩溃。中华人民共和国成立后，布依族走上社会主义道路，经济文化日益发展。

布依族主要聚居于贵州省黔南、黔西南两个布依苗族自治州及安顺地区和贵阳市，在黔东南苗族侗族自治州、铜仁地区、遵义地区、毕节地区、六盘水地区，以及云南的罗平，四川的宁南、会理等地也有分布，人口为297.1万(2000年)。

布依族使用的布依语，属汉藏语系壮侗语族壮傣语支，以前无文字，用汉文，1956年创制了以拉丁文字母为基础的布依文方案。

二、布依族的信仰

布依族崇拜自然物，信仰多神，其中以敬奉社神、山神、石神、树神最为普遍，有的还供奉雷神、门神、灶神、龙王。大多数村寨都建有土地庙。往昔，人死后要请魔公来念经开路，有病求鬼神保佑，找魔公或“迷拉”来“解帮”(解除病魔)。他们还相信龙脉和风水。起房动工、上梁、婚丧，乃至出行都要择“吉日”，埋葬也要选“吉地”。此外还有少数人信仰佛教、道教。安龙、册亨、罗甸、望谟等地还有一部分人信仰天主教和基督教。

三、布依族的服饰

布依族的服装在色彩上一般是喜欢外罩青、蓝色，内衬白色。男子的服装式样，各地区基本相同。青壮年多半包头巾（包头巾有青的、花格的），穿对襟短衣（或大襟长衫）和长裤。老年人多半穿大襟短衣或长衫。妇女的服装式样比较多，多数妇女穿右大襟衣，个别地方青年妇女穿对襟、镶花边短褂，包头巾，下身穿长裤或褶子裙，戴各种银质首饰。现今，布依族妇女的服饰大致可分为三种类型：

镇宇扁担山一带妇女的上装为大襟短衣，下装为百褶长筒裙。上衣的领口、盘肩、衣袖都镶有“拦干”（花边）。裙料大都用白底蓝花的蜡染花布，也用赭红色作裙身，上面再接上一段蜡染布。她们习惯一次穿几条裙子，系着一条黑色且有花边的腰带。她们的头饰，在婚前或婚后有很大的区别。婚前头盘发辫、戴绣花头巾，婚后则改戴“假壳”。此县部分地区，姑娘们的头发梳拢得较高，发髻上还插有一尺长的银簪，有的还戴类似云南红河一带彝族姑娘的鸡冠帽。这是布依族较为古老的服装式样。

在罗甸、望谟地区的妇女大都穿着大襟宽袖短上衣和长裤，晴隆、花溪等地区妇女穿长到膝部的大襟上衣和长裤。这些服装的衣襟、领口和裤脚都镶有“拦干”。同时，她们还系有短围裙，围腰上绣有各种图案的花卉。她们的头上都缠着青色或花格头巾，有的脚上还穿着细尖而朝上翘的绣花鞋，也有的穿着细耳草鞋。上述各地衣服是由清代旗装即马蹄袖衣服改变而成。

在都匀、独山、龙里、贵定、安龙等县部分地区的妇女服装，近四五十年来改变较大，和当地汉族妇女服装基本相同，绣花尖尖鞋也没人穿了。

布依族妇女喜欢戴银手镯或骨手镯（有个别富裕之家还戴玉手镯）和戒指、银簪、项圈等装饰品。辛亥革命以前，不少布依族老年妇女也有穿耳戴环的习惯，近年来这一习俗已经淡化。

四、布依族的饮食特点

布依族的食物种类很多，一般以大米、包谷为主，大麦、小麦、小米、红稗、荞子等杂粮次之。副食品以粮食、蔬菜、豆、瓜类等为原料加工的较多。布依族的饮食有如下特点：

喜欢饮酒。安龙县一带，不管来客酒量如何，先斟一碗自酿的米酒请喝（当地称平淡酒或土酒）。由于他们嗜饮者居多，所以每家在秋收之后，先自酿不少的米酒贮藏起来，以备自饮或待客。

糯米是布依族喜欢的食物，妇女、小孩尤为喜爱。他们把糯米做成各种各样食物，如糯米粑、米花、米叶等甜、咸食品。

酸、辣二味是布依族人民在日常饮食中不可缺少之物，特别是酸菜、酸汤两种，每逢盛夏炎暑季节吃者更多。各地布依族人民都认为酸味既可以下饭，又可以解暑，更有利于肠胃的消化。

狗肉、狗灌肠和牛肉汤锅亦是布依族人民喜食之物。在南部的罗甸、望谟、册亨一带，吃狗肉、牛肉锅尤为盛行。每当舅父母、姑父母（或至爱亲朋）来，富裕之家还要杀狗款待，以表敬意。在望漠一带，每年三月初三，还要杀狗过节，甚为热烈。

腌肉（有的称为腊肉）、血豆腐、香肠、干笋片及本地土产野味等，也是布依族在年节或平常敬友待客时常见的下酒菜。

五、布依族的社交礼仪

布依族有尊老和自谦的优良传统，这在称谓上和日常生活中有明显表现。年轻人对长辈和客人谈话时，提到自己不讲“我”字，而是直接说出自己的小名或“伊”（小人）、“偎”（奴人）；称呼长辈，不直呼他们的名字，分别称呼“亚公”、“亚奶”、“爷”、“姆”。他们认为，直接喊出名字是没有礼貌、不尊重他人的表现。大人或客人进家，家里人便主动站起让位让坐。与长辈进餐吃饭，让长辈坐上方，自己坐下方。走路途中碰上老人或客人，主动招呼先让对方走过；后生、姑娘碰上孤寡老人或小孩过桥渡河，立即上前帮拿东西，拉手扶肩渡过；骑马路过山寨，或者碰上老人或客人，立即下鞍牵马走过，点头致意，表示尊重，俗称“下马礼”。

若傲然策马前走，众人就会啐痰谴责。

布依人好客，待客真挚、热情、大方。不管是沾亲带故的熟人，或者是素不相识的客人，凡是来到他们山寨，男女老少都热情招呼：“到家里坐一坐！”若你真的登门拜访，主人以客人临家而感到体面光彩，定会热情招待。冬春时节就煮上一锅枕头二块粑拌甜酒请你吃。枕头二块粑是用粳米蒸熟舂烂捏成形似枕头的食品，吃时切成细条放进滚水锅里，搅上甜酒和红糖，非常柔软可口。夏秋季节就端出糯米做成的甜酒让你喝。随后堂屋正中摆起了饭桌，鸭、鸡、腊肉、山兽肉、香菇、木耳、酸笋和辣椒骨等丰盛的山味珍肴应有尽有。好客的主人便邀你进餐，举杯敬酒。第一箸菜，是先夹鸭头请你吃，接着再夹脚爪放到你面前。据说，用鸭头和鸭脚敬客，表示这只鸭从头至脚（包括全身）都供你吃了，是主人盛情款待之意。这时你也不必推托，否则就会引起主人的误会，以为你看不起他们，嫌其饭菜粗淡不净。吃罢酒，主人便叫来伶俐的姑娘，给你盛饭。端饭碗时用双手捧上，而你也必须双手接碗。晚上，若客人留宿，主人会端来洗脚水，从箱柜搬出红白黑花纹相间的棉被、蜡染垫布，给你铺好床铺。在布依人家，户户都有一二套专为待客的新被子，称“客人被”，不来客人是不使用的。

布依人素有团结协作、助人为乐的好风尚。寨上谁家有人得病或遇不幸，上村下屯、左邻右舍都拎上一篮篮粑粑或一二只鸡前往探望问候，良言抚慰。见面就说“吉祥如意”、“邪除春回”。谁家盖新房，只要告诉一声立柱头的日期，上下各户成年男女都自动前来相帮。这天各家各户还上礼接济。远近亲戚也拉亲结友前来贺新房、送镜屏、放鞭炮、吹唢呐，闹至深夜。而新屋主人也委派“文书”登账造册，将来帮忙的人以及礼物数量一一记清，以备来日仿效回帮。

布依族禁忌较多。主人不得从客人面前经过，要从背后绕行。有的地方忌讳移动或脚踏火塘上的三脚架。“山神树”和“大罗汉树”忌人触动，并忌妇女到其附近。每年三月三要祭“山神树”，敬祭时不准别人靠近（荔波、威宁、水城、赫章等县一带）。册亨县有座西阳山，不准外人（特别是当兵的）进入山间。三月三、九月九扫寨，在路口设标记，各地的标记形式不完全相同，有些地区是草绳上扎有两把小木刀和一些冥钱纸等，忌外人入寨(册亨、长顺等县一带)；扫寨后三天内，不许拿水火(东西)外出(长顺县)，不许外人入寨(册亨县)。小孩生病请鬼师“端命宫”，请鬼师时，忌外人过路或接近讲话(长顺县摆所一带)。喜庆佳节不准吹奏哀曲或敲铜鼓(贞丰一带)。

六、布依族的传统节日

四月八和六月六是布依族主要的传统节日。

传说四月八这一天是牛王的生日，所以也称牛王节、牧童节。黔西地区也称为“开秧节”、“开秧门”。贵州荔波一带，每逢这个节日要做黑糯米饭敬“牛王”。望谟县要吃四色糯米饭。有的地区不但要做糯米饭，还要杀鸡备酒祭祖，并用鲜草包糯米喂牛，给牛洗澡，让牛休息一天，表示人们对耕牛的爱护和酬劳。个别地区还要举行斗牛、赛马等娱乐活动。

六月六是很隆重的节日，有些地区称为“过小年”。每年农历的六月初六，布依族村寨家家户户都要宰牛、宰猪、杀鸡、包粽子，祭祀祖宗。妇女们背着装满粽子的提篮，怀抱鸡子，串寨走乡，探亲访友；男人们聚会于寨中，开怀畅饮，制定规约。青年男女则丽装艳服，手提箫筒或二胡，口吹木叶，成群结队邀集于旷野或某个布依寨子，举行对歌、赶表、扔花包等活动，以表达内心的喜悦，倾吐相互爱慕之情。

六月六是布依人共同的节日，但对节日来源说法不同。

一种传说是，在人类早期，布依族始祖盘古会种水稻。若干年后盘古六月初六去世，为了纪念他发明的水稻种植技术，确保五谷丰登，每年农历六月初六大家杀鸡、宰猪，加以纪念，并用白纸做成三角形小旗，沾上鸡血或猪血插在庄稼地里，据说这样做蝗虫就不会来吃庄稼。

贵州省惠水县的传说是，在很久以前，董郎地方有一名叫阿水的长工，因家境贫寒，年过三十还未娶妻。阿水勤劳朴实，又喜好唱歌，在对歌中，他与一位姑娘相互爱慕。这对情人在歌中传情，歌中相爱，永结终身。这天正好是六月初六，所以这个地区的布依族青年男女，每逢农历六月六，便身着盛装到这里对歌。

安龙地区的传说则是，兴义县有个大土豪勾结龙广的地主屠杀抢掠布依族人民，人民起来反抗，经过英勇斗争，终于在农历六月初六击败了敌人。为了纪念人民的胜利，便定这天为重要纪念日。

思考题

1. 苗族的宗教及世俗信仰有什么特点？有哪些重要的仪式？
2. 苗族的服饰有什么特点？
3. 苗族的饮食有什么特点？代表性饮食有哪些？
4. 土家族崇拜的神明有哪些？
5. 土家族的特色饮食有哪些？
6. 土家族的传统节日赶年和调年会有什么特点？
7. 瑶族的宗教和世俗信仰有什么特点？
8. 瑶族的称谓有什么特点？
9. 瑶族的传统节日有哪些？各有什么特点？
10. 布依族的待客礼仪有什么特点？
11. 布依族的禁忌有哪些？
12. 布依族如何欢庆传统节日“四月八”和“六月六”？

主要参考书

1. 中国大百科全书编委会编:《中国大百科全书·民族卷》，中国大百科全书出版社，1990 年。

2. 李晋有主编:《民族知识千题》，中央民族大学出版社，1999 年。

3. 国家旅游局人教司编著:《导游基础知识》，旅游教育出版社，1999 年。

4. 穆子尧主编:《中外传统习俗 1001》，中国青年出版社，1997 年。

5. 林忠亮、李明编著:《巴山蜀水的民俗与旅游》，旅游教育出版社，1996 年。

6. 巫瑞书编著:《芙蓉国里的民俗与旅游》,旅游教育出版社,1996年。

7. 萧放编著:《荆山楚水的民俗与旅游》,旅游教育出版社,1995年。

8. 陈有升、丘桓兴编著:《苗岭布依的民俗与旅游》,旅游教育出版社,1996年。

第七章　彝族、傣族、白族、哈尼族民俗

学习目的

- 了解彝族、傣族、白族、哈尼族的源流及分布
- 熟悉彝族、傣族、白族、哈尼族的特点
- 掌握彝族、傣族、白族、哈尼族的主要民俗

基本内容

- 彝族、傣族、白族、哈尼族的形成及人口分布
- 彝族、傣族、白族、哈尼族的信仰
- 彝族、傣族、白族、哈尼族的服饰
- 彝族、傣族、白族、哈尼族的饮食特点
- 彝族、傣族、白族、哈尼族的社交礼仪
- 彝族、傣族、白族、哈尼族的传统节日

第一节　彝族民俗概要

一、彝族的形成及人口分布

彝族的族源与古羌人(亦称氐羌或西羌)有关系。六七千年前,住在西北河湟地区的古羌人的一支向西南方向游弋,在长期发展过程中与西南地区土著部落不断融合而形成民族。约在四五千年以前,羌人早期南下支系与当地土著部落融合成僰(即濮)。在古羌人与西南土著部落融合成僰的基础上,昆明人与僰的融合是彝族形成过程中一个新的发展。魏晋以后,昆明人与僰的融合发展为对僚人的融合。隋唐以来,彝族先民地区有乌蛮与白蛮的分化,乌蛮系由昆明部落发展而成,白蛮系以叟(汉至六朝,汉文史籍把云南东部、贵州西部、四川南部的主要居民称为叟人)、濮为主体,并与其他民族融合而成。元明以来,史籍称为“罗罗”、“倮罗”。中华人民共和国成立后,统称为“彝族”。

彝族有 776.2 万余人(2000 年),其居住特点是大分散、小聚居。该族主要分布在云南、四川、贵州三省和广西壮族自治区的西北部,主要聚居区有四川凉山彝族自治州(中国最大的彝族聚居地)、云南楚雄彝族自治州、红河哈尼族彝族自治州、贵州毕节地区和六盘水地区。彝族人多数自称“诺苏”、“纳苏”、“聂苏”(或后面加“泼”,彝语意为“人”),意为“主体的民族”、“尚黑的民族”。

彝族人使用彝语,它属汉藏语系藏缅语族彝语支,有 6 个方言区(其中又有多种次方言及土语)。滇、川、黔、桂等省区的彝族还有不少人兼通汉语。彝族使用的文字称为彝文,是中国现有文字中历史相当悠久的文字之一,历史上称之为“夷经”、“韪书”、“爨文”、“罗罗文”,流行于川、滇、黔、桂四省区的彝族地区。

二、彝族的信仰

彝族的信仰具有浓厚的原始色彩,崇拜多神,主要是万物有灵的自然崇拜和祖先崇拜。因古羌戎氏族部落的原始图腾为虎，所以彝族还崇拜虎，且崇拜黑虎（白族和土家族崇拜白虎，彝、纳西、傈僳族崇拜黑虎），故服饰也尚黑。彝族祭司称毕摩，既是宗教活动的主持者，还是彝族文化的传播者。此外，佛教传入彝族地区的历史比较长，清初道教在一些彝区盛行，天主教和基督教也于19世纪末年先后传入彝区。

由于彝族先民大都以虎为氏族的图腾，所以彝族人对虎的崇拜表现极为广泛。彝语称虎为“罗”。各地彝民对自己民族的称呼也是“罗”，或“罗”的各地方言变音“乐”、“洛”、“拉”、“腊”、“勒”、“老”、“牢”、“浪”、“禄”等。彝族男子自称“罗罗颇”，女子自称“罗罗摩”，分别为公虎、母虎之意。彝族聚居区的许多山川、河流、村镇，多冠以虎名。例如，斜贯云南西部的哀牢山，意为大虎山；澜沧江的澜为“拉”、“罗”的别译，“沧”是跌下之意，澜沧江意为有虎跌入之江（相传有一只老虎想从东岸跃向西岸，结果未达彼岸而跌入江中，故得此名）；楚雄市区名“峨罗”，乃大虎之意。彝族十月太阳历是以十二属相轮回纪日的，因崇虎而以虎为十二属相之首，故名“罗摩尼增”，意为“母虎日历”。四川凉山彝族还有“虎推动地球运转成岁”的传说。虎与龙还是彝族共同崇拜的福禄神。“倮㑩”即龙虎的译音，今贵州、广西部分彝族犹自称为“倮㑩”。

三、彝族的服饰

彝族服饰尚黑。男女一般上衣开襟贴身，袖口、领口、襟边都绣有花边。女下装多为百褶裙，男下装根据裤脚大小分为大、中、小三种。男子以无须为美，左耳戴红、黄大耳珠。妇女头包绣花手帕，有瓦式帕、六角帕、鸡冠帽等。她们的首饰有耳坠、手镯、戒指、领排花等。男女都披用羊毛织成的形如斗篷、下缀长穗的“瓦拉”和无穗的羊毛制成的披毡“杰斯”。

彝族头饰因地而异，带有浓郁的地方色彩，其中尤以云南、四川大小凉山彝族保存的样式最多。大小凉山地区的彝族男子多蓄发堆髻于头顶，称为“字尔”或“字木”（汉族称“天菩萨”或“背天刺”），即男子在四五岁时，头顶留一小块二三寸方形的黑发，成年后挽成一个发结。人们把它视为能主吉凶祸福的天神所在，神圣不可侵犯，任何人也不能触摸，否则便是对他的最大侮辱，并且他会认为灾祸临头而与触摸者搏斗。他们大多在头上盘缠黑色或深蓝色长巾，且常裹扎成一尖锥状“字帕”或“卓帖”，斜插额前，俗称“英雄髻”，以示英武。青年男子“英雄髻”细如竹笋，长约 20～30 厘米；老年男子的“英雄髻”粗似螺髻，盘于额中。各地区缠法相同，均从右向左，死者反之。“英雄髻”有偏左偏右之分。传说彝族祖先从滇、黔过往凉山时，曲涅系家支从左边渡金沙江，古候系家支从右渡，故凡属曲涅系家族的后裔“英雄髻”偏左，古候系家族后裔的“英雄髻”偏右。楚雄地区的彝族男子服饰与凉山彝民有所不同，他们一般多用黑布包头，而不留“天菩萨”，不扎“英雄髻”，耳朵也不戴耳珠子。相比之下，居住在四川的彝族妇女头饰则更显得绚丽多彩（彝族妇女生育前均戴手帕，育后以帽换帕）。幼女蓄发以后，梳独辫垂于脑后，头帕叠成撮箕状至额首缝合，戴时上压红头绳一根，佩有小螺壳、海贝、狗牙及小红珠之类的耳饰。约八九岁时，就将单辫盘在头顶部四周，用红色棉线缀在辫尾，辫上有时扣以弓形小木梳为饰。女子成年待嫁时，则要举行换裙仪式，把女孩单辫一分为二，剪去旧耳线，换上新耳饰，并将双辫交叉盘在头帕之上（如果尚未出嫁而已过成年期者，也可选择吉日改梳双辫）。头帕多用青、褐色布折叠数层，表面一层布饰桃花，十分精美。已婚妇女头帕层数加多。产后妇女换荷叶形八角青布帽，荷叶帽顶及帽背饰有圆形、角形银片和线条纹绣。中年妇女多于帽后正中镶贴一银质圆片或布纽，戴时两侧上卷露耳，上压发辫，也有的将头发卷入帽内，外不露发。老年妇女则戴帽，其帽色黑、形圆，以八块三角形的布块拼缝而成，后背枕骨处缝有一长条黑色缎带，其边镶有两圈紫色及黄色细布条，套头处有宽约 3 厘米的宽边，周围有褶皱，并系有两长条，用以扎实，戴时平整如一荷叶面。其他一些地区妇女的耳饰也十分考究。未成年时耳上常挂红绿料珠，大如豌豆，以铁丝串四颗为一串，长约三四厘米，系红色棉线，穿于耳际，或戴以红色石质小圈，用线穿入圈中，分挂耳际。至成年时或梳双辫时才戴耳环，耳环有石质、铜质、银质，大都为圆心形样式，最普遍的为三合或四合式联合花苞，中嵌料质红豆。

男子的耳饰要简单一些。以诺方言区 35 岁以下的男子戴二三颗红珠，下垂长穗至胸；35 岁以上的男子戴银环或不戴。所地方言区的男子戴一个黄色大蜜腊珠，上串七八个小红珠子组成的串珠，下垂线穗。男子耳饰虽不及妇女的丰富多彩，但佩戴后起着恰到好处的点缀作用，给人一种俊美而不失威武的感觉。

凉山彝族少女的换裙仪式是非常隆重的。解放以前凉山彝族少女盛行换裙的习俗，她们把换裙和出嫁当作女儿家的两件终身大事。换裙，彝语叫“撒拉”，俗称“换童裙”，意为脱去童年的裙子，换上成年的裙子。换裙的时间是根据幼女的发育情况而定，一般在 15～17 岁，因为这时候幼女已成熟为少女。换裙要在单岁，据说，双岁换裙会多灾多难，终身不吉祥。换裙前的女子梳单辫，穿浅色两接裙，裙边镶有一粗一细两条黑布边。由于换裙是女子由童年到成年的标志，做父母的都十分重视。特别是母亲，她是女儿的贴心人，也最了解女儿的生理状况，因而在临近换裙前，就精心地为女儿准备好头上戴的花边黑色哈帕、新裙，购买颜色各异的珠子和领上的银牌等饰品。换裙的时间须请老年人推算吉日佳期而定。这一天，其家像过节一般喜气洋洋，杀猪打羊大宴宾客。举行换裙仪式时，不允许任何男子在场，只邀请女亲戚、女友和成年妇女参加。仪式开始，妇女们就说些逗弄少女的风流话和祝愿词，然后请一位漂亮、能干、相好的妇女给换裙者梳头、戴哈帕，将原来梳在脑后的单辫梳结到前边来，正中分开，在耳后梳成双辫，再戴上哈帕。额前的刘海用少许水打湿抹光，让其整齐发亮，以显示少女情窦初开，秀丽端庄，同时配上艳丽的耳珠，换上红、黄、黑等对比强烈的三接或四接长筒百褶裙，使其走动起来，步履轻盈，婀娜多姿，充满青春的美丽和生命的活力。

四、彝族的饮食特点

彝族居住的大部分地区以玉米为主，其次是荞麦、土豆、小麦和燕麦等，稻米数量很少。蔬菜主要有豆类、青菜。彝族人喜食酸、辣，嗜酒，饮料主要是酒和茶，有以酒待客的礼节。所酿的高粱“杆杆酒”驰名于西南地区。肉食主要有牛肉、猪肉、羊肉、鸡肉等。彝族人特别喜欢将肉切成拳头大小的块煮食，汉语称之为"砣砣肉"。彝族人的食具大多与汉族相同，但部分地区所保留的民族传统器皿很有特点。如刳木绘漆的盆、盘、碗、杯等，内外涂有黑、红、黄三色彩漆，绘成云雷纹、水波、牛眼、马齿等图案。木勺称为"马匙"，形似古代的"匕"（勺把在匙边侧），用以进餐、舀汤。酒杯多用牛角、牛蹄挖空制成。

哀牢山的"春三珍"（即甜菜、茨头菜、羊奶菜）是非常出名的。甜菜可补充人体水分，增加食欲；茨头菜有解除人体火气及开胃之益。

彝族最典型的食俗是喜欢转转酒，饮酒时不分场合地点，也不分生人熟人，席地而坐，围成一个一个圆圈，端着酒杯彼此轮流饮酒，还可在酒坛上插几枝棉竹竿或麦杆一起喝（又称"杆杆酒"）。

五、彝族的社交礼仪

彝族在取名上的特点是父子连名制。家里生了男孩，取名时必须取父名的后一二个音节与子名连在一起，也有取父名中的后三个音节置于子名之前的。这种父子连名制构成清晰的族谱，可上溯计算至四五十代。有这样的特征，背诵本民族的系谱就比较方便。

彝族人民热情好客，有"客人的辈数比主人大三千"的习俗。他们宴客时，往往只有男主人陪客，或让客人先吃，女主人等客人吃完了才吃。所以，做客彝家，切不可把酒菜都吃光了。就餐后告辞时，客人要赠送一些礼物或留下一些钱，以示答谢。彝人待客时最常用的佳肴是砣砣肉和酸菜汤。如果招待贵客，要用最上等的礼节，即打牛招待（彝族人杀牲时，皆不用刀，而是用手捏死或用锤砸死，故称为打牲）；打羊、杀猪为中等礼节；常客则杀鸡，这是最低的礼节，算不上招待，只是家常菜。火把节吃的鸡，只能将鸡头按在水里，使其窒息而死。

彝族的禁忌较多。彝族人最恨别人叫他们"老彝胞"和"蛮子"。他们认为这种称呼是对他们最大的侮辱。彝族有敬"神树"的习惯，神树严禁砍伐，祭祀时忌外人观看。彝族人宰杀家禽、家畜时，忌外人在场。外人骑马进彝族寨子，必须在寨门的竹篱笆前下马。到彝族家里做客，要坐在火塘的上方或右方，忌用脚踏三脚架，忌掏挖火灰，尤忌在其中挖洞。彝族人对待客人一般都用酒肉盛情款待,他们给你东西吃你必须吃,即使不喝酒也要少喝一点,以表谢意,不然就认为你看不起他们;但是彝族人忌把款待客人的食品带走,认为带走这种食品是不讲义气。有些地方的彝族人忌食驴肉和骡肉。大小凉山及大部分地方的彝族人禁食狗肉,也不食马肉及蛙蛇之类的肉。

彝族喜欢歌舞。俗语说“一听芦笙响,两只脚就痒”。歌舞时,以一二人居中,吹芦笙、竹笛或弹月琴,边跳边奏。大型群众自娱性集体舞蹈参加人数不限,大家围成圆圈随着乐曲的板拍和声调,边舞边歌,不时发出欢快的呼叫,颇富浓郁的民族特色。这种集体歌舞,是彝族人重要的社交娱乐活动。其歌曲调明快,内容丰富,歌唱生产、生活和爱情,尤以情歌为多。

六、彝族的传统节日

彝族的民间节日大多是宗教祭祀节日或由民间祭祀活动演变而成的纪念节庆。主要节日有火把节、拜本主会、密枝节、杨梅节、跳歌节、丰收节、汤牛节、插花节、春节等。在传统节日里都要举行摔跤活动,摔跤能手非常受人尊敬。彝族摔跤不搞决赛,只要连续战胜两个以上的对手,都给奖励。胜两个,败于第三人者,当场奖红布一米;胜三人以上者,参加“挂红”仪式。

火把节是彝族地区最普遍最隆重的传统节日。一般多为农历六月二十四或二十五。传统的火把节是一种隆重的农业祭祀活动,用火来驱灾除邪,祈祷丰年。现在则发展成一个融文体娱乐和经济贸易于一体的民族节日。

因长期与汉族相处,各地彝族群众也过春节,而且春节逐渐成为彝族民间的重要节日。彝族春节的时间与汉族相同,但节俗区别较大,而且各地彝族的节俗也有差异。例如,云南省富民、武定等县的彝族人过春节,有在除夕清晨栽树的习惯。当天一早,各家各户便在自己的庭院中栽种松树,并在树干上贴一红符,上写“松柏长青春不老”等字,以祈吉祥。牟定县的彝族人在除夕晚上给羊厩贴上对联,给羊喂羊饭。初一早上，还要燃放鞭炮，到羊圈聚餐。

插花节是楚雄大姚县华山地区彝族村寨盛大的传统节日。每逢农历二月初八这天，人们在山坡上的一块草地上搭起南北两道花门，盖起花棚，并由巫师"毕摩"主持祭奠马樱花。彝语称马樱花为咪依鲁，这是纪念一位为民除害的美丽的彝族姑娘咪依鲁的仪式。仪式结束后，人们背着装满鲜花的竹篓回家去，开始插花活动。他们把花插到屋檐、门楣和窗户框上，再给室内的床头、案桌、箱柜插上花儿。当地彝族人民认为，这天插了鲜花便能吉祥如意，于是人们互相插花为贺。插花节还是青年男女结交择偶的好机会。他们在对调子和跳舞中结识后，便成双成对地悄悄进入林中树下，互相插花和倾诉爱慕之情。不过，正如当地谚语说的"插花自由，爱花自愿"，如果姑娘看上了小伙子，就让他把花插在头上，并回插一朵花；倘若姑娘躲躲闪闪，不让插花，那是她还没拿定主意，这时小伙子就该知趣了。所以，插花还是彝族姑娘求爱择偶的标志。与相互祝福，把花插到头帕上不同，当姑娘回花给小伙子时，必须将花插到他的衣襟上。别的姑娘一看，知道他已经有了心上人，便不再追求他了。

彝族有自己的历法——太阳历，因不按月亮盈亏为周期，而是以地球绕太阳为周期，故称"太阳历"。彝族历法具有与其他民族历法不同的特点：首先，它与汉族传统的农历不同，既不用初一、初二、初三等序数纪日，也不用甲子、乙丑、丙寅一类的干支纪日，而是用十二属相纪日。崇虎的彝族把虎放在首位，而将鼠、牛放在猪后来纪日。彝历以 3 个属相周 36 日为一个月，每轮回 30 个属相周 360 日为一年。10 个月终了，另外 5 天(或 6 天)为"过年日"。平年 5 天，每隔四年的闰年为 6 天。其次，一年分五季，分别以土、铜、水、木、火代表，一季分公母(或称雌雄)两月，分别为一月土公、二月土母，三月铜公、四月铜母，五月水公、六月水母，七月木公、八月木母，九月火公、十月火母。再次，十月历以观测太阳运动来确定冬夏，以北斗星的斗柄指向来确定寒暑，彝族以大暑欢度火把节，以大寒为岁首，过"十月年"。

第二节　傣族民俗概要

一、傣族的形成及人口分布

傣族是云南省的古老居民，自称“傣泐”、“傣那”、“傣雅”、“傣绷”等。中华人民共和国成立后，根据本民族人民的意愿，正名为傣族。从族源上追溯，傣族属于古代越人族属(越人是我国古代南方最大的一个族系)。西汉时期，其先民以“滇越”之名见载于史乘。东汉时，被称为“掸”。此外，还曾被称为“金齿”、“白衣”、“白夷”、“摆夷”等。

傣族地区处于云贵高原的西南端，在高山大河之间形成了许多峪谷平坝，这些小平原(当地汉语称“坝子”，傣语称“勐”——云南西双版纳傣族地区旧时的行政区划单位)就是傣族人的家乡。那里气候炎热、雨量充沛、川流纵横、土地肥沃、资源丰富，水稻种植历史悠久。傣族的起源是与水稻耕作直接相联的，傣族的传统文化就是在稻田耕作的基础上发展起来的。云南西双版纳傣族自治州还有“植物王国”之称，所产的普洱茶远销世界许多国家。

傣族有115.8万余人(2000年)。主要聚居在云南省西南靠边境的弧形地带。西双版纳傣族自治州和德宏傣族景颇族自治州及耿马、孟连、元江、新平等自治县是傣族人口比较集中的地区，其他县区也多有傣族分布。

傣族使用傣语，属汉藏语系壮侗语族壮傣语支。随着小乘佛教的传入，由于翻译佛经的需要而创立了傣文。傣文是一种拼音文字，但各地不尽相同，分傣泐、傣那、傣绷、金平傣文四种，都来源于印度的巴利文。20世纪50年代经过改革，现通行西双版纳和德宏两种傣文。

二、傣族的信仰

傣族原来信仰原始宗教(祭寨神、寨鬼)，后来小乘佛教传入，逐渐取代原始宗教，全民信佛教。但原始宗教的痕迹仍较明显，并与佛教掺杂在一起。按小乘佛教的主张，每个男子在一生中要出家过一段僧侣生活。傣族男子一般是7～10岁在佛寺中学经文、干杂活。先做小沙弥，一年后升为小和尚，二三年就还俗。这样才能成为新人或受教化的人，才有成家立业的权利，否则将会被社会所歧视。

傣族寨门附近的"寨神庙"平时忌进去。"神树"忌砍伐，忌拴马，忌移动或触弄"神树"下送鬼的鬼匾、鬼盘、鬼台、竹竿等祭品。每寨都有佛寺，进寺要脱鞋袜，妇女进佛寺忌任意行走，忌随便敲打寺里的鼓，忌触摸神像及法器，忌摸小和尚的头顶。

三、傣族的服饰

傣族是个爱美的民族。傣族妇女的衣着打扮，有人说是世界上最美的，就像孔雀开屏一样，绚丽多彩，因此傣家女有"金孔雀"之称。配戴饰品是她们爱美的标志之一，傣族妇女自古以来就有配戴金银饰物的风俗。傣族服饰以淡雅美观为主。男子多穿无领对襟或大襟小袖短衫，下着长裤。冷天披棉毯，用白布或青布包头。妇女传统着窄袖短衣或筒裙，虽各地在款式和色彩上略有差异，但都轻盈大方。傣族妇女的筒裙较长，掩住脚踝(景颇族的筒裙长仅达于膝盖)。傣族妇女服饰虽因地区的不同而有些差异，但筒裙和短衫是相同的。傣族的筒裙式样像水桶一样，长至脚背。"水傣"筒裙下半部为红黑相交的条形花纹图案；"旱傣"的筒裙以黑色为主，配上红、黄、绿等颜色的丝线织成各种图案；"花腰傣"则用绣成各种图案的小布条缝合在筒裙下部。

傣族男子戴的白头巾也颇有来历。传说很久以前，傣族在一次战争中伤亡惨重，只剩七位公主逃了出来，在茂密的原始森林中顽强地生活下来。有一天，七位公主在河里洗澡，河面上漂来一只受伤的茶花鸡，她们沿河寻找射鸡的人，遇见了花狗族的七位王子，他们彼此深深地相爱了。婚后，他们生了许多孩子。可花狗族的族规不许和外族人通婚，有一天，七位王子出去狩猎，被本族人杀害了。公主们找回七位王子的尸体掩埋后，就变成了七块形状像人的石头。现在傣族人的白头巾，据说是为他们戴的孝。

傣族头饰多种多样，主要用料为银、竹、象牙等，也有翡翠、玉石、玛瑙或玻璃制品，后者多用来作镶嵌物。由于地理位置不同，各地区傣族头饰有明显的差别，大致可分为内地傣族和边疆傣族，即俗称的“旱傣”和“水傣”两部分。“旱傣”居住在民族杂居区，各民族频繁交往和互相依存，使这一地区的傣族头饰款式丰富。而边疆地区如西双版纳、孟连、瑞丽的傣族则更多地保持了本民族特有的风格，他们的头饰简洁、明快。傣族妇女的头饰都很有讲究，居住在西双版纳的傣族姑娘在发后插鲜花、梳子，或覆以头巾，戴银项圈。妇女将发挽成发髻，顶于脑后，有的髻梢偏于脑的一侧。也有的在盘发时，让发梢自然垂下，形似孔雀尾巴，叫“孔雀髻”。髻上插银簪，簪十分讲究，因为古时妇女以发簪显示富贵华丽。发髻不束带，有的仅插一把月牙儿木梳、一支鲜花、一个骨或银制的簪，或顶块花头巾，天冷时则用白浴巾包头。这些饰品既束住了头发，又起到了装饰的作用，增添了一种别具风格的美。傣语称这种头饰为“杲”。居住在德宏的傣族姑娘则把头发梳成小辫用红头绳盘于头上，也常戴篾制小帽。婚后挽髻，并用布裹于头顶。中年以上则戴黑色高筒帽。“花腰傣”姑娘，未成年时盘发于顶部，用一块镶有银泡的黑布裹住头发，成年后则挽髻于顶，用黑布把头发包严，用银链逐层绕上，顶上用彩色线搭上，称为“当杲”。还有一些将头发梳成圆形，使之呈平顶锥状，盘于头顶中央，用一条折叠得十分规整的青布带从发髻边一层层缠绕至头顶，再用一条小巧别致的绣花青布从头顶向耳朵两端盖下，末端垂红色缨穗，外包一块五色花边头巾，从前额向下覆盖，双耳带银环，新娘额前则要垂挂一排精美银饰。

文身和墨齿是傣族人的一种古老习俗。文身傣语叫“上夺朵”，“上”是刺写，“夺朵”意为全身。文身最初起源于生产劳动，班固的《汉书·地理志》中说“纹身断发，以避蛟龙之害”，就表明其有明确的功利目的。傣族无论男女都要刺纹，通过文身表示已经成年，一般在十四五岁。男的刺纹遍及全身的肌肉强劲部位，女的刺纹只刺于手臂、掌背或眉宇间（傣族女子自古就有纹面的习俗）。现在人们只是在腕背、掌背等处刺上一个小巧的八角花、吉祥痣之类。有些女子则在眉宇间刺上一个香头大的圆点，作为一种美的点缀。傣族还有一种古老的用栗木烟涂牙齿的习惯。染牙一般从十四五岁开始，也是一种象征成年的标志。傣族染齿还有保护牙齿的作用，且染齿以黑为美。滇南红河岸边的傣族妇女不仅以黑齿为美，而且因腰系别具特色的“央罗”及其编制“央罗”的高超技艺驰名于世，被称为“花腰傣”。旧时不染齿是一种不吉祥的象征，如今在年轻一代中，多以洁白的牙齿为美，故多不再做染齿的装饰了。

四、傣族的饮食特点

傣族人民的饮食以大米为主。德宏地区的傣族喜吃粳米，西双版纳等地的傣族爱吃糯米。做饭要蒸而不煮，或将糯米泡在当地叫做“煮饭竹”的香竹筒里，在火灰里焐熟(吃香竹饭的季节一般在秋收之后)。用糯米做的食品种类很多，有掺杂花粉做成的扁粽“毫多索”，这是过傣历年的节日食品；有用芭蕉叶包的粽子“毫栋贵”；还有拌上红糖、芝麻、蛋黄做成的粑粑“毫崩”。吃糯米饭时用手捏成团而食。

傣族独特的食品是“虫虫菜”。生活在亚热带西双版纳的傣族在日常生活中发现自然界许多昆虫的卵、幼虫、蛹等具有很高的营养价值，采而食之，于是形成独特的虫菜。傣族的虫菜种类很多，主要有以下几种：棕色蛆、沙蛆、酸蚂蚁、竹蛆、蜂蛹(土蜂、黄腰蜂、黑蜂等的蛹)、蚂蚁蛋(黄蚂蚁卵)、花蜘蛛、蝉背肉等。

傣族善饮酒，喜用黄瓜、蕃茄等生冷食物和其他菜肴下酒。甜米酒更是男女老少喜爱的饮料。傣族村寨流行喝一种别具风味的“竹管酒”。逢年过节时，全寨人将一个大陶罐置于空地中央，然后有一部分男女将陶罐围住，各人用一根长1.5米左右的细竹管伸入罐里吸饮；另一部分人则在一旁唱歌跳舞，为之助兴。两部分人相互交替，边饮边舞，反复循环，欢乐无比。竹管酒被看成是全寨团结和睦的象征。

五、傣族的社交礼仪

居住在西双版纳的傣族人是有名无姓的，名字随生长阶段不断变化。傣族男子的一生通常总有五个名字，这五个名字是：乳名、和尚名、还俗名、父名、官名。乳名是婴儿时期由大佛爷命的名，可用到10岁前当小和尚为止；9岁左右进佛寺当小和尚后，原来的乳名不再用，由老和尚取一新名，即和尚名代之；除了终生当和尚者外，一般和尚都要还俗，故还要起还俗名，还俗名按当和尚时间的长短而定；还俗名用到娶妻生子时就不再用了，改用父亲特有的名字，即父名，称为某某之父；当了官的，还要以官名取代。相比之下，女子的名字就简单多了，一生只有两名，即乳名和母名。乳名要叫到结婚生子，之后就改称为某某之母了。傣族人的亲属称谓也有特点，祖父与外祖父、祖母与外祖母、姑父与舅舅及伯父、表兄弟与妻兄弟的称呼是相同的。这表示父族与母族并重。

傣族人很尊敬长辈，晚辈在长辈前经过要弯腰细步，以前还要行跪拜礼。傣族忌骑马进寨；祭寨时忌外人进寨，寨里的人出来也必须等祭寨完毕。进入傣族住房时，到楼口要脱鞋，进门后忌用脚跺楼板。忌从家中火塘上面跨过，忌别人移动或抬起火塘上的三脚架。忌客人进卧室，忌头朝向主人家内室睡觉。忌在傣族家中剪指甲，忌在室内吹口哨和玩响乐器，忌从妇女脚上跨过或触摸妇女头上的发髻。忌女招待男客、男招待女客。忌在水井边清洗物品。

傣族的地名、寨名也很讲究，往往是根据这个地方的自然风光、环境特点或历史传说来命名。有些名字还有一定的宗教色彩，如西双版纳州的首府景洪，傣语意为“黎明之城”(传说佛祖巡视来到这个地方，东方刚好发白，就将此地起名“景洪”)。

六、傣族的传统节日

傣族节日多与宗教有关，主要有关门节、开门节、泼水节等。泼水节为傣历新年，又称浴佛节，是傣、布朗、德昂、阿昌等民族的传统节日，约当农历清明后十日，流行于云南西部和南部。泼水节一般为3～4天，第一天为除夕，是送旧岁的日子，常有赛龙舟、放高升等活动。第二天(或加上第三天)为空日，它不属于旧的一年，也不属于新的一年，而是旧年和新年之间的空日子。所以，这一天(或两天)人们可自由安排活动，或休息，或打猎，或做其他事情。第三天为傣历的元旦，也是傣历新年中最热闹的一天。泼水是泼水节最主要的传统活动，人们相互泼水，相互祝福。傣家人常说：“一年一度泼水节，看得起谁就泼谁。”泼水时人人一只手拿盛水的小盆、小桶或陶罐，另一只手用一把花束或绿叶树枝，不时蘸水洒向自己的亲朋好友。泼水也是青年男女交流感情的好时机，他们个个穿着漂亮的节日盛装，不约而同来到泼水场地，用圣洁的节日之水相互淋洒，以示相互祝福。沉浸在欢乐中的人们，也把节日的欢乐和圣水洒向远方来客和过路人，以示对客人的尊敬和欢迎，把友情传给四面八方的朋友。在喜庆的日子里，人们还进行多种传统的娱乐活动。青年男女丢包求偶，人们还要在澜沧江上进行龙舟竞渡，跳优美动人的孔雀舞和雄健潇洒的象脚鼓舞，在开阔地上放高升、放孔明灯等。

第三节　白族民俗概要

一、白族的形成及人口分布

白族是我国西南地区的一个历史悠久、经济文化发达的少数民族，自称“白子”、“白尼”，汉语旧称“民家”，史称“白人”、“僰人”等。白族与两汉史籍所称的嶲、昆明及唐宋史籍所称的河蛮、白蛮有渊源关系，其先民很早就居住在云南大理洱海地区。公元2世纪，汉武帝在这里设置了郡县。此后，这里出现过以彝、白先民为主体的南诏奴隶制政权和大理国(以白族段氏为主体的封建领主制政权)。中华人民共和国成立后，白族的发展进入新的历史阶段。1956年，根据该族人民的意愿，其族称正式定名为白族。

白族有185.8万余人(2000年)，大多居住在云南省大理白族自治州(占白族总人口的80%)，其余分布在云南省的昆明、元江、丽江、兰坪，贵州省毕节地区，四川省凉山彝族自治州及湖南省桑植县。白族人讲白语，属汉藏语系藏缅语族，通用汉文。元明时曾使用过“僰文”(白文)，即所谓“汉字白读”，流传于民间，多为知识界使用。

二、白族的信仰

佛教约于唐代晚期盛行于洱海地区，最初传来的是婆罗门和瑜珈密宗。元明以后，内地禅宗传到大理，佛教寺院遍布各地，使洱海地区很早就有“古妙香国”的称号。大理地区的鸡足山被称为我国五大佛教名山之一。白族人民大都信仰佛教，也有少数人信仰道教。除宗教信仰外，白族还奉祀“本主”(保护神)。

本主信仰主要有图腾崇拜、大石崇拜、英雄崇拜等，曾流行于大理地区。白族几乎村村都有本主庙，庙内供奉泥塑或木雕的本主神像。本主是白族村落中供奉的村社之神，它被认为有保护村落本境的神力，凡是对本村、本境人民有过杰出贡献的人，不分地位贵贱，也不论民族成分，死后均会受到白族人民的爱戴，被立为本主。每当本主的生日、忌日或年终岁首，各村寨都要举行盛大的祭祀活动。人们换上新衣，唱大本曲(白族的曲艺形式，一人演唱，一二人以三弦伴奏)，演吹吹腔戏(白族一种古老的综合性戏剧)，求“本主”保佑境内“人无疾患”、“五谷丰登”、“六畜兴旺”。白族的本主身份各异，有自然神，如苍山神、洱海神、龙母神等；有名门显贵，如段宗榜、郑回、傅友德等；有英雄人物，如段赤诚、杜朝选等；有节妇烈女，如柏洁夫人、阿南等；此外还有渔夫、樵夫等。

三、白族的服饰

白族尚白，素以白色衣服为贵。大理男子头缠白色或蓝色的包头，身着白色对襟衣或黑领褂，下穿白色长裤，肩挂挂包。妇女多穿白色上衣，外套黑色或紫色丝绒领褂，下穿蓝色宽裤，腰系缀有绣花飘带的短围腰，足穿绣花的百节鞋。

美丽的自然山水培育了白族人民爱美的情趣。由于所处地域不同，各地头饰都有自己的特点。白族色彩斑斓的妇女头饰格外引人注目，人们可以根据头饰区分出妇女的大概年龄及婚否情况。洱海周围的大理市一带，通常被视为白族妇女头饰的代表。16～18岁以下未成年的少女，头饰非常简单，头梳独辫，只是在长发辫的辫梢上系一束红色或玫红色的粗毛线，以此把长辫子盘在头顶。左侧吊一束雪白的缨穗于花头帕之外。18岁以上的成年未婚姑娘，头戴一种特别的剪绒花头巾，花头巾下垫起一层层花布或手帕，长长的发辫盘在最外层的花头巾上，并用红色的彩绳固定头饰。头右侧留出至肩的白色流苏，额前刘海儿齐眉，露在头饰外边的发辫是成年未婚姑娘明显的标志。她们还喜欢戴银质耳坠，领褂佩有银质“三须”、“五须”；还佩戴银质或玉石的手镯、戒指。婚后的年轻妇女与未婚姑娘明显的区别在于发辫的藏与露。婚后妇女把发辫藏于头饰上的花头巾里，使头巾完全显现出来。这种头饰一般只保留几年，等第一个孩子到6岁后，母亲便取下这曾为她增添光彩的花头饰。结婚多年后头饰随之变化，红红绿绿的剪绒花头饰不见了，取而代之的是一块工艺精湛的扎染头帕或绣花头帕，老年妇女则戴蓝黑色头巾。

四、白族的饮食特点

平坝地区白族人主食稻米、小麦，山区以玉米、荞麦为主。口味喜食酸、冷、辣等，特别是在云龙一带，每逢白族人请客吃饭，不分四季，第一道菜必然是酸味的“凉拌菜”，就连过年吃团圆饭，也不例外。白族人还喜欢别具风味的“生肉”或“生皮”，喜爱喝烤茶，并配“三道茶”待客。三道茶是白族的茶俗，流行于云南大理白族地区。第一道为纯烤茶，第二道加入核桃片、乳扇和红糖，第三道加入蜂蜜和几颗花椒，因而具有“一苦、二甜、三回味”的特点。白族人烤茶很讲究茶具，即“酒盅要粗糙，茶盅要精巧”。献客的茶具以洁白、精致、小巧的瓷杯为上品。客人手端着茶，一面品茗，一面赞赏茶盅。主人斟出的每道茶的分量也很讲究，茶杯不得一次斟满，以供品一两口为限，这就是白族俗语所说的“酒满敬人，茶满欺人”。

白族的特色小吃有海水煮海鱼(洱海边的渔民煮鱼时不用油煎，把清水在锅内煮沸后即投入鲜鱼，放上很重的辣椒面和花椒粉，味道鲜美)、下关砂锅鱼、炖梅、雕梅、饵块(粑粑，大理饵块别具特色)、乳扇、猪肝胙。白族菜最负盛名的是“砂锅弓鱼”。

白族还有特色食品——生皮，白语为“生霄”，是由一盘切得很薄很细的生猪肉或是一盘生肝、两个猪耳朵和一碗用辣椒、生葱、生姜、生蒜拌以酸醋、酱油的佐料组成的佳肴。制作“生皮”通常选用火燎猪后腿的好肉，肥瘦均有，连皮切之，或是猪肝、猪耳。其刀工也很讲究，以切得薄如纸、细如丝者为最佳。

五、白族的社交礼仪

白族对人的称谓往往加一"阿"字，表示尊敬和亲切，如称父母为"阿爹"、"阿姆"，称祖父为"阿老"。长辈对晚辈亦可加"阿"字，表示亲昵，如"阿弟"、"阿妹"，或取名字中的一个字加"阿"，如"阿东"等。白语第二人称代词尊称时多用"昵"，相当于汉语的"您"，表示尊敬。

在白族地区，逢重要场合，如生小孩、订婚，人们赠送礼品时必须要带"六"字。如订婚时，男家送的订钱多少不管，但一定要以"六"计：一百六、二百六、六百六等。所送四样水礼，即订婚时男方赠女方的盐（表示海誓）、糖（表示山盟）、茶、酒等四种必备的东西，也以"六"计，茶一斤六两，糖或水果糖六斤，盐六斤、十六斤不等，酒六斤或六瓶、十六斤或十六瓶不等。"六"成了白族人民心目中互相尊敬的表示。不然，就是不友好，不尊重的表示。关于"六"的来历主要有以下说法：(1)白族是六诏的后裔，祖先六诏年年要给大唐帝国送礼品，各诏一份，就有六份，大唐回赠礼品也是六份，各诏得一份。所以往来的礼品必须带"六"字，这是祖宗的遗俗。(2)取汉字"有福有禄"的意思。白族自古以来就采用汉字做自己的通行文字，"禄"与"六"同音，有福有禄即有福气、有钱财，是吉祥的表示。所以，赠送礼品时带"六"会给主人带去吉祥的兆头。再有，当地汉语方言"六"的音与白语"足够"一词的音基本相同，所以赠送礼品不分多少，只要有"六"就足够。

"一百零八"在鹤庆白族中是赞颂的专用词。它包涵着勤劳、勇敢、忠诚、善良和纯朴之意。人们赞美一个人或一件事时，往往爱用"一百零八"这个量词来形容他（它）。如称赞年长的老人时说："一百零八个寿星没有您高寿，一百零八个金刚没有您壮实。"

六、白族的传统节日

白族的节日颇多，其中有一些和汉族一样，过节方式亦大同小异，如春节、元宵、清明、端阳、中秋、重阳、冬至等等。除此之外，白族还有一些具有浓郁民族特色的节日，如"绕三灵"（白语称"观上览"，意即游逛园林）、三月街、火把节、朝花节等。

三月街又名观音节，是白族盛大的节日和街期，每年农历三月十五日至二十日在大理城西点苍山下举行。最初的三月街是一种带着浓厚宗教色彩的民间活动。中华人民共和国成立后，三月街已发展成为一年一度的物资交流和民族体育文艺大会。人们在交换物资的同时，还要进行各种舞蹈、赛马和竞技表演。

火把节是秋收前夕预示五谷丰登、人畜兴旺的，传说也是为了纪念柏洁夫人，于每年农历六月二十五日举行。这一天，每个村庄都要在村中的场地上竖起一柱至数柱大火把。这种火把选用三四丈高的松树作杆，外面捆扎竹片、麦杆和松明，用彩绳系串火把梨、乳扇等缀于火把周围，插上书有“五谷丰登”、“人畜平安”等字样的五彩三角旗。火把半腰还要插上配有纸扎升、斗的三角大旗。火把点燃后，远望似“万朵莲花开海市，一天星斗落人间”。

白族人民有栽花种树的传统和观赏花木的娱乐习惯。多数人家的天井内都砌有花坛，植一二棵山茶、缅桂或丹桂、石榴、香橼等，花坛边沿再摆设若干盆花，花香四溢，恬静幽雅。每年农历二月十四日是古老的朝花节。

“踏歌”是云南云龙东山等地白族传统的民间文艺形式，是在结婚、过年等喜庆饮宴时所唱的一种长篇叙事歌曲。“踏歌”为“边跳边唱”之意。跳时步调舒缓，节奏明快；唱时曲调深沉，适于抒发。“踏歌”时，在空地或房中烧一堆柴火，唱者分聚两边，围着火堆边唱边跳，每人手中端着一碗酒（或烧茶），唱完一段喝一口。双方人数不限，几人或几十人均可。每方推出一个“歌头”领唱，余者相和而歌。双方对唱时，多用问答的方式，不能回答者，就算失败。在一些重大的喜庆日子，“踏歌”往往通宵达旦。

白族的龙舟也叫龙船，别具一格。每年农历七月二十三日到八月二十三日，在云南省大理州洱海举行的耍海会上，龙船的船舷上画有黄龙、黑龙或青龙，船的首尾挂着用彩绸扎成的绣球花，船的四周插着各种彩旗，吊着响铃，稍有风吹，旗飘铃响，煞是美观、悦耳。每条船装有十对桨，每只桨由一对青年男女操纵，船头站着吹唢呐的，船尾站着敲芒锣的，中间有个总指挥，比赛场面煞是壮观。

农历七月十五日接送祖先亡灵时，不能出门。火把节的晚上，岳父不能接女婿来家中过节。白族虎氏家族不吃虎肉。

第四节 哈尼族民俗概要

一、哈尼族的形成及人口分布

哈尼族与彝族同源于南迁的古氐羌人。根据史籍记载，这支古羌人是公元前3世纪活动于大渡河以南的“和夷”部落，从公元4世纪到8世纪初唐时期又有部分向西迁移到元江以西达澜沧江地区。哈尼人自称“哈尼”、“豪尼”、“碧约”、“卡多”等，史称“和蛮”、“和泥”、“窝泥”等。因为自称“哈尼”的人数最多，中华人民共和国成立后，经本民族共同商定以“哈尼”为统一的族称。

哈尼族有143.9万余人(2000年)。主要分布在云南省南部红河(礼社江)下游与澜沧江之间的山岳地带，即哀牢山和蒙乐山之间的广大地区。哀牢山的红河哈尼族彝族自治州、墨江哈尼族自治县、元江哈尼族彝族自治县、江城哈尼族彝族自治县、蒙乐山的普洱哈尼族彝族自治县是哈尼族人口最集中的地区。此外，玉溪地区、思茅地区和西双版纳等地也有分布。

哈尼族使用哈尼语，属汉藏语系藏缅语族彝语支，分哈雅、碧卡和豪白三种方言。哈尼族没有文字，1957年在党和政府的帮助下，以哈雅方言的哈尼次方言为基础方言，以绿春县大寨哈尼话的声音为标准音，采用拉丁字母形式，创制了哈尼文。

二、哈尼族的信仰

哈尼族人民的信仰主要是多神崇拜和祖先崇拜。祭祀由巫师“贝玛”主持，用巫术和草药治病。西双版纳的哈尼族，每年祭祀象征寨神的“龙巴门”。哈尼族崇拜布谷鸟，把它尊称为“合波阿玛”(布谷鸟妈妈)，认为布谷鸟是天神阿波摩米派遣来向人间传达春天的消息的。哀牢山区的哈尼族还将牛视为吉祥的象征。

三、哈尼族的服饰

哈尼族人最喜爱白色、青色和红色。他们视白色为吉祥的象征、青色为诚实的标志，红色则代表高尚和纯洁。哈尼族善于用蓝靛染布，喜欢用自己染织的靛青色土布做衣服。男子多穿对襟上衣和长裤，以青布或白布包头。多数地区的妇女穿右襟无领上衣，以银币作纽扣，下穿长裤，衣服的托肩、大襟、袖口和裤脚镶上彩色花边，胸前挂成串的银饰。妇女一般喜欢戴耳环或耳坠，戴银制项圈和大手镯。

弃辮安角是居住在云南省南部的哈尼族支系叶车人的传统民俗。叶车人女子婚嫁与生育前后的发式有严格的区别。女孩到10岁左右要梳发编辫，编时将长发往后分作三等分，再用三条二指宽的黑布条并在长发下面，以做假发衬垫。三股长发连同黑布条相互交错编辫，直至末梢。辫梢结有若干股长约1米的线绳，绳头系一大把蓬松的蓝线缨穗，下垂及肩。婚后一走进男方寨门“章克勒阿”或龙树范围内，务必将大辫子从顶抹下，垂背于后，以示对夫家的孝敬。离开寨门上山劳动，仍可缠辫于顶。在山野郊外，身边若有丈夫、同宗长辈男子，为减少累赘可用一顶边沿上翘的特制篾帽遮辫取代背辫礼俗。凡保持辫子的姑娘可用剃刀修发、鬓边沿，而弃辫安角后的女子只能用两股细麻绳将鬓发绞勒而下。安角习俗是妇女婚后开始当家或生育后进行。开始当家或生育后的妇女，必须除去辫子，安上一支奇特的独角。独角用黑蓝布条卷裹成圆筒状，粗约2厘米，长约4～5厘米，正对鼻梁安于额顶。弃辫安角是叶车女子人生里程的重大转折，它标志着青春年华已去。据说安到头上的独角是抛丢不得的。

居住在云南的哈尼族纳鸠支、吉座支姑娘一到十五六岁，便开始改变衣饰，表示已经由少年变成青年。从步入青年到结婚，要更换4次装束。从15岁开始系围裙和染红牙齿。一个村寨的同龄姑娘，相约同时在腰部围起由两片围襟制成的“纠章”，并染红牙齿，表示已进入青年阶段。一两年后，到十六七岁，摘掉少女的围帽“欧厚”，改戴缀有银牌的“欧丘”，表示姑娘可以接受男青年的求爱。到18岁，改戴“欧丘”为“欧冒”,“欧冒”后部缀有银泡,戴“欧冒”表明已到结婚年龄,男子可以娶或“偷”。

哈尼族的另一分支爱尼人也很重视服饰。爱尼人无论男女,都要配戴银项圈和银手镯。项圈和手镯的数目均为偶数,多则四对,少则两对。一则表示吉祥如意,再则表示婚后夫妻白头到老。

四、哈尼族的饮食特点

大米和包谷是哈尼族人民的主要食品,逢年过节则喜吃糯米饭和糯米粑粑。墨江、普洱一带生产的紫米,柔软味香,富于营养。用紫米和糯米舂制的粑粑,是哈尼族人节日喜庆必不可少的食品。红河南岸的哈尼族善于用发酵的黄豆掺合豆杆灰制作具有特殊风味的“豆豉“,几乎每餐用以佐食,被专称为”哈尼豆豉“。哈尼人还爱吃谷花鱼(这种鱼是最适宜在边疆地区稻田生长的鱼种,并且以爱食稻田中抖落的谷花而得名)。墨江哈尼族人在饮酒时还喜欢用一种菜肴——油炸蚂蚱下酒。红河哈尼族彝族自治州一带的哈尼族人喜食鸡肉,并且在招待客人吃饭时,要把鸡头作为最高的敬意献给客人吃。在给客人添最后一碗饭时,主人又要有意识地再加一些,意思是吃了这样的饭,明年还会获得更大的丰收。哈尼人会用玉米酿酒,善腌酸菜。

五、哈尼族的社交礼仪

哈尼族的家长在自己家里有固定的座位,睡觉的地方离火塘最近。饮酒时,长辈不举杯,其他人是不能举杯喝酒的。家中的媳妇不能与长辈的男子一同进餐。哈尼族向来有热情待客的风俗。只要客人踏上富有民族特色的木梯,进到屋里时,全家老少就会主动起身让座。殷勤的主人总会双手捧着一碗香味四溢的“闷锅酒”——友谊酒,请客人喝下,表示对客人的热情和敬意。客人接过酒碗,毫不犹豫,一饮而尽,主人便喜笑颜开,马上又从火塘中取出茶罐,给客人倒上一杯浓茶,推心置腹地攀谈。

哈尼族人民质朴真诚,非常注重待客的礼节。每逢欢乐的“苦扎扎”节(六月节)和“扎勒特”节(十月节),总是先让客人坐到“上席”,先给客人斟酒；当给所有的客人斟完酒后，还给最先斟过酒的客人再斟一次，表示酒源不断、吉祥幸福。席间，老年人一边喝酒，一边情不自禁地唱着哈尼古老动听的哈巴（民歌）。这时候，青年人纷纷向唱歌的老辈和客人敬酒。当老人高兴地接过酒杯和客人一饮而尽时，在场的人齐声喝彩："唆！唆！"人们都希望在节日喝个痛快，这是幸福的征兆。如果客人夜晚在哈尼族家住宿，老阿妈早把那条只有迎新娘那天才铺过一次的新被子或是红毡子铺在床上，扫了又扫，嘴里不住地抱歉说："瞧这个家像窝铺一样，别笑话！"第二天清晨，不管男主人还是女主人，见面第一句话就问："夜里冷不冷？"当客人回答"暖和哩！"之后，他们才带着满意的心情急忙背上竹筒到井沿去背水，或提起竹兜到菜地去拔菜。哈尼人热情待客，同时很讲礼貌。路途中遇见行人，即使素不相识，也要互相打招呼，双方都谦虚让路，先让对方通过。

产妇分娩，忌外人闯入室内；进村时不能披着衣服；不能用火塘上的三脚架烘湿鞋；禁止砍伐"龙树"和将污物扔置"龙树"之下。居住在哀牢山区的哈尼族将牛视为吉祥的象征。

六、哈尼族的传统节日

哈尼族的节日主要有十月节、六月节、祭母节、吃新米饭节、端午节和中秋节。

哈尼族是古老的民族，在长期的生产和生活实践中不仅积累了丰富的科学知识和生产经验，还创造了自己的历法。哈尼族历法基本上是用夏历，每年为十二个月，每月为三十天，几年一闰。全年分为三季即冷季、暖季、雨季，每季为四个月。冷季又称"常塔"，为云雾弥漫、天寒地冻的意思，相当于夏历的秋末与冬季；暖季称"翁夺"，春风送暖，万物复苏，相当于夏历的春季与初夏；雨季称"搓塔"或"惹安"，是天气湿热、五谷青黄不接的意思，相当于夏季和初秋。哈尼族多以某种树木发芽、花儿开放或者候鸟的到来判断季节变化，而一日之内的时间变化是靠观察太阳，并以十二生肖命名，与夏历推算方法一样。

十月节（十月年）又称"扎勒特"节，是哈尼族的大年。按哈尼族历法，十月为岁首，那时正是秋谷归仓的时候，人们杀鸡宰猪、舂粑粑、蒸年糕，走亲访友，喜庆丰收，迎新年。当天无论男女老少都要荡一荡秋千，以求终年幸福安康。居住在红河和江城一带的哈尼族同胞在十月节这天清晨，有在家中天井里宰一只大公鸡的习俗。早餐时，家里每人要吃一块鸡肉。但是已出嫁的姑娘不能吃娘家的鸡肉。

哈尼族的卡多人每年农历二月都要在一棵传统的象征母亲的大树前，摆好酒和丰盛的食品，进行祭母活动。这种风俗由来已久。传说在很早很早以前，有一个年轻的寡妇，含辛茹苦，将儿子养大成人。但儿子长大后，反而打骂母亲，致使母亲被迫投江自尽。后来，这个年轻人决心痛改前非，孝敬老人。为纪念投河身亡的母亲，他把母亲去世这天定为"祭母"的日子，让全寨人都来祭奠。慢慢地"祭母"活动在卡多山寨传开了，一直传至今天。这一天，当主持"祭母"活动的长老宣布"祭母"开始时，大鼓和铓锣便一齐敲响，男女老少唱起《思母歌》，表达怀念之情。歌毕，全寨人按年龄大小顺序入席饮酒吃饭。席间，大家议论寨子里的儿女们对父母、媳妇对公婆的好坏，直到太阳下山才慢慢离开。

思考题

1. 彝族、傣族、白族、哈尼族的分布状况如何？
2. 彝族的历法有何特点？
3. 彝族的命名习俗有何特点？
4. 傣族的命名习俗有何特点？
5. 傣族是怎样庆祝泼水节的？
6. 白族的宗教信仰最显著的特点是什么？
7. 白族为何将"六"和"一百零八"视为吉祥数？
8. 白族待客的"三道茶"有什么特点？
9. 哈尼族历法的特点是什么？

主要参考书

1. 中国大百科全书编委会编:《中国大百科全书·民族卷》,中国大百科全书出版社,1986 年。

2. 王德有、陈战国主编:《中国文化百科》,吉林人民出版社,1991 年。

3. 祁春英编著:《中国少数民族头饰文化》,宗教文化出版社,1996 年。

4. 高占祥等主编:《中国文化大百科全书》,长春出版社,1994 年。

5. 丘桓兴、徐欧光著:《孔雀之乡的民俗与旅游》,旅游教育出版社,1995 年。

6. 王锡龄编著:《中国风情大观》,中国民间文艺出版社,1990 年。

下编

外国民俗

第八章　基督教—英语国家的民俗

学习目的

- 了解英语诸民族的构成
- 熟悉英语诸民族的特点
- 掌握英语诸民族的风俗习惯

基本内容

英语诸民族的构成

- 英语民族的内涵
- 英国概要及其民族构成
- 美国概要及其民族构成
- 加拿大概要及其民族构成
- 澳大利亚概要及其民族构成

英语诸民族的特点

- 什么是民族性格
- 英国人的特点
- 美国人的特点
- 加拿大人的特点
- 澳大利亚人的特点
- 各民族的标志

英语诸民族的风俗习惯概要

- 姓名与称呼
- 宗教信仰
- 迷信与禁忌
- 社交礼仪
- 饮食特点
- 传统节日

第一节　英语诸民族的构成与分布

一、英语民族的内涵

英语民族是指以英语为本族共同用语的民族。这一概念有两方面的内涵，一方面是指世世代代以英语为母语的民族，如英格兰民族；另一方面是指源于不同民族的移民共同组成的以英语为其通用语言的民族，如美利坚民族。“民族”是一个内容驳杂的概念，在不同的历史时期和不同的背景前提下有着不同的含义。不过，当把民族与国家联系在一起的时候，常常有两个所指：一是指多民族国家中各个不同的民族，如英国的英格兰民族、苏格兰民族、北爱尔兰民族、威尔士民族等；二是指由不同民族构成的共同体，如美利坚民族、澳大利亚民族等，这时的民族泛指所有的国民。本章所谓民族是指第二种情况，这里的英语民族是指英国人、美国人、加拿大人和澳大利亚人。篇幅所限，并不涉及新西兰人、爱尔兰人等，尽管他们也是英语民族。

英语民族的源头在英国。英国人在近代欧洲海外殖民的狂潮中走向世界，在美洲、澳洲、亚洲、非洲建立起大量殖民地，进而形成了美国、加拿大、澳大利亚等新的英语民族和国家。

二、英国概要及其民族构成

英国，全称大不列颠及北爱尔兰联合王国(The United Kingdom of Great Britain and Northern Ireland)，面积 24.36 万平方公里，其中英格兰地区 13.04 万平方公里，苏格兰 7.88 万平方公里，威尔士 2.08 万平方公里，北爱尔兰 1.36 万平方公里。行政区划分为英格兰、威尔士、苏格兰和北爱尔兰四部分。英格兰划分为 43 个郡，苏格兰下设 32 个区，包括 3 个特别管辖区，威尔士下设 22 个区，北爱尔兰下设 26 个区。官方语言为英语，威尔士北部还使用威尔士语，苏格兰西北高地及北爱尔兰部分地区仍使用盖尔语。首都伦敦(London)，位于英格兰东南部的泰晤士河畔，人口 740 万(2003 年)。

国家元首是国王，现任女王伊丽莎白二世(Queen Elizabeth II)，1926 年 4 月 21 日生，1952 年 2 月 6 日即位，1953 年 6 月 2 日加冕。最高立法机构议会由君主、上院(贵族院)和下院(平民院)组成。内阁制政府由在议会中占多数席位的政党领袖出任首相并组阁，向议会负责。现政府为工党政府，于 1997 年 5 月大选获胜执政，2001 年 6 月、2005 年 5 月大选后先后蝉联执政，首相托尼·布莱尔(Tony Blair)。英国主要由工党(Labour Party)和保守党(Conservative Party)轮流执政。

英国是老牌资本主义国家，经济发达，2005 年国内生产总值 12 093亿英镑，人均国内生产总值 20 155 英镑，[①] 经济总量全球第五。

我国习惯上讲的英国是由四个不同的民族构成，即英格兰人(英吉利人)、苏格兰人、威尔士人、北爱尔兰人，所谓"一个国家，四个民族"。英国总人口约 6 020 万(2005 年 6 月)，其中英格兰人 5 040 万，占总人口的 83.7%；苏格兰人 510 万，占 8.47%；威尔士人 300 万，占 4.98%；北爱尔兰人 170 万，占 2.82%。[②] 显然，英格兰人是最大的一族。

在外国人眼里，尤其在我们东亚人看来，英国的四个民族是很难区分的，但他们自己却毫不含糊。一般情况下，英国人很少说自己是英国人，而更多地是自称英格兰人、苏格兰人、威尔士人和北爱尔兰人。这不仅是要表明自己生活的区域，而且暗含着四民族之间的区别和独立性。

英格兰人祖先是盎格鲁撒克逊人。盎格鲁人和撒克逊人同属欧洲大陆的日耳曼人，他们原住于丹麦南部和德国北部，大约在公元 450～500 年间陆续渡海侵入不列颠岛，经过一个多世纪的征服战争，最终赶走了早先的居民克尔特人，成为英格兰的新主人。由于盎格鲁人和撒克逊人在语言、习俗、身体特征等各方面都近乎一致，所以一般统称为盎格鲁撒克逊人。今天的英格兰民族就是由他们演变而来。在演变的过程中，丹麦人在 9 世纪、法国的诺曼人在 11 世纪曾相继侵入并统治英格兰，英格兰人中肯定融入了他们的血统，但毕竟占比重不大，所以英

---

① www.fmprc.gov.cn，中国外交部，2006/9/27。

② www.ukzx.com，英国在线，2006/10/25。

格兰人仍称为盎格鲁撒克逊民族。

威尔士人是克尔特人的后裔。在盎格鲁撒克逊人征服英格兰的过程中,许多克尔特人被迫逃到大不列颠岛西南部威尔士的山区,经过世代的繁衍生息,逐渐成为大部分威尔士的主人,进而形成威尔士民族。大约在13世纪80年代,英格兰人征服了威尔士,将其并入英国的版图,但威尔士人顽强地保持着自己的民族特点。

苏格兰人的血统中成分较为复杂。苏格兰最早的居民是来自欧洲大陆的皮克特人,在盎格鲁撒克逊人征服不列颠的过程中,又有大批克尔特人迁入,9～11世纪,一部分丹麦人又在这里安营扎寨。苏格兰民族就是由上述几部分人共同融合形成。13世纪以后,苏格兰与英格兰的联系逐渐密切起来,1707年正式并入英国。

北爱尔兰人主要由三个民族构成,即爱尔兰人、英格兰人和苏格兰人。爱尔兰民族主要是克尔特人的后裔,也混杂着诺曼人的成分。早在12世纪60～70年代和14世纪90年代,统治英格兰的诺曼贵族两度征服爱尔兰,1801年爱尔兰正式并入英国。1949年爱尔兰中南部26郡脱离英国成立独立的爱尔兰共和国,而北部6郡仍留在了联合王国之内。这是因为,在北爱尔兰,除了爱尔兰人外,还有相当数量的英格兰、苏格兰移民的后裔。在17世纪早期,为了逃避宗教迫害,一批又一批苏格兰、英格兰清教徒移入,从而改变了北爱尔兰的民族构成。

三、美国概要及其民族构成

美国,全称美利坚合众国(The United States of America),面积962.909 1万平方公里(其中陆地面积915.896万平方公里),全国共分50个州和1个特区(哥伦比亚特区),有3 042个县。首都华盛顿哥伦比亚特区(Washington D.C.),人口约57万(2006年)。全国人口2.96亿(2005年7月),其中白人占75%,拉美裔占12.5%,黑人占12.3%,亚裔占3.6%。华人约243万,占0.9%,多已入美国籍(2000年美人口普查数据)。截至2006年10月18日,美国总人口已突破3亿大关。

美国是联邦制国家。各州拥有较大的自主权,包括立法权;实行三权分立的政治体制,立法、行政、司法三部门鼎立,并相互制衡。国会是最高立法机构，由参、众两院组成；总统是国家元首、政府首脑兼武装部队总司令。现任总统乔治·沃克·布什(George Walker Bush)，系美国第43任(第55届)总统，2001年1月20日就职，2005年1月20日开始第二任期。美国有多个党派，但在国内政治及社会生活中起重大作用的只有共和党(Republican Party)和民主党(Democratic Party)。

美国是世界第一经济大国，2005年国内生产总值124 558亿美元(按当年价格计算)，人均42 079美元。[①]

美国人是最大的英语民族。美利坚民族是由不同历史时期迁入的移民组成，其中包括了世界三大人种一百多个主要民族的后裔。美国可以说是一个民族大熔炉，来自世界各国不同民族的移民共同融合为美国人，虽然每个美国人都有其不同的祖籍，但他们都毫无例外地宣称自己是美国人，英语是他们共同的语言。

美国最早的居民是印第安人，但主体却是欧洲移民，其中最主要的是英国移民。英国人是最早到美国定居的欧洲殖民者。自从1620年第一批英国移民到来之后，陆续有数量可观的清教徒、贫穷农民、手工业者、商人、冒险家、军人、贵族、官吏移入，并相继建立起了13个殖民地。美利坚合众国就是这13个殖民地脱离英国独立而成的，这就决定了英国移民及其后裔在美利坚国家和民族中的主体地位。从血统来看，英裔在美国白人中数量最多，此外，法国、德国、荷兰、意大利、西班牙、墨西哥等国家的移民后裔也比较多。

黑人主要是在近代殖民者的黑奴贸易罪恶勾当中从非洲贩卖而来，他们来自西非、中非、东非各地。从1619年第一批黑奴被运入，直到1865年南北战争结束，他们一直处于被奴役的地位。黑人获得解放之后，虽然在法律上取得了与白人平等的地位，但在现实中生活中仍受到歧视。

华人是东亚、东南亚诸民族后裔中数量最多的，他们中不少是19世纪美国开发西部过程中华工的后裔，也有大量20世纪后半叶从中国台湾、香港及大陆迁去的移民。早年移居美国的华人大多聚居在大城市

① www.fmprc.gov.cn，中国外交部，2006/9/27。

的“唐人街”，新近移入的华人则分散在全美各大中城市，主要从事科技、教育工作和餐饮业。其他比较多的东亚裔有菲律宾人、日本人、朝鲜人、越南人等。

四、加拿大概要及其民族构成

加拿大(Canada)面积998.467万平方公里，居世界第二位，其中陆地面积909.350 7万平方公里，淡水覆盖面积89.116 3万平方公里。全国分10省3地区，首都渥太华(Ottawa)，人口114.9万(2005年)。

英国女王伊丽莎白二世为名义上的国家元首，由女王任命的总督代行职权，现任总督米切尔·琼(Michaelle Jean，女，海地裔)，2005年9月27日就任。议会由参议院和众议院组成。自由党和进步保守党是两个主要政党，1867年建立联邦以来，基本上由自由党和进步保守党轮流执政。1993年以来，自由党连续执政。2006年1月的大选中，进步保守党击败自由党上台，该党领袖斯蒂芬·哈珀(Stephen Harper)担任总理。

加拿大是经济发达国家，2005年国内生产总值11 574亿加元，人均35 698加元。平均汇率1美元=1.2加元(2005年)。①

加拿大最早的居民是印第安人和因纽特人(爱斯基摩人)，但现在的加拿大是一个移民组成的国家，来自世界各地七十多个民族的移民融合成加拿大民族，在全国3 242.29万(2006年1月)人口中，其中占绝对优势的是欧洲裔，占96%以上。其他人种及土著居民仅占不到5%，现有华人约109.5万。由此可见，加拿大的欧洲化程度比美国更高。

欧洲裔当中以英裔和法裔为最多，分别占全国总人口的42%和27%。从历史上看，最先到加拿大殖民的是法国人，他们早在17世纪初就开始在加拿大建立殖民据点。英国人的到来虽然稍稍晚了一步，但却后来居上。经过1756～1763年的七年战争，战败的法国被迫放弃加拿大，加拿大遂成为英国的殖民地。美国独立后，大批英国殖民者移居加

① www.fmprc.gov.cn，中国外交部，2006/8/14。

拿大,英裔逐渐超过法裔。这样,不论在统治权方面,还是人口构成方面,英国人均确立了对法国人的优势,进而决定了独立后的加拿大基本属于英语国家,加拿大人为英语民族。但是,由于历史的原因和法裔占总人口比重较大、居住又比较集中(魁北克省)等因素,法语同样被定为加拿大的官方语言,现在约有15%的加拿大人讲法语,16%的人既能讲英语也能讲法语。除英裔法裔外,德国人、荷兰人、葡萄牙人、意大利人、乌克兰人、波兰人也比较多。此外,近110万加拿大华人多居住于多伦多、温哥华、蒙特利尔、渥太华等大城市。

五、澳大利亚概要及其民族构成

澳大利亚联邦(The Commonwealth of Australia)面积769.2万平方公里,全国划分为6个州和两个地区,首都堪培拉(Canberra),人口约32万(2005年)。全国人口2 051.86万(2006年3月),其中70%是英国及爱尔兰后裔,18%为欧洲其他国家人后裔,6%为亚裔,华人、华侨约56万人(2003年10月),土著居民占2.3%,约46万人。

名义上的国家元首是英国女王伊丽莎白二世,女王任命总督为其代表,现任总督迈克尔·杰弗里(Michael Jeffery AC, MC),于2003年8月11日就任,任期5年。联邦议会是立法机构,由女王(由总督代表)、众议院和参议院组成。政府由众议院多数党或党派联盟组成。1996年3月,自由党一国家党联盟在大选中获胜,取代工党执政。自由党领袖约翰·霍华德(The Hon. John Howard)任总理。两党联盟在1998年10月、2001年11月、2004年10月大选中三度蝉联执政。

澳大利亚属发达国家,2005/2006财政年度国内生产总值9 185亿澳元,人均44 695澳元。汇率1澳元=0.78美元(2006年12月)。[①]

澳大利亚是又一个以欧洲移民为主的英语国家,但其形成比美国和加拿大更晚些。在欧洲殖民者到来之前,澳大利亚大陆约有土著黑人30万。两百多年之后的现在,土著不仅没有增加,反而减少。在澳大利亚人口中,欧洲裔占到近90%,其中英裔最多,占到总人口的65%以

① www.fmprc.gov.cn,中国外交部,2006/12/14。

上。英国人是在18世纪70年代来到澳大利亚的，随后英国当局在这里陆续建立了几个流放犯人的殖民地，开始了澳大利亚的殖民开发。19世纪中叶，大量欧洲、美洲、亚洲移民涌入澳大利亚淘金，但英裔始终占据着绝对多数。1901年六个殖民地组成澳大利亚联邦，成为英联邦内的自治领。在当时的380万人口中，英格兰人、苏格兰人、威尔士人、爱尔兰人即占89%。尽管20世纪后半叶，大约有来自世界几十个国家和地区近500万移民涌入澳大利亚，但仍旧改变不了英裔在澳大利亚民族中的主体地位。其他欧洲裔较多的有意大利人、德国人、荷兰人、希腊人等。

澳大利亚的华人华侨，一部分是在19世纪淘金热当中被贩卖去的华工的后裔，更多的是在20世纪后半期移入。华人大多集中于墨尔本、悉尼、珀斯等大城市。

第二节　英语诸民族的特点

一、民族性格的定义

性格是指个人表现在态度和行为上稳定的个性特征。民族是由若干个人组成的社会整体，民族性格是本民族大多数人在思维方式、生活态度、行为模式、价值取向等方面表现出来的较为稳定的共同特征。不同的民族有不同的民族性格，这主要是由于各民族不同的地域环境、不同的历史背景、不同的种族血缘成分、不同的社会制度等因素所造成。英语诸民族尽管在族源、语言、文化等方面有不少相同之处，但由于自然环境、社会环境和成长经历等方面的差异，在民族性格方面仍旧表现出许多明显的不同特征来。

二、英国人的特点

英国是英语诸民族的发祥之地，由于英国人所处的地理环境以及民族发展历程都不同于其他民族，这些因素造成了英国人独特的性格特征。

首先是注重个人隐私。稳私是指不愿让他人知晓的个人和家庭的事情，也就是“个人天地”。英国人这方面的意识特别强，非常注重个人及家庭生活中不受别人干扰的自由和权利。住房不愿在公寓里，别人登门拜访必须预约，打电话也要考虑时间是否适当，他人无权过问诸如收入多少、年龄多大、朋友是谁、结婚与否、家庭关系、宗教信仰、政治主张等个人情况。总之在中国人看来很自然的话题，对英国人来讲就是隐私。

其次是寡言含蓄。由于许多话题都涉及个人隐私，所以在公共场合和社交场所英国人就显得沉默寡言。在美国，不论认识与否，碰面必打招呼，而英国人未经介绍不轻易与陌生人搭讪，以至外国作家这样描述两个同住伦敦郊区的英国人，他们几乎天天搭乘同一列车进城上班，但15年之久竟从未交谈过一句话。至于同住一座公寓同一单元，多年互不认识更是常事。一见如故的情况很少，对不太熟悉的人是不会高谈阔论的。熟人之间最普遍的话题是天气，平时略显矜持的英国人谈起天气来则可能口若悬河。总的来说，英国人的性格不太外露，较为含蓄，不喜欢夸夸其谈。

其三是恪守传统。英国历史曾经有过很长时期独领世界风骚的辉煌，英国人无不为之而无比自豪。他们把昔日的辉煌和本民族的王室、贵族、法制、渐进、宽容等许多传统联系在一起并世代加以恪守，不轻易言变。在科技高度发达的现代英国，几百年前的典章制度、朝廷服饰、爵位封号、教育制度仍被视若珍宝，不忍割舍。其中最典型的当数王宫白金汉宫前的换岗仪式，警卫兵不论服饰、武器，还是口令、步操，均是严格按百年之前的形式来进行。在日常生活中传统的影子亦随处可见，就连英国人为之狂热的足球比赛，也是长传冲吊几十年不变。正因为如此，英国人给人以守旧有余、开拓不足之感。

其四是崇尚艰苦奋斗。英国在近代走在世界前列，很重要的一个因素就是在资本积累的过程中艰苦奋斗、勤俭无华。这一点在清教徒身上体现得更充分。从而养成了崇尚艰苦的传统，以能吃苦锻炼为美德。住不求暖，即使冬天卧室也要窗户大开，里面温度较低，到国外旅行住在温度较高的宾馆里反而不大适应；吃不求精，英国人以不善烹调而闻名，英国饭菜索然寡味，英国人特看重饭桌上的礼仪，而对饭菜本身倒不太在意。英国人崇尚艰苦的特性在王室成员中也不例外，王子王孙虽衣食无忧，但也要练习骑射，从事运动，参军锻炼，这样方能赢得国人的敬佩。

三、美国人的特点

相对于欧洲国家，美国是一块由许多民族共同开垦出来的处女地。在开垦的过程中，逐渐形成了美利坚民族的许多独特性格。

第一是热情开朗。不论在大陆本土还是夏威夷或寒冷的阿拉斯加，美国人都表现出待人热情、开朗大方、易于接近的特点。与英国人的矜持不同，和美国人初次见面就一见如故，他会对你侃侃而谈，谈到开心处会眉飞色舞，使你毫无拘束之感。但是要和美国人深交则比较困难。他们注重交往过程中要给对方留下好印象，喜欢多结交朋友，使自己不受到孤立，但朋友之间很难达到可以推心置腹不分你我的程度，也就是说在热情的背后保持着距离。总的说来，美国人性格外向、感情直率、热情奔放，这一点从 NBA 赛场上的劲舞女郎身上可见一斑。

第二是独立进取。美国的开发过程中，优胜劣汰、适者生存的规律被体现得淋漓尽致。成功既不靠上帝，也不要指望别人，完全靠自己不屈不挠的独立进取。这种价值观被美国人世代尊崇。美国人从很小的时候就开始干自己力所能及的事情，十来岁的小孩走街串巷送报、照看邻里更小的小孩、收拾房间、洗碗擦桌都是司空见惯的事。上中学、大学之后往往要外出打工，以自己的劳动所得支付部分学费。成年后便开始独立生活，并不依赖父母，当然也不喜欢父母依靠自己。家庭中是这样，社会上更是如此，个人主义在美国人心中根深蒂固。

第三是讲求实际。美国历史短暂，没有传统的包袱，他们不像英国人那样看重门第祖荫、讲派头、要面子，也不像法国人那样喜欢漫无边际的幻想，而是非常务实。凡事不论大小都喜欢亲自动手去解决，即使是粗活、重活、脏活他们也并不认为有损体面，相反动手能力差、书生气、假绅士才被人瞧不起。在金钱问题上丁是丁、卯是卯，朋友聚餐各自付款，搭乘他人汽车要付汽油费，即使是孩子替父母做了家务活，也要索取报酬，绝不会考虑面子而含糊了事。

第四是求变好动。美国人可以说是一个永不满足的民族，他们从来不满足于稳定的生活和安宁的环境，喜欢变换职业、旅游、冒险和体育活动，衣食住行甚至婚姻均要不断变化，从变化中求得新感觉、新刺激，从改变中获取新的成功的乐趣。以搬家为例，每年约有四千多万人在搬家，占到总人口的近七分之一。所以有人说美国人是一个坐不住的民族。这种求变心理，既为社会增添了活力，也带来了许多问题。

四、加拿大人的特点

与英国人、美国人相比，加拿大人的特点似乎不太明显。由于加拿大人主要是英裔、法裔，又与美国人有密切的往来，所以在他们身上既体现着英国人的沉稳、法国人的浪漫，也透露出美国人的无拘无束，很难说清究竟什么是加拿大人自己的特点。不过用下面几点来概括加拿大人的民族性格还是妥贴的。

首先是生性活泼，酷爱户外活动。冬天，全民投入冰雪运动，溜冰、滑雪几乎无人不能，冰球则是加拿大的国球，其国家队在历次世界大赛中成绩优异。夏日，也许是冬天太漫长了，被厚厚的皮衣棉服长时间裹捂之后的男女老少，都喜欢穿着尽可能少地躺在草坪和沙滩上享受太阳的温暖。

其次是热情好客，待人诚恳。或许是地广人稀之故，加拿大对外来移民持欢迎态度，对外来者较为友善，往往会予以热情帮助。朋友间相处不太注重礼节，但较真诚，他们一般很少在饭店招待客人，往往要在家中亲自下厨款待。这一点在法裔加拿大人中表现尤为明显。

最后应说明的一点是法裔在加拿大的特殊性。加拿大是法国以外法国人最集中的地方，而且主要集中在东部的魁北克省(600多万)，他们几乎全是早年法国移民的后裔，而且很少与其他民族通婚，因此不论在血统、语言还是文化传统上，都较为单纯。从这个意义上看，与其说他们是加拿大人，不如说是法国人。而且，他们和英裔加拿大人之间存在难以消除的芥蒂。

五、澳大利亚人的特点

从历史背景来看，澳大利亚与美国有相似之处，所以有人说澳大利亚人的性格像美国人，如爽快、开朗、喜交谈、易接近等；从民族来源上看，有人又说澳大利亚人像英国人，如办事严谨、认真，女性较为保守等。但大多数澳大利亚人很反感别人把他们与美国人、英国人相提并论，而自豪地称自己是澳大利亚人。这也就暗示澳大利亚人有着本身的性格特点。与加拿大人的情况相似，一般较难说清澳大利亚人到底有哪些鲜明的特点，可概括下列三点：

其一是友善。澳大利亚人给人的第一感觉是友好善良、同情老弱、怜爱小孩、乐于助人。在过马路、乘公交车时，老人和小孩总能受到特殊照顾，外乡异国人打听道路会得到十分详尽的指点，如果被询问者没有着急的事情，还可能会一直把你送到目的地。如果车子在公路上抛锚，随后赶上的司机往往会主动相助。

其二是平等。澳大利亚是移民组成的国家，来自世界各地的移民只有先来后到之分，没有高低贵贱之别，在一个亟待开发的地方，大家都有均等的机会兴家立业，成功与否只取决于自身的努力，个人以前的背景并不重要。这样就养成了平等的观念。直到现在，农牧场主与雇工、老板与雇员，仍不存在高低上下的界限，雇主不仅不会表现出高人一等的傲慢，倒由于地广人稀、劳力不足而对雇员的依赖程度更强些，因而对雇员很友善。此外，明显带有种族歧视色彩的“白澳政策”在 20 世纪 70 年代废除后，澳大利亚各种族相对来说也较为平等，多元文化和谐并存。

其三是注重享乐。澳大利亚人既不像日本人那样勤奋，也没有美国人那种强烈的竞争意识，而是很注重享受生活。澳大利亚人生活安定，工作有保障，又有诸多的社会福利和保险，基本不存在生活之忧。许多人形容美国是少年的乐园、青壮年的战场、老人的坟墓。而在澳大利亚，少年同样是在尽情的嬉戏玩乐中度过，青年和壮年也不必为生计而日夜紧张忙碌，老年的寂寞和孤独感也远不像美国那样强，因为有许多方法可以排遣剩余时间。澳大利亚人酷爱运动和赌博，把它们看作是享乐的方式，在众多运动项目中他们最喜欢游泳、滑船等水上项目，对赛马博彩更是情有独钟。

六、各民族的标志

性格是内在的因素，而标志则是外在的东西。当民族与国家一致时，民族标志往往表现为国旗、国徽、国歌、国花、国树、国鸟、国兽等。其中国旗是最主要的标志，它最能反映一个民族国家历史的或现实的最重要特点。所以，我们仅就各相关国家的国旗加以说明。

英国的国旗俗称米字旗，其实是由三个十字共同组成，意为“联合旗帜”(Union Flag)，代表着英国君主统治下的各个民族地区。英国各民族都有自己的旗帜，英格兰的旗帜为白底红色正十字，苏格兰为蓝底对角白十字，爱尔兰为白底对角红十字，三旗合一组成新的蓝底、红色正十字带白边、红色斜十字带白边长方形图案。英国本为四个民族，而威尔士由于在联合旗诞生之前已合并入英格兰，所以在国旗上并未专门体现。

美国国旗是星条旗。左上角为蓝色星区，区内排列着 50 颗白色五角星，代表着美国现在的 50 个州，星区之外是 13 道红白相间的横式条纹，代表美国独立时的 13 块殖民地。据华盛顿解释，红色条纹象征英国，白色条纹象征脱离英国而获得自由。这一图案形象地反映了美国成长的经历，也显示了与英国的关系。

加拿大的国旗为红白两色长方形。左右两侧为红色宽边，分别代表加拿大所面临的太平洋和大西洋。中间为白色正方形，代表加拿大广阔的国土。正方形中央的一片大枫叶，则象征住在这片土地上的加拿大人民。因此加拿大被称为枫叶之国。

澳大利亚的国旗底色为深蓝，象征浩瀚的大洋。在旗帜的左上角为一面红白相间的英国米字旗，占国旗的四分之一，象征与英国的传统关系。米字旗下面为一颗较大的白色七角星，代表澳大利亚联邦的六个州和一个地区。国旗右边是由四颗白色七角星和一颗白色五角星组成的南十字星座，表示澳大利亚所处的地理位置——南太平洋。

第三节　英语诸民族的风俗习惯概要

一、姓名与称呼

英语民族与其他欧洲民族在姓名排列上基本一致，即姓在后名在前；姓名一般由三部分组成，即：本人名·中间名·姓。本人名也称教名，在美国是受法律承认的正式姓名。中间名的选择范围主要限于父母长辈或父母的亲朋好友的姓名，可以是母亲的姓，也可以是父亲或祖父的名，或者是父辈的好友或名人的名字，往往代表本人与亲属之间的关系，在英语民族中，父子同名者司空见惯。最后部分是姓，姓氏是家族世代相传的，其出现要远晚于名字。英语民族的姓五花八门，但最常见的姓往往与职业有关，如史密斯(Smith，铁匠)，泰勒(Tailor，裁缝)，库珀(Cooper，制桶工)，巴伯(Barber，理发师)，贝克(Baker，面包师)，卡彭特(Carpenter，木匠)，库克(Cook，厨师)，这些姓的来历多取自祖先所从事的职业。当然也有别的来源，其中较常见的是在父亲名字前后加上意为“儿子”的词尾或前缀，如 Thomason(汤姆森)即 Thomas(托马斯)的儿子，Wilson(威尔逊)即 Will(威尔)的儿子，Willing(威林)即 Will(威尔)的儿子，Wilding(威尔丁)即 Wild(威尔德)的儿子，MacArthur(麦克阿瑟)即 Arthur(阿瑟)的儿子，O'Neil(奥尼尔)即 Neil(尼尔)的后代，凡此种种，不胜枚举。

需要说明的是，妇女在未婚时使用父亲的姓，结婚后则改用丈夫的姓。例如，一个叫玛丽·琼斯的女子与约翰·斯图尔特·史密斯先生结婚后，她的名字就变成了约翰·史密斯太太，或者玛丽·史密斯太太。在美国，婚后的妇女即使离婚，在未经法律判决的情况下不能恢复未婚时的姓。

由于姓名太长，写起来麻烦，所以常常将姓前的名缩写，例如 John Stuart Smith，可缩写为 J. S. Smith，或 John S. Smith，但究竟如何缩写，还要取决于本人的习惯。

在英语民族中称呼可分为三种情况。一是较郑重的称呼，对年龄较长或地位较高的男女称 Sir（先生）或 Madam（夫人），不带姓，这是很正式并带有疏远和敬意的称呼；一般情况下称 Mr. 和 Mrs. 并要带上对方的姓，称男子为某某先生，女子为某某太太或某某小姐，这也是较正式的称呼。二是较随便的称呼，在熟人之间往往直呼其名，如约翰、玛丽等，不必称先生、小姐，在青少年当中往往初次接触就会主动把自己的名字告诉对方，让人家以名字称呼，这样显得更亲近些。三是更亲密的称呼，即爱称或昵称，父母对子女、兄弟姐妹之间以及同学挚友之间，往往把对方名字的词尾改变，以表爱意，如 John 变为 Jack 或 Johnny，James 变为 Jimme，Thomas 变为 Tom，Richard 变为 Dick，Elizabeth 变成 Eliza、Betty、Liza、Beth 等等。总的来看，美国人之间的称呼更随便些，英国人之间更严肃些，昵称在美国比英国更流行。

二、宗教信仰

英语国家的公民均享有宗教信仰的自由，所以这些国家的宗教信仰复杂多样，世界各大宗教、各种教派应有尽有。除了英国有国教之外，美国、加拿大、澳大利亚并无国教，各种宗教信仰享有大致平等的地位，基本不存在宗教歧视。但总体上看，英语诸民族最主要的信仰仍是广义上的基督教，而且，除加拿大天主教徒稍占多数外，英国、美国、澳大利亚均以新教即狭义的基督教占优，基督教里又以圣公会信徒最多。所以我们将这几个英语国家视为基督教国家。当然，各国的具体情况又有很大不同。

在英国，个人信仰属隐私范畴，所以历次人口普查从不调查公民的宗教信仰，官方没有关于信教人数的正式统计数字，只知道在英格兰和威尔士，坎特伯雷和约克两大主教共管辖 43 个主教区，下分 13 860 个牧区，在教区总人口中圣公会信众约占 77%，人数为 3 542 万左右。苏格兰尽管在宗教事务方面享有完全自由，不受英国国教的支配，有自己的所谓国教“苏格兰教会”，也即长老会，但亦属广义的圣公会范畴，所以新教徒在苏格兰同样占绝大多数。北爱尔兰由于居民中多是英格兰、苏格兰移民的后代，因此圣公会信众也占多数，而真正的爱尔兰人则信仰天主教。

圣公会之外当数天主教徒人数较多。全英国大约有300多万天主教信众，他们主要是爱尔兰移民的后裔，在英格兰和威尔士共有4位天主教大主教和14位主教。另外还有大约200万基督教自由教会(如卫理公会派等)的教徒，还有约40万犹太教徒。

圣公会不仅是英国的国教，而且也是基督教新教三大派别之一(其他二派为路德教和加尔文教)，是在16世纪欧洲宗教改革运动中从天主教当中独立出来的。其主要特点是奉英国国王为教会的领袖，强调《圣经》的权威，用英语作礼拜，牧师可以像平常人一样娶妻生子，过家庭生活，但保存了大主教、主教、牧师等天主教的教阶制度。相对于路德教、加尔文教，圣公会与天主教的相似之处更多些。圣公会随着英国的海外殖民运动传入北美、澳大利亚等地，在那里也有着较大的影响。

在美国，宗教信仰自由是受法律保护的，加上美国是由来自世界不同国度、不同信仰的移民组成，所以在宗教方面最突出的特点便是多种教派并存，目前约有250多个不同宗教派别，堪称世界之最。不过，由于英裔和欧洲其他国家的移民在人口中居绝对优势，所以在各种宗教中广义的基督教信徒最多，或者说绝大多数人信奉基督教。在基督教三大派当中，又以新教影响最大，天主教次之，东正教信徒最少。

全美大约有7 200万新教信徒，占总人口的24%，占基督教会员总数的58%。美国新教又分为上百个名目繁杂的小派别，其中50万会员以上的有22个，百万会员以上的有浸礼会、卫理公会、长老会、加尔文派、路德派等，而前三者的源头均是英国新教。当然这三派下面又分成许多派系组织。

约有5 000万美国人信仰罗马天主教，占全国总人口约17%，他们主要是爱尔兰人、意大利人、波兰人、法国人、西班牙人和墨西哥人的后裔，天主教徒最集中的是美国东部大城市，如芝加哥、波士顿、纽约、底特律、费城等，洛杉矶的天主教徒亦很多。

美国的东正教徒人数在300万以上，主要是俄罗斯人、希腊人、南斯拉夫人等东南欧移民的后裔，相对于新教和天主教，东正教的影响较小。

美国是世界上犹太人最多的国家，约有600万以上，比犹太人的国家以色列的总人口还多，他们几乎全部是犹太教徒。从人数看，犹太教是仅次于新教和天主教的第三大教派，在美国社会有一定的影响。此外，佛教、伊斯兰教、印度教等世界主要宗教在美国也有不少教徒。

总之，美国人的信教比例是很高的，尽管属于各教会组织的人数占全美人口的63%左右，但其他人在不同程度上也有宗教信仰，仅有3%的人宣称自己不信教。换言之，美国97%的人都有自己的宗教信仰。

加拿大人、澳大利亚人的宗教信仰状况与美国类似，民族成分的多元化导致其宗教信仰的多样化。一般来说，个人的宗教信仰主要取决于其祖上是从何地而来及其所信奉的教派。在加拿大，由于来自法国、意大利、爱尔兰、德国南部等天主教地区的移民总数超过了来自英国等新教地区的移民，所以加拿大人口中47%信仰罗马天主教，41%信仰基督教新教，是本书所述四个英语国家中唯一天主教占优的国度。澳大利亚的情况则相反，由于英裔在总人口中占绝对优势，所以新教在澳大利亚影响最大。全国有90%左右的人口信仰基督教，其中新教徒所占总人口比例约为60%，天主教徒大约占27%，其余3%为东正教徒。在新教当中以圣公会的信众为最多。

三、迷信与禁忌

迷信与禁忌是紧紧相连的，而且一旦形成便世代相传，即使在科学技术高度发达的今天，迷信和禁忌依然被人们恪守。英国及其他三国，由于民族和文化的同源程度较高，所以在迷信和禁忌上有不少相同或相近的地方。

在迷信方面，英语民族普遍认为黑猫主凶。尽管养猫养狗之风很盛，但一般不养黑猫，如果一个人看见黑猫在他面前穿过，便预示此人将遭遇不幸。至于这一迷信的原因，一般解释为黑猫是妖魔变来的，常常陪伴在兴妖作乱的巫婆身边。而马蹄铁则被认为是吉祥之物，如果谁在路上捡到马蹄铁，就一定会有好运降临。马蹄铁之所以受宠，解释很多，其中一种说法是因为耶稣诞生在马厩，马蹄铁因此具有了神奇的威力。另外，碰撒了盐被认为是恶兆，预示要发生口角或与朋友断交。但此种不吉可以化解，撒了盐的人只要再拿一些盐从左肩膀上撒向后面，不祥便告解除。打破镜子更是凶兆，即使家中不死人也要起码七年不顺。碰响水杯也不吉利，所以在用餐时尽量避免刀叉器皿碰撞杯子出声，万一碰出响声，应立即用手捏一下消声。

在禁忌方面，英语民族和其他信基督教的民众一样，非常忌讳13和星期五。13被认为是不祥的数字，在日常生活中应尽量避开。比如，宴会上不要13人同坐一桌，也不要上13道菜，球员不编13号，高楼不盖13层，真住在13层楼的人会称它为14层，甚至宾馆房间也不设13号。星期五被视为不吉利的日子，这天最好不安排重要事情，而且出门行事要处处留心，如果星期五恰巧又是13号，那更要慎之又慎。13和星期五如此可怕，主要是源于基督教。据传耶稣受难之前的最后一顿晚餐是师徒13人共进的，其中包括出卖耶稣的叛徒犹大，所以主凶。而耶稣是在星期五被罗马当局钉死在十字架上的，亚当和夏娃也是星期五被逐出伊甸园的，这一天自然非常恐怖。此外，一根火柴或打火机不能一次点燃三支烟，以为这样会给第三人带来不幸。忌同性跳舞，同性起舞往往被认为是同性恋者。要尽量避免在别人面前打喷嚏或咳嗽，不得已时要背身掩面并赶紧说“对不起”。还有一点需要特别注意，即不要打听他人的隐私。

四、社交礼仪

社交在人的生活中占有特殊地位，社交活动的多寡是人际关系好坏的重要体现。在正式的社交场合，大家都自觉遵循不成文的传统礼仪。

在介绍两人相识时，应首先把年轻的介绍给年长的，把地位较低者介绍给地位较高者，将男子介绍给女子，不能将次序颠倒。介绍完毕，双方往往以握手表示愿意相识。但握手亦有讲究，一般是年长者、地位高者和女子先伸手，年轻者、地位低者和男子立即伸手相握，如果前者不先伸手，后者不应冒昧强求，而应点头微笑致意。握手应用右手且要摘去手套，握手时应注视对方，与女士握手使劲不能太大。

在社交过程中处处体现女士优先的原则。步行时男子应该走在靠马路的一边，把安全的一边留给女子；上下电梯应让女子走在前边，但在下车、下楼时男子应走在前面；进门时，男子应把门打开，请女子先进；进餐厅、影剧院时，男子应走在前边，为女子找好座位，请女子先坐下；下餐馆就餐，要请女子先点菜。

亲朋好友互赠礼品是人之常情，这方面亦有约定俗成的仪规。送礼的场合，除了逢年过节、婚礼、生日、慰问病人之外，到别人家做客赴宴一般都应带点礼品。礼品倒不宜太贵重，应是价值不大但有纪念意义的物品，以表心意，正应了中国一句古语"礼轻情谊重"。收到礼品之后，受赠者一定要立即当着送礼人的面打开包装，流露出欣赏喜欢的表情，这样送礼者会很高兴，而不应随手放置一旁。

拜访他人，一定要事先预约，过去都是通过信函约定的，现在可以通过电话完成。预约应当提前一定的时间，以便对方作出安排。一旦约定之后，必须准时赴约，迟到早到均不礼貌。如果因非常原因不能履约，一定要事先通知对方，并表示深深的歉意。无端失约是极不礼貌之举，未经预约突然登门也是非常冒昧、尴尬的事情，有时会吃闭门羹。拜访时，如果戴着帽子，进门后一定要摘帽，在房间里戴着帽子是不礼貌的。大衣、外套也应脱下，主人会替你挂好。雨天拜访应注意把雨伞放在室外，把鞋子上的泥土擦干净再进屋。进屋后应先向女主人问好。做客时不应过分拘礼，应顺从主人的安排，不要过谦，但不应随意翻看主人桌上的手稿文件，不要抚弄室内的古董珍玩。做客时间不宜太长，以免耽误主人过多的时间，还应避免在饭前登门拜访。如果主人执意挽留用餐，那么客人不应饭后立即告辞，应和主人攀谈一会儿，然后道谢离去。

五、饮食特点

在饮食方面，英语民族差异不大，相对而言，英国人和澳大利亚人更接近，美国人和加拿大人更相似。

英国人、澳大利亚人一般是一日三餐加茶点。早餐食品有牛奶、麦片粥、油煎鸡蛋、涂果酱或黄油的面包片，间或有火腿、咸肉或燻鱼等。上午茶点在十点半左右，喝杯咖啡、奶茶或可乐，吃些许饼干或甜点，意在工间小憩，并适时补充一些水分和热量，以利做好后面的工作。午餐在下午 1～2 点之间，工作人员一般在快餐馆用餐，以炸薯片、汉堡包、热狗、三明治、意大利馅饼、可乐为主，即使居家午餐也较为简单，往往吃头天晚上剩下的冷肉、蔬菜沙拉、面包等。下午四五点钟又是茶休，时间约 20 分钟，喝杯奶茶，吃点点心。一天当中最丰盛的是晚餐，也称正餐，至少三道菜，最常见的主菜是烤炙肉类浇肉汁，以及牛排、火腿、鱼类等，还有土豆泥、青菜沙拉等，一般还要喝啤酒或葡萄酒。饭前要先喝汤，饭后上水果。

值得一提的是英国人对饮茶情有独钟。喝茶在英国人看来是一种乐趣，据统计，英国人每年平均消费茶叶 3.5 公斤，为西方各国之冠。他们尤其爱喝中国的祁门红茶。但在喝法上与我们不同，一般要加少许牛奶，而且是先把奶倒入茶杯再冲茶，并非在沏好的茶中加牛奶，许多人还喜欢再加些糖。但英国人在工作中不喝茶，多是在茶休时喝，一般在吃饭时和饭后不喝茶。另外，苏格兰人对家乡特产烈酒威士忌很喜欢，但许多人已不喝纯威士忌了，而是加冰水、苏打水或汽水。

从口味来看，英国人和澳大利亚人喜爱甜酸味，不喜太咸，注重营养，讲究新鲜，健康食品很受欢迎。

美国人、加拿大人的饮食习惯是一日三餐。早餐与英、澳相似。午餐亦以快餐为主，但快餐在美国更加普及。晚餐同样是最丰盛的正餐，但在程序上略有不同，欧洲人习惯最后吃一道水果或乳酪，这在美国不时兴，多数美国人喜欢最后吃一道甜食，如蛋糕或冰激凌，最后再喝一杯咖啡。此外美国人有睡前小吃的习惯，孩子们喝杯牛奶，成人则吃些水果等。加拿大人在饮食方面还深受法国人的影响，特别是法裔加拿大人喜爱法式菜肴。

美国人和加拿大人由于家庭收入水平较高，所以对食品的品质和保健性能比较看重，蔬菜水果讲究新鲜，菜肴味道喜欢清淡，吃肉要少而瘦，吃鸡鸭要去皮，喝牛奶要脱脂，喝咖啡尽量不加糖，喜吃豆制品，注重营养的均衡，钟情保健食品。

六、传统节日

民俗和民间文化最集中的体现莫过于传统节日。每个民族都有自己独特的节日，节日期间都有丰富多彩的传统活动。而信仰相同、关系密切的民族之间又有一些共同的节日。

圣诞节即耶稣诞生的纪念日，不仅是英语国家而且也是所有信奉基督教国家最重大的节日。时间是12月25日，届时一般都要放几天假。圣诞节是举国同庆、阖家团聚的日子，有点类似我国的春节。为了庆祝这一天，人们早在几星期前就开始准备，寄圣诞贺卡、采购礼品、张灯结彩。12月24日被称为“圣诞除夕”。除夕之夜，基督教各派教堂都要举行特殊的宗教仪式，对青年人来说更是狂欢之夜，或高唱圣诞颂歌四处巡游，或聚在酒吧、舞厅、俱乐部尽情欢乐。圣诞当天，国家元首都要发表圣诞讲话，向全国人民祝贺节日。人们多在家中团聚，共进丰盛的节日大餐，见面都要互致“圣诞快乐”的问候，还要馈赠孩子们圣诞礼物，玩圣诞游戏。圣诞节期间，最普遍的装饰是圣诞树，大街小巷、每家每户随处可见。而最受孩子们喜爱的是圣诞老人，他们都企盼身穿红衣裤、头戴红帽、心地善良的白胡子老爷爷将礼物送来。圣诞贺卡是最普及的祝福问候方式，期间邮局的业务量是平时的几十倍，贺卡像雪片似地飞来飞去。

广义的圣诞节，不只是12月25日一天，而是12天，一直持续到1月6日所谓“第十二夜”才算结束。

春末夏初的复活节、圣灵降临节和万圣节是基督教世界另外三个共同的重要节日，2月14日的情人节、4月1日的愚人节也是欧美及澳大利亚普遍流行的节日。这些节日的具体情况将在其他章节里介绍。

在英国，据不完全统计，全国性及地方性的节日有100多个。其中举国休假的节日共有6个，除了圣诞节、复活节、圣灵降临节之外，还有元旦(1月1日)、国际劳动节(5月1日)和银行暑假节(8月第一个星期一)。5月1日同时还是英国的五朔节，是英国先民庆祝夏天的到来、祈求风调雨顺、五谷丰登的节日。英国四个民族最重要的地方性节日是保护神节。

威尔士的保护神是大卫，3月1日是圣大卫节，这一天在以前曾相当于威尔士的国庆日。是日，威尔士人除了佩戴民族花黄水仙外，有人还佩戴青葱，以纪念圣大卫。

爱尔兰的保护神是帕特里克，3 月 17 日是他的纪念日圣帕特里克节，全世界的爱尔兰人及其后裔都要举行隆重的化装游行庆祝活动，人们都佩戴爱尔兰民族花酢浆草，衣着上要有绿色，甚至还要吃带绿色的蛋糕。

圣乔治是英格兰的保护神，圣乔治节在 4 月 23 日。每逢这一天，富有民族意识的英格兰人要在衣领上佩戴一朵红玫瑰。

苏格兰的保护神是安德鲁，11 月 30 日为圣安德鲁节。当天，苏格兰人都喝威士忌酒，跳苏格兰舞，唱苏格兰歌，并佩戴民族花——蓟草花。

此外，苏格兰人对元旦格外重视。除夕夜开始守岁，或在家中团聚或与朋友一起举行晚会。当午夜 12 点时，各教堂的钟声大作，人们便互相接吻，祝贺新年。也有不少人跑上街头，手持威士忌，一边喝酒，一边跳舞，并高唱《友谊地久天长》这首脍炙人口的民歌，狂欢不已。相对而言，英国其他民族对元旦不这么重视。

美国独特的传统节日有独立日，华盛顿诞辰、感恩节、母亲节和父亲节等。

7 月 4 日是美国独立日，1776 年的这一天大陆会议在费城正式通过《独立宣言》，标志美国独立。每逢这一天，全国大小教堂钟声齐鸣，各地居民自发组织庆祝游行，载歌载舞，十分热闹。

华盛顿诞辰是 2 月 22 日，为纪念美国的第一任总统，在他生日这天各地都要举行宴会、舞会等庆祝活动，大家要吃樱桃馅饼，玩纸制小斧，以怀念华盛顿小时候用斧头砍樱桃树后向父亲诚实认错的美德。

感恩节在 11 月最后一个星期四，是感谢上帝的恩赐和印第安人的真诚帮助的节日，也是美国人最久远的传统节日。1620 年冬，第一批英国移民到达北美后，遇到了严寒和饥饿的巨大威胁，但在印第安人的帮助下不仅熬过了严冬，而且在第二年秋天喜获丰收。10 月间，他们和印第安朋友欢聚一堂，点燃篝火，饱餐烤火鸡和南瓜饼，并举行数天的歌舞、摔跤等娱乐活动，以感谢上帝。从此有了感恩节。现在的这一天，既要举行化装游行、戏剧表演和体育比赛，而且也是团聚的日子，一家人围坐在一起，共进烤火鸡、南瓜饼和玉米、山芋等传统食品。各州州长还要在这一天发表节日献词。

美国的母亲节是5月第二个星期日，始于1907年，1914年成为法定节日。这一天，政府部门和居民住宅均悬挂国旗，以示对母亲的尊敬。已丧慈母的子女要佩戴白色石竹花，以寄托哀思；母亲健在的子女们则戴红色石竹花，以表达对母亲的敬意与感激，子女还要向母亲敬献鲜花或其他礼品，并让母亲在一年劳顿之后彻底休息一天。

美国的父亲节始于1910年，时间为6月第三个星期日，1934年成为法定节日。是日，已丧慈父的子女们要佩戴一朵白玫瑰花，父亲健在的子女们则戴红玫瑰花。子女们要给父亲献上各式各样的礼品和贺卡，让父亲度过愉快的一天。

加拿大的节日名目繁多，但多数与欧美国家的节日一致，独特的民族传统节日主要有加拿大日、枫糖节和冬季狂欢节。

7月1日是加拿大日，即加拿大国庆，纪念1867年加拿大联邦诞生。如果这一天为星期日，则改在7月2日庆祝。

枫糖节在三四月间，是加拿大采集糖枫叶、熬制枫糖浆的时节，农场、乡村均有各种精彩的民间歌舞表演，人们往往要品尝枫糖糕、枫糖薄饼等传统食品。

冬季狂欢节每年2月前半月在魁北克举行，为期10天，规模盛大，内容丰富，是具有法兰西民间传统色彩的一次冰雪盛会。琳琅满目的冰雕雪塑令人眼花缭乱，冰上竞技表演应有尽有，冰上狂欢大游行热闹非凡，更有冰河竞舟、冰上赛马、轮胎滑雪等独特比赛项目。

澳大利亚的节日也不少，具有民族特色的是国庆节、退伍军人节和节礼日。

1月26日是澳大利亚的建国纪念日。1788年1月26日英国菲利普上校带领首批移民到达悉尼附近定居，揭开澳大利亚历史新纪元。澳大利亚联邦成立后定这一天为国庆日。

4月25日为退伍军人节，是为了纪念在第一次世界大战中死难的澳大利亚官兵而设。这一天要举行隆重的纪念活动。

12月26日为节礼日，当天人们常常赠送礼物给辛勤奔波的邮递员。

思考题

1. 为什么把美国人、加拿大人、澳大利亚人视为英语民族?

2. 英国四大民族的人口比例和分布状况如何?

3. 为什么说美国是一个民族大熔炉?

4. 加拿大民族构成及宗教信仰最显著的特点是什么? 为何有这些特点?

5. 什么是民族性格? 英国人和美国人的性格特征有何异同?

6. 澳大利亚国旗图案和颜色的象征意义如何?

7. 英语民族中人们之间的称呼大致分哪三种情况?

8. 为什么把四个英语国家看成基督教(新教)国家? 圣公会最大的特点是什么?

9. 西方人为什么视13和星期五不吉利? 你认为有道理吗?

10. 社交场合介绍和握手有什么讲究?

11. 快餐为什么受欢迎? 英国人喝茶有什么特点?

12. 基督教世界主要有哪几个共同的重大节日?圣诞节为什么如此隆重热烈?

13. 美国、加拿大、澳大利亚的国庆日分别是哪一天?

主要参考书

1. 杨叙编著:《美国》,世界知识出版社,1989年。

2. 李念培等著:《英国》,世界知识出版社,1988年。

3. 高京著:《澳大利亚》,世界知识出版社,1997年。

4. 陈浥著:《澳大利亚面面观》,中国友谊出版公司,1984年。

5. 金俊良编著:《加拿大之旅》,旅游教育出版社,1999年。

第九章 天主教—拉丁语族国家的民俗

学习目的

- 了解拉丁语族诸民族的构成
- 熟悉拉丁语族诸民族的特点
- 掌握拉丁语族诸民族的风俗习惯

基本内容

拉丁语族诸民族的构成
- 拉丁语族民族的内涵
- 意大利概要及其民族构成
- 法国概要及其民族构成
- 西班牙概要及其民族构成

拉丁语族诸民族的特点
- 意大利人的特点
- 法国人的特点
- 西班牙人的特点
- 各民族的标志

拉丁语族诸民族的风俗习惯概要
- 姓名与称呼
- 宗教信仰

- 迷信与禁忌
- 社交礼仪
- 饮食特点
- 传统节日

第一节　拉丁语族诸民族的构成与分布

一、拉丁语族民族的内涵

拉丁语族民族是指意大利、法兰西、西班牙、葡萄牙等民族。这些民族在语言来源、历史背景、地理环境等方面有不少共性。

从语言学来看，全世界有汉藏语系、印欧语系等13个语系约2 759种语言，印欧语系是13个语系中最重要的语系之一，它包括印度、伊朗、日耳曼、拉丁、斯拉夫、希腊等14个语族，各种语言和方言100余种，讲印欧语的人口在20亿以上。今天的拉丁语族(新拉丁语族)也称为罗曼语族，包括意大利语、法语、西班牙语、葡萄牙语以及罗马尼亚语，它们是从古罗马帝国的通俗拉丁语演化而来。拉丁语是罗马帝国的通用语言，分为书面语和口头语，前者称为古拉丁文，后者称为通俗拉丁语。古拉丁文随着罗马帝国的瓦解而影响渐弱，在中世纪欧洲成为宗教、文化、科学研究的共同书面语，近代以后被弃而不用。通俗拉丁语这种老百姓用语则以各地的方言为基础逐渐演变成意大利语、法语、西班牙语、葡萄牙语等新的民族语言，而这些语言统称为新拉丁语族。

从历史背景来看，这些民族所居住的地域是古罗马帝国的重要地区。意大利是古罗马的中心，罗马人的祖先拉丁族人正是从意大利中部崛起进而统一半岛的。西班牙和葡萄牙所在的伊比利亚半岛早在罗马共和国中期就已经被并入版图。而古代法国(时称高卢)在共和国末期也被罗马人征服。从此，上述各地区共同生活在罗马这个大家庭之中，成为拉丁文化圈的重要组成部分。尽管中世纪以后各地区的发展道路不同，但在文化渊源上仍有着明显的共同之处。

从地理环境来看，这些地区大都濒临地中海，自然环境和气候条件有许多相似之处。这种相近的地理环境，加上历史、文化方面的紧密联系，从而使这些民族在身体特征、生活习惯、价值取向、宗教信仰等各方面的共性显而易见，人们常常把他们称为欧洲的拉丁民族或拉丁人。

广义的拉丁语族民族还包括以上述诸种语言为本民族第一语言的其他民族,这些民族主要集中在中南美洲。他们是随着近代西班牙、葡萄牙等欧洲国家的殖民侵略和扩张而形成的新的拉丁民族。独立之前大多是西班牙、葡萄牙的殖民地,人口以欧洲人、印第安人、黑人以及他们之间的混血人种为主,官方用语为西班牙语或葡萄牙语,所以独立之后这些地区统称为拉丁美洲。本章所讲的拉丁语族民族不涉及拉丁美洲民族。

二、意大利概要及其民族构成

意大利共和国(The Republic of Italy)面积 301 318 平方公里,全国划分为 20 个行政区,首都罗马(Rome),人口 265.5 万(2000 年底)。

总统为国家元首和武装部队统帅,由参、众两院联席会议选出。现任总统乔治·纳波利塔诺(Giorgio Napolitano),2006 年 5 月 10 日当选。总理由总统任命,对议会负责。现任总理罗马诺·普罗迪(Romano Prodi),新一任期从 2006 年 4 月开始。

议会由共和国参议院和众议院组成。主要政党有意大利左翼民主党、意大利力量党等。

意大利经济发达,2005 年国内生产总值 17 661 亿美元,人均 30 450美元。[①]

意大利民族是由意大利人、撒丁人、弗留里人、法兰西人和罗曼人等组成,据 2002 年统计,总人口为 5 800 万,在欧洲居第 5 位,其中意大利人占 90%以上,其他少数民族约占 10%弱。

意大利人是一个既古老而又年轻的民族。意大利是欧洲两大古典文明中心之一,是古罗马的发祥地,也是古代拉丁人的摇篮。古代意大利人早在公元前 7 世纪就进入了文明时代,先是王政时代,约在公元前 6 世纪末建立罗马共和国,随后开始向外扩张,并在公元前后形成地跨欧、亚、非三洲的大帝国,地中海变为罗马的内湖。与此同时,也创造了高度发达的罗马文明。由此可说,古意大利人是继古希腊人之后欧洲第

① www.fmprc.gov.cn,中国外交部,2006/8/3。

二个古老文明的民族。但是，与希腊文明一样，罗马文明并没有持续地发展下来。在公元 5 世纪后期，以意大利为中心的西罗马帝国（在 4 世纪末罗马帝国分裂为东、西两部分）在日耳曼人的入侵中走向灭亡，意大利的历史告一段落。

今天的意大利人是古罗马人与日耳曼人、拜占庭人、阿拉伯人等相互融合形成的。在西罗马帝国灭亡前后，日耳曼人当中的哥特人、汪达尔人、伦巴德人、法兰克人以及拜占庭人（东罗马人）相继侵入意大利。中世纪中期，阿拉伯人从地中海入侵南部意大利，德意志人则长期占据中北部意大利，进而使意大利人的血缘关系复杂化。由于长期受到外来入侵者的统治，南北发展极不平衡，国家处于四分五裂状态。近代意大利民族国家的形成比法国、西班牙等都要晚，尽管民族意识早已觉醒，民族特点也已形成，但直到 1861 年意大利才走向统一。从这个意义上说，意大利又是一个年轻的民族。

意大利各少数民族大都居住于地中海岛屿及北方边疆地带。撒丁人居于撒丁岛上，人口在 100 万以上，是最大的少数民族，讲撒丁语。弗留里人住在东北部的弗留里—威尼斯朱利亚区，人口有 50 多万，是第二大少数民族，讲弗留里语。法兰西人主要居住在西北部的瓦莱达奥斯塔区，讲法语普罗旺斯方言。在阿尔卑斯山东部山区，还居住着 3 万多拉丁尼亚人，他们讲拉丁尼亚—罗曼语，故又称罗曼人。此外，境内还有极少量日耳曼人、斯拉夫人、希腊人和阿尔巴尼亚人。

在意大利本土以外还有大量意大利移民。从 19 世纪中叶至 20 世纪中叶，移居国外的意大利人约 2 700 万，主要集中于美国、加拿大、澳大利亚、巴西和阿根廷。这些移民加上他们的后裔，总人数与本土的意大利人不相上下。当然，这些移民大都入了所在国的国籍，但并不像英国移民成为移居国的主要民族。

三、法国概要及其民族构成

法兰西共和国（The Republic of France）面积 551 602 平方公里，本土划为 22 个大区、96 个省，还有 4 个海外单省大区、4 个海外属地和 1 个地位特殊的海外属地。首都巴黎（Paris），市区人口 1 129 万（包括郊区，2004 年）。

最高权力机构议会，由国民议会和参议院两院组成，拥有制定法律、监督政府、通过预算、批准宣战等权力。总统为国家元首兼武装部队统帅，由选民直接选举产生，现任总统雅克·希拉克(Jacques Chirac) 1995 年 5 月当选，2002 年 5 月蝉联。本届政府于 2005 年 6 月 2 日组成，现任总理多米尼克·德维尔潘(Dominique de Villepin)。法国实行多党制，目前共有 30 多个政党，主要党派有人民运动联盟、社会党、法兰西民主联盟等。

法国经济发达，2005 年国内生产总值 17 100 亿欧元，人均 27 185 欧元。汇率 1 欧元＝1.21 美元(2005 年 6 月)。[①]

法兰西民族是由法兰西人、阿尔萨斯人、布列塔尼人、科西嘉人、佛拉芒人、加泰罗尼亚人、巴斯克人等不同民族组成。据 2006 年元旦统计，法国人口为 6 290 万，包括 400 万外国侨民，其中 93.5％是法兰西人，其余为少数民族及外国移民。

法兰西人是一个成分非常复杂的民族。法国这块土地上最早的居民是伊比利亚人，大约公元前 700 年之后，克尔特人侵入并征服伊比利亚人，成为新的主人，直到罗马征服之前，克尔特人一直占据着法国，罗马人称之为高卢。公元前 1 世纪，罗马大将恺撒征服高卢后，高卢沦为罗马的一个行省，大量罗马人移居高卢，逐渐形成了一个新的部族，即高卢—罗马人。进入公元 5 世纪，罗马帝国遭受日耳曼人的大规模入侵，其中的西哥特人、勃艮第人、汪达尔人相继进出高卢，最终法兰克人占据了整个高卢，结束了罗马人的统治。法兰克人与原来的高卢—罗马人以及其他日耳曼人相互融合，曾经在 8 世纪后期形成强大的加洛林帝国，其版图除了法国外，还包括意大利中北部和莱茵河流域，其统治者查理加冕为罗马人皇帝——查理大帝。843 年查理帝国解体，分裂成三个独立国家，以法兰克人和高卢—罗马人为主体的当地居民逐渐演变成法兰西人。在这一过程中，由于盎格鲁撒克逊人、德意志人、诺曼人，甚至阿拉伯人都曾经侵入过法国，所以法兰西人的血统中也或多或

① www.fmprc.gov.cn，中国外交部，2006/12/12。

少有他们的血液。

法国的少数民族中，布列塔尼人数量较多，约有120多万，占全国总人口的2.1%。他们聚居在法国西北部的布列塔尼半岛，隔英吉利海峡与英国相望。他们原是克尔特人的一支，约在公元前5世纪以后陆续迁往不列颠岛。公元5～6世纪，盎格鲁撒克逊人入主不列颠后，他们又返回大陆定居于布列塔尼半岛。此时的高卢人早已罗马化，而他们成为古代克尔特人文化的保持者，他们的语言就属于克尔特语族，至今仍在一些农村流行。

阿尔萨斯人是法国人数最多的一个少数民族，约有150多万人，占全国人口的2.7%，主要居住在法德边境的阿尔萨斯和洛林地区。他们是由克尔特部落与日耳曼人当中的阿勒曼尼人和法兰克人融合而成。历史上曾经属于不同的国家，但受法国文化影响较深，大多数人讲法语，与法兰西人最为接近。

科西嘉人是一个特殊的少数民族，人口25万多，主要居住在地中海上的科西嘉岛。科西嘉岛是一个民族角逐的大舞台。公元前后在罗马统治下，居民接受拉丁语被罗马化。罗马崩溃后，一度臣属拜占庭，并受到汪达尔人、哥特人、伦巴德人、法兰克人入侵。8世纪以后的400多年里屡遭阿拉伯人侵袭。11～18世纪为意大利城市比萨和热那亚统治。因此，科西嘉人的血统非常复杂，从民间传统和物质文明方面看与意大利的撒丁人相近，而在语言文化上受法国影响较大。

除了以上三个少数民族外，在法国和比利时边境还居住着少量佛拉芒人（也称佛兰德人），在法国和西班牙交界地带居住着加泰罗尼亚人和巴斯克人。虽然这些民族的主体不在法国，但他们也是法国民族大家庭的组成部分。

另外，在法国境内还有为数不少的非洲移民，他们大多来自原来法国的殖民地，其中尤以北非地区为最多，从而使法国成为黑人占比例最多的欧洲国家。当然，近代以来移居海外的法国人及其后裔数量也相当庞大，其中法国移民最集中的是加拿大和美国，尤其是加拿大的魁北克省，堪称“第二个法兰西”。

四、西班牙概要及其民族构成

西班牙王国(The Kingdom of Spain)面积 505 925 平方公里,全国划分为 17 个自治区、50 个省、8 000 多个市镇,在摩洛哥境内另有休达和梅利亚两块飞地。首都马德里(Madrid),人口 310 万(2004 年)。

西班牙实行议会君主制,王位由胡安·卡洛斯一世的直系后代世袭。国王为国家元首和武装部队最高统帅,代表国家。现国王胡安·卡洛斯一世(Juan Carlos I),1975 年 11 月 22 日登基。

议会由参议院和众议院组成。现政府于 2004 年 4 月 18 日就职,首相何塞·路易斯·罗德里格斯·萨帕特罗(José Luis Rodríguez Zapatero)。西班牙实行多党制,主要党派有西班牙工人社会党、人民党等。

西班牙经济较发达,2005 年国内生产总值 9 343 亿欧元,人均国内生产总值 23 087 欧元。①

西班牙民族主要是由卡斯蒂利亚人、加泰罗尼亚人、巴斯克人、加利西亚人共同组成,全国总人口 4 411 万(2005 年)。主要是卡斯蒂利亚人(即西班牙人),少数民族有加泰罗尼亚人(681 万)、加利西亚人(275 万)和巴斯克人(212 万)。从人数上讲,后三者可算作少数民族,但从本质上看,他们同卡斯蒂利亚人没有太大的区别。无论是思维方式,还是生活习惯,抑或是外貌长相,基本上大同小异,如果他们共同生活在一起,外人很难辨别其究竟是哪个民族。差别主要在于语言和文化。加泰罗尼亚人、加利西亚人和巴斯克人都有自己的语言,他们聚居的自治大区均宣布卡斯蒂利亚语(西班牙语)和本族语共为官方语言,而加泰罗尼亚语、加利西亚语与卡斯蒂利亚语又很相似,不仅许多词语发音相近、书写一致,而且词意相同,彼此交流不成问题,可算作西班牙语的方言。只有巴斯克语较为独特,与其他几种语言出入较大。

西班牙四个民族的形成归因于西班牙特殊的历史。西班牙各族的远古祖先是伊比利亚人,约在公元前 9 世纪～公元前 8 世纪,中欧的克尔特人来到伊比利亚半岛,与当地居民混杂,形成克尔特伊比利亚人。

---

① www.fmprc.gov.cn,中国外交部,2006/7/28。

随后，西亚的腓尼基人、希腊人及北非的迦太基人陆续在半岛殖民，因而在种族方面发生了又一次融合。公元前3世纪后期，罗马人打败迦太基人，占领了整个半岛，开始对西班牙长达7个世纪的统治。罗马人不仅在文化传统，而且在血统方面深深地影响了西班牙人。在罗马帝国走向衰败的过程中，日耳曼人当中的苏维汇人、汪达尔人相继出入半岛，但最终在半岛立住脚跟的是西哥特人建立的王国，西哥特王国可以说是西班牙第一个独立的统一政权。在此期间，日耳曼人的血液又流入了西班牙人的肌体。

西班牙人最后的新鲜血液来自阿拉伯人。公元7世纪阿拉伯人开始大规模的对外扩张，8世纪初阿拉伯柏柏尔人(摩尔人)入侵西班牙，粉碎了西哥特人的抵抗，消灭了西哥特王国，在半岛建立了阿拉伯政权——后倭马亚王朝，历时达7个世纪。战败的西哥特贵族不甘心失败，他们退居北部山区，领导当地人民展开长达数世纪的收复失地运动。在斗争中建立起许多独立的地方政权，其中影响较大的有莱昂、卡斯蒂利亚、阿拉贡、加泰罗尼亚和葡萄牙等。1479年卡斯蒂利亚和阿拉贡以联姻的方式合并为西班牙王国。1492年彻底赶走阿拉伯人，半岛上形成西班牙和葡萄牙两个国家。而在西班牙内部则形成卡斯蒂利亚、加泰罗尼亚、加利西亚、巴斯克等几个民族。很显然，阿拉伯人给西班牙人留下了深深的影响，许多西班牙人的身体特征，如中等身材、白皙皮肤、乌黑头发、高鼻梁、长睫毛、大眼睛等，都与阿拉伯人相近，而与其他欧洲民族相去较远。

巴斯克人可算作西班牙真正的少数民族。他们聚居在北部地区，是一个独特而强悍的民族，其身体特征与其他欧洲人差别不大，但其语言则不属印欧语系。他们在长期的外族入侵下始终保持着血统和语言上的相对纯洁，可以说是古老的伊比利亚部落最忠实的传人，该民族对西班牙社会及文化生活有明显的影响。

此外，在海外尚有大量西班牙移民的后裔，特别是在拉丁美洲原属西班牙殖民地的国家，西班牙人后裔占有相当大比例，当然其中的不少人已与其他民族通婚。另外，最近20年，来自拉美地区的移民在西班牙有增长的趋势。

第二节　拉丁语族诸民族的特点

一、意大利人的特点

意大利人是拉丁文明的发祥地，是各拉丁民族中历史最悠久、传统文化积淀最丰厚的地方，加上半岛特殊的自然地理条件，造就了意大利人独有的民族性格。

首先是在文化上具有深深的民族自豪感。西方文明的源头一是希腊文化，二是罗马文化。从时间上说希腊文化要早于罗马文化，但从影响的范围来说罗马文化则要大于希腊文化，而且罗马文化对中世纪及近现代欧洲文明的影响更为直接一些。作为罗马文化传人的意大利民族不仅为自己的祖先而骄傲，而且为意大利对欧洲文明的巨大贡献而自豪。这种自豪感的另一个来源是意大利文艺复兴运动所创造的辉煌成就。14～17 世纪的欧洲文艺复兴是一场新文化运动，近代资本主义的许多新思想、新观念、新的价值尺度大都奠基于这场运动，而文艺复兴的摇篮又是意大利。文艺复兴时代意大利贡献了一大批杰出的思想家、文学家、艺术家，他们在世界思想文化和艺术史上写下了极为壮丽的篇章。意大利人理所当然要引以为自豪。意大利人这种文化上的自豪感还来源于优美动听、源远流长、语意丰富的意大利语，来源于罗马、米兰、佛罗伦萨、威尼斯、热那亚、那不勒斯、比萨、博罗尼亚、都灵等为数众多的欧洲历史文化名城，来源于意大利是歌剧的故乡和五线谱的发源地……总之，意大利人在文化上的优越感在日常交往中是很容易感觉到的。

第二个特点是酷爱文物。作为文明古国，意大利继承了古代留下的大量雕刻、美术、绘画、器皿等文物，全国有 1 400 多个博物馆，收藏着 500 多万件文物和 200 多万件各类艺术品。意大利人非常喜好文物，他们热衷于参观博物馆，而且对各种文物的鉴赏能力很强，不仅参观本国的文物古迹，而且对世界各地的文化艺术也颇感兴趣，他们特别钟情于到其他文明古国参观访问，古都北京和西安是他们在中国首选的旅游目的地。

第三个特点是热情好客。总的看来，意大利人性格开朗、热情，喜欢交朋友。朋友见面总是热情打招呼，互相交谈起来滔滔不绝，面部表情丰富且爱打手势，告别时往往相互拥抱。对待异国他乡的客人大都会真诚相待，当陌生人问路或车子抛锚时，往往会主动提供热情的帮助，而且不求任何回报。他们很重视朋友间的友情，逢年过节一定要给亲朋好友寄贺卡或打电话问候。

第四个特点是时间观念不很强。与德国人、英国人的严谨相比，意大利人更随意些。这种随意在日常生活中最明显的表现是不准时。不仅赴宴、出席舞会、做客常常迟到，就连开会、上课迟到也是屡见不鲜，正如有人所说，除了赶飞机和火车，意大利人什么场合都敢迟到，迟到15～20分钟习以为常，迟到更长的时间，也往往轻描淡写地托词“交通太拥挤了”。当然，这并不是说意大利人上班也要迟到。

意大利人还有一个特点就是恋家。在西方国家中，意大利的离婚率较低。意大利人的家庭意识较强，凡外出，不论旅游或是出差，每到一地，第一件事就是给家里打电话报平安，让家里人放心。在美国，青年人乐于独立生活，而在意大利，不少人则依恋于父母。许多30岁左右的大龄未婚青年，尽管他们已经有了工作，具备了独立生活的能力，但仍然吃住在家，依赖父母。甚至有的青年人为了能更长时间地在父母身边免费吃住而迟迟不结婚。

二、法国人的特点

相对于欧洲大部分国家，法国具有幅员辽阔、气候宜人、资源丰富、濒临海洋、交通方便等许多优越条件。这些不仅对于法兰西文明的创造至关重要，而且直接或间接地影响着法国人民族性格的形成。

法国人的第一个特点是浪漫多于严谨。或许是温暖的海滩、轻柔的海水、明媚的阳光和如诗如画的田园的缘故，法国人以浪漫而著称。浪漫是一种处世态度，表现在生活的许多方面。浪漫的法国人在待人方面很热情，处事方面较随意，有时光许诺不兑现，对未来和前途充满美好的幻想，对婚恋富于激情，时间观念不是太强，思维方式当中诗情画意的成分多些。也许正因为这一点，法国历史上诞生过一批又一批蜚声世界的文学家，思想家则为数不多。当然，法国人也并非没有严谨的一面，法国人的严谨在法语中有充分的体现。法语不仅优美，更以其词意确切，语法规范，不易产生歧解而著称，一向被认为是最好的外交和法律用语，也是联合国使用的五种国际语言之一。

法国人的第二个特点是享受胜于奋斗。法国可以说是享乐的天堂，法国人是当之无愧的享乐大师。在日常生活消费的各个主要方面，法国都走在欧洲乃至世界的前列。法国盛产美酒，有世界上最好的葡萄酒和香槟酒；法国人精于美食，有最讲究的法式西餐；法国人善于打扮，法国时装常常领导世界服饰新潮，法国化妆品和香水世界一流；法国是世界第一大旅游接待国，有众多高品位的自然和人文旅游景区(点)。凡此种种，这些优越的条件和美好的诱惑，很自然地培育了法国人乐于享受并善于享受的传统。有人戏称，在法国"春天是娱乐季节，夏天是度假季节，秋天是罢工季节，冬天是圣诞季节"。与此相对，法国人吃苦耐劳、勤于奋斗的精神则稍逊，在这方面法国人与日本人、美国人有明显的差别。

法国人的第三个特点是富有"骑士风度"。骑士是欧洲中世纪一个特殊的群体，所谓"骑士风度"是指涉及语言、服饰、举止、仪态、品格等方面的行为规范，形成于宴会、舞会和比武大会等公共场合，被社会所效仿成为时髦。骑士风度的核心是尊重妇女，以在公开场合恭敬妇女、保护妇女、服侍妇女为荣，今天西方世界风行的"女士优先"就源于此。而骑士风度的发源之地便是法国，中世纪以来一向有"殷勤的法国人"之说，至今有良好教养的法国男人身上仍然体现着这种高雅的风度。

法国人的第四个特点是酷爱花卉。爱花的民族有很多，但很少能够达到法国人那种程度。法国也许是人均栽种花卉最多的国家，种花不仅为了装点观赏或者出售，而且有大片大片的花田是为了提炼香水而批量提供花瓣。花卉业、香水业是法国重要的经济部门。鲜花是法国人生活中不可缺少的组成部分，住宅周围往往有花园，街头巷尾、道路两侧、各种建筑的楼台屋顶，到处都是花卉，品种繁多，芳香扑鼻，姹紫嫣红，美不胜收。浪漫的法国人还赋予鲜花多种寓意，用来表达各种不同的感情。比如，玫瑰象征爱情，海棠表示友谊，兰花代表虔诚，水仙则表示无情，报春花代表初恋。花是法国人最常用的礼品，婚丧嫁娶、探亲访友、出席宴会、探视病人及各种场合均可以花为礼，当然是不同的花啦！

三、西班牙人的特点

三面临海、气候宜人、阳光灿烂的西班牙，由于在地理环境方面与法国、意大利有相似之处，所以在民族性格方面与他们有共同的地方；又由于西班牙特殊的历史背景以及比利牛斯山脉的阻隔等因素，西班牙人又有一些不同于其他地中海民族的特点。西班牙人的特点大致可归纳为如下四点：

第一是乐观悠闲。西班牙人对待人生的基本态度是充分享受生活的乐趣，不应成为生活的奴隶，而要成为生活的主人。他们不喜欢美国人那种匆匆忙忙、风风火火的紧张节奏，而倾向于不紧不慢；也不赞赏德国人那种按部就班、循规蹈矩的古板节奏，而崇尚适度的随意和灵活；更不喜欢日本人拼命工作、太过压抑的节奏，而追求悠闲自在和劳逸和谐。他们欣赏中国人的生活方式，中午有午休，工作之余同事、朋友、家人相聚一起玩乐聊天。总之，西班牙人善于驾驭生活，他们的生活内容丰富，多姿多彩。

第二是热情大方。和其他南欧民族一样，西班牙人热情、开朗、坦诚，容易接近，这些在对待异国他乡的陌生人时表现得更充分。和西班牙人初次见面，他也会像老朋友一样无拘无束地同你侃侃而谈，到西班牙朋友家做客更会受到热情的款待。西班牙人喜好广交朋友，交友不太在乎对方的家庭背景和社会地位，也不太在意年龄与性别，只要谈得来就会坦诚相见、长期相处，而且重友情、讲义气，并不像美国人那样交友快，忘记朋友也快。西班牙人这种热情的性格也决定了他们乐于帮助别人，特别是对外来客人，往往会主动伸出援助之手，令人倍感亲切。

第三是自强自立。也许是历史上西班牙人不畏强暴、不屈不挠的抗争精神造就了该民族崇尚独立自强的品格。凡事他们都喜欢亲自去做，而不大愿意求助于他人，即使做不好也要尝试，哪怕失败了也不懊丧，只要努力了就是收获，往往成功的机会就潜藏于这种尝试和冒险之中，这点在15～16世纪的西班牙航海家身上得到了充分的体现。在这种自强自立的社会氛围中，西班牙人养成了自力更生、开拓进取的习惯，尽管他们很在意享受生活，但同时也很看重奋斗后成功的价值，崇尚强者和胜利者，这在西班牙的斗牛士身上表现得淋漓尽致。

第四是讲求实际。一般来说，地中海民族浪漫而爱幻想，但是实实在在的社会生活使他们变得越来越现实。为了家庭的荣耀，有人不惜重金去买一个贵族头衔，这在一二百年之前是屡见不鲜的，可现在的西班牙人大多会认为这是蠢事。他们已体会到，虚荣和面子解决不了任何实际问题，成功与收获必须建立在自己亲自动手的努力之中。所以，不论在家里还是在社会上，西班牙人什么活都愿意干，只要能多挣钱或能省钱，粗活、重活、脏活、侍候人的活都无所谓。在金钱关系上，他们也特别务实，崇尚干活必然拿钱，各人消费各人付账，即使亲朋好友甚至父子之间也是如此，在这一点上西班牙人有点像美国人。

四、各民族的标志

意大利的国旗是由绿、白、红三个相等的竖长方形构成。原来是蓝、白、红三色，因为与法国国旗颜色相同而将蓝色改为绿色。此旗的历史可追溯到18世纪末。在19世纪意大利的独立统一运动中，三色旗起到了引导和团结人民的作用，但旗帜的图案有所变动。第二次世界大战结束后，意大利共和国以宪法的形式把绿、白、红三色旗定为国旗，其中绿色代表葱郁的山谷，白色代表皑皑的白雪，红色象征烈士的鲜血。

法国的国旗是由蓝、白、红三条垂直色带组成的三色旗。在1794年首次起用时三条色带宽度相等，但在人们的视觉中总感觉红色的没有蓝色的条带宽，所以1853年官方正式决定调整蓝、红色带宽度，将蓝、白、红三色之比设计为30∶33∶37，这样，看上去三条色带就好像同样宽窄了，从此这一比例沿用至今。

西班牙国旗为带有国徽的红、黄两色旗。中间为黄色，两边为红色，两色各占一半，黄色中央有国徽。红、黄两色是西班牙人喜欢的传统颜色。早在收复失地运动中，一些地方王朝就有自己的旗帜，尽管图案有别，但以红、黄两色居多。所以，1785 年西班牙国王把红、黄两色定为国旗的标志，1843 年，政府参照原卡斯蒂利亚、阿拉贡—加泰罗尼亚和纳瓦拉地方旗帜，正式定下现行国旗的式样，象征不同身份、不同信仰的西班牙人民的团结和统一。中央的国徽象征意义很丰富，图案为两旁竖有立柱的盾牌，盾牌上有大小不一的六组图案，其中两组为戴王冠的狮子和城堡，象征古老的王国莱昂和卡斯蒂利亚，三朵百合花象征幸福生活万古长青，红色石榴象征富贵吉祥，因为石榴花为西班牙的国花，国徽上方的王冠说明西班牙为君主立宪制国家，盾牌两边的白色海格立斯柱，以红色纽带紧紧联系在一起，代表自由和民主以及各民族的团结。

第三节　拉丁语族诸民族的风俗习惯概要

一、姓名与称呼

拉丁民族与其他欧洲民族的姓名在排列顺序上大体一致，名在前姓在后，但本人名和姓之外的其他成分则有其特点。

意大利人的姓名相对简单些。一般情况下由本人名和本人姓两部分组成，但在填写正式文件时，还要在后面加上父名和母亲的姓名。女子结婚后一般随夫姓，也可在丈夫后加自己的父姓。

法国人的姓名较为复杂。

法国人姓名的第一个特点是姓很多，名较少。据法国一份杂志公布，当代法国共有姓氏 25 万左右，其中大姓有马丹(Martin)、贝尔纳(Bernard)、托马斯(Thomas)、勒费弗尔(Lefevre 或 Lefebvre)、珀蒂(Petit)等。法国人大都信天主教，其名字大都取自耶稣的门徒或宗教传说中的天使、圣徒的名字，而门徒、天使、圣徒的名字很有限，所以法国人的重名现象非常普遍。在法国，一年 365 天每天都有一个圣徒纪念日，父母习惯于以婴儿生日的圣徒名字命名，所以同一天出生的人大都有相同的名字。

法国人姓名的第二个特点是男女有别。因为法文有阴阳性之分，所以同一姓名用在男女身上有所不同。例如，弗朗索瓦(Francois)在妇女使用时变为弗朗索瓦兹(Francoise)，雅克(Jacques)变为雅克琳(Jacqueline)，让(Jean)变为让娜(Jeanne)等。

法国人姓名的第三个特点是姓名很长且复名复姓多。法国人的名字往往很长，有本名、祖辈名、教父教母所取名，不少人的名字中有复名，复名之间一般用连字符"-"连接，如让-克洛德(Jean-Claude)，让-弗朗索瓦(Jean-Francois)等。法国人的复姓一般中间有"德"(de)相隔，如杜邦·德·内穆尔(Dupont de Nemours)、吉斯卡尔·德斯坦(Giscard D'Estaing)等。

由于法国人名字很长，使用起来很麻烦，所以在别人称呼或书写时，往往只用为首的本人名和姓。比如法国前总统人们一般称他为夏尔·戴高乐，但他的全名为夏尔·安德烈·约瑟夫·玛丽·戴高乐。

西班牙人的姓名一般由三部分组成，排列顺序是本名、父姓和母姓。例如，阿古斯丁·桑托斯·马拉维尔，阿古斯丁为本名，桑托斯为父姓，马拉维尔是母姓。与法国人一样，西班牙人也有复名和复姓。比如何塞·马丽亚·阿斯纳尔·吉雅，其中何塞·马丽亚是复名，阿斯纳尔·吉雅是复姓。至于复名复姓的来由，多和父母及教父教母的姓名以及圣母圣徒的名字相关。复名或是把父名与教父名相连，或是把母名与教母名相接，更多的是将圣母名与圣徒名合而为一，而复姓绝大多数源于父姓和母姓的组合。

在人际间的相互称呼方面，拉丁民族与英语民族基本遵循同样的规则。较正式严肃的场合，称姓不称名，较随便的情况下称名不称性，关系较亲密则互相昵称，对于复名复姓者，习惯上只称第一个名或第一个姓，不必全称。

二、宗教信仰

拉丁民族的宗教信仰主要是天主教，也称罗马天主教或加特力教。天主教是基督教三大流派当中信徒最多的一派，东正教(也称希腊正教)和新教的信徒加在一起也没有天主教徒多。当代天主教徒最多的地区是拉丁美洲和北美洲，但欧洲不仅是天主教的策源地，也是天主教的中心，而欧洲天主教徒最集中的便是意大利、法国、西班牙这三个拉丁语国家。

意大利堪称天主教世界的中心，这是因为天主教世界的最高领导人——教皇的宫廷就设在罗马梵蒂冈，意大利在基督教、天主教的历史上有着极为重要的地位。自从公元313年君士坦丁大帝颁布米兰敕令，将基督教定为罗马国教之后，罗马大主教就开始成为拉丁语地区的宗教首脑，西罗马帝国灭亡后又逐渐变成教皇，成为整个西欧的精神领袖。东欧地区基督教的中心则在君士坦丁堡。1054年基督教会彻底分裂为罗马天主教和希腊正教。直到16世纪宗教改革，罗马天主教一直控制着西欧的精神世界。宗教改革之后，西欧北部的大部分地区新教占了优势，但西欧南部则仍然是天主教的天下。另外，随着西班牙、葡萄牙、法国等国家的海外殖民扩张，天主教又成为拉丁美洲最主要的宗教，在北美也有较大影响，并传遍亚洲、非洲和大洋洲，成为世界上影响最广泛的教派之一。但天主教世界的中心一直在意大利。

由于上述历史原因，意大利人信仰天主教的比例非常高，居民中90%以上为天主教徒，而且，在1984年之前，天主教一直是意大利的国教。1984年之后，虽然天主教不再是意大利国教，但信教者并没有减少。现在意大利共分为16个天主教省份，下辖281个教区，有大主教和主教440多名，神父6万多名，修女14万多，领取薪金的神职人员有20多万。意大利是天主教氛围最浓的国度之一。

法国天主教的历史几乎与意大利同样久远，尽管在天主教的历史上远不及意大利重要，而且在16世纪曾发生过宗教改革，但天主教在法国的主导地位并没有动摇，信奉天主教的居民占法国总人口的90%左右，在农村这一比例更高。不过需要指出的是，天主教对法国人精神生活和社会生活的影响趋于下降，尽管90%的法国人都受过洗礼，但其中仅有约20%的人是虔诚的天主教徒。天主教的许多传统戒律也已失效。例如，天主教教义是不许离婚的，但离婚在法国早已是司空见惯的合法行为。另外，新生儿接受天主教洗礼的比例也由以前90%以上降为80%左右，神职人员也在减少，而且不少神职人员在教会以外另兼他职。目前，法国分为 17 个教省，9 个教区，有 125 名大主教和主教。

除天主教徒之外，法国大约有 90 万新教徒，53 万东正教徒，50 万犹太教徒和 210 万穆斯林，还有少量佛教徒。

西班牙是一个典型的天主教国家，天主教一直是西班牙的国教，95％以上的西班牙人信奉天主教，这在拉丁民族中比例是最高的。西班牙全国分为 17 个主教区，22 000 多个教区，有 18 000 多名修道士，50 000多名修女，还有大量的教会神父，他们忙于主持弥撒、洗礼、布道和婚礼等仪式，从事一些社会福利和慈善事业，受到社会的广泛尊重。

三、迷信与禁忌

迷信和禁忌是一种千百年来沿袭下来的传统，尽管从现代的眼光来看，大都缺乏科学道理，但人们从内心里依然恪守祖规，这样在人际交往中就很有必要弄清对方的迷信和禁忌，否则，会发生许多误会和尴尬。

拉丁民族同其他西方民族一样，日常交谈要避免涉及个人的私事。一般忌讳询问对方的年龄、学历、职业、婚姻状况、子女情况、家庭收入、宗教信仰、政治倾向等，也要尽可能避开有关死亡和疾病等令人不愉快的事情。

拉丁民族普遍喜爱鲜花，在许多场合都喜欢以鲜花作礼品，但这方面仍然是有禁忌的。意大利人忌菊花，尽管菊花是意大利的国花，花期长而且漂亮，但它是和死人联系在一起的，每年 11 月 2 日的死人节期间，人们普遍要到墓前献菊花，死者出殡时，也把菊花作为丧仪之花，所以千万不能送人以菊花，也忌讳送带有菊花图案的各种物品。同样的原因，西班牙人也忌讳送人以菊花和大丽花，而且在每月 13 日这天，一般都不送花，送花时不要送 13 支。法国人对花的热爱更胜一筹，但赋予花的含意与意大利人、西班牙人有所不同，雏菊在法国人眼里代表“渴望见到你”，并非不可送之花，但却忌讳给人送水仙，因为水仙代表“无情”。法国人特别喜爱鸢尾花，西班牙人则偏爱石榴花，因为这分别是他们的国花。

拉丁民族的共同特点是热情，朋友见面握手自然是少不了的，但忌讳交叉握手，即不能越过正在握手的两人的手臂去和第四个人握手，因为那样四只手臂会形成一个“十”字，而十字架被认为是不吉利的。也忌讳一只手插在口袋里，另一只手和别人相握。

拉丁民族和其他欧洲人一样，忌吃狗肉，更忌杀狗。因为狗是他们的忠实朋友，一些爱犬被看成是宝贝和英雄，杀狗会遭七年厄运。

信仰基督的民族都把13看成不祥的数字，但把3看成是神圣、幸运、吉祥的数字，因为基督教的信条之一便是圣父、圣子、圣灵三位一体，基督徒应有忠诚、期望、仁爱三种美德。7也被看作神奇的数字，因为上帝在7日之内创造了大地和世界万物，一周是7天，彩虹有7色。

拉丁民族还有许多各不相同的禁忌。比如：意大利人忌讳送人手帕，因为手帕是擦眼泪的，象征离别。意大利人还忌讳把盐撒落在地，因为在古代盐很珍贵，主人向客人敬盐表示欢迎，如果客人将盐弄撒，那就是对主人最大的不尊敬。西班牙人忌讳别人对他们酷爱的斗牛和奔牛说三道四，也忌讳男人手拿一把扇子在街上行走，扇子是用来表达感情的专用信物，所以男子不可染指。法国人视核桃为不吉利的东西，故忌讳送人以核桃。法国妇女也忌讳别人送香水给她们。在法国人面前还忌讳伸出舌头表示惊讶，用手捂住嘴笑也会引起法国人的误解，他们认为这是情人间的秘密暗示。法国人忌讳灰绿色，因为这是希特勒法西斯侵略军所穿军服的颜色，也不喜欢紫色，而喜欢天蓝色或淡蓝色。

四、社交礼仪

意大利、法国、西班牙都是历史悠久的古老之邦，源远流长的文化造就了许多优雅的礼仪，在社交场合有一套约定俗成的礼节规范，大家都自觉遵从。

见面礼节有握手、亲吻、拥抱三种方式。

两人初次见面一般行握手礼，并互致问候，握手的讲究与英语民族相同，交谈之初，彼此互称“您”，如果谈得投机，可在征得对方同意之后改称“你”，这样就显得亲近些。但在称呼女性时要把“太太”和“小姐”分清楚，如不太清楚，可含糊地称之为“女士”。

在交谈的过程中，语调不宜太高，语气要自然、和蔼，在听别人讲话时，神情要专注，眼睛要注视对方，东张西望、烦躁不安都是对对方的不尊重。不要打断别人的讲话，也不要一味夸夸其谈，指手划脚。如果有三个人以上在场，只谈两个人知道的事情或只用两个人能懂的语言交谈是很不礼貌的。

亲吻礼发生在熟人、朋友、恋人、亲人之间，在西班牙和意大利比法国更流行。亲吻礼讲究不少。以西班牙为例，夫妻或恋人之间可吻嘴唇，长幼之间吻前额，家里亲人或至亲好友之间吻面颊。

拥抱礼在西班牙人之间较多见，有正面贴身拥抱和搂肩拥抱之分。前者大多发生在夫妻、恋人、兄弟姐妹、父母与成年子女之间，显得非常亲密。后者则是在男性同学、同事和好友中间发生，即两人并排向前，一人的一只手臂搭在另一人肩上，从后面将对方的肩部搂住，通常还要在背上轻轻拍两下，以示友爱。

做客赴宴时拉丁民族共同的习惯是要迟到一刻钟左右，一般不会准时。当然，如果迟到太久就要向主人作解释并表示歉意。做客时一般要带点小礼物给主人，一束鲜花、一瓶酒、一盒点心或巧克力是常用礼品。对于客人的礼品，主人不仅一定要收下，而且要表示谢意和高兴，绝对不能推辞，更不能拒收，那是非常失礼的。另外，由于西班牙人特别喜欢夜生活，晚上睡的很晚，有早晨睡懒觉的习惯，所以早上十点以前最好不要打扰他们，更不要上门做客。

造访他人、出席宴会、听歌剧、看舞剧都要讲究衣着。女士一般着裙装，佩戴首饰，还要带一个精致的小手提包，即使年龄很大的老太太也不例外。男士一般穿深色西装，系高档领带，穿黑色皮鞋。衣冠不整不仅个人难堪，也是对主人的不尊重。

五、饮食特点

由于地理条件、物产、历史传统等因素，拉丁民族在饮食方面有不少共性。相对于欧洲其他民族，法国人、意大利人、西班牙人都是善饮、善食、讲究烹饪的民族。尤其是法国大餐，被誉为欧洲之冠，是西餐的代表性流派。意大利烹饪亦闻名遐迩，特别是意大利面条和馅饼更是风靡海内外。西班牙的“哈蒙”、“托尔大”也颇具特色。

拉丁民族的第一个共性是酷爱葡萄酒。葡萄酒是以葡萄为原料，经过榨汁、发酵、勾兑、装瓶、贮存等工序而制成的低度酒。由于土地和气候条件特别适合于葡萄的生长，这三个国家是世界著名的葡萄出产国，同时也是优质葡萄酒的主要产地。由于盛产美酒，所以三国人民对葡萄酒有深厚的感情。法国人以善饮著称，一般是饭前先饮开胃酒，席间是各色葡萄酒，餐毕喝白兰地之类助消化的酒。而且喝什么酒用什么杯都有讲究。意大利人以能喝闻名，午餐、晚餐都要喝，据一份资料讲，意大利人年均喝掉葡萄酒120升之多，居世界第一位。西班牙人以好饮见长，男女老少几乎人人喜欢饮酒，家里要喝，出门在外也要喝，平时喝，节日期间更要喝，喝得酩酊大醉屡见不鲜，说无酒不成席，没酒不吃饭并不夸张，酒是西班牙人的生命之源。

喜喝咖啡是他们的第二个共性。咖啡是世界三大饮料之一，欧美民族大都喜饮咖啡。意大利不产咖啡，但意大利人非常喜欢咖啡。早餐可以不吃，但咖啡不能不喝，下午四五点或晚餐后更是喝咖啡的最佳时间。居家要喝，到咖啡馆更要喝；单独要喝，熟人朋友相聚更要喝。有人说，意大利人只要见到咖啡就会眉开眼笑。而且意大利人特别爱喝浓咖啡。所以意大利大中小城市里咖啡馆比比皆是。法国人和西班牙人对咖啡的嗜好虽不及意大利人，但也几乎是每日必喝。不少法国人有到咖啡馆用早餐的习惯，所以法国的咖啡店很早就开门营业了。下午3～6点是咖啡馆的黄金时间，咖啡馆门庭若市。晚上则是歌舞剧院附近咖啡馆生意兴隆的时候。西班牙人的早餐尽管喜喝麦片、玉米片和鲜奶兑成的粥，但喝咖啡者大有人在。午饭后是工薪族大喝咖啡的时候，因为西班牙人有午休习惯，离家较远、无处可去的上班族饭后便在餐馆或咖啡馆“泡”时间，三五成群，一边聊天、一边喝咖啡，山南海北侃个痛快。

奶酪、生火腿、鸡蛋土豆煎饼是他们共同爱吃的食品。

奶酪是用鲜奶加工制作而成，是西餐中不可缺少的食品。奶酪大体可分为鲜奶酪、发酵奶酪、混合奶酪、发霉奶酪四种类型，味道多样，营养丰富。法国人以善做爱吃奶酪而著称，一年365天可以不吃重样品种，每人年均消费奶酪18.6公斤，居世界首位。花样繁多、品质优异的奶酪，再配以不同品牌的葡萄酒，更是精妙无比。

生火腿在西班牙语中叫“哈蒙”，是以上等猪的后腿，经过特殊方式长期腌制和慢慢烘干而成，专供生吃。生火腿营养丰富，肉色紫红鲜嫩，味道芳香可口，久存不坏，是西餐宴会佳品，不仅西班牙人、意大利人、法国人爱吃，欧美其他民族同样喜爱。

“托尔大”是西班牙式快餐，是将煮熟的土豆去皮，切成小碎块，和生鸡蛋搅在一起，撒少许盐，在放有黄油的平底锅中煎烤而成，所以可以叫鸡蛋土豆煎饼。“托尔大”经济实惠，营养丰富，是拉丁各民族共同喜爱的食品。

当然，拉丁民族在饮食方面也有许多不同的特点。比如，意大利人爱吃面食和米饭，西班牙人爱吃海鲜和烤牛肉，法国人喜爱吃蜗牛。

六、传统节日

意大利、法国、西班牙都是以节日众多而闻名，这主要是因为它们都是天主教国家，宗教节日特别多。除了共同的宗教节日外，各民族还有不少自己独有的全国性和地方性节日。关于宗教节日我们仅选择介绍与这几个民族关系密切者，把重点放在各民族独特的传统节日上。

意大利的节日要少于法国和西班牙。除了圣诞节、复活节、新年等西方共同的节日外，意大利本身的传统节日主要有狂欢节、情人节、八月节、国庆节、死人节等。

狂欢节是意大利人最快乐的节日，时间一般在 2 月。节日期间，各地都要组织狂欢活动，内容主要是化装游行。游行队伍组成许多方阵，如乐队、马队、古代帝王、各种神仙、天使、魔鬼、独轮车队、滑稽小丑等方阵，人们穿着奇装异服，头戴各种面具，脸上涂抹各色油彩，载歌载舞，互相戏嬉打闹取笑，尽情地狂欢。

2 月 14 日的情人节是西方各国共同的节日，但起源于古罗马。罗马皇帝一度下令禁止男青年结婚，但基督徒瓦伦丁秘密为青年人举行婚礼，结果遭到监禁并于公元 271 年 2 月 14 日死在狱中。后人为纪念他，就将这天定为“圣瓦伦丁节”。届时，年轻男女聚集在一起，姑娘们把自己表达爱情的祝辞放在签筒里，让小伙子们依次去抽，抽到谁写的祝辞，谁就成为他的恋人。经过千百年的演变，圣瓦伦丁节就变成了今日的情人节。节日前后，不仅情侣们互赠礼物，互表衷肠，而且已婚者及亲朋好友之间也往往互送小礼品，由此情人节成为大家的“友谊节”了。

八月节由古罗马奥古斯都大帝创立，目的是让罗马人尽情欢乐，时间为8月1日。到17世纪末改为8月15日，此日亦为圣母升天节。节日前后，人们大都停止工作，到海滨、山间去旅游度假，8月因此成为意大利人的旅游月。

意大利的国庆节是6月2日。1946年这天，意大利举行全民公决，正式废除君主制，建立了共和政体，意大利成为共和国。每逢这天，都要举行盛大庆祝活动。

10月31日至11月2日这3天是基督教徒祭奠亡灵的日子，即万圣节。与我国的清明节相似，过去每逢过节，活着的人都要为死去的圣徒和亲人举行祭祀祈祷，现在一般人是到公墓进行祭奠活动。祭奠的具体日子有所不同，西班牙是10月31日，英国、法国是11月1日，而意大利则是11月2日。

法国恐怕是世界上节日最多的国家之一，365天每天都是以圣徒的名字命名的节日。当然不可能每天都过节放假。众多的宗教节日难以详尽介绍，我们只介绍一些独特的和有趣的节庆。

1月1日元旦，法国民间有亲友团聚互赠礼品和祝贺新年的习惯，往往要给孩子、佣人、邮差压岁钱和辛苦钱。除夕之夜，法国人有喝光家中酒的传统，认为家中存酒来年不吉。所以，醉酒除夕夜是法国人贺新年的一大风景。

4月1日愚人节在西方广为流行，但起源于法国。1564年法国首先采用了我们目前通用的历法格列高里历，以1月1日为新年伊始。但因循守旧的人们依然固执地在4月1日过新年且互赠礼品。主张改革的人们就在4月1日给他们送假礼品，请他们出席假宴会，那些受骗上当的守旧者就被称为“四月傻瓜”。4月1日由此逐渐变成善意愚弄别人的“愚人节”，并在欧洲其他国家及美洲传播开来。节日期间，大家互开玩笑，互相捉弄对方，求一时之快乐。

7月14日是法国国庆节，1789年这一天法国大革命中的巴黎人民攻克巴士底狱，所以在1880年定7月14日为国庆日。节日期间，巴黎香榭丽舍大道要举行盛大的阅兵仪式和烟火晚会。

西班牙号称“节日之邦”,各种节日数不胜数,一年四季到处都在过节庆贺。为了消除过节带来的混乱,政府规定,全国性的节假日为8个,除元旦、圣诞节、复活节外,还有三王节、圣何塞节、圣礼节、保护神节和国庆节。

西班牙人过元旦有两点很有趣。一是在午夜12点钟声敲响之时,人们有和着钟声吃下12粒葡萄的习俗,以预祝新年12个月万事如意。二是元旦那天千万不能使孩子不高兴,孩子打架、骂人、啼哭都是不祥之兆,所以大人要满足孩子所有的要求。

2月6日三王节是西班牙人隆重的传统节日。这是根据古老传说而来,相传从东方来了三个国王,一个黑脸,一个黄脸,一个白脸,给西班牙带来了幸福和欢乐。节日里最主要的活动是彩车化装游行,车上最引人注目的是三个国王,如果谁家小孩被国王摸一下脑袋,这孩子来年就定有好运。国王两边是漂亮姑娘在不停地向人们散发“东方”的礼物糖果。这一天是孩子们的节日。

3月9日的圣何塞节,本来是纪念西班牙人心中的完美男子汉圣何塞的,但现在变成了父亲节。这一天,妻子儿女都要为丈夫和父亲赠礼祝福。

6月上旬(5~7日)的圣礼节,也就是耶稣受难节,是一个气氛凝重的日子,不少西班牙人要守斋禁食,教堂也不为情人举行婚礼。

7月25日是西班牙的保护神节,也称圣地亚哥节。相传圣地亚哥为耶稣的门徒,曾在西班牙传播福音并献身于此,所以成为西班牙的保护神,他的葬身之地圣地亚哥—德孔普斯特拉成为圣地。

斗牛表演可以说是西班牙特殊的节日。“斗牛王国”西班牙的斗牛历史已有700多年,全国有斗牛场400多个,每年要举行5 000多场斗牛表演,斗牛是许多西班牙节日的保留节目,甚至有人说“在西班牙没有不斗牛的节日”。斗牛一般分为四步曲。首先由五六个手持红绿斗篷的斗牛手挑逗公牛,使其狂暴起来。然后,两名身骑高头大马的刺牛手,手持长矛出场,周旋之中,找准机会猛刺牛背,受伤淌血的公牛变得更加疯狂。紧接着出场的是两名梭镖手,他们必须把带弯勾的梭镖准确地插入正在流血的牛背处，每次两镖，共投三次，此时的公牛已是疼痛难忍，狂怒到了极点。这时真正的斗牛士——杀牛手出场了，他一手持斗篷，一手持利剑，按照一定套路来回耍逗受伤的公牛，让疯狂的公牛按照他的意志团团转，直到累得精疲力竭时，主持人才授予杀牛手杀牛的权利，杀牛手这时举起长剑，直刺公牛心脏，乐队高奏凯歌，表演结束。

斗牛毕竟是少数专业斗牛士的专长，一般人无法涉足。也许是为了满足其他青年人一试身手的心理，西班牙北部的潘普罗那市每年 7 月 7 日要举办历时一周的街头“奔牛节”。当一群凶悍的公牛被放出以后，几百名身穿白色服装、系着红领巾的男子在前面一边引逗、一边奔跑，引得公牛四处追逐，暴突狂奔不已。被追逐者稍有闪失就有被蛮牛抵伤、践踏的可能，甚至有生命危险。尽管每年都有伤亡记录，但勇敢的西班牙人乐此不疲。因为，这是小伙子显示自己无畏和勇敢的最好机会，由此而获得姑娘的青睐和爱情者大有人在。

西班牙的国庆节是 10 月 12 日，即 1492 年哥伦布发现美洲的纪念日，也称西班牙日。

思考题

1. 为什么把意大利人、法国人、西班牙人称为拉丁民族？
2. 为什么说意大利人是一个古老而又年轻的民族？
3. 法国的少数民族主要有哪些？分布情况如何？
4. 概述西班牙四个民族的基本情况。
5. 试比较意大利、法国、西班牙三民族的特点。
6. 西班牙国旗颜色和图案的象征意义是什么？
7. 法国人和西班牙人的姓名共同的特点是什么？
8. 为什么意大利、法国、西班牙都是天主教占优势的国家？
9. 拉丁民族主要的禁忌有哪些？
10. 亲吻礼和拥抱礼有何讲究？
11. 拉丁民族在饮食方面有哪些相近的特点？

12. 简介情人节、愚人节、三王节、万圣节。

13. 意大利、法国、西班牙的国庆日分别是哪一天?

主要参考书

1. 董志仁著:《意大利》,世界知识出版社,1997年。

2. 潘小漪著:《法国》,世界知识出版社,1993年。

3. 王士雄著:《西班牙》,世界知识出版社,1998年。

第十章　基督教—日耳曼语族国家的民俗

学习目的

- 了解日耳曼语族诸民族的构成
- 熟悉日耳曼语族诸民族的特点
- 掌握日耳曼语族诸民族的风俗习惯

基本内容

日耳曼语族诸民族的构成
- 日耳曼语族民族的内涵
- 德国、奥地利概要及其民族构成
- 瑞士、荷兰、比利时概要及其民族构成
- 北欧诸国概要及其民族构成

日耳曼语族诸民族的特点
- 德国人、奥地利人的特点
- 瑞士人、荷兰人、比利时人的特点
- 北欧人的特点
- 各民族的标志

日耳曼语族诸民族的风俗习惯概要
- 姓名与称呼
- 宗教信仰

●迷信与禁忌
●社交礼仪
●饮食特点
●传统节日

第一节　日耳曼语族诸民族的构成与分布

一、日耳曼语族民族的内涵

日耳曼语族是印欧语系中较大的一族，包括德语、英语、荷兰语、瑞典语、丹麦语、挪威语等多种语言，是世界上使用最为广泛的语族之一。日耳曼语族民族是指以上述语言为母语的各民族。这些民族的语言虽然有或大或小的差异，但从语源上说都是以古日耳曼语为母语逐渐演变而来。这些民族的远祖都属于日耳曼人，但分属于不同的日耳曼部族，居住于不同的地区，讲着不同的方言，这样就为不同语言的形成奠定了基础。加上各民族所处的地理环境以及历史上所受外部影响的不同，从而发展成不同种类的语言。日耳曼语族中以英语和德语影响最大。鉴于英语民族已列专章介绍，本章所谓的日耳曼语族民族并不包括英语民族，主要指德意志、奥地利、瑞士、比利时、荷兰、丹麦、瑞典、挪威等民族。卢森堡、冰岛、列支敦士登由于人口太少，略而不谈。芬兰从语言上讲虽不属于日耳曼语族，但和瑞典联系密切，故一并加以介绍。

由于本章涉及民族较多，为了避免头绪纷杂，根据它们之间共性的多少，将分成三组来介绍。

二、德国、奥地利概要及其民族构成

德国，全称德意志联邦共和国（The Federal Republic of Germany），面积 357 030 平方公里。行政区划分为联邦、州、市镇三级，共有 16 个州，13 552 个市镇。首都柏林（Berlin），人口 338.8 万（2004 年 12 月 31 日）。全国人口 8 250.1 万（2004 年 12 月 31 日）。

国家政体为议会共和制。议会由联邦议院和联邦参议院组成，总统为国家元首，总理为政府首脑。现任总统霍斯特·克勒（Horst Köhler），2004 年 7 月 1 日就任。现政府由联盟党和社会民主党 2005 年 11 月 22 日组成，基督教民主联盟主席默克尔（Angela Merkel）任总

理。德国有许多政党，影响较大者有基督教民主联盟、基督教社会联盟、德国社会民主党、自由民主党等。

德国是世界第三大经济强国，曾连续三年保持世界头号出口大国地位。2005 年国内生产总值 22 440 亿欧元，人均 27 200 欧元。外贸总额为 14 117 亿欧元，其中出口 7 861 亿欧元，进口 6 256 亿欧元，盈余 1 605亿欧元。[①]

德国基本上是单一民族国家，德意志民族占总人口的 98%以上，少数民族只有索布族和丹麦人两个，各 6 万人左右。

德国是日耳曼人的故乡。日耳曼人是欧洲古老的种族集团，最初居住在西北欧波罗的海和北海沿岸，随后逐渐向南发展，到罗马帝国时代，今天的德国就已经是日耳曼人最集中的地区，被称为“日耳曼尼亚”。近现代西欧和北欧各民族的祖先大都是日耳曼人，或者拥有明显的日耳曼血统。大体上说，日耳曼人可分为南北两大支系。北支系被称为诺曼人(Northman)，即今天北欧诸民族的祖先。南支系又分成东西两支。东支在民族大迁徙过程中举族南迁，在地中海沿岸原罗马帝国的核心地区与当地居民融合。西支包括三个集团。北海沿岸集团西迁的部分形成了盎格鲁撒克逊民族，即今天的英格兰人，南迁的部分成为法兰西民族的重要组成部分，留下的部分成为荷兰人的祖先。莱茵—威悉河集团及易北河集团逐渐形成了今天的德意志和奥地利等民族。以上是广义的日耳曼人概念，而狭义的日耳曼人就是指德意志人。

德意志人是由许多日耳曼部落共同融合而成的。历史上德国作为一个独立国家出现于公元 9 世纪，10 世纪虽然演变为德意志民族的神圣罗马帝国，但并未实现德意志各地区的真正统一，直到近代俾斯麦时代才完成了德国的统一。由于历史上大部分时间德国处于小邦分治状态，这对于德意志民族各地方集团的保存以及联邦州名的形成都起了决定性的作用，以至于今天德国的许多州都是以早先的日耳曼部落名字命名的，如巴伐利亚、图林根、萨克森、黑森、勃兰登堡、莱茵兰、威斯特法伦等等。换言之，今天的德意志人可分成巴伐利亚人、施瓦本人、莱

① www.fmprc.gov.cn，中国外交部，2006/3/21。

茵兰人、黑森人、萨克森人、威斯特法伦人、梅克伦堡人等各具特点的组成部分。他们在性格、习俗以及方言等各方面都存在明显的差异。

德国的两个少数民族人口很少,但在德国的外籍人却人数众多。在德国8 250万人口中大约有外籍侨民720多万,占总人口的近8.8%,其中人数较多的有土耳其人(约192万)、前南斯拉夫各国侨民(124万)、意大利人(56.3万)、希腊人(35.1万)、波兰人(26万)、奥地利人(18.6万)等。他们中70%以上集中在德国南部经济发达地区。大量的外籍侨民引发了少数德国人的排外情绪,针对外籍者的伤害事件时有发生。

奥地利共和国(The Republic of Austria)面积83 871平方公里,全国划为9个州,首都维也纳(Vienna),人口159万(2003年)。全国人口811.8万(2003年)。其中外国人71.1万,占8.8%。少数民族有斯洛文尼亚人、克罗地亚人和匈牙利人,约占人口的0.52%。官方语言为德语。

奥地利为联邦制共和国。议会由国民议会和联邦议会组成,总统是国家元首,由普选产生,任期6年。现任总统海因茨·菲舍尔(Heinz Fischer),2004年7月8日就任。总理为政府首脑,现任总理沃尔夫冈·许塞尔(Wolfgang Schüssel)为人民党主席。主要政党有奥地利人民党、奥地利未来联盟、奥地利社会民主党等。

奥地利经济发达,2004年国内生产总值2 318亿欧元,人均2.87万欧元。[①]

由于在历史上与德国有着千丝万缕的联系,而且又是以德语为民族语言,所以,奥地利民族与德意志民族的关系非同一般,以至于有一种观点认为奥地利人和德国人是一个民族。当然,今天的大多数奥地利人由于民族意识的增强,是不愿意别人把他们与德国人混为一谈的。在全国811.8万人口中,除了寄居国内的外国人,99%是奥地利人,只有极少量的斯洛文尼亚人、克罗地亚人和匈牙利人。

---

① www.fmprc.gov.cn,中国外交部,2006/3/21。

三、瑞士、比利时、荷兰概要及其民族构成

瑞士、比利时、荷兰是受周边大国影响较大的三个国家，西班牙、法国、意大利尤其是德国在这些民族的发展史上都发挥过程度不同的影响。这一点从它们的民族构成上就有所反映。

瑞士联邦(Swiss Confederation)面积41 284平方公里，全国分为26个州，州下设区，首都伯尔尼(Bern)，市区人口12.72万，全国人口741.84万，其中外籍人占20.6%。德、法、意及拉丁罗曼语为官方语言。

联邦议会是最高立法机构，由具有同等权限的国民院和联邦院组成。联邦委员会是国家最高行政机构，由7名委员组成，实行集体领导。设主席和副主席，主席为国家元首，由联邦委员会7名委员轮任，任期一年，不得连任。大小政党共有30多个，主要政党有瑞士人民党、自由民主党、社会民主党等。

瑞士经济高度发达，2004年国内生产总值4 377亿瑞士法郎，人均59 001瑞士法郎。汇率1美元=1.24瑞士法郎(2004年)。[①]

瑞士由讲四种语言的四个民族组成。在全国人口中，讲德语的瑞士人约占64%，主要居住在靠近德国的北部、东北部和中部地区，简称德瑞；讲法语的瑞士人约占19%，居住在毗邻法国的西部、西南部地区，简称法瑞；讲意大利语的瑞士人约占8%，主要居住在东南部和南部靠近意大利的地区，简称意瑞；此外还有约占总人口0.6%的瑞士人讲罗曼什语，主要散居于瑞士的东部。

瑞士大概是世界上唯一的有四种官方语言的国家，这对于在瑞士不同地区旅行带来了许多困难。这种“四民”共处的局面是在历史上形成的。瑞士最早的居民是克尔特人当中的海尔维希人，东南部有来自意大利的移民，罗马帝国时代瑞士属于罗马的版图。在民族大迁徙的过程中，日耳曼人的分支勃艮第人进入瑞士，占据西部和南部，与原来罗马化居民融合，讲一种法语方言，他们的后代就逐步演变为讲法语的瑞士人。与此同时，日耳曼人的另一分支阿勒曼尼人占据了瑞士北部和东北

① www.fmprc.gov.cn，中国外交部，2006/3/21。

部广大地区，他们操日耳曼语，即古德语，逐渐演变为讲德语的瑞士人。面对日耳曼人的入侵，一部分居民逃入了东部阿尔卑斯山偏僻的河谷地区，他们世代与世隔绝，讲列托—罗马语，即今天的罗曼什语族。原来就是意大利移民居住的东南部提契诺地区，于 1803 年正式加入瑞士联邦，成为讲意大利语的瑞士人。瑞士人在历史上还受到法兰克人、德意志人的统治，直到 15 世纪末才赢得独立。法国大革命时代，瑞士一度沦为法国的附属国。1815 年瑞士摆脱法国人控制，成为一个中立的联邦国家。

比利时王国（The Kingdom of Belgium）陆地面积 30 500 平方公里，领海及专属经济区 2 000 平方公里，首都布鲁塞尔（Brussels），人口 101.3 万（2005 年）。全国人口 1 047.3 万（2005 年），其中讲弗拉芒语的弗拉芒大区 605.8 万，讲法语的瓦隆大区 340.2 万（包括讲德语的约 7.1 万），使用弗、法两种语言的布鲁塞尔首都大区 101.3 万。官方语言为弗拉芒语、法语和德语。

比利时实行世袭君主立宪的联邦制。国王为国家元首、三军最高统帅，国王阿尔贝二世（Albert Ⅱ），1993 年 8 月 9 日即位。国王和议会共同行使立法权，和政府共同行使行政权，实权在政府，政府对议会负责。议会由众议院和联邦议会组成。现政府首相由荷语自民党主席伏思达（Guy Verhofstadt）担任。主要政党有荷语自由民主党、荷语社会党和社会自由党联盟、弗拉芒利益党、法语革新运动党等。

比利时经济高度发达，2005 年国内生产总值 2 900 亿欧元，人均国民收入 27 690 欧元。①

比利时这个西欧小国，其民族构成与瑞士类似。比利时人主要由讲荷兰语的弗拉芒人，讲法语的瓦隆人和讲德语的日耳曼人组成。弗拉芒人占全国人口的 59%，主要分布在靠近荷兰的中北部地区，瓦隆人占 40%，主要居住在毗邻法国的南部，占总人口 0.6%的日耳曼人主要集中在与德国接壤的东南边境地区。弗拉芒人是比较典型的日耳曼人，而瓦隆人具有地中海民族的特征。历史上的比利时曾受罗马帝国、法兰克

---

① www.fmprc.gov.cn，中国外交部，2006/5/30。

国家、勃艮第王朝的统治，16 世纪以后又先后被西班牙、奥地利、法国、荷兰统治，直到 1830 年才成为独立的国家。现在的比利时还有少量的荷兰人、犹太人、法国人、意大利人、西班牙人等外国移民。

荷兰王国(The Kingdom of the Netherlands)面积 41 528 平方公里。全国划分为 12 个省，省下设 489 个市镇(2005 年)，另有阿鲁巴和荷属安的列斯两个海外省。首都阿姆斯特丹(Amsterdam)，人口 74.2 万(2005 年)。政府所在地海牙(The Hague)，人口 47.2 万(2005 年)。全国人口1 634万(2006 年 1 月)。官方语言为荷兰语，弗里斯兰省讲弗里斯语。

荷兰是世袭君主立宪王国，立法权属国王和议会，行政权属国王和内阁。女王贝娅特丽克丝·威廉敏娜·阿姆加德(Beatrix Wilhelmina Armgard)，1980 年 4 月 30 日即位。议会由一院和二院组成，二院拥有立法权；一院有权同意或拒绝批准法案，但不能提出或修改法案。临时政府于 2006 年 7 月 7 日组成，由基督教民主联盟和自由党联合执政，首相鲍肯内德(Jan Peter Balkenende)。主要政党有基督教民主联盟、工党、自由民主人民党等。

荷兰经济高度发达，2005 年国内生产总值 5 001 亿欧元，人均国民收入 2.8 万欧元。汇率 1 欧元≈1.28 美元(2006 年 5 月)。[①]

荷兰的主体民族是荷兰族，还有弗拉芒人和弗里斯人两大少数民族。荷兰族和弗拉芒族均讲荷兰语，弗里斯人讲弗里斯语。这两种语言都是荷兰官方语言。这三个民族在族源上很接近，是由日耳曼人当中的萨克森人、法兰克人、弗里斯人等部落与克尔特人结合而形成。相对说来，荷兰族主要是由萨克森人演变而来，主要居住在北部、中部和东部，占全国人口的 80%；弗拉芒族主要是由法兰克人与克尔特人融合而形成，居住在南部，约占总人口的 12%；弗里斯人主要分布在北部地区，约占总人口的 2.8%。荷兰人在历史上曾长期受外族统治，但在 17 世纪摆脱西班牙的统治赢得独立以后，荷兰成为海上殖民强国。

---

① www.fmprc.gov.cn，中国外交部，2006/9/15。

四、丹麦、瑞典、挪威、芬兰概要及其民族构成

人们习惯上讲的所谓“北欧”，实际上仅仅指欧洲西部的北部。如果从地理学的概念上说，北欧还应包括欧洲东部的北部，也就是俄罗斯的西北部以及波罗的海三国爱沙尼亚、拉脱维亚、立陶宛。媒体上经常讲的“北欧五国”，即瑞典、挪威、芬兰、丹麦、冰岛，鉴于冰岛只是一个27万人的国家，本章仅介绍北欧其他四国的有关情况。这四国在地理位置、历史发展、现实交往以及人种与习俗等许多方面均有着紧密的联系。

丹麦王国(The Kingdom of Denmark)面积43 096平方公里(不包括格陵兰和法罗群岛)，全国分14郡、271市和格陵兰、法罗群岛两个自治领。首都哥本哈根(Copenhagen，Kobenhavn)，人口50.1万(2006年1月)。全国人口543万(2006年1月)，丹麦人约占95%，外国移民约占5%。官方语言为丹麦语，英语为通用语。

丹麦实行君主立宪制，国家元首女王玛格丽特二世(Margrethe Ⅱ)，1972年1月14日即位。一院制议会，共179个议席，议员经普选产生，任期四年。本届政府系自由党和保守党联合政府，现任首相安诺斯·福格·拉斯穆森(Anders Fogh Rasmussen)。主要政党有自由党、保守人民党、社会民主党等。

丹麦经济高度发达，2005年国内生产总值14 482.3亿丹麦克朗，人均26.68万丹麦克朗。汇率1美元＝5.99丹麦克朗，1欧元＝7.44丹麦克朗。[①]

瑞典王国(The Kingdom of Sweden)面积449 964平方公里，全国划分为21个省和289个市，首都斯德哥尔摩(Stockholm)，市区人口77.1万(2005年12月)。全国人口906万(2006年4月)。90%为瑞典人。外国移民及其后裔约100万人。官方语言为瑞典语。

瑞典实行君主立宪制。国王卡尔十六世·古斯塔夫(Carl ⅩⅥ Gustaf)，1973年9月15日即位。一院制议会是立法机构，政府是国家

① www.fmprc.gov.cn，中国外交部，2006/12/18。

最高行政机构，对议会负责，现任首相弗雷德里克·赖因费尔特(Fredrik Reinfeldt)。主要政党有社会民主工党、温和联合党、人民党等。

瑞典经济高度发达，2005 年国内生产总值 26 730 亿克朗，人均 297 007 克朗，汇率 1 美元=7.31 瑞典克朗(2005 年 12 月)。[①]

挪威王国(The Kingdom of Norway)面积 385 155 平方公里(包括斯瓦尔巴群岛、扬马延岛等属地)，全国设 1 市 18 郡，首都奥斯陆(Oslo)，市区人口约 53 万(2005 年 1 月)。全国人口 460.5 万(2005 年 1 月)，96%为挪威人，外国移民约占 4%。有萨米族约 3 万人，主要分布在北部。官方语言为挪威语，英语为通用语。

挪威实行君主立宪制。国王为国家元首兼武装部队统帅，并提名首相人选，国王哈拉尔五世(Harald Ⅴ)1991 年 1 月 21 日即位。议会分上下两院。本届政府于 2005 年 10 月 17 日组成，首相延斯·斯托尔滕贝格(Jens Stoltenberg)。主要政党有工党、进步党、社会主义左翼党、保守党等。

挪威是高度富裕国家，2005 年国内生产总值 19 038 亿挪威克朗，人均 41.3 万挪威克朗。汇率 1 美元= 6.11 挪威克朗。[②]

丹麦人、瑞典人、挪威人的祖先均是日耳曼人当中操古挪威语的斯堪的纳维亚人。大约从 9 世纪初，这些北欧人驾驶狭长的独木舟开始向海外扩张。大体上，丹麦人的侵略目标是英伦三岛及爱尔兰，挪威人侵扰法国沿海及意大利岛屿，瑞典人则深入古罗斯境内。他们被称为“威金人”和“北欧海盗”，其中以丹麦人的势力最大，曾长期统治不列颠，还曾建立过包括丹麦、挪威和英格兰在内的卡努特帝国。与此同时，瑞典人也建立起统一国家。1397 年，丹麦、挪威、瑞典组成卡尔马联盟，由丹麦国王统治。从此直到 1814 年挪威一直附属于丹麦。但瑞典于 1523 年脱离丹麦而独立，并很快成为波罗的海地区的强国。1814 年丹麦把挪威让于瑞典，1905 年挪威人获得独立。

---

① www.fmprc.gov.cn，中国外交部，2006/10/12。

② www.fmprc.gov.cn，中国外交部，2006/7/11。

正因为历史上这种剪不断的瓜葛，三国语言之间就像三个民族的关系一样具有很多内在联系。以挪威语为例，它与丹麦语在文字上很接近，所以有人说挪威语实际上就是丹麦语。挪威语与瑞典语在文字上虽不是很接近，但讲起来却比较相似，相互之间一般都能听懂。

丹麦、瑞典、挪威基本上都是单一民族国家。丹麦全国人口中丹麦人占 97%。瑞典少数民族只有 5 万人，其余均为瑞典人。挪威人在全国总人口中占 97%。另外，三国之间互有少量移民。

芬兰共和国(The Republic of Finland)面积 33.814 5 万平方公里。全国分为 5 个省和 1 个自治区，首都赫尔辛基(Helsinki)，人口55.9 万(2004 年)。全国人口 523.66 万(2004 年底)。芬兰族占 91.9%，瑞典族占 5.5%，还有少量萨米人(曾称为拉普人)。

总统是国家元首，现任女总统塔里娅·哈洛宁(Tarja Halonen)。一院制议会是国家最高立法机关。政府总理马蒂·万哈宁(Matti Vanhanen)。主要政党有芬兰中间党、芬兰社会民主党、瑞典族人民党等。

芬兰经济高度发达，2005 年国内生产总值 1 553 亿欧元，人均2.48 万欧元。汇率 1 欧元＝1.243 9 美元(2004 年)。[①]

芬兰人从语言上讲与其他北欧民族相差较多。芬兰语属于芬兰—乌戈尔语族，但芬兰人与瑞典人联系非常紧密。从 1155 年到 1809 年隶属于瑞典达 650 多年。随后变为俄罗斯的一个大公国，直到 1917 年 12 月才成为独立国家。现在，芬兰的官方语为芬兰语和瑞典语。

值得提到的是，在芬兰、瑞典、挪威都住着为数不多的萨米族(或称拉普族)。萨米族与北欧人差异很大，他们高颧骨、黑头发，身材矮小，肤色棕黄，肯定不属于雅利安人种。他们应该是这几个国家最早的土著居民，现在大都集中在北极圈内，传统经济是驯鹿和渔猎。

① www.fmprc.gov.cn，中国外交部，2006/7/11。

第二节　日耳曼语族诸民族的特点

一、德国人、奥地利人的特点

德国人和奥地利人是最典型的日耳曼人，日耳曼民族的特点在他们身上得到了最充分的体现。这两个民族共同的特点有以下几个方面：

一是讲究秩序。德、奥两个民族的秩序感特别强，大到国家、社会，小到单位、家庭，他们把一切都安排得井然有序。从政治行为到经济事务，整个社会生活都是在法律的框架内运行。以商店营业时间为例，一般都是早上 8 点开门营业，下午 6 点关门，星期六则从 8 点营业到下午 2 点，星期日休息。这一营业时间各商店严格遵守，绝没有超时营业现象。在日常生活中，他们大都能时时、处处按照规定和计划行事。以德国人为例，他们总是随身携带一个记事本，凡事都记录在本上，遇事一个习惯性动作就是掏记事本，遇人习惯性的一句话就是"请稍候，让我看看记事本"。这种秩序感还表现在公民的社会角色上，大家在不同的地方不同的岗位上都能尽心尽力地履行自己的职责，他们有一个信条：失职即破坏秩序。这一点从德国国家足球队的风格上我们看得一清二楚，后卫、前卫、前锋各司其职，各就其位，像一部事先输入程序的机器按部就班有条不紊地运行，不论场上发生什么情况，他们从不慌乱，总能执行既定的战略战术，直到最后一分钟。

二是严肃沉稳。从历史上看，这是两个缺乏浪漫色彩、显得异常沉重的民族。从现实生活中看，德国人和奥地利人往往严肃有余、幽默不足。在社交场合他们大多显得沉默寡言、不苟言笑、缺乏热情，即使在娱乐场所，也很难做到忘我纵情、彻底放松，总好像有所顾忌。工作中更是严肃认真、一丝不苟。对待困难和挫折往往能沉着应付。也许是这种民族性格的作用，德国历史上不乏深沉博大的思想家，而激情四射的文学家则为数极少。

三是勤劳顽强。不同的民族对待工作和享受的态度是不同的，有的民族擅长享受，有的民族勤于劳作。一位从事比较教育学的美国教授，曾经在一份报告中这样比较美国和德国的儿童：在一个雨过天晴、阳光明媚的下午，一位美国小姑娘被灿烂的阳光所吸引，会在外面跑上一会儿再读书，而一位德国小姑娘则会先做完作业再去玩。这个对比是否真实反映了美国人的特点姑且不论，但不仅准确反映了德国人的教育理念，而且揭示了德国人对于工作和享受的态度，即先工作后娱乐，只有辛勤劳动之后，才有权力享受生活。正是凭着这种勤劳和日耳曼民族特有的顽强，德国在20世纪两次从世界大战的废墟中迅速崛起；也正是靠这种顽强精神，德国足球队在世界杯和欧洲杯赛场上成绩优异，且常常上演反败为胜的大逆转。

四是准时高效。时间和效率是紧密联系在一起的，一个时间概念不强的民族不可能是一个高效率的民族。德国人、奥地利人，甚至所有的日耳曼民族，在这方面为世人树立了榜样。他们是时间观念极强、办事效率很高的民族，且不用说严格按照钟点上下班，就连日常生活中也极守时极准时。以做客赴约为例，德、奥等日耳曼民族都讲究准时，极反感迟到，而且很珍惜时间，绝不无端地浪费他人的时间。准时和高效已经成为各行各业人们的共同行为准则，就连城市里的公交车也是每个站牌都贴着各路车的运行时刻表，司机都要严格按照所列时刻运行。当今日耳曼语族各国大都经济高度发展、社会秩序井然，不能说与这些民族准时高效的行为准则没有联系。

二、瑞士人、荷兰人、比利时人的特点

瑞士主要的民族是德瑞、法瑞、意瑞，这种民族构成从某种意义上表明瑞士人兼有德国人、法国人、意大利人的某些性格特点，但从总体上看，由于德瑞占总人口的比例达64%，所以瑞士人的性格特征更多地接近于德国人，尤其是德瑞地区。

瑞士人最突出的特点是勤奋工作、埋头苦干。瑞士是一个多山的内陆小国，但它是世界上人均国民产值最高的国家之一，究其原因，最根本的一条就是勤奋和吃苦精神。按每周平均工作时间来说，瑞士人居西方各国之首。而且，不但受雇于别人的职工如此，高级官员和大资本家

也不例外。瑞士老板大都喜欢事必躬亲，尽量不靠别人，所以个个都很忙，甚至比一般员工还要劳累。

瑞士人的另一个特点是勤俭、务实、不奢华。瑞士人收入很高，但绝不乱花钱，即使是亿万富翁也不例外。有一则笑话，说一位英国女翻译替一个瑞士老板翻译了一份文件，大约一万字，但老板并没有按一万字付费。女翻译认为少付了报酬，通过朋友把这个意思转达了过去。不料这位老板说，她为我翻译了 9 647 个字，这是我逐字数过的，我为什么要付给她一万字的报酬呢？像这样吝啬的瑞士人比比皆是。而且瑞士人不爱张扬，即使是大富大贵之人，你从外表是看不出来的，仍过着与普通百姓一样的生活。

此外，瑞士人还有守纪律、讲秩序、讲民主等特点。

荷兰人在日耳曼各民族中特点比较明显。日耳曼民族大都沉默寡言、性情内向，给人以冷漠的感觉，但荷兰人不同。荷兰人大都性格开朗，外向而热情，开放而不陈守，易于接近和交往。这种性格特点也许与荷兰特殊的地理环境和历史背景有关。荷兰可以说是一个海上民族，长期与海洋打交道养成了荷兰人开放、开朗、热情的性格，“海上马车夫”的辉煌历史也造就了荷兰人善于交往的能力。

荷兰人还有一个特点是自信，相信自己的力量能够战胜一切困难。这种自信心很大程度上源于荷兰人几百年来与大海的搏斗。荷兰是一个濒海低洼的国度，海岸线长 1 075 公里，27%的面积低于海平面，三分之一的面积仅高出海平面 1 米。为了挡住海潮的侵害，从 13 世纪荷兰人就开始修筑海堤，700 多年来他们先后筑堤 2 400 多公里，与此同时造出了 7 100 多平方公里的良田。据说宇航员在月球上回望地球，所能看到的人类建筑工程只有两处，一是我国的万里长城，再就是荷兰的海堤。这不仅是荷兰人赖以生存的屏障，也是他们战胜自然的铁证，从而培养了荷兰人勤劳自信、无往不胜的优良品格。

此外，荷兰人还有守时的良好习惯。

比利时人两大民族性格特征差别明显。中北部的弗拉芒人讲荷兰语，受荷兰文化影响较大，在性格特点方面与荷兰人接近；南部讲法语的瓦隆人则和毗邻的法国北部交往密切，性格特点类似于法国人。因此，比利时人自己的性格特点是什么，倒不好说了。

三、北欧人的特点

北欧人，由于长期生活在北极圈附近寒冷严酷的自然环境之中，不仅在身体方面特征鲜明，如身材高大，黄发碧眼，皮肤白得发红等，而且在性格上也有许多相近的特点。

其一，北欧人特别热爱大自然，确切地说，是酷爱阳光、海水和沙滩。由于他们的故乡气候寒冷、日照时间短、阳光少，所以对阳光明媚的夏季特别渴望。日光浴是北欧人最大的嗜好。每到夏季晴朗的时候，草坪、海滩上几近裸体的男女随处可见，他们躺在大自然的怀抱中尽情享受着阳光的沐浴，而且他们对经阳光曝晒后褐色的皮肤特别钟爱。他们还热衷于选择光照时间长、温度适宜的地中海沿岸地区去旅游，目的之一也是晒太阳。

其二，性情温和，外表冷漠。尽管“北欧海盗”在历史上一度令欧洲人恐惧，但总体上讲，2 400 多万北欧人爱好和平、性情温和，不像某些民族那么剽悍好斗，动辄就剑拔弩张诉诸武力，而是崇尚和渴望和平，瑞典科学家诺贝尔特设和平奖也正反映了北欧人的心愿。或许是气候寒冷的缘故，北欧人给人的总体印象是面部严肃，紧绷的皮肤似乎不太会笑，使人有一种冷漠之感，不像南欧人那样热情、开朗。

其三，做事严谨、准时。正因为北欧人缺少了一股浪漫的激情，所以不论在工作还是生活中处处表现出严肃、谨慎来，不论做任何事情都是一丝不苟，有板有眼，绝不马虎。时间观念较强，不论赴约还是出席各种宴请，都能准时到达，绝不会像南欧民族那样视迟到为正常。与此相应，北欧人机敏和幽默少了一些，办事大都循规蹈矩，缺乏灵活性，社交场合也不够随意和放松，给人以拘谨之感。

其四，心态平和，无忧无虑。北欧诸国同属世界经济发达国家，虽然整体经济规模不是很大，但人均国民生产总值却多居世界前列。而且都是高收入、高税收、高福利的“三高”国家。就业率高，社会保障有力，从摇篮到墓地政府几乎都为公民作好了安排。社会问题也不像西方其他国家那么突出。这样的生活水平和社会环境，使北欧人的心态显得格外平和，不必为生计犯愁，无忧无虑，乐哉悠哉，生活中给人以漫不经心的感觉，北欧公民的外出旅游率和消费水平也相对较高。

当然，北欧诸民族在性格上也还有许多差异。

瑞典人显得特别清高。这一点在社交场合特别是在与外国人接触时表现得尤为明显。他们一般是不会主动与别人打招呼的，孤傲而清高，不大好交往。这也许因为瑞典是北欧第一大国，而且历史上有过称霸一方的辉煌，所以有此心态。

挪威人显得特得意。在北欧地区，挪威原来是最穷的国家，挪威人被称为“乡巴佬”。但是20世纪70年代以来，由于北海大油田的开发，挪威的石油产量跃居欧洲前列，达到2.29亿吨(1997年)，成为世界石油出口的第二大国(沙特第一)，人均国内生产总值近4万美元，成为北欧第一富国。由此挪威人的心态发生了变化，一夜暴富的那种得意不由自主地流露出来，不论在国际交往中，还是在日常生活中，都显得卓尔不群。他们几度拒绝加入欧洲联盟，在旅游购物中大把大把花钱，且喜欢独来独往，令人刮目相看。

丹麦人显得较热情。也许因为丹麦在北欧国家中最靠南，接受的阳光相对较多，所以丹麦人在北欧民族中也相对以热情、好客、健谈而闻名。丹麦人不像瑞典人那样清高，与人见面不管认识与否一般都要问声好，对待客人更是热情接待，而且丹麦人爱笑也爱开玩笑，要比其他北欧民族健谈、诙谐、幽默一些。美妙的安徒生童话和奇特的美人鱼雕像似乎也印证了这一点。

芬兰人以女权充分而著称。芬兰不仅女性多于男性(51.4∶48.6)，而且芬兰女性在欧洲是最先获得选举权的，她们的社会地位一点也不比男性低，女性议员占到三分之一，各政党的女性党员占30%～70%不等，国家公务员半数为女性，这些在其他国家是望尘莫及的。女性在社会生活各方面都受到充分的尊重。

四、各民族的标志

德国国旗是由黑、红、金黄三个相等的长方形自上而下排列构成。这种三色旗最早出现于19世纪早期德意志民族反抗拿破仑侵略的战争中，作为国旗首先是一战后的魏玛共和国，但不久就被希特勒的黑、红、白卐字旗取代。1948年联邦德国再度把象征自由、统一的黑、红、金黄三色旗作为国旗，随后成立的民主德国国旗也是此三色旗，只不过在上面多加了一个国徽。1990年两德统一后，仍沿用原联邦德国的三色旗至今。

奥地利国旗是由自上而下的红、白、红三个相等的长方形构成，中央有奥地利国徽。这种红白两色旗在近代史上曾经是奥地利巴本公爵军队的战旗，白色代表军衣，红色代表鲜血，含义为用染红军衣的鲜血保卫祖国。1919年奥地利共和国成立后定此旗为国旗。

瑞士的国旗比较特殊，是红底白十字的正方形旗，来源于中世纪贵族军队所使用的十字旗。十字象征基督教信仰，红色象征爱国热情。1948年瑞士宪法正式规定此旗为国旗。国际红十字会总部就在瑞士的日内瓦，而其会旗正是由瑞士的国旗调换颜色而成，即白底红十字正方形旗。

比利时国旗是由从左到右黑、黄、红三个相等的竖条组成。黑色是哀悼1830年反荷独立战争中牺牲的英雄，黄色代表丰收，红色象征爱国志士的生命和热血。

荷兰国旗是由红、白、蓝三个相等的平行长方形自上而下排列组成，旗帜可追溯到1568年的反西班牙独立战争。但今天这种排列是1937年规定的。

上述五国除瑞士外多是三色旗，而北欧国家的国旗都是十字旗。

丹麦国旗为红底白十字，十字的竖道并不居中而是偏左一些。此旗起源于13世纪初丹麦人对爱沙尼亚异教徒的战争。

瑞典国旗为深蓝底黄十字，十字位置与丹麦国旗相近，但十字线条稍宽些。蓝黄二色源于瑞典皇室徽章的颜色。

挪威国旗底面为红色，上面有一个镶白边的深蓝色十字，十字位置与丹麦国旗相似。红色与白十字源于丹麦国旗，蓝十字象征挪威独立。

芬兰国旗为白底蓝色十字旗，十字位置与瑞典国旗相同，但蓝色十字更宽一些。白色代表白雪覆盖的国土，蓝色代表海洋、河流、湖泊，十字表示宗教信仰以及与北欧其他国家的密切关系。

第三节　日耳曼语族诸民族的风俗习惯概要

一、姓名与称呼

日耳曼各民族的姓名构成也是姓在后名在前，取姓取名的方法也与西方其他民族大同小异，而且各民族之间还相互借鉴相互影响，但不同民族的姓名还是富有民族特色的。

各民族的人民都是先有名后有姓，基本没有例外。名字作为个人“代号”，不能没有，所以古代的人一般都有名字。姓是说明个人所属家族的共同“代号”，没有也不妨碍相互称呼，所以姓并非与名同来。在古代往往贵族家庭才有姓，一般百姓有名而无姓。以德、奥民族为例，8 世纪时就有了个人的名字，但姓在 12 世纪以后才逐渐普及起来。所以，德语中把“名”称为“前面的名”，而把姓叫做“增添上去的名”。

德、奥民族的传统名字，男性多取高贵、雄伟、强壮、智慧、英俊之意，女姓多用美丽、漂亮、慈爱、贤淑之词。但由于日耳曼民族进入文明时代相对较晚，所以受欧洲其他文明影响较多，这在日耳曼民族的名字上也有明显表现。亚历山大、巴巴拉、克里斯蒂安、玛格丽特、安德鲁来自于希腊人名，马克、帕特里夏来自于拉丁语，哈里、埃德加源于英语人名，莎洛特、路易来自法语人名，如果是天主教徒，亚当、埃娃、伊丽莎白、约翰、约瑟夫、迈克尔、詹姆斯等来自希伯来文的名字则很普遍。德、奥民族最常见的姓有米勒、施密特、迈尔、施耐德、霍夫曼、菲舍尔、韦伯等。如果在姓前带有“Von”(译为“冯”或“封”)，往往表明其贵族出身。

荷兰人的姓来得更晚，约在 19 世纪初拿破仑统治时方才普及。目前，荷兰约有 2 000 多个姓，里面分大姓和小姓，大姓如德弗里斯、德莱、扬森、彼得森，小姓是不常见的姓。荷兰人既有单姓也有复姓，如果在姓前有“范”字，往往表示这是贵族的后裔。荷兰人的许多姓源于海堤，如范戴克(堤)、博伊登戴克(堤外)、宾嫩戴克(堤内)、霍亨戴克(高堤)、拉亨戴克(低堤)、范达姆(坝)、奥德达姆(旧坝)、纽达姆(新坝)等。

荷兰男子常用的名有约翰内斯、彼得、约瑟夫、尼科拉斯、雅各布等，女子常用的名有伊丽莎白、安娜、玛佳丽塔、内蒂等。

北欧人的姓以“森”(或“逊”或“松”)结尾者居多。这是由于一般平民本无姓，但统治者突然要求每人都要有姓，于是大家只好在其父辈的名字后加上“儿子”(son 或 sen)权且作为自己的姓。以丹麦为例，全国前 20 位大姓都是以“森”结尾，最常见的有詹森、尼尔森、汉森、彼德森、安德森等。瑞典 800 多万人口中有 100 多万人姓安德松、约翰松、卡尔松。北欧人常用的名字有皮特、艾利克、克里斯蒂、汉斯、詹斯、尼尔斯、卡尔、约翰等。

瑞士人、比利时人的姓名大体与德国人、法国人、意大利人、荷兰人相差不多。

在相互称呼方面，日耳曼各民族与其他欧洲民族遵循同样的原则，不必赘述。

二、宗教信仰

本章所述日耳曼民族的宗教信仰主要是基督教的两大流派新教和天主教。大体说来，靠南的民族多信天主教，靠北的民族大都信新教，两相比较，旗鼓相当，各占半壁江山。

新教的发祥之地就在德国和瑞士。新教也叫抗罗宗，即反抗罗马天主教的宗派。新教盛行的地区原来也是天主教的势力范围，但是随着民族意识的觉醒，一些深受罗马教皇剥削的地区便谋求摆脱罗马教会的控制，于是 16 世纪发生了马丁·路德、喀尔文等领导的宗教改革运动。改革家们主张革除罗马天主教会的积弊，建立民族教会和廉俭教会，受到社会各阶层的广泛支持。经过改革运动，形成了新教三大宗派，即路德教、喀尔文教、安立甘教，并开始在欧洲以外的殖民地传播，从而最终奠定了基督教世界三分天下的格局。

德国是最早进行大规模宗教改革的地区，德国人马丁·路德是最早、影响最大的宗教改革家。经过 1517～1555 年 38 年的改革和斗争，路德教等新教获得了与天主教一样的地位，受到法律的认可。由于“教随国定”原则的实施，德国北部诸侯及其臣民大都成为新教徒，而德国南部天主教势力较大的地区仍维持旧的天主教信仰。直至今日，德国人的宗教信仰大格局依然是“南旧北新”。德国居民中90%信仰基督教，其中新教徒占55%，天主教徒占45%。德国有24个较大的新教教会组织和27个天主教教区。在720多万外籍移民中，有120多万穆斯林以及为数不少的东正教信徒。

瑞士是喀尔文教的故乡。喀尔文本为法国人，但他的宗教改革大业却是在瑞士的日内瓦完成。喀尔文是马丁·路德之后最有影响的宗教改革家，他的影响主要是在尼德兰和英国。现代瑞士人约44%信仰罗马天主教，50%信仰新教，其他信仰占2%，另有4%无宗教信仰。

奥地利是一个天主教占绝对优势的国家，89%的居民信仰天主教，信仰新教者仅占6%，还有1%的人信别的宗教，4%的人不信教。

比利时是另一个天主教国家，尽管天主教并非国教，但90%的居民信奉天主教，新教徒只有10万余人，还有少量犹太教和东正教信徒。

荷兰是另一个天主教和新教平分秋色的国度。新教徒约占国民总数的36.4%，天主教占35.2%，其余为不信教和信仰其他宗教者。

北欧诸国在宗教信仰方面大体一致，绝大多数居民信仰新教路德宗。

路德宗是丹麦的国教。1849年以前法律规定每个丹麦人都必须信路德宗，1849年之后宪法赋予了公民信仰的自由，但直至今天，95%的丹麦人仍信奉路德宗。信仰天主教、犹太教、佛教、伊斯兰教等教派的人加起来还不到总人口的5%。

瑞典的路德宗信徒占总人口的比重更高达98%，路德宗是瑞典的国教，天主教信徒仅占总人口不到1%。全国分成13个主教管区，下分2 565个教区，主教由政府任命。

挪威的国教也是路德宗，国王兼任教会的领袖。94%的居民为路德宗信徒，罗马天主教徒不足一万。全国分10个主教区，90个小教区，595个教堂。

芬兰人当中信仰路德宗的占92%，信仰东正教的占1.7%，不信教者占5.8%。全国分为593个教区，有1名大主教和8名主教，主教由国家元首任命。

三、迷信与禁忌

迷信与禁忌和宗教信仰有着密切关系。日耳曼诸民族由于和欧洲其他民族一样同信基督教，所以与基督教有关的迷信与禁忌对他们来说也同样适用。但是，迷信与禁忌的来源又不限于宗教，还源于各民族自身的生活方式、思维方式、生产方式等因素。而且，这才是造成迷信与禁忌五花八门的根本原因所在。

德国人对烟囱清扫工有一种特殊的迷信。谁要在路上遇到烟囱清扫工，谁一整天就会顺利，如果有人在和烟囱清扫工擦肩而过时在他身上摸一下，他这一天就会交好运。这种迷信大概是因为过去常发生火灾，但有烟囱清扫工光临就可以避免，所以这种职业的从事者就变成给大家带来幸福的人。德国人忌讳在宴会上谈生意，因为商业机密是不宜在公共场合探讨的。到别人家做客忌带葡萄酒，原因是会被主人误解为对其准备的酒品不满意。送人鲜花要慎重，玫瑰、蔷薇、菊花只能在特定场合送。德国人对礼品包装讲究很多，忌用白色、黑色、咖啡色的包装纸，更不能用丝带作装饰。德国人一般认为黑猫、公羊、仙鹤、孔雀等动物是不吉利的，所送礼品也要回避这类图案，他们还认为核桃是不祥之物。

奥地利人的动物崇拜很有特点。他们认为马是上帝最宠爱的动物，不仅力大无比，而且可以驱鬼。龙的血法力无边，可包治百病，消灾去难。蛇能给人类带来幸福，狗和猫都可以避邪。所以在奥地利人的房屋里，经常可以看到马、龙、蛇、狗、猫等动物的装饰图案。另外，奥地利人认为火可以净化物品、带来光明，所以有拜火神的传统。奥地利人新年期间忌吃虾，因为虾会侧着走，吃了虾，这一年就难以进取。

瑞士是个多民族国家，最大的禁忌是在背后议论其他民族，更不能在法瑞人士面前夸赞德瑞的美丽景色和他们的智慧，反之亦然。瑞士人特别忌讳谈金钱，一般也不向别人借钱借物，还忌讳与人初识便攀亲戚、论辈份，叫孩子称对方为叔叔、阿姨、奶奶等。

比利时人视蓝色为不吉利之色，交谈忌讳政治、宗教话题，特别反感问及法语和弗拉芒语之间的区别，说到已故的著名人物不要加任何尊称。公鸡是瓦隆族的象征，狮子则象征弗拉芒人，故对此二种动物要尊重，还要避免比较瓦隆人和弗拉芒人。

荷兰人在星期六、日禁止弹奏乐器，特别是礼拜日，要绝对休息，不仅商店停止营业，就连收拾庭院、洗濯衣物之类的事情也不做，否则会遭白眼。

丹麦人有一种高度的趋同心理，他们不喜欢与众不同、标新立异的人，特别反感搞特殊化，崇尚平等和平均。丹麦人特别关注人权，由此顺延到“动物权”。丹麦养鸡协会曾向德国人提出抗议，原因是德国人每平方米的鸡舍内养了四只鸡，他们认为养两只鸡才符合人道主义。丹麦人忌讳谈论死亡、自杀之类的话题，禁忌在门口聊天、谈话，认为这样不吉利，他们甚至不去门口打招呼。丹麦人还忌讳在去赌场或参加演出前对他们说“祝你好运”，他们认为这种祝福往往会适得其反。丹麦人视天鹅为仙鸟，绝不能对其惊吓，但对黑猫很反感。他们还忌讳从梯子下走过。

瑞典是个半禁酒的国家，国内没有酒吧，餐馆酒店只准在晚上供应少量酒水，个人要持购酒特许证到指定地方才能买到酒。醉汉要被拘留，所以到瑞典人家做客，千万不要送酒。但瑞典人酷爱咖啡，到了不喝咖啡睡不着觉的地步。

挪威人喜爱红色，做客赴宴给主人带点红色包装的小礼品会很受欢迎，但席间客人如果超过六位，就不要向女主人祝酒，不然，定会把主人灌醉。与挪威人谈话应保持稍远的距离，约 1.2 米为宜，太近了让人感到不舒服，太远了又有疏远冷漠之感。

芬兰是桑拿浴的故乡，芬兰人酷爱桑拿，同时视洗桑拿为很圣洁的事情。沐浴时禁止大声喧哗、打闹或说下流话，绝不允许有淫秽放荡行为。

四、社交礼仪

日耳曼诸民族的见面礼节与英语民族大同小异。以行握手礼最为普遍，拥抱和接吻礼不多用。特别是瑞典人，在公共场合极少看到接吻之举，即使是恋人、夫妻，也很少在众目睽睽之下亲吻。奥地利人见面，除了问候语之外，还要向女士致吻手礼，并说一声“吻您的手”。而丹麦女子，特别是未婚女子，与有身份的男子握手时，要一边行屈膝礼，一边伸手给对方。丹麦人在路上如果遇到熟人，不论职业与级别，一律彼此举帽行礼。丹麦国王就经常在街头散步时向各界人士举帽致意。

日耳曼各民族以时间观念强而闻名，所以，不论个人约会或出席任何宴请聚会，都特别守时，迟到被视为极失礼的行为。为了不迟到，他们宁可把出发的时间更提前一些。当然，提前到达也是不礼貌的，于是他们就先在外面转一转、等一等，然后准时赴约。

应邀做客给主人带点礼物是人之常情。在德国人看来，送礼既不是为满足受礼人的欲望，也不应炫耀送礼者的富有，而是为了对他人表达自己的祝福、慰问或想念之情。所以礼物应选择物美价廉、既有特色又有纪念意义的东西，如果是亲手制作的小纪念品更受欢迎。不应送价值昂贵的礼物，那样会引起主人的误解，以为你别有用意、心术不正，反倒难堪。

欲登他人之门必先预约，这是西方各民族的共同惯例。这里要强调的是，熟人之间如果因特殊情况无法预约，也要尽量避开对方的休息时间，避开对方酷爱的电视节目时间，如足球赛和新闻联播等。而且要表示歉意并解释不能预约的原因。

做客过程中，喜爱喝酒的挪威人往往以美酒招待，所以到挪威人家做客带瓶酒是很好的礼物，他们绝不会像德国人那样多心，以为是对他的酒不满意。做客结束后，德国主妇很喜欢客人向她索要小纪念品，并一定会满足要求。在瑞典人家做客，离别时有一个特殊规矩，要先行握手告别礼，再穿衣，千万不能颠倒。

桑拿之邦芬兰，全国500多万人有200多万个桑拿浴室，芬兰人把洗桑拿当作生活中不可缺少的重要组成部分。洗桑拿是芬兰人招待客人的基本礼节，不仅普通人家如此，政界要人、商界名流同样如此，而且在桑拿浴室往往还能取得意想不到的谈判效果。芬兰人洗桑拿最佳时间是安息日之前的晚上，即星期六晚上。

公共场所给服务人员付小费在西方普遍盛行，日耳曼各族当然也不例外。付小费既是对服务人员劳动的尊重，是他们经济收入的重要来源，同时也是一种礼节礼貌，付小费的范围很广，饭店门童，房间清洁工，餐馆服务员，车站、机场、码头行李搬运员，出租车司机，加油站工人，厕所服务生，理发师，停车场看守，导游等等，都在付费之列。小费没有定数，一般情况下约占消费额的10%～15%。如果不付小费会被视为不懂礼貌而受到鄙视。

五、饮食特点

总体说来，日耳曼诸民族远不如拉丁民族善烹饪，但要比英国人传统饮食稍讲究一些。在日耳曼诸民族当中，地处南部的民族又要比北部的民族善食善饮。在西餐各大流派中，虽然数不上日耳曼诸民族的菜肴，但他们在饮食方面仍然是有特点的。

德国及奥地利的传统饮食，有人说饭菜无非就是清煮、白炖加烤制，使人觉得单调乏味，就好像他们呆板、拘泥的性格一样。但是，德国人的香肠和面包还是满不错的。香肠和面包是西方人离不开的基本食品，用料和加工过程大同小异，但品种和花样却大不相同。德国香肠估计有1 500多种，其中仅水煮小香肠就有780多种，最受欢迎的是润口的肉肠。德国面包同样在1 500种以上，从所用面粉来分，有黑麦、燕麦、小麦及混合粉面包。西方人吃面包一般要抹上黄油、配上奶酪、加上香肠一起食用，德国人当然也不例外。

三餐当中德国人很看重早饭，饮料、主食、肉类一应俱全。饮品有咖啡、茶、各种果汁、牛奶，主食为各种面包以及奶油、奶酪、果酱，肉类为香肠和火腿。营养和热量绝对有保证。

德国人爱喝酒，而且讲究酒与菜的搭配。一般来说，吃冷拼时喝香槟酒、白葡萄酒，吃飞禽、鸡、火鸡肉时喝低度红葡萄酒，吃猪肉时喝啤酒，吃牛羊肉时喝红、白葡萄酒，餐前喝开胃酒，餐毕喝一杯香槟酒。

德国人喝啤酒堪称“海量”。中文啤酒就是从德文Bier音译过来，是用麦芽和啤酒花为主要原料经发酵而酿成的一种低度酒。德国啤酒产量居美国之后列世界第二，有20多类1 500多个品种，以质优味醇而闻名。德国人均啤酒销量列世界第一，尤其是南部巴伐利亚州首府慕尼黑，每人每年喝掉200多升啤酒，绝对世界第一。

瑞士以法式烹调为主，而德瑞地区最流行的菜是油煎土豆饼——热斯蒂。瑞士以生产优质巧克力闻名，瑞士人以年均吃掉十多公斤巧克力而列世界之冠。

荷兰人不爱喝茶，以爱喝牛奶而闻名。牛奶对荷兰人来说是用来解渴的，就像我们喝凉开水一样。荷兰人的国菜是胡萝卜、土豆、洋葱一起烹煮的"三合一"。

比利时人的饮食习惯与法国人和荷兰人相近。

北欧人尽管生活在寒冷的地方，但共同的特点是喜爱吃生冷蔬菜和食品。其中瑞典人尤甚，连鱼和肉也喜欢半熟即食。瑞典人不爱喝酒爱喝咖啡，而挪威人则酷爱饮酒，挪威人还以爱吃鱼而闻名。芬兰人则喜欢在桑拿浴后饱餐一顿，饮料为冰镇啤酒或咖啡，主食为咸面包，菜肴为腌鲱鱼和煮土豆。

丹麦人是北欧人当中最会吃的民族。以"三明治"这种西方人普遍喜欢的食品为例，在丹麦就变成了更随意更讲究的"开放式"。三明治即几片面包中间夹上火腿、蔬菜、鸡蛋等。而开放式的三明治则是在抹有黄油的面包片上随意选取夹料，各种鱼、虾、肉、蛋、菜、奶酪、水果、巧克力等应有尽有，依据个人的爱好搭配，既可口又富于营养，再佐以啤酒和冰镇白酒(Snaps)，便是丹麦人最喜爱的快餐。这种开放式的三明治不仅是工间餐、学生餐的主要品种，也是自助餐、宴会、居家必不可少的。另外，丹麦人也喜食面包加香肠的热狗，但对于麦当劳、肯德基没有多大兴趣。

六、传统节日

新教与天主教相比，在宗教节日和宗教礼仪方面都趋简化，但一些大的宗教节日，如圣诞节、复活节、圣灵降临节等，仍然要举行相应的活动。这里介绍一下复活节。

复活节是纪念耶稣复活的日子。据圣经记载，耶稣被钉死在十字架之后的第三天复活升天。后来，教会便规定每年春分月圆后的第一个星期日(3月21日至4月25日之间)为纪念日。象征生命的鸡蛋、兔子等是复活节的象征。节日期间，大人要特地为孩子们准备鸡蛋、兔子形状的巧克力糖，亲友间要互赠彩蛋。德国一些地方保留将彩蛋壳串成链挂在树上的习俗，阿尔卑斯山的姑娘则通过赠送红鸡蛋来表达爱情。

德国人最盛大的传统节日是狂欢节和慕尼黑啤酒节。

狂欢节，也叫谢肉节，是天主教、东正教地区的一个重大节日。复活节前的40天是耶稣在开始传教前于旷野守斋祈祷的日子，在这40天里基督徒禁食肉、娱乐、婚配等一切喜庆活动，称之为封斋。狂欢节就是趁封斋到来之前尽情地欢乐，不同的民族有不同的狂欢方式。德国的狂欢节历时较长，从11月11日开始，一直持续到复活节前40天，前后达两三个月。但其高潮在最后一个星期，特别是这一周的星期日、星期一和星期二，被称为发狂的三天。狂欢节的主要活动由节日期间选出的“王子”和“公主”主持，其中最热闹的是星期一的化装大游行和大型集会及街头舞会。当天晚上家家户户都要敞开窗户，以便把天使迎进家门。睡前人人都要美美饱餐一顿。

慕尼黑啤酒节在9月底到10月上旬举行，为期两周，也称十月节，是一个有190多年历史的节日(始于1810年)。10月正值大麦和啤酒花丰收的时节，辛劳大半年的人们欢聚一堂，饮酒、唱歌、跳舞，抒发内心的喜悦。啤酒节期间人山人海，气氛热烈而轻松，人们开怀畅饮，即兴起舞，同时要举行赛马、射击、杂耍等娱乐活动，是德国人的又一个狂欢节。今日的啤酒节已远远超出了本地的范围，来自五湖四海的游客蜂拥而至。两周里光顾啤酒节的人数达500万，他们要喝掉800万升啤酒，吃掉100万只烧鸡、200万根香肠。

奥地利是音乐之乡，莫扎特、舒伯特、海顿、约翰·斯特劳斯等大音乐家均是奥地利人，首都维也纳被誉为音乐之都。奥地利最负盛名的节日当数音乐节了，尤其是3月底到4月初在莫扎特的故乡萨尔茨堡举行的为期两周的复活节音乐会。另外，维也纳金色大厅一年一度的新年音乐会更是享誉全球。当然，奥地利人民还有许多传统节日，如收获季节的丰收节，1月6日的冬季狂欢佩尔西特节，初夏牧民的阿尔姆节等等。

瑞士是多民族文化的荟萃之地，各种民俗和宗教节日非常多，但大都是地方性节日。全国性的节日除了圣诞节、复活节等宗教节日外，还有8月1日的国庆日。这一天是纪念距今二百多年前，乌里、施维茨、尼瓦尔登"老三州"在8月初宣誓结成永久同盟，共同抵御哈布斯堡王朝。从那时起，瑞士有了核心，开始了联邦成长漫长的过程。每逢国庆日、国家领导人都要发表电视讲话，各地都要举行不同的庆祝活动。

荷兰是郁金香和风车王国，最富特色的节日便是郁金香节和风车日了。郁金香美丽、简洁而香气浓郁，是荷兰的国花，荷兰人把最接近5月15日的星期三定为全国的共同节日郁金香节。风车是荷兰民族的象征，世界上第一个风车是荷兰人在1408年发明的，风车主要是用来抽水的，18世纪时荷兰风车有1万多座，现在仍保存1 000座。每年5月的第二个星期六是荷兰的风车日。

比利时的传统节日地域色彩较浓，如7月11日的弗拉芒文化节和9月27日的瓦隆文化节等。全国性的节日有国庆节(7月21日)和国王日(11月15日)。

北欧国家共同的节日除了宗教节庆外，当数仲夏节了。北欧地区日照时间较短，因此一年中白天最长的一天6月24日便显得特别珍贵，北欧各民族都要在6月23日夜至6月24日举行热烈的庆祝活动。丹麦人热衷在6月23日夜(仲夏夜)在海边举行篝火晚会。芬兰人则在6月20日至26日之间的星期六举行盛大的篝火娱乐活动，一直持续到黎明。瑞典人的庆贺活动主要是唱歌、跳舞，全家人还要破例饮酒，而且还要在家门上插白桦树枝，以求来年平安。

冰雪王国挪威最特别的节日是3月第一个星期日的滑雪日。每逢这天，都要在奥斯陆东北13公里的霍尔门科伦山滑雪场举行盛大的滑雪比赛，国王亲自出席并为比赛鸣枪，来自世界各地的滑雪精英尽展自己的才能，如云的观众不时报以热烈的掌声和欢呼声。5月17日的宪法日也就是挪威的国庆节，是纪念1814年摆脱丹麦人的统治，并于当天颁布了历史上第一部宪法。

芬兰的国庆节是12月6日，在1917年这天芬兰脱离沙俄而宣布独立。该日各地都要举行盛大的庆祝活动。

丹麦的国庆日是4月16日，这一天是现任女王玛格丽特二世的诞辰。另外还要在6月5日纪念1849年丹麦第一部宪法的诞生，这天被定为宪法日。

瑞典的国庆日是6月6日，但瑞典人更钟情于12月13日的露西娅节。露西娅被瑞典人视为黑暗中求得光明的圣女，每逢节日，各家都要把家中最美丽或最小的姑娘装扮成露西娅女神，围绕她对唱颂歌，并享受丰盛的晚餐。翌日早晨，露西娅姑娘还要去给同学和亲朋好友送咖啡，以示祝福。近年来，瑞典人还要在露西娅节前举办选美大赛，并且在12月10日在斯德哥尔摩由当年的诺贝尔奖得主为当选的露西娅小姐亲手加冕。

思考题

1. 广义的和狭义的日耳曼民族各指什么？
2. 为什么人们把奥地利民族与德意志民族相提并论？
3. 瑞士由哪四个民族组成？他们的地域分布如何？
4. 比利时两大民族的基本情况如何？
5. 北欧包括哪几个国家，北欧各民族有何异同？
6. 试述德奥民族的基本性格特点。
7. 分析荷兰人开朗、热情、自信等特点的历史、地理背景。
8. 北欧各民族共同的性格特点有哪些？各自又有什么独特之处？
9. 为什么日耳曼民族的国旗多有十字？比较鉴别北欧国家的国旗。
10. 德意志人常见的姓有哪些？举例说明荷兰人与堤坝有关的姓。姓名中德国人的“封”和荷兰人的“范”各代表什么？
11. 北欧人最常见的姓有哪些？原因何在？
12. 新教三大派是指什么？德国和瑞士为什么形成天主教和新教平分秋色的格局？
13. 德国人和奥地利人的动物迷信有何不同？
14. 与丹麦人说话有何禁忌？
15. 奥地利人的见面礼有何特殊之处？
16. 到瑞典人家做客离别礼有何讲究？
17. 概述德国人的饮食特点。

18. 什么是开放式三明治？

19. 简介复活节、狂欢节和仲夏节的由来。

20. 瑞士、挪威、芬兰的国庆节分别是哪一天？

主要参考书

1. 张暄著:《德国》,世界知识出版社,1999 年。

2. 李念培著:《瑞士》,当代世界出版社,1998 年。

3. 杨叙著:《丹麦》,世界知识出版社,1999 年。

4. 刘绪民著:《古老多山的北国——瑞典》,科学普及出版社,1994 年。

5. 孙夜晓、韩晓玲著:《风情万种话挪威》,世界知识出版社,1999 年。

6. 韩振乾、张双鼓主编:《世界风情大全》,书海出版社,1991 年。

7. 李树藩、王德林主编:《最新各国概况》,长春出版社,2000 年。

第十一章　东正教—斯拉夫语族国家的民俗

学习目的

●了解东欧诸民族的构成
●熟悉东欧诸民族的特点
●掌握东欧诸民族的风俗习惯

基本内容

斯拉夫语族诸民族及相关民族的构成
●斯拉夫语族民族的内涵
●东斯拉夫各国概要及其民族构成
●西斯拉夫各国概要及其民族构成
●南斯拉夫各国概要及其民族构成
●希腊、罗马尼亚、匈牙利概要及其民族构成
东欧诸民族的特点
●东斯拉夫人的特点
●西斯拉夫人的特点
●南斯拉夫人的特点
●希腊人、匈牙利人、罗马尼亚人的特点
●各民族的标志
东欧诸民族的风俗习惯概要

●姓名与称呼

●宗教信仰

●迷信与禁忌

●社交礼仪

●饮食特点

●传统节日

第一节　斯拉夫语族诸民族及相关民族的构成与分布

一、斯拉夫语族民族的内涵

斯拉夫语族是印欧语系中三大语族之一，由于民族构成差异的关系，斯拉夫语族与日耳曼语族及拉丁语族之间的差异要比后二者之间的差异更大。以所用字母为例，拉丁语和日耳曼语都使用拉丁字母，而斯拉夫语则多使用基里尔字母，语法关系上斯拉夫语也较独特。斯拉夫语族民族是指以斯拉夫语为母语的各民族，简称为斯拉夫民族。斯拉夫人是与日耳曼人齐名的欧洲两大种族集团之一，大体可分为东斯拉夫民族，主要包括俄罗斯、白俄罗斯、乌克兰等民族；西斯拉夫民族，包括波兰、捷克、斯洛伐克等民族；南斯拉夫民族，包括塞尔维亚、克罗地亚、斯洛文尼亚、波斯尼亚和黑塞哥维那、马其顿、黑山等民族，保加利亚也被看做广义的南方斯拉夫民族。在斯拉夫人居住的东欧，还有一些或大或小的非斯拉夫民族，考虑到某些民族的影响较大，所以本章拟将希腊、罗马尼亚和匈牙利亦加以介绍，而对于一些人数较少的斯拉夫民族如波黑、马其顿、斯洛文尼亚等则略去不谈。上述诸民族的宗教信仰尽管不太一致，有天主教、新教、伊斯兰教等，但大多数民族信仰东正教。所以，本章姑且用“东正教—斯拉夫语族”这一概念。

二、东斯拉夫各国概要及其民族构成

从现在来看，以东斯拉夫民族为主体的国家有俄罗斯、白俄罗斯、乌克兰三国。如果从历史上看，这三个民族之间的关系非常密切，在很多时间里他们同属一个国家。

东斯拉夫人最早建立的国家叫基辅罗斯。这是他们在 9 世纪末期以今天的乌克兰首都基辅为中心建立起的第一个东斯拉夫国家，虽然其版图尚不足以囊括今天的乌克兰、白俄罗斯及俄罗斯的欧洲部分，但它是这三个民族国家的共同前身，基辅罗斯人也就是三民族共同的祖

先。基辅罗斯国家一直存在到13世纪，亡于蒙古大军的西征。从13世纪30～40年代开始，蒙古人统治东斯拉夫人约两个半世纪，直到1480年这种统治才告结束。代之而起的是莫斯科公国。

莫斯科公国在蒙古人统治后期崛起，但其统治区域主要在今天的俄罗斯西部，而乌克兰和白俄罗斯的大部分地区从14世纪初开始处于波兰—立陶宛的统治下。到17～18世纪，乌克兰和白俄罗斯又相继被并入由莫斯科公国发展而来的沙皇俄国的版图，三个民族又回到了同一个国家之中。1917年沙俄被推翻之后，三个民族又以加盟共和国的形式同处于苏联这个民族大家庭当中。直到1991年，乌克兰、白俄罗斯相继退出苏联，三个民族再度分道扬镳。但他们之间的联系太多了，所以很快又成立了一个独立国家联合体，三国都是发起国和主要成员。

俄罗斯联邦(The Russian Federation)是世界上最大的国家，面积1 707.54万平方公里，由88个联邦主体组成，包括21个共和国、7个边疆区、48个州、2个联邦直辖市、1个自治州、9个民族自治区。首都莫斯科(Москва)，人口约1 415万(2006年1月1日)。全国人口1.427亿(截至2006年1月1日)。根据近两年来全俄民意研究中心调查结果显示，50%～53%的俄民众信奉东正教，10%信奉伊斯兰教，信奉天主教和犹太教的各为1%，0.8%信奉佛教。

俄罗斯是共和制的民主联邦，实行总统制的国家领导体制。现任总统弗拉基米尔·弗拉基米罗维奇·普京(Владимир Владимирович Путин)，2000年3月26日当选为俄罗斯联邦总统，2004年3月14日竞选连任，5月7日宣誓就职。

议会由联邦委员会(上院)和国家杜马(下院)组成。主要议会党团有统一俄罗斯党、俄罗斯共产党、俄罗斯自由民主党、"祖国"议员团等。联邦政府是国家权力最高执行机关，现任总理米哈伊尔·叶菲莫维奇·弗拉德科夫(Михаил Ефимович Фрадков)，2004年3月就任。

俄罗斯资源丰富，经济基础雄厚，2005年国内生产总值216 650亿卢布(约7 700亿美元)，人均151 352卢布(约5 400美元)。汇率1美元＝28.00卢布。[①]

俄罗斯联邦是一个以俄罗斯族为主体的多民族国家。大小民族有130多个，其中俄罗斯族占总人口的82％(1999年9月)。人口较多的少数民族有鞑靼人(占总人口3.8％)、乌克兰人(占3％)、楚瓦什人(占1.2％)、巴尔基什人、白俄罗斯人、摩尔多瓦人等，这些民族的人口在100～600多万之间。而且，俄联邦各少数民族大多有自己的语言和文字，据统计语言达100余种，其中70种有文字。

乌克兰共和国(The Republic of Ukraine)面积603 700平方公里，全国分为24个州，1个自治共和国，2个直辖市，首都基辅(Kiyv)，人口269.38万(2006年2月1日)。全国人口4 688.64万(2006年2月1日)。官方语言为乌克兰语，通用俄语。

最高苏维埃(一院制议会)是最高权力机构。乌克兰共和国总统为国家元首，现任总统维克多·安德烈耶维奇·尤先科(Виктор Андреевич Ющенко)，2005年1月23日就任。本届政府产生于2006年8月4日，总理是地区党主席亚努科维奇·维克多·费奥多罗维奇(Янукович Виктор Федорович)。截至2006年8月，乌克兰共有130个政党，较重要的有地区党、季莫申科集团、“我们的乌克兰”人民联盟等。

乌克兰2005年国内生产总值3 530.98亿格里夫尼亚，人均7 571格里夫尼亚。汇率1美元＝5.10格里夫尼亚(2006年2月1日)。[②]

乌克兰共和国是以乌克兰族为主的多民族国家。共有110个民族，其中乌克兰族约占总人口的70％以上，俄罗斯族约占20％，人口较多的少数民族还有犹太人、白俄罗斯人、摩尔多瓦人、波兰人、保加利亚人，人口都在10万以上。

白俄罗斯共和国(The Republic of Belarus)面积207 600平方公里，全国划分为6个州和具有独立行政区地位的首都明斯克(Minsk，Минск)。全国人口989.86万(2003年1月)，官方语言为白俄罗斯语和俄罗斯语，主要信奉东正教。

---

① www.fmprc.gov.cn，中国外交部，2006/9/14。

② www.fmprc.gov.cn，中国外交部，2006/9/5。

国家实行总统制和三权分立。总统为国家元首和武装力量总司令，由选民直接选举产生，议会称国民会议，由共和国院（上院）和代表院（下院）组成，政府称部长会议，并设有部长会议主席团，以总理为首。现任总统亚历山大·格里戈里耶维奇·卢卡申科（Александр Григоръевич Лукашенко），1994年7月当选，2001年9月和2006年3月两次连任。总理谢尔盖·谢尔盖耶维奇·西多尔斯基（Сергей Сергеевич Сидорский），2003年12月任总理，2006年4月连任。白俄罗斯没有执政党。政党在社会政治生活中影响有限。

白俄罗斯2005年国内生产总值296.18亿美元，人均3 029.77美元。①

白俄罗斯共和国是一个有100多个民族组成的国家，其中白俄罗斯族占81.2%，俄罗斯族占11.4%，波兰族占3.9%，乌克兰族占2.4%，犹太人占0.3%，其他民族占0.8%。

从三国的民族构成上看，有一个显著的特点，即俄罗斯、白俄罗斯、乌克兰三民族均有大批本民族群众生活于另外两国之中。这一点充分反映了三民族之间历史上形成的紧密关系。

三、西斯拉夫各国概要及其民族构成

西斯拉夫人主要有波兰、捷克、斯洛伐克三个民族，今天也是三个国家。相对而言，捷克和斯洛伐克这两个民族不论在语言上还是历史上关系都更紧密些，而波兰则与乌克兰人、白俄罗斯人及俄罗斯人联系较多。但从宗教、文化上来看，西斯拉夫三民族同信天主教，文字上同用拉丁字母，属于拉丁—天主教文化圈。

波兰族是欧洲最古老的民族之一。他们自古以来生活在东欧平原西部，在波罗的海与喀尔巴阡山、奥得河、尼斯河与布格河、维普什河之间活动。约在9世纪走向联合形成部落联盟，10世纪形成古波兰统一国家。15世纪后半叶到16世纪前半叶，是波兰历史上的“黄金时代”，波兰成为多民族的贵族国家，由上、下两院组成的贵族议会统治着这个

---

① www.fmprc.gov.cn，中国外交部，2006/9/5。

国家。1569 年与立陶宛合并组成波兰共和国，波兰进入“全盛时代”，乌克兰、白俄罗斯也在波兰人的统治之下。但 18 世纪以后波兰开始衰落，经过普鲁士、奥地利、俄国的三次瓜分，波兰于 1795 年亡国。直到 1918 年波兰人才再次赢得独立，西乌克兰、西白俄罗斯并入了波兰版图。第二次世界大战后，波兰疆界发生了重大的变化，西乌克兰、西白俄罗斯划归苏联，而波兰的西部边界移至奥得—尼斯河线。与此同时，进行了民族大搬迁，划归苏联的东部地区的波兰人迁入，而划归波兰的西部地区的德国人迁出。

波兰共和国(The Republic of Poland)面积 312 685 平方公里，分为 16 个省，308 个县，2 489 个乡。首都华沙(Warsaw)，人口 170 万(2005 年 12 月)。全国人口 3 815.7 万(2005 年 12 月)，官方语言为波兰语。

国家实行三权分立的政治制度，议会(国民大会)由众议院和参议院组成，总统为国家元首，现任总统莱赫·卡钦斯基(Lech Kaczynski)，2005 年 12 月 23 日就职，本届政府(部长会议)2006 年 7 月成立，政府总理(部长会议主席)雅罗斯瓦夫·卡钦斯基(Jaroslaw Kaczynski)。主要政团有法律与公正党、自卫党、波兰家庭联盟、民主左派联盟党、团结工会、全波工会协议会等。

波兰经济发展水平较高，2004 年国内生产总值 9 221.57 亿兹罗提，人均国 24 153 兹罗提，平均汇率 1 美元＝3.654 兹罗提(2004 年)。①

经过民族大迁徙，波兰变成一个单一民族的国家，在全国 3 800 多万人口中，波兰族占 97%以上，乌克兰人、白俄罗斯人、日耳曼人、立陶宛人等少数民族仅占总人口的 2.6%。另外，波兰移居国外的侨民大约有 1 200 万，其中在美国有 800 万。

捷克族和斯洛伐克族同样是欧洲古老的民族。他们早在公元 5～6 世纪就进入今天的这片国土。在 9 世纪的后 70 年里，共同生活于大摩拉维亚国家中(830～906 年)。10 世纪以后，捷克与德国的关系密切起

---

① www.fmprc.gov.cn，中国外交部，2006/8/1。

来，大批德国人源源不断地移居捷克，自11世纪末开始长期臣服于神圣罗马帝国。斯洛伐克则受匈牙利的统治。16世纪后，捷克和斯洛伐克又受奥地利哈布斯堡王朝的统治。1862年以后，捷克和斯洛伐克同处于奥匈二元帝国的统治下。直到1918年才摆脱德、奥、匈长达千年的异族统治，两族联合成立了捷克斯洛伐克共和国。1993年1月，捷克和斯洛伐克分家，各自成为独立的共和国。

捷克共和国(The Czech Republic)面积78 866平方公里，全国共划分为13个州，76个县，首都布拉格(Prague)，人口117万(2004年底)。全国人口1 022万(2004年底)。官方语言为捷克语。主要宗教为天主教。

捷克议会由参众两院组成，总统为国家元首，现任总统瓦茨拉夫·克劳斯(Vaclav Klaus)，2003年2月当选，政府总理伊日·帕鲁贝克(Jiri Paroubek)，2005年4月就任。全国共有政党、运动、联盟等200余个。主要政党有公民民主党、捷克社会民主党、捷克和摩拉维亚共产党等。

捷克经济较为发达，2005年国内生产总值1 224亿美元，人均11 970美元。货币名称捷克克朗，汇率1美元=24克朗。[①]

在总人口中捷克族占总人口的81.3%，摩拉维亚人占13%，斯洛伐克人占3%，还有少量的日耳曼人、波兰人和吉卜赛人。

斯洛伐克共和国(The Slovak Republic)面积49 035平方公里，全国分为8个州，79个县，首都布拉迪斯拉发(Bratislava)，人口45.2万(2004年)。全国人口538万(2003年底)，官方语言为斯洛伐克语。

国民议会为最高立法机构，实行一院制。总统为国家元首，现任总统伊万·加什帕罗维奇(Ivan Gasparovic)，2004年4月当选。政府总理、副总理由总统任免，现任总理罗贝尔特·菲佐(Robert Fico)，2006年7月就任。主要政党有斯洛伐克民主基督教同盟—民主党、匈牙利联盟党、基督教民主运动等。

斯洛伐克经济较为发达，2005年国内生产总值463.8亿美元，人

① www.fmprc.gov.cn，中国外交部，2006/8/23。

均 8 621 美元。货币名称斯洛伐克克朗。[①]

在总人口中,斯洛伐克族占 85.8%,匈牙利族占 9.7%,罗姆人占 1.7%,捷克族占 0.8%,其余为乌克兰族、日耳曼族、波兰族和俄罗斯族。

四、南斯拉夫各国概要及其民族构成

南方斯拉夫人包括塞尔维亚、克罗地亚、波斯尼亚和黑塞哥维那、斯洛文尼亚、黑山、马其顿、保加利亚等巴尔干民族,其中前 6 个民族在历史和文化方面的关系更密切些,而保加利亚较为独特。从宗教上看,克罗地亚人、斯洛文尼亚人主要信仰天主教,波黑民族信仰伊斯兰教,其余各民族信仰东正教。

南方斯拉夫各民族是在公元 6~7 世纪从今天的捷克、波兰一带南迁巴尔干半岛的,定居之后形成许多群体,自西向东有斯洛文尼亚人、克罗地亚人、波斯尼亚人、塞尔维亚人、黑山人和马其顿人。9 世纪时克罗地亚人和塞尔维亚人还分别建立了独立的国家。12 世纪初匈牙利吞并了克罗地亚。而塞尔维亚人在 12 世纪后期完全摆脱拜占庭的宗主权,国家走向了强盛。土耳其人攻灭拜占庭之后向巴尔干半岛扩张,从 1459 年起土耳其人开始统治塞尔维亚、波斯尼亚等民族。而克罗地亚人虽免遭土耳其人的蹂躏,却从 1527 年开始由奥地利哈布斯堡王朝取代匈牙利人实行统治,倒是小小的黑山地区却顽强地保持着独立。

在异族统治下,南方斯拉夫各民族开始迁移并杂居。首先是哈布斯堡当局在克罗地亚东部设立“边屯区”,招募塞尔维亚人前来定居并负责边防。稍后,大约 3~4 万户塞尔维亚人北迁到伏伊伏丁那定居。而土耳其人则将已改信伊斯兰教的阿尔巴尼亚人迁入科索沃。

塞尔维亚在遭受土耳其人 400 年统治之后于 19 世纪 70 年代获得独立,而且在第一次世界大战前的两次巴尔干战争中均获胜利。克罗地亚人则在奥匈帝国内获得程度较高的自治权。第一次世界大战结束后,塞尔维亚人、克罗地亚人、斯洛文尼亚人共同联合成为一个包括波黑和

---

① www.fmprc.gov.cn,中国外交部,2006/7/25。

部分马其顿在内的统一国家，1929 年这个国家改名为南斯拉夫王国。第二次世界大战期间，南斯拉夫各族再遭亡国之痛。战后原南斯拉夫王国各民族组成了新的共和国联盟，大家再度同处一个集体之中。1991～1992 年克罗地亚、斯洛文尼亚、马其顿、波黑相继宣布脱离南联盟而独立，塞尔维亚和黑山组成新的南斯拉夫联盟共和国。2003 年，南斯拉夫重新组建为塞尔维亚和黑山联邦。2006 年 5 月 21 日，黑山通过公民投票决定正式独立，6 月 3 日黑山议会正式宣布独立，6 月 5 日塞尔维亚国会亦宣布独立并且成为塞黑联邦的法定继承国，塞黑联邦因而解散。塞尔维亚成为单独的共和国。

塞尔维亚共和国(The Republic of Serbia)面积约 88 300 平方公里，塞尔维亚设有两个自治省，全国分为 29 个州和 1 个市，首都贝尔格莱德(Belgrade)，人口约 200 万(2002 年)。全国人口 650 万，官方语言为塞尔维亚语，主要宗教是东正教。

议会是最高权力机构，总统为国家元首，现任总统博里斯·塔迪奇(Boris Tadić)，2004 年 6 月当选。现任政府总理沃伊斯拉夫·科什图尼察(Vojislav Kostunica)，2004 年 3 月就任。塞尔维亚政党众多，主要有塞尔维亚激进党、塞尔维亚民主党、塞尔维亚复兴运动等。

2005 年塞尔维亚共和国国内生产总值为 245 亿美元，人均 3 273 美元。货币名称第纳尔(Dinar)，汇率 1 美元≈63 第纳尔(2006 年 5 月)。[①]

在总人口中，塞尔维亚族为主要民族，其他少数民族包括阿尔巴尼亚族、匈牙利族、穆斯林族(不认同其他民族的穆斯林)、波斯尼亚族、罗姆族、克罗地亚族、斯洛伐克族、保加利亚族、罗马尼亚族等。其中，阿尔巴尼亚族主要居住在科索沃自治省，而伏伊伏丁那自治省则是多民族聚集区。

克罗地亚共和国(The Republic of Croatia)面积 56 594 平方公里，划分为 1 市 20 县，首都萨格勒布(Zagreb)，人口 78 万(2001 年)。全国人口 444 万(2001 年)，官方语言为克罗地亚语，主要宗教是天

---

① www.fmprc.gov.cn，中国外交部，2006/9/15。

主教。

克罗地亚实行一院制议会内阁制，总统为国家元首，现任总统斯捷潘·梅西奇(Stjepan Mesić)，2000年2月当选，2005年1月连选连任，任期5年。现任政府总理是克罗地亚民主共同体主席伊沃·萨纳戴尔(Ivo Sanader)，2003年12月就任。主要政党有克罗地亚民主共同体、克罗地亚社会民主党、克罗地亚社会自由党等。

2005年克罗地亚国内生产总值为385亿美元，人均8 674美元。货币名称库纳，汇率1美元=5.9库纳，1欧元=7.4库纳(2005年)。[①]

在克罗地亚总人口中，克罗地亚族占89.63%，其他民族有塞尔维亚族、匈牙利族、意大利族、阿尔巴尼亚族、捷克族等。

保加利亚人是由古代色雷斯人、保加尔人和南部斯拉夫人共同融合而形成的。早在公元7世纪就开始建立国家，先是保加尔汗国，到7世纪80年代，保加尔人与斯拉夫人共同建立了第一保加利亚王国。由于斯拉夫人在数量上居绝对优势，保加尔人渐渐被同化，尽管该民族还保留保加利亚人的古名，但实质上已经斯拉夫化了。1018～1187年，保加利亚人受拜占庭统治。之后保加利亚再度赢得独立，但1396年被土耳其人吞并。直到19世纪70年代的俄土战争，保加利亚才摆脱土耳其人长达500年的统治，重新独立。

保加利亚共和国(The Republic of Bulgaria)面积111 001.9平方公里(包括河界水域)，分为28个大区和254个乡，首都索非亚(София)，人口122.1万(2004年12月)。全国人口771.88万(2005年)，保加利亚语为官方和通用语言，土耳其语为主要少数民族语言。居民主要信奉东正教，少数人信奉伊斯兰教。

保加利亚实行一院制议会(国民议会)，总统象征国家的团结并在国际上代表保加利亚，现任总统格奥尔基·珀尔瓦诺夫(Георги Първанов)，2002年1月22日就职，任期5年。政府称部长会议，现任部长会议主席(总理)塞尔盖伊·斯塔尼舍夫(Сергей Станишев)，2005年8月就任。较有影响的政党有保加利亚社会党、西美昂二世国民运动、

---

① www.fmprc.gov.cn，中国外交部，2006/9/15。

“争取权利与自由运动”等。

2005年保加利亚国内生产总值266.48亿美元，人均3 443美元。货币名称列弗，汇率1美元=1.62列弗，1欧元= 1.96列弗(2006年9月5日)。[①]

在全国人口中，保加利亚族占85%、土耳其族占10%，其余为吉卜赛人、马其顿人、俄罗斯人、罗马尼亚人等少数民族。

五、希腊、罗马尼亚、匈牙利概要及其民族构成

希腊是欧洲文明的发祥地，古希腊人创造了辉煌的古典文化。今天的希腊民族是古希腊人的后裔与出入希腊的其他民族共同融合而成，并非斯拉夫民族。

希腊最早的居民是来自小亚细亚的克里特人，他们在公元前2000年便创造了青铜文化，进入奴隶制社会。公元前15世纪，另一支古希腊人创造了迈锡尼文明。公元前12世纪以后，又一支希腊人多利亚人由北而南推进，逐渐消灭了迈锡尼等城邦。公元前8世纪，他们建立了许多奴隶制城邦，古希腊文明进入全盛时代，希腊人还进行了大规模的海外殖民。公元前5世纪以后，先是希波战争，后是伯罗奔尼撒战争，导致城邦制度衰落。公元前4世纪中叶，北方的马其顿人南下征服了大部分希腊城邦。公元前2世纪中叶，希腊又被罗马人征服。公元330年，罗马皇帝把首都从罗马迁到君士坦丁堡。希腊属东罗马帝国的版图。民族大迁徙时，一些日耳曼部落出入希腊。14世纪，东罗马帝国衰落后，希腊被土耳其人统治。1821年希腊人民摆脱奥斯曼帝国的统治，成为独立国家。

希腊共和国(The Hellenic Republic)面积131 957平方公里，其中15%为岛屿，分为13个大区52个州，首都雅典(Athens)，人口375.7万(2001年)。全国人口1 107.5万(2005年)，官方语言为希腊语，东正教为国教。

国家体制为总统议会共和制，总统为国家元首，立法权属一院制议

---

① www.fmprc.gov.cn，中国外交部，2006/9/8。

会和总统,现任总统卡罗洛斯·帕普利亚斯(Karolos Papoulias),2005年3月12日宣誓就职。行政权属总理,现任总理为新民主党主席科斯塔斯·卡拉曼利斯(Costas Karamanlis),2006年2月就职。主要政党有新民主党、共产党、左派和进步联盟党等。

2006年希腊国内生产总值1 949.02亿欧元。人均国内生产总值(2005年)15 911欧元。汇率1欧元=1.245美元(2005年)。①

在全国总人口中,98%以上为希腊人,余为马其顿人、土耳其人、阿尔巴尼亚人等少数民族。

罗马尼亚人是东欧斯拉夫文化圈当中一个非斯拉夫民族。罗马尼亚人的祖先是达契亚人,他们在公元前1世纪就建立了达契亚国,后被罗马征服成为帝国一个省份,罗马人和拉丁文化一并进入达契亚,奠定了罗马尼亚语言文化的拉丁传统。中世纪罗马尼亚曾建立过几个公国,其中特兰西瓦尼亚公国受匈牙利人统治。15世纪罗马尼亚沦为土耳其帝国的属地。1859年,罗马尼亚公国和摩尔多瓦公国合并。1877年罗马尼亚独立。1918年特兰西瓦尼亚并入罗马尼亚,形成统一的罗马尼亚国家。

罗马尼亚(Romania)面积238 391平方公里,分为1个直辖市和41个县,首都布加勒斯特(Bucuresti),人口200万(2005年)。全国人口2162万(2005年),官方语言为罗马尼亚语,主要宗教有东正教、罗马天主教、新教和希腊天主教。

国家议会由参议院和众议院组成。总统为国家元首,现任总统特拉扬·伯塞斯库(Traian Basescu),2004年12月当选。现任政府总理克林·波佩斯库·特里恰努(Calin Popescu Tariceanu),2004年12月就职。主要政党有社会民主党、国家自由党、大罗马尼亚人民党等。

2005年罗马尼亚罗国内生产总值778亿欧元,人均3 700欧元。

货币名称列伊(Leu),汇率1欧元=3.5列伊,1美元=2.9列伊(2006年4月)。②

---

① www.fmprc.gov.cn,中国外交部,2006/12/29。

② www.fmprc.gov.cn,中国外交部,2006/9/4。

在全国总人口中，罗马尼亚族占89.5%，匈牙利族占6.6%，罗姆族(亦称吉卜赛族)占2.5%，日耳曼族和乌克兰族各占0.3%，其余民族为俄罗斯、塞尔维亚、斯洛伐克、土耳其、鞑靼等。

匈牙利人是东欧另一个特殊的民族。该民族既非拉丁族，也不是日耳曼族，与斯拉夫人相去也较远。匈牙利人自称马扎尔人，据说马扎尔人最初生活在西伯利亚的南部地区，后西迁乌拉尔山区及伏尔加河流域。公元9世纪再度西迁，7个部落公推马扎尔部落首领阿尔帕德为领袖，从此马扎尔成了整个民族的名称。马扎尔人于9世纪末在匈牙利定居后，曾经进行了历时半个多世纪的东征西伐，直到955年在德国的奥格斯堡被击败才停息下来。这一情景与早先匈奴人入侵欧洲有相似之处，当地居民误以为是另一支匈奴人来了，所以外族人往往把马扎尔人与匈奴人联系起来，匈牙利这个词也是由此而来。公元1000年，马扎尔人建立起较稳固的封建国家。13世纪40年代，遭到蒙古人入侵，但并没有被长期占领。15世纪又面临土耳其人的入侵，1526年与土耳其人的战争失败，国家一分为三，西部隶属哈布斯堡王朝，中部被土耳其占领，东部的特兰西瓦尼亚公国受土耳其庇护。17世纪末土耳其人被逐出匈牙利，但整个国家又被奥地利所统治。1867年奥匈帝国成立，匈牙利与奥地利的地位才大致扯平。一次大战后，匈牙利成为独立国家。二战后废除帝制，成立匈牙利人民共和国。

匈牙利共和国(The Republic of Hungary)面积93 030平方公里，划分为首都和19个州，设立22个州级市、251个市，首都布达佩斯(Budapest)，人口170万(2006年1月1日)。全国人口1 008万(2006年1月1日)，居民主要信奉天主教和基督教。

国家最高权力机构是一院制议会，总统是国家元首，现任总统寿尤姆·拉斯洛(Sólyom László)，2005年8月就任。现任总理久尔查尼·费兰茨(Gyurcsany Ferenc)，2004年9月出任政府总理，2006年6月连任。主要政党有社会党、自由民主主义者联盟、青年民主主义者联盟－匈牙利公民联盟、匈牙利民主论坛等。

匈牙利经济较发达，2005年国内生产总值1 069亿美元，人均10 595欧元。货币名称福林，当年汇率1欧元＝258福林，1美元＝190

福林。[①]

在总人口中，马扎尔族约占90%。少数民族有斯洛伐克、罗马尼亚、克罗地亚、塞尔维亚、斯洛文尼亚、德意志等族。

第二节 东欧诸民族的特点

一、东斯拉夫人的特点

血缘、地缘关系紧密的民族在性格上往往有一些共同的特点。俄罗斯、乌克兰与白俄罗斯同属东斯拉夫人，又有着密切的地缘联系，所以我们就以俄罗斯为主来看一下东斯拉夫民族的特点。

首先是耿直坦率。凡是与俄罗斯人、乌克兰人、白俄罗斯人打交道较多的人，大都会感觉到他们的耿直和坦率。无论在日常生活中，还是对待客人以及生意场上乃至谈判桌上，他们大都喜欢直来直去、开门见山，讨厌拐弯抹角、遮遮掩掩。以对待爱情为例，凡是看过《红楼梦》的俄罗斯人、乌克兰人和白俄罗斯人都对林黛玉这个人物难以理解，他们想不通，既然她那么爱慕贾宝玉，为什么不去大胆地表白："宝玉，我爱你！"而是整天独坐闺房黯然神伤呢？谈判桌上往往是双方斗智斗谋比耐心，但俄罗斯人更喜欢一是一、二是二，直截了当地讨论问题，拖延战术不是他们的作风。

其次是乐善好施。大多数俄罗斯人、乌克兰人和白俄罗斯人都有同情弱者、乐于助人的品格。远的不说，以近几年三国的社会状况为例，由于经济困难，人民生活水平下降，社会上出现了一些收入无保障、生活无来源的行乞者，在地铁、车站或其他一些公共场所向行人乞讨。尽管行人匆匆，可能自己也不富裕，但总有不少人能解囊相助，乐于施舍。在俄罗斯西伯利亚地区的一些地方至今保留着这样一个传统：每逢节日，人们总要把一些饭菜和酒摆在家门外。在过去这是为被流放到西伯利

① www.fmprc.gov.cn，中国外交部，2006/9/4。

亚的囚徒而准备的，现在是为那些生活无着落的人以及过路的穷人准备的。如果到俄罗斯人家中做客，他们会请你到厨房，端上自家腌制的菜、烤制的点心热情招待，俄国谚语"炉里烤什么，桌上有什么"反映的就是他们倾其所有招待朋友的性格。

东斯拉夫各民族当然还有一些优秀品格，如勇敢、爱国、质朴、豪放等。但同时也存在一些消极因素。

也许是地大物博、资源丰富的缘故，俄罗斯人内心深处有较明显的守成倾向。他们赞成权威、恪守传统、相信经验，爱回味过去的辉煌，这种心态影响着俄罗斯人生活和工作的方方面面。

俄罗斯人性格中的另一缺点是太过急躁。他们缺乏必要的耐心，不论办什么事都希望立竿见影，速战速决。就连开汽车也显得很急，他们喜欢开快车，遇到红灯，往往黄灯刚刚闪烁，不等绿灯亮起就迫不及待地起动。这一点在前苏联和俄罗斯处理国内外政治、军事、经济问题上也有明显的反映。以解决车臣问题为例，俄军方曾表示 48 小时就可以解决问题，实际上用了好几年时间才勉强控制了局面。再比如，他们以为只要社会制度一变，就可以解决长期以来形成的种种社会问题，事实上远不是想象的那么简单。

二、西斯拉夫人的特点

以波兰、捷克、斯洛伐克为主的西斯拉夫民族与俄罗斯等东斯拉夫民族相比，由于历史遭遇、地缘环境等生存条件的明显不同，在民族性格上必然存在不少差异。比如，俄罗斯人是一个大民族，在历史上统治别人的时候远多于受别人的统治，东欧的不少民族都曾有过在其统治或控制下生活的经历。作为统治者的俄罗斯人就自然有一种民族优越感，在民族性格上就会显现出爱发号施令、家长作风、易暴易怒等倾向来；而作为长期受制于人的民族难免在心底里有一丝民族自卑感，在性格方面会表现出温顺、压抑、委曲求全的一面，但也可能锻炼出宁死不屈、追求自由、坚韧顽强、吃苦耐劳、同仇敌忾等品性来。波兰、捷克、斯洛伐克基本上属于后一种民族，但他们之间又有所不同。

波兰在历史上也曾有过统治别人的经历，而且人口基数也较大，所以在他们身上统治者和被统治者的特点兼而有之。而且，由于以前他们是统治别人的民族，经过三次被瓜分变成了被统治民族，巨大的反差造成心理的极度不平衡，从而造成波兰民族非常矛盾的一些性格。

首先是冷漠与热情并存。总的来看，波兰人不爱管“闲事”。对发生在眼皮底下但与自己无关的事往往是漠然处之，不轻易介入，事后也不屑检举揭发。他们一般很少聚众围观什么，给人以冷漠的感觉。这可能由于处于异族高压之下自身难保、无暇他顾的历史原因造成。但是，如果交了波兰朋友，特别是到朋友家做客，他们又是非常热情的，他们会把家中最好的东西拿出来招待朋友和客人，使人备受感动。

其次是自尊与自卑同在。波兰的民族自豪感一方面来源于中世纪后期、近代早期波兰曾建立过庞大的波兰立陶宛帝国，统治着乌克兰人、白俄罗斯人。另一方面源于波兰历史上曾产生过许多杰出人物，如天文学家哥白尼、音乐家肖邦、科学家居里夫人、文学家密茨凯维奇等，他们无不为此而自豪。而自卑感源于近代的三次被瓜分，长期遭受异族蹂躏，尤其是二战期间 600 万同胞被法西斯德国杀害这些不堪回首的往事。所以，波兰人有时显出强烈的民族自豪感，对生活也充满信心，有时又垂头丧气，对未来不敢奢求，得过且过，使人难以捉摸。

其三是自信与侥幸兼具。一般情况下波兰人士相信自己的能力，他们做事有坚定的信念，能执著地坚持，不怕挫折和困难，显示出较强的自信心，而且不仰赖于别人。这方面成功的先例不胜枚举，其中最典型的是波兰的两位前总统。一位是团结工会领袖瓦文萨，从一个造船厂的普通电工经过十年的不懈努力和奋斗，虽然中间有过被捕的挫折，但最终成为波兰的总统。另一位是科瓦希涅夫斯基，这位前统一工人党最年轻的中央委员，在波兰剧变后，审时度势，调整战略，成立社民党并任主席，终于在 1995 年 12 月击败瓦文萨，赢得总统大选。波兰人的侥幸心理也是显而易见的，生活中撞大运、赌手气之事司空见惯，就连政治生活中也不乏其例，其中给世人印象最深的是二战末期的华沙起义。起义者明知德军的强大，可还是毅然起事，但很快就被血腥镇压。这反映出这个民族不畏强暴、不怕牺牲的品格，但也可看出存在心存侥幸和轻率的弱点。

捷克和斯洛伐克两个民族在历史上长期被异族统治，所以在民族性格上最突出的特点是温和，这种温和表现在社会生活、家庭生活乃至政治生活各个方面。从历史来看，这两个民族反抗异族侵略和统治的记录并不多，他们之间更是以礼相见，绝无严重对立，即使20世纪90年代初分家，也是好离好散。

三、南斯拉夫人的特点

南斯拉夫人和西斯拉夫人的历史有很多相似之处，他们有过独立建国的经历，也有联合建国的时期，但更多的时间是在异族的统治下度过的，所以在他们身上所表现出的性格较多的也是被统治民族的心理特点。但南斯拉夫各民族之间仍存在显著的差异。

塞尔维亚族是最大的南斯拉夫民族，也最能代表南斯拉夫人的特点。概而言之，其最大的性格特点是不畏强暴、勇敢顽强、独立自主。

不畏强暴是塞尔维亚人的传统。历史上塞尔维亚曾经被土耳其人和法国人占领并统治，但塞尔维亚人绝不是顺民，他们不仅顽强抵抗入侵者，即使在异族统治之下，他们也从不放弃斗争。土耳其人占领塞尔维亚付出了比其他地区更多的代价，而且塞尔维亚人一直在以不同的方式反抗土耳其人的统治，甚至大批塞尔维亚人宁愿背井离乡，也不愿忍受土耳其人的统治。第二次世界大战中，塞尔维亚等南斯拉夫民族面对不可一世的希特勒德国，义无反顾地拿起武器，进行了艰苦卓绝的抗德游击战争，是东欧绝无仅有基本靠本民族力量解放国土的国家，显示出强烈的英雄主义气概。

勇敢顽强是塞尔维亚人的另一种优秀品格。这一点在战场上表现得尤为突出。塞族向来以英勇善战而著称。历史上奥地利和匈牙利就曾多次利用塞族武装来抵御土耳其人，在两次世界大战中，特别是二战中，铁托领导的人民军在极端恶劣的环境下，坚持抗战，而且越战越强，力量不断壮大，靠得就是这种勇敢和顽强。在日常生活和体育比赛中，塞族同样表现出顽强和勇敢精神。

珍爱独立自主、不随波逐流是塞尔维亚人的又一显著特点。塞尔维亚民族酷爱自由和独立，不能容忍别人的摆布。所以，在遇到外族入侵和压迫时不惜生命代价去抗争，宁折不弯；在和平时期，也不容许别国对他们指手划脚，自主的意识特别强烈，绝不盲目地随波逐流。这一点在对苏联的关系上以及南斯拉夫倡导的不结盟运动中都表现得淋漓尽致。在社会生活中，他们同样信奉自立的信条。

克罗地亚人虽然在语言方面与塞尔维亚人非常相近，但由于历史上的不同遭遇以及与塞族的不睦关系，在性格特点上与塞族不大一致，尽管他们同样有很强的独立愿望，但遇事表现出较突出的灵活性。

保加利亚人在斯拉夫人当中较为特殊，这是一个韧性十足而又不失质朴的民族。他们在大国的夹缝中能够顽强地保持民族的传统和文化，显示出这个民族的凝聚力和生存能力。但两次世界大战中与德国的亲近，使保加利亚人与其他斯拉夫民族之间无形中有了距离感。保加利亚以前一直是一个农牧业较发达的国家，这一点深深地影响着保加利亚人的民族特点。至今保加利亚人仍对大地和大自然有一种强烈的依恋，对现代的东西不太敏感，即使城市居民也依然保持着乡民好客、敬老、诚实等传统美德。

四、希腊人、匈牙利人、罗马尼亚人的特点

希腊是一个三面环海的半岛国家，13 万多平方公里的国土就有15 000多公里的海岸线。这就决定了希腊人是与大海紧密相联的海上民族，因而也就具有了海上民族的性格。从地理位置上看希腊在欧洲东部，但其民族特性更像其他欧洲地中海民族，尤其与意大利人相似的地方较多。

希腊人的第一个特点是热情奔放。他们以乐观的态度对待生活，对未来充满幻想和希望，不论对社会、对邻居，均能以热情的姿态对待，没有北欧人的那种冷漠。对远道而来的客人更是当作“神”来款待，正如希腊谚语所说：“不管你是谁，人也罢，神也罢，来客都当神接待。”

第二个特点是善于享受生活。尽管希腊是一个多山的国家，但大海和阳光给他们带来无尽的欢乐。希腊人把休闲和娱乐看得很重要，早在古代就有名目众多的悲喜剧和综合性的体育娱乐活动——奥林匹克运动会。现代希腊是欧洲节假日最多的国家，全国性和地方性的节日天天

都有，而且希腊人能歌善舞，又有通宵达旦尽情欢宴闲聊的习惯。希腊人的生活丰富多彩，悠闲自在。

第三个特点是敬神虔诚。自古以来希腊人有敬神的传统，古代奥运会就是一种宗教祭祀性的体育娱乐，是为敬神而举办的。中世纪改信东正教之后，原先的神并没有放弃，又有了新的神，所以希腊人的宗教感情和敬神意识更强化了，上文讲的许多节日其中大部分与神有关。这种虔诚毫无疑问地影响着希腊人的日常生活。

具有东西方民族血统的匈牙利人在历史上曾经统治过周边不少斯拉夫民族，虽然现在匈牙利是个小国，但在民族性格中有一种潜意识的大民族优越感，这种优越感不仅表现在处理与邻国的民族关系上，也体现于对外交往的其他方面。

罗马尼亚人在历史上大部分时间是受制于人，所以绝没有匈牙利人那种大民族意识，他们比较善于处理与邻近民族和国家的关系，是一个十分好客的民族，待客非常热情，朋友之间更是亲密无间，在东欧乃至全世界，罗马尼亚人均以容易相处而闻名。

五、各民族的标志

俄罗斯的国旗是三色横条旗，三条色带由上而下分别为大小相同的白、蓝、红。此旗早在彼得大帝时就启用，为沙皇御旗。前苏联解体后，俄联邦又将以前的三色旗恢复为国旗。其象征意义有多种说法，一般认为白色代表高尚，蓝色代表忠诚和纯洁，红色代表爱情和勇敢。

乌克兰的国旗是蓝、黄双色旗，各占一半，上半幅为蓝色，下半幅为黄色。

白俄罗斯的国旗为红、绿两色旗，上面红色部分约占 2/3 强，下面为绿色窄条，靠近旗杆处有一白底带红色图案的竖条。

波兰国旗为白、红两色旗，上白下红各占一半。

捷克国旗为白、红、蓝三色旗，靠近旗杆处为一等边蓝色三角形，其余部分上白下红各占一半。

斯洛伐克的国旗为白、蓝、红三色旗，自上而下排列，在旗面左侧中央有一盾形图案。

塞尔维亚共和国国旗为自上而下红、蓝、白三条均匀色带，中间偏左镶嵌前南斯拉夫国徽图案（由王冠、双鹰和十字架组成）。

克罗地亚的国旗为红、白、蓝三条色带中央嵌有盾形王冠，其中红、白色带稍宽，蓝色带稍窄。

保加利亚国旗为自上而下白、绿、红三色旗，三条色带等宽。

希腊国旗为蓝底白条相间，上面两条短白带，下面两条长白带，在左上角有一个白色十字。

匈牙利的国旗为自上而下红、白、绿三条色带等宽的三色旗。

罗马尼亚国旗由自左向右蓝、黄、红相等的三个竖条组成。

第三节　东欧诸民族的风俗习惯概要

一、姓名与称呼

斯拉夫人的姓名构成要素与其他西方民族大体一致，一般为三部分，但第二部分略有差异。第一部分为本人名，第二部分则为父称，第三部分为姓。

取名的基本方式大体有如下几种：一是根据孩子的长相特征，如俄文中的“库德里亚什”（卷发的孩子）、“洛班”（额头高而宽的人）。二是按照孩子的排行，如俄文“别尔夫什卡”（老大）、“弗托里亚克”（老二）。三是根据出生时节，如俄文“维什尼亚克”（春天樱花盛开的时候）、“莫洛斯”（寒冷）。四是职业，如俄文“柯热米亚卡”（制皮匠）。五是依据动物、植物名。六是大人的愿望，如俄文“安德烈”（勇敢的）、“叶卡捷琳娜”（纯洁）、“维克多”（胜利者）。俄罗斯民族最常用的名字，男孩为“伊凡”，女孩为“玛丽娅”，均占总人数的20%以上。

父称是由父名变化而来，这是斯拉夫人的姓名特点之一。父称往往是在父名后加后缀，男孩加阳性后缀，女孩加阴性后缀，如彼得之子为彼得洛维奇，彼得之女为彼得洛芙娜；安德烈之子为安德烈耶维奇，其女则为安德烈耶芙娜。

在斯拉夫人的姓当中，有不少以“斯基”结尾，如托洛斯基、奥斯托洛夫斯基、科瓦尔斯基、伊凡诺夫斯基、赫斯基、波波斯基等。这本来是神职人员的姓，斯基是教堂的意思，表明他所任职的教堂，后来教会学校的学生也以教堂之名为姓。在斯拉夫人的姓氏当中，男性多带有“夫”，如伊万诺夫、科斯塔蒂诺夫、扬科夫、涅莫夫，而女性多带“娃”，如伊万诺娃、茹科娃等。罗马尼亚男人的姓则有不少带“斯库”，如伊利埃斯库、波佩斯库。

匈牙利人的姓名组合与中国人、韩国人相似，姓在前，名在后，如科瓦奇・伊斯特万，科瓦奇为姓，伊斯特万为名，这与欧洲其他民族不同。而且匈牙利人的长子往往沿用父名，长女沿用母名。

在称呼方面，斯拉夫民族与其他欧洲民族大同小异。以俄罗斯为例，全名的前两部分可以缩写，如列・尼・托尔斯泰。正式的称呼为名字＋姓，相互介绍时只称姓，关系很亲密则可称名。

希腊人在称呼方面有个特殊之处，朋友、夫妻之间及长辈对晚辈都直呼其名，但是称呼男性时要用呼格，例如，男性人名后面以“s”结尾，称呼时就要略去，称安德列阿斯为安德烈阿，称考斯塔斯为考斯塔。

二、宗教信仰

斯拉夫民族主要的宗教信仰是东正教，其次为天主教，同时有少量新教徒和穆斯林。

东正教作为基督教的三大流派之一，与天主教一样古老。它是由罗马帝国时期流行于东部地区的基督教发展而来，中心在君士坦丁堡。西罗马帝国灭亡后，罗马大主教和君士坦丁堡大主教都宣称自己为基督教的正宗，分歧难以弥合，终于在1054年彻底决裂。西部的罗马教会称“普世教会“，也称罗马公教；东部以君士坦丁堡为中心的教会称“正教会”，因为正教会居于东欧，故称“东正教”，也称希腊正教。东正教与天主教在教义信仰上无大区别，只是在教职、教规和节日方面有所不同。相对来说，东正教在世界范围内的影响远不如天主教那么广泛。

古代罗斯人大约在公元10世纪由多神信仰转信基督教(东正教)。拜占庭帝国1453年灭亡，君士坦丁堡变为伊斯坦布尔，圣索菲亚大教堂变为清真寺。俄国变成东正教的中心，莫斯科都主教变为东正教的最高首领——牧首。沙俄时代，东正教的影响非常大。前苏联时期，政教分离，东正教的势力和影响越来越小。前苏联解体后，东正教在俄罗斯的影响日渐增大，人们对宗教的热情与日俱增。但俄罗斯究竟有多少人信东正教，没有准确统计。据 1996 年的抽样民意调查，约 53%的人认为自己信教，其中的 51%认为自己信奉东正教。这样看来约有 26%的俄罗斯人信仰东正教。除此之外，俄境内还有不少人信仰伊斯兰教，少数人信仰天主教、新教等。

白俄罗斯人信教的比例约为 23%左右，其中东正教徒占绝对优势，另有少量新教徒和天主教徒。

乌克兰人的宗教信仰情况大致与俄罗斯相似。

西斯拉夫三民族最主要的宗教信仰是天主教。

波兰居民中 90%左右信仰天主教，全国分成 27 个教区，有 95 位主教，15 340 个教堂，2 所天主教高等院校。东正教、新教在波兰影响很小。

捷克人约有 40%信仰天主教，10%信仰新教，约 40%的人口不信教。

斯洛伐克人当中 60%信奉天主教，10%不信教，其余信奉东正教和新教。

南斯拉夫各民族的信仰较复杂，但以东正教信徒最多，天主教徒次之，穆斯林第三，还有少量新教徒。

塞尔维亚人大多信东正教，北部的匈牙利族信天主教，南部的阿尔巴尼亚族信伊斯兰教。

克罗地亚共和国克罗地亚族信奉天主教，而境内的塞尔维亚族信东正教，还有少量穆斯林。

保加利亚人约三分之二不信教，在信教的人口中东正教徒占 26%，土耳其族多信伊斯兰教，还有少量天主教、新教信徒。

希腊人 97%以上信仰东正教，东正教是其国教。此外，有少量天主教、新教、伊斯兰教徒。

罗马尼亚人有 73%信仰东正教，天主教、新教、犹太教、伊斯兰教也有一些信徒。

匈牙利人的信仰以天主教占绝对优势，新教、东正教等只有少量信众。

三、迷信与禁忌

一般来说农村人口比城市居民有更多的迷信与禁忌。随着城市化程度的提高，总的来看迷信与禁忌在弱化和淡化，但是又不会完全消失。也许某些旧的迷信和禁忌被淡忘了，而新的一些迷信和禁忌又会产生。这样迷信和禁忌在民俗当中会长久地占有一席之地。斯拉夫民族在生产和生活方面千百年来沿袭下许多迷信和禁忌，有共同的东西，也有特殊的东西。

不少斯拉夫人都有类似中国人算命的迷信，他们叫猜命运。猜命运最灵验的时间是圣诞节与新年之间的一周，被称为神周。猜法很多，比如俄罗斯青年女子通过往门外扔鞋子，根据鞋尖所指方向判定自己将往哪里出嫁。他们还根据自己出生的时间所对应的星座来预测命运和性格。马被俄罗斯等民族看作可以驱邪并带来好运，蜘蛛也被视为吉祥物，切勿弄死，但对兔子却十分反感。

交往中的禁忌更要特别注意。俄罗斯、匈牙利等民族有左手主凶的观念，所以握手时不可伸出左手，递送物品也不宜用左手，甚至上班、出门离家时，也最好不要左脚先迈出门。

与俄罗斯人交谈，忌讳谈论对方胖了瘦了之类的话题，女性对此尤为敏感，当然，其他方面的个人“隐私”也不宜询问。

做客带点礼品是必要的，但俄罗斯人送花要送单数，波兰人忌讳送菊花。俄罗斯和匈牙利人都忌讳送刀子、剪子之类的利器。

到俄罗斯、罗马尼亚人府上拜访，切忌进入卧室，当然也不能坐在床上，也不要随意翻看主人的书信、文件。俄罗斯人还讲究不在门槛上握手。

公共场所熟人朋友相遇，不可高声喊叫哈哈大笑。俄罗斯人还有在桥上不相互告别的禁忌。

参加考试或其他比赛之前，捷克、俄罗斯、乌克兰等民族有说反语

的习惯，忌讳讲“祝你好运，祝你成功”之类好听的话，倒愿意听到“你摔断脖子吧”、“祝你什么也打不着”这样的话。甚至还有考试前不剪头发的禁忌，否则会不及格。

青年女子讲究更多。在俄罗斯、乌克兰、白俄罗斯等地，女人切忌撩起裙子扇风，上厕所不能直说，应找个其他借口，比如打电话什么的。保加利亚女子则不在秋收结束之前举行婚礼。

希腊人交谈时总爱配以各种手势，但忌讳五指分开，手臂伸出，掌心对着对方，这是对别人蔑视的表示。俄罗斯人则接受不了姆指从食指和中指间伸出的握拳状，这表示嘲弄和轻视。

波兰人有星期五不吃猪肉的禁忌。

四、社交礼仪

欧洲各民族基本的社交礼仪相通的东西居多，斯拉夫各民族在这方面就更相近了。

见面和分别的礼节都是以握手、拥抱、亲吻为主。经别人介绍相识或一般的熟人相遇大多行握手礼，并互致问好。亲朋好友久别之后重逢，大都热烈拥抱，有的情况下还行亲吻礼。如俄罗斯人有行“三记吻”的习惯，长辈吻晚辈额头三次，亲朋好友则亲腮三下。如果对方是女性，罗马尼亚、塞尔维亚、匈牙利、俄罗斯等民族要行吻手背礼。一些年长者见面还有行脱帽礼和鞠躬的习惯，不过在年轻人当中已不流行。分别的礼节大致与见面相同，但心情和气氛不大一样，见面时心情激动高兴，而分别时则要显出恋恋不舍、依依惜别之情，如果送人出远门还免不了要叮咛几句。

斯拉夫民族大多十分好客。俄罗斯、保加利亚、罗马尼亚、波兰等民族都有向客人敬献盐和面包的习俗，甚至在机场上有时也要对来访的外国贵宾行此礼仪。这是因为盐和面包在古人生活中是最重要的东西，用这两样东西待客即表示最高的礼遇。应邀做客时，先应向女主人鞠躬问好，然后再向男主人和其他人问好，坐在主人让给的位置上。希腊人喜欢与客人长时间聊天，有时还放几曲音乐，跳一阵舞，如果女主人邀请跳舞，千万不能推辞，即使不会跳也要陪着走走。在告别时不要忘记赞扬一下主人的盛情款待。

如果是参加舞会，就更讲究礼仪规矩了。要注意衣着打扮整齐，不能穿休闲便装进场。男客应主动请女士跳舞，跳舞毕应将女士送回原位，而且不能只和一个女伴跳，应轮流请其他女士，尤其应注意的是要和女主人共舞一次。切记不能同性共舞。

听音乐会，看歌剧、舞剧是欧洲各民族较高雅的社交活动，这其中的礼节仪礼颇多。男士均应西装革履，女士更是把自己最好的衣服穿上。要严守时间，不能迟到，如果迟到最好等演出告一段落时再入座，也不能在正在演出时提前退场。观看时要保持绝对安静，交头接耳、嘻笑、咳嗽都是极不礼貌极没修养的表现，会招来众怒。要在演出的一幕结束或一曲终了之后才能鼓掌喝彩。退场时也不能争先恐后往外涌。如果和女士同去，不仅要在开演之前领女士入座，退场时也要照顾好对方。

餐桌上的礼仪在社交中占有重要地位。凡是西餐，不论在西欧或东欧，规矩大致相同。一桌宴席不能是 13 个人，男女主人应对面而坐，或坐在桌子两头，或在中间，男女宾客相间而坐，最主要的男女客人分坐在女主人和男主人的右边。入座时男客要协助旁边女客，替她挪一下椅子，等她入座后自己再就座。餐具摆放亦有规矩。餐盘居中，左边是叉子，右边是刀子，汤匙则摆在刀子的右边。正式宴会，每一道菜都要换一套刀叉。吃法更有讲究。面包、面条、鸡蛋、布丁等不能用刀切，其他菜一般要用刀子切成小块，再用叉子送入口中，而不能用叉子整个叉起咬着吃。面包应掰成小块食用。喝汤用汤匙送入口中，不能发出响声。面条应用叉子卷起来送入口中，不能用嘴吸。对所上每一种食品和菜肴都应吃一点，但最后一定要把夹入餐盘的东西全部吃光，这样主妇会感到高兴。宴席必有酒，而且不只一种酒，一般是肉类配红葡萄酒，海鲜鱼类配白葡萄酒，但主客之间一般不劝酒。

此外，在主人未说宴席开始之前，客人不宜动刀叉，席间不能中途退出，用餐结束后要对女主人的烹调技艺略加赞赏。

五、饮食特点

总体来看，东欧各民族和西方其他民族一样是以西餐为主。食物构成主要是面包、土豆、牛奶、肉类、鸡蛋、蔬菜、水果，饮品有各种酒类。烹饪方式以烧、烤、煎、炸为主，蔬菜爱生吃。讲究营养和热量，但菜肴比较单调乏味，各地区没有形成独具特色的菜系风味。只有俄式大菜在西餐三大流派中占有一席之地，但也不能和法国菜相媲美。而且，许多传统菜肴已经失传，推陈出新又跟不上，所以俄式大菜有衰落的趋势。即使到了俄罗斯，也很难吃到地道正宗的传统俄式菜肴。不过，东欧各民族在饮食方面也还是有其特点的。

东欧人大都喜食黑面包，尤其是年纪稍大者。黑面包是由黑麦粉制成，含有丰富的维生素，闻起来麦香伴着烤香，很诱人，吃起来略带酸味，但多嚼一会儿就会有一股甜味，令人越吃越爱吃。当然，总的销量还是白面包要大得多。

土豆是东欧人乃至整个欧洲人喜食的一种主食。土豆这种作物耐寒，适应性强，产量又大，自 16 世纪后期引入欧洲后，帮助欧洲人解决了千百年来难以解决的饥馑问题，所以他们对土豆情有独钟。以俄罗斯为例，人均年消费土豆 100 多公斤，几乎等于粮食制品的消费量，被誉为“第二面包”。土豆的吃法多样，煮土豆、烤土豆、炸土豆、土豆片、土豆条、土豆泥、土豆饼应有尽有。许多俄罗斯人都有在院子里种土豆的传统，前总统叶利钦的别墅里 1992 年共收获了 811 袋土豆。土豆烧牛肉这道菜是东欧各民族都喜爱的。中国人喜欢用土豆制作淀粉，但东欧人很少这样做。

相对而言，东欧各国，尤其是俄罗斯、白俄罗斯、乌克兰、波兰、捷克等，蔬菜的产量和消费量不算大。他们吃菜喜生冷，白菜、洋葱、西红柿、萝卜、黄瓜、莴苣、生菜等多是制成所谓“沙拉”或“布丁”而生吃。冬天由于新鲜蔬菜奇缺，东欧许多民族都有吃腌菜的传统，其中以酸黄瓜最为普遍，在超市里和杂货店里罐头装酸黄瓜长期热销。

肉类是必不可少的食品。东欧人与西欧人一样，喜食牛肉、猪肉，吃法大体可分为两类，一类是制成各式火腿和香肠，一类是食前加工，主要是烤、煎、炸肉排。他们的餐桌上是不能没有肉的，尤其是午餐和晚餐。

牛奶是欧洲各民族的传统食品。欧洲人离不了牛奶，年人均消费牛奶在 300 公斤以上，以喝鲜奶为主，此外还将鲜奶加工成奶酪、奶饼、奶油、酸奶食用，冰激凌也是他们普遍爱吃的。

斯拉夫民族大都喜爱饮酒。巴尔干半岛及罗马尼亚、匈牙利等地盛产葡萄，葡萄酒为他们所厚爱，罗马尼亚人和匈牙利人还钟爱李子酒。希腊人喜欢喝带有松脂香味的葡萄酒。俄罗斯人则酷爱伏特加。伏特加是烈性酒，产于俄罗斯、波兰等地。也许是气候寒冷的缘故，俄罗斯民族从 15 世纪以来就有爱喝伏特加的传统，现在大约有 65%以上的俄罗斯人能喝白酒，其中两千多万人有喝伏特加的嗜好。成年俄罗斯男子人均每年喝掉 80～90 升伏特加。中国人喝酒讲究下酒菜，而俄罗斯人无所谓；中国人喜欢细品慢饮，而俄罗斯人喜欢用大杯子大口喝酒。因此，醉酒现象十分普遍。

俄罗斯等民族还有饮茶的习惯，但他们大都喝红茶，往往还要加糖、加奶。

波兰人一般不吃动物内脏，对鱼、虾等海鲜也兴趣不大。

匈牙利人喜食猪肉，嗜好辣味，对辣椒、葱、蒜、胡椒等调味品很感兴趣，但他们很少吃羊肉。

六、传统节日

在宗教节日方面，东正教与天主教基本相同，特别是圣诞节、复活节、圣灵降临节等重大节日，是各派都要过的。圣诞节、复活节在前面的章节里已作了介绍，这里仅介绍一下圣灵降临节。

圣灵降临节是耶稣受难后一系列重要节日之一。据《圣经》说，耶稣被钉死后第三天复活，这一天为复活节。复活后第 40 天升天，这天为升天节。升天后 10 天，耶稣差遣圣灵降临，门徒们领受圣灵开始传教，这一天即为圣灵降临节。由于复活节不固定，所以升天节和圣灵降临节也相应跟着变化，但有的国家固定了下来，如英国定在 5 月份最后一个星期一。在东正教中，圣灵降临节往往和悼亡节结合起来。这一天，俄罗斯青年人往往集体到森林中游戏、跳舞、唱歌，并把编织好的花环挂在桦树上，一个星期后再取下，戴在头上载歌载舞，舞后扔进水中，如果谁的花环沉入水底，谁心中的愿望就会实现。波兰人则在这一天庆贺春绿节，姑娘们打扮得格外漂亮，外出郊游，据说她们走到哪里，哪里的小麦当年定会长势良好。

俄罗斯还有许多国家节日和民间节日，而且有的很有特点。如9月1日的知识节，这一天是大、中、小学开学的日子，新生要举行庄严的仪式。6月24日桦树节，它表示春天结束夏天到来，挺拔的桦树常被看作俄罗斯民族的象征，这一天街上的桦树大都被装饰起来，漂亮的桦树姑娘则到处向人们祝福。3月初要过报喜节，乌克兰、白俄罗斯等民族同样要过，这是迎接春天的节日，3月4日、9日、25日先后要举行三次迎春活动。

在波兰三十多个节日中，最具历史意义的是7月22日国家复兴节，也即国庆节。1944年7月23日，苏军和波兰人民军从德军手中解放了第一座城市海尔姆，这一天预示着自1772年波兰被瓜分后重新恢复独立，所以后来宪法规定7月22日为国家复兴日，当天要举行阅兵式。

捷克的传统节日以4月22～23日的迎春节较有特点。节日期间，各家各户都要挂上象征生命的鸡蛋，有的地方小伙子们拿着柳条长鞭，沿街追逐姑娘，姑娘们以彩蛋相赠，如果对小伙子有爱意，则回赠绘有花环、红心的彩蛋，而绘有太阳、大地、水的彩蛋则表示一般庆贺之情。罗马尼亚也过迎春节，时间是3月1日。

保加利亚的民间传统节日非常多，其中以文字节和玫瑰节最有意义。

斯拉夫语族大多使用基里尔字母，5月24日文字节就是纪念基里尔兄弟的。出生于萨洛卡（希腊境内）的基里尔兄弟，9世纪在保加利亚传教，他俩约在855年创立了斯拉夫文字，保加利亚人民把他们奉为圣贤，以文字节加以纪念，俄罗斯等民族也过此节日。

玫瑰是保加利亚的国花，每年6月第一个星期天为玫瑰节，活动中心在卡赞勒克市，该市西部有一条长90公里、宽10公里的玫瑰谷。节日期间要选出最漂亮的姑娘为玫瑰仙子，日出前举行采摘玫瑰仪式。还要进行热闹的化装游行。

在希腊众多的节日中，3月25日最为独特。这一天既是希腊从奥斯曼土耳其人统治下独立的国庆节，又是天使向圣母的报喜之日，可谓双喜临门。

思考题

1. 斯拉夫民族可分为哪三部分？各部分包括哪些民族？
2. 东斯拉夫三大民族历史上的关系如何？
3. 捷克族和斯洛伐克族历史上的关系怎样？
4. 匈牙利民族是如何形成的？
5. 俄罗斯民族的性格特点如何？
6. 试分析波兰民族的性格特点。
7. 塞尔维亚民族有哪些显著特点？
8. 希腊人的民族性格有何特点？
9. 俄罗斯、塞尔维亚、斯洛伐克三国的国旗有何区别？
10. 斯拉夫民族的姓有哪些特点？匈牙利人的姓名排列特点是什么？
11. 东正教是如何形成的？主要流行于哪些地区？
12. 斯拉夫民族中信仰天主教的有哪几个？
13. 俄罗斯人的禁忌主要有哪些？
14. 听音乐会、看歌舞剧应注意哪些礼仪？
15. 西餐宴会上的主要礼仪是什么？
16. 欧洲人的食物构成如何？
17. 圣灵降临节是怎么回事？
18. 波兰的国家复兴节、捷克的迎春节、保加利亚的文字节、希腊的国庆节分别在什么时候？

主要参考书

1. 王宪举等著:《俄罗斯》,当代世界出版社,1998 年。

2. 张焕文等著:《俄罗斯》,世界知识出版社,1999 年。

3. 国务院发展研究中心编:《东欧中亚列国志》,当代世界出版社,1994 年。

4. 张文武等主编:《东欧概览》,中国社会科学出版社,1991 年。

5. 韩振乾等主编:《世界风情大全》,书海出版社,1991 年。

6. 李树藩等主编:《最新世界各国概况》,长春出版社,2000 年。

第十二章　阿拉伯—伊斯兰教国家的民俗

学习目的

- 了解阿拉伯—伊斯兰教诸民族的构成
- 熟悉阿拉伯—伊斯兰教诸民族的特点
- 掌握阿拉伯—伊斯兰教诸民族的风俗习惯

基本内容

阿拉伯—伊斯兰教诸民族的构成

- 阿拉伯—伊斯兰教民族的内涵
- 沙特阿拉伯概要及其民族构成
- 埃及概要及其民族构成
- 伊朗、土耳其概要及其民族构成
- 巴基斯坦、孟加拉国概要及其民族构成
- 印度尼西亚、马来西亚概要及其民族构成

阿拉伯—伊斯兰教诸民族的特点

- 沙特阿拉伯人的特点
- 埃及人的特点
- 伊朗人、土耳其人的特点
- 巴基斯坦人、孟加拉人的特点
- 印度尼西亚人、马来西亚人的特点

●各民族的标志

阿拉伯—伊斯兰教诸民族的风俗习惯概要

●姓名与称呼

●宗教信仰

●迷信与禁忌

●传统服饰

●社交礼仪

●饮食特点

●重要节日

第一节 阿拉伯—伊斯兰教诸民族的构成与分布

一、阿拉伯—伊斯兰教民族的内涵

伊斯兰教民族是指以伊斯兰教为主要信仰的民族。因为广义的民族概念泛指一个国家的所有民族，所以伊斯兰教民族也即伊斯兰教国家中的所有民族。鉴于伊斯兰教产生于阿拉伯半岛，做礼拜的用语是阿拉伯语，伊斯兰国家中有相当一部分是以讲阿拉伯语的阿拉伯人为主，所以本章使用了“阿拉伯—伊斯兰教民族”、“阿拉伯—伊斯兰教国家”这样的概念。这一概念包括了所有阿拉伯民族和阿拉伯国家，但它绝不等同于“阿拉伯民族”和“阿拉伯国家”。由于伊斯兰教的信众皆称穆斯林，所以伊斯兰教民族和国家也可称穆斯林民族和国家。

阿拉伯—伊斯兰教国家主要分布在亚洲和非洲。如果以国民50%以上信仰伊斯兰教为标准，有如下这些国家：阿富汗、阿拉伯联合酋长国、阿曼、阿塞拜疆、巴勒斯坦、巴基斯坦、巴林、科威特、卡塔尔、孟加拉国、黎巴嫩、文莱、印度尼西亚、伊朗、伊拉克、马来西亚、沙特阿拉伯、叙利亚、也门、约旦、土耳其、阿尔及利亚、乍得、吉布提、埃及、厄立特里亚、冈比亚、几内亚、利比亚、马里、毛里塔尼亚、摩洛哥、尼日尔、西撒哈拉、塞内加尔、索马里、苏丹、突尼斯等38国。还有一些国家虽然穆斯林人数占全国总人口的比例可能不到50%，但伊斯兰教在各种宗教当中信徒最多，换言之，伊斯兰教是最重要的宗教。这样的国家有：哈萨克斯坦、吉尔吉斯斯坦、塔吉克斯坦、土库曼斯坦、乌兹别克斯坦、布基纳法索、埃塞俄比亚、几内亚(比绍)、尼日利亚、塞拉利昂、坦桑尼亚、阿尔巴尼亚、波斯尼亚和黑塞哥维那等13国。上述这51个国家都可称作伊斯兰教国家，这其中不少国家将伊斯兰教定为国教。除此而外，在印度有1.3亿穆斯林，占总人口的12%；在中国、俄罗斯等国也有数量较多的穆斯林。据估计，全世界穆斯林的总数约为11亿。穆斯林分散在世界的许多国家，我们不可能将这些国家的民俗全部加以介绍，仅选介一些或在伊斯兰世界影响较大或人口众多或与我国旅游交往密切的国家的有关情况，如沙特阿拉伯、埃及、伊朗、土耳其、巴基斯坦、孟加拉国、印度尼西亚、马来西亚等。

二、沙特阿拉伯概要及其民族构成

西亚是伊斯兰世界的心脏地带，是伊斯兰教影响最深的地区。阿拉伯半岛是阿拉伯民族的摇篮，是伊斯兰教的发祥地。而沙特阿拉伯是阿拉伯半岛最大的国家（国土占半岛总面积的 80%），是伊斯兰教创始人穆罕默德的家乡和圣地麦加的所在地。所以，在西南亚众多的伊斯兰国家中我们选择沙特阿拉伯加以介绍。

沙特民族是典型的阿拉伯人。阿拉伯民族是一个历史悠久、文化古老的民族，早在三千多年前或更早就已生活于阿拉伯半岛。公元前 8 世纪以后他们在半岛陆续建立了一些早期国家，由于大沙漠的阻隔，这些国家并未能发展壮大，仅局限于半岛南部，而半岛中北部的广大地区直到公元 7 世纪伊斯兰教诞生之前并没有建立起国家政权，仍处于氏族公社制的晚期。谱系学家把阿拉伯人分成南北两部分。沙特人的祖先应属于北方阿拉伯人，早期生活方式以游牧为主，主要喂养骆驼、马和羊，而游牧的阿拉伯人被称为贝都因人，因此也可以说沙特人的先辈是贝都因人。当然在一些适宜农耕的绿洲，沙特人的祖先也从事农业。进入公元 1 世纪以后，随着连接东西方贸易的红海商路的日益重要，红海沿岸的阿拉伯人卅始从事商业活动，先是为过往的商队提供各种服务，后来他们自己组织商队直接经商，并在此基础上兴起了一些商业城镇，加速了阿拉伯社会的进步和分化。由此可见，现代沙特人的祖先既是游牧民族，又是农业民族，还是商业民族。

公元 7 世纪以后，随着伊斯兰教的兴起和阿拉伯帝国的扩张，半岛上的阿拉伯人进入一个全新的发展时期。不仅半岛上的各氏族部落走向统一，而且大批阿拉伯人跨出半岛，移居西亚、中亚、北非乃至欧洲广大地区，同时把阿拉伯语和伊斯兰教也传播到了上述各地，从而为今天的阿拉伯—伊斯兰教世界奠定了初步的基础。穆罕默德以及四大哈里发之后，阿拉伯的历史进入倭马亚王朝（661～750 年）和阿拨斯王朝

(750～1258年)，由于首都迁往大马士革和巴格达，半岛在政治上的重要性有所下降。从1539年起，半岛成为奥斯曼土耳其帝国的一个行省，但土耳其人的统治并不是很有效，从而为阿拉伯人自行建国留下了余地。沙特家族正是在土耳其统治时崛起的。1726年沙特家族建立纳季德酋长国，1773年发展为沙特阿拉伯国，但不久被土耳其远征军颠覆。1829年沙特家族建立第二沙特阿拉伯国，1892年再次遭到土耳其人毁灭。1902年沙特家族第三次建立沙特阿拉伯国，1932年改名为沙特阿拉伯王国，沙特民族终于有了自己的国家。

沙特阿拉伯王国(Kingdom of Saudi Arabia)面积225万平方公里，全国分为13个地区，地区下设一级县和二级县，县下设一级乡和二级乡。首都利雅得(Riyadh)，人口约500万。全国人口2 460万(2005年)，其中沙特公民约占70%，官方语言阿拉伯语，通用英语。

沙特是君主制王国，禁止政党活动。无宪法，《古兰经》和穆罕默德的圣训是国家执法的依据。

国王是国家元首，现任国王阿卜杜拉·本·阿卜杜勒－阿齐兹(Abdullah Bin Abdul－Aziz)，2005年8月1日继位。本届政府于2003年5月组成，由29名成员组成，首相、国民卫队司令由国王兼任，副首相、国防航空大臣、军队总监由王储兼任。沙特协商会议于1993年12月29日正式成立，下设12个专门委员会，是国家政治咨询机构。

沙特石油储量与产量均为世界第一，石油外汇收入巨大，2005年国内生产总值3 074亿美元，人均13 947美元。货币名称沙特里亚尔(Riyal)，汇率1美元＝3.75沙特里亚尔。①

地道的沙特人是单一的阿拉伯民族，他们传统的经济是畜牧业，但是随着20世纪50年代以来石油的大量开采，沙特阿拉伯的工业化和城市化水平迅速提高，沙特人从事牧业的人口日趋减少，即使从事牧业，他们也很少亲自动手，而是雇用外籍人放牧。随着经济的崛起，外籍人不仅在牧业而且在城市的许多行业做工，已成为沙特阿拉伯王国不可缺少的劳动大军。沙特阿拉伯的民族构成本来极为单纯，但由于外籍

① www.fmprc.gov.cn，中国外交部，2006/8/14。

劳动大军的涌入，沙特阿拉伯的人口结构变得复杂化了。据统计在沙特阿拉伯总人口中，非沙特籍人数 740 多万，占总人口的近三分之一。其中人数较多的有埃及人、也门人、苏丹人、印度人、菲律宾人、土耳其人、约旦人和巴勒斯坦人 。沙特阿拉伯正在变成一个多民族的“大家庭”。

三、埃及概要及其民族构成

埃及是世界上阿拉伯人最多的国家，总人口中约 87％是阿拉伯人。埃及地跨亚非两洲，但主要部分在非洲，是非洲地区影响最大的伊斯兰国家。在整个阿拉伯—伊斯兰教世界，埃及发挥着举足轻重的作用。因此我们在众多非洲伊斯兰教民族中选择埃及来介绍。

埃及是人类文明的发祥地之一，早在 7 000 年前后，古埃及人就开始步入文明社会，并创造了辉煌灿烂的古埃及文化。但是古埃及人的历史并未直接延续下来，早在法老时期的中后期，就不断遭到来自亚洲和非洲其他民族的入侵，如喜克索斯人、波斯人、努比亚人，由此古埃及人种也在发生融合。公元前 332 年，希腊马其顿国王亚历山大率军侵入埃及，随后其部将以亚历山大城为中心建立起托勒密王朝，从此埃及开始了外来民族的统治。公元前 30 年埃及又沦为罗马的一个行省。这期间埃及人受希腊、罗马文化影响较大。从公元 640 年以来，随着军事征服和大批阿拉伯移民的到来，埃及被置于阿拉伯人的统治之下，并开始了阿拉伯化和伊斯兰化的进程。到 10 世纪法蒂玛王朝迁都埃及，埃及基本上被同化为阿拉伯伊斯兰教国家。1517～1914 年埃及被奥斯曼土耳其人统治近 400 年。奥斯曼帝国瓦解之后，埃及成为英国的“保护国”，直到 1922 年，英国才宣布承认埃及独立。

埃及全称阿拉伯埃及共和国(The Arab Republic of Egypt)，面积 100.145 万平方公里，全国划分为 26 个省。首都开罗(Cairo)，人口 776.5 万(2004 年 12 月)，是阿拉伯和非洲国家人口最多的城市。大开罗(含开罗、吉萨和盖尔尤比三省)人口约 1 675 万(2004 年 12 月)。全国人口 7 367 万(2006 年)。伊斯兰教为国教，信徒主要是逊尼派，占总人口的 84％。科普特基督徒和其他信徒约占 16％。官方语言为阿拉伯语，通用英语和法语。

总统是国家元首、武装部队最高统帅，由人民议会提名，公民投票选出，现任总统穆罕默德·胡斯尼·穆巴拉克(Mohammed Hosni Mubarak)，1981 年 10 月当选。1987 年 10 月、1993 年 10 月、1999 年 9 月、2005 年 9 月 4 次连任。

人民议会是最高立法机关，议员由普选产生，任期 5 年。1980 年 11 月 1 日，协商会议正式成立。协商会议议员三分之二由各阶层、机构和派别选举产生，三分之一由总统任命。协商会议是与人民议会并立存在但无立法权和监督权的咨询机构。

本届政府于 2005 年 12 月 27 日由穆巴拉克总统任命组成，总理艾哈迈德·马哈茂德·穆罕默德·纳齐夫(Ahmad Mahoud Muhammad Nazif)博士。埃及实行多党制，主要合法政党有民族民主党、新华夫脱党、社会主义工党等。

埃及国民总收入(2004/2005 财年) 976 亿美元，人均国民收入 1 390美元，货币名称埃及镑，汇率 1 美元＝5.82 埃镑(2005 年 1 月)。①

由于在历史的长河中亚、非、欧许多民族在埃及进进出出，可以肯定地说，近现代的埃及人早已不再是纯粹的古埃及人的后裔，而是多民族混合而成。

从人种上看，今天的埃及人绝大多数属欧罗巴种地中海类型，但融入了其他人种的特征。其相貌特点是肤色较浅，呈淡黄色或浅褐色，脸型窄长，双眼皮，大眼睛，黑眼珠，黑头发且有卷曲波纹，鼻梁狭而高。

从民族构成上看，埃及人绝大多数属阿拉伯民族，占总人口的 87％左右。但埃及的阿拉伯人与阿拉伯半岛的阿拉伯人有所不同，他们是阿拉伯人和当地居民融合形成的。在阿拉伯帝国征服埃及后，大批阿拉伯人移居尼罗河流域，并与当地人通婚，经过二三百年的融合，埃及居民大都改信伊斯兰教，阿拉伯语成为他们新的母语，进而发展成为阿拉伯民族的新成员。

在埃及除了主体民族阿拉伯人以外，尚有科普特人、努比亚人和贝都因人等少数民族。

---

① www.fmprc.gov.cn，中国外交部，2006/8/25。

科普特人约占全国总人口的10%，是最大的少数民族，但他们自诩为“真正的埃及人”。“科普特”一词是亚历山大攻占埃及后希腊人对埃及人的称呼，意即埃及人，以区别于移民至埃及的希腊人。公元1世纪以后基督教传入埃及，科普特人逐渐成为基督徒。7世纪阿拉伯人统治埃及后，大部分居民改信了伊斯兰教，但仍有部分埃及人坚持基督信仰。今天的科普特人就是上述基督徒的后裔，是没有被伊斯兰化的埃及人。科普特人大多居住在大城市，一般都比较富裕，他们并没有自己的语言，与阿拉伯人一样操阿拉伯语。

努比亚人是苏丹北部、埃及南部一个古老的民族。埃及的努比亚人是指居住在阿斯旺以南直至埃苏边境地区的当地人，人数约15万，尽管他们全部信仰伊斯兰教，但在长相和肤色上与埃及阿拉伯人有明显区别。

贝都因人是居住在西奈半岛的古老游牧民族，人数约10万。从历史渊源上说，他们是从阿拉伯半岛迁徙而来，是正宗的阿拉伯人，但从现实生活方式和社会组织来看，他们不同于一般的埃及阿拉伯人，不仅以游牧为生，而且还保存着部落酋长制。当然，在现代文明的影响下，加上埃及政府对他们的关怀和帮助，贝都因人的生活方式也在改变着，其中一部分人已走向定居生活。

四、伊朗、土耳其概要及其民族构成

伊朗是中东地区大国，是中亚、南亚通往西亚及地中海的走廊，地广人多，在伊斯兰世界独具影响。土耳其地跨欧亚二洲，是东西交往的咽喉，人口众多，经济较为发达，是一个颇具特色的伊斯兰国家。

伊朗是文明古国，伊朗人是一个古老的民族。伊朗人，亦称波斯人，属欧罗巴人种的南支，早在四千多年前就从中亚进入伊朗，建立起古代国家。公元前550年～公元前330年的波斯帝国地跨亚、非、欧，盛极一时，创造了辉煌的波斯文化。之后希腊马其顿人征服了波斯。从公元7世纪到公元16世纪，阿拉伯人、突厥人、蒙古人、阿富汗人、土耳其人曾先后侵入伊朗并建立统治。直到18世纪前期伊朗才获独立，但在19世纪沦为英国和俄国的半殖民地。1925年恺加王朝被推翻，建立巴列维

王朝。1979 年巴列维王朝被伊朗伊斯兰共和国所取代，逐步建立起政教合一的伊斯兰统治体系。

伊朗全称伊朗伊斯兰共和国(The Islamic Republic of Iran)，面积 164.5 万平方公里，全国共有 30 个省，分为 299 个地区、749 个县、2 305个乡。首都德黑兰(Tehran)，人口 1 100 万。全国人口 6 970 万(2006 年 9 月)，官方语言为波斯语，伊斯兰教为国教，98.8%的居民信奉伊斯兰教，其中 91%为什叶派，7.8%为逊尼派。

宪法规定伊朗实行政教合一制度，神权统治高于一切。政教领袖赛义德·阿里·哈梅内伊(Seyyed Ali Khamenei)，1989 年 6 月 4 日当选。伊斯兰议会是伊朗最高国家立法机构，实行一院制，议员由选民直接选举产生。实行总统内阁制，总统是国家元首，也是政府首脑，现任总统马哈茂德·艾哈迈迪内贾德(Mahmoud Ahmadinejad)，2005 年 6 月当选。主要政党或组织有德黑兰战斗的宗教人士协会、伊斯兰参与阵线党、建设公仆党、伊斯兰工党等。

伊朗是产油大国，石油收入占伊外汇总收入的 85%以上。2005 年国内生产总值 1 756 亿美元，人均 2 519 美元，货币名称里亚尔。官方汇率 1 美元≈8989.3 里亚尔。[①]

由于伊朗处于东西方交流的通道上，几千年来许多民族在这里出入，进而使伊朗的民族成分异常复杂。伊朗的第一大民族是波斯人，约占总人口的 66%，他们是古波斯人的后裔，但在几千年的演变过程中，已经融入了其他民族的血液，只有伊朗中部地区的波斯族人是较纯的雅利安人，体格、相貌与欧洲人较接近。人口较多的少数民族主要有阿塞拜疆人(占总人口 25%左右)、库尔德人(约占 5%)及土库曼人(约 60 万)，其他少数民族还有吉兰人、马赞德兰人、卢尔人、俾路支人、巴赫蒂亚里人、吉卜赛人、阿拉伯人、亚美尼亚人、土耳其人、卡什凯人等。这些少数民族大多居住在伊朗的边境地带，他们多是历史上不同时期进出伊朗的各部族的后裔，当然，这些民族之间混杂和融合也是不可避免的，今天主要是通过所操语言来区别他们。

---

① www.fmprc.gov.cn，中国外交部，2006/10/18。

土耳其民族相对说来不算太古老。土耳其人属欧罗巴人种地中海类型,但混有蒙古人种的成分。他们是西突厥人的后裔,约在公元7世纪以后,西突厥当中的乌古斯部塞尔柱人自中亚迁至西亚,同当地波斯人结合,至11世纪建立塞尔柱帝国。之后进入小亚细亚,建立鲁姆苏丹王国。13世纪塞尔柱人的同胞奥斯曼人又从中亚迁入小亚细亚,与当地居民结合,称奥斯曼土耳其人。奥斯曼人初期臣服于鲁姆苏丹国,后独立建国,14世纪中叶起国力强大,进军东南欧,灭拜占庭,征服叙利亚、巴勒斯坦、埃及等地,于16世纪建起地跨亚、非、欧三洲的奥斯曼帝国,成为伊斯兰世界的主要统治者。第一次世界大战后,奥斯曼帝国瓦解。1919年凯末尔领导土耳其人推翻封建王朝,击退外国侵略军,于1923年建立土耳其共和国。

土耳其共和国(Republic of Turkey)面积78.36万平方公里,其中97%位于亚洲的小亚细亚半岛,3%位于欧洲的巴尔干半岛,全国共分为81个省。首都安卡拉(Ankara),人口400万(2006年9月)。全国人口7 330万(2006年9月),土耳其语为国语,99%的居民信奉伊斯兰教,其中85%属逊尼派,其余属阿拉维派。

宪法规定土耳其为民族、民主、政教分离和实行法制的国家。实行议会共和制。议会全称为土耳其大国民议会,设550个议席,议员根据各省人口比例经选举产生。总统为国家元首,现任总统艾哈迈德·内杰代特·塞泽尔(Ahmet Necdet Sezer),2000年5月就任,2007年5月任满。政府又称部长会议,政府总理雷杰普·塔伊普·埃尔多安(Recep Tayyip Erdogan),2003年3月就任。主要政党有正义与发展党、共和人民党、祖国党、正确道路党、社会民主人民党等。

货币名称土耳其新里拉,2005年国内生产总值4 864.01亿新里拉,人均6 749新里拉。汇率1美元≈1.348新里拉。[①]

在今天的土耳其共和国,土耳其族约占总人口的80%以上,最大的少数民族是库尔德人,约占总人口的15%。此外还有阿拉伯人、亚美尼亚人、希腊人、格鲁吉亚人等。

---

① www.fmprc.gov.cn,中国外交部,2006/11/27。

五、巴基斯坦、孟加拉国概要及其民族构成

巴基斯坦和孟加拉国这两个南亚国家均以人口众多和伊斯兰信仰盛行而著称。巴基斯坦约有1.49亿人，其中95%信仰伊斯兰教，是世界上仅次于印度尼西亚的第二穆斯林大国。孟加拉国有1.35亿人，其中约88%为穆斯林。这两国的穆斯林合计约占全球穆斯林总量的五分之一强。

巴基斯坦是一个年轻而又古老的国家，虽然其独立建国的历史才半个世纪，但这块土地上的文明史却可以追溯到4 000年以前或更早。巴基斯坦是古代印度文明的组成部分，早在公元前2000年前后，印度河谷就存在高度的城市文明。公元前1800年之后，游牧的雅利安人从中亚进入南亚次大陆，成为巴基斯坦的统治民族，并结合当地土著文化创造了婆罗门教文化。公元前2世纪以后，希腊人、安息人、塞西安人、大月氏人相继侵入巴基斯坦，公元2世纪大月氏人建立的贵霜帝国就是以巴基斯坦的白沙瓦市为首都，这里经济繁荣，佛教文化发达，中国高僧法显、玄奘都曾访问过白沙瓦。公元8世纪以后，阿拉伯人进入印度次大陆，由于巴基斯坦与伊朗为邻，所以伊斯兰教首先在巴基斯坦的信德地区传播，并以此为根据地进一步扩张，巴基斯坦逐渐伊斯兰化。12～15世纪巴基斯坦大部分地区隶属于德里苏丹各王朝。16～17世纪巴基斯坦是莫卧儿王朝的组成部分。18世纪巴基斯坦沦为英国的殖民地。1947年，根据英国公布的《蒙巴顿方案》，实行印度和巴基斯坦分治，同年8月14日，巴基斯坦宣告独立，1956年成为完全主权国家，国名为巴基斯坦伊斯兰共和国(The Islamic Republic of Pakistan)。

巴基斯坦面积796 095平方公里(不包括巴控克什米尔)，全国共分4个省、10个联邦直辖部落地区和联邦首都伊斯兰堡。伊斯兰堡(Islamabad)人口约104万(2004年数字)。全国人口1.49亿(2004年)，乌尔都语为国语，英语为官方语言。95%以上的居民信奉伊斯兰教(国教)，少数居民信奉基督教和印度教、锡克教等。

巴基斯坦议会由国民议会(下院)和参议院(上院)组成。国民议会经普选产生，参议院按每省议席均等的原则，由省议会和国民议会遴选

产生。总统为国家元首，现任总统佩尔韦兹·穆沙拉夫(Pervez Musharraf)，2001 年 6 月 20 日就职。政府总理兼财长肖卡特·阿齐兹，2004 年 6 月就任。巴基斯坦实行多党制，全国性大党主要有巴基斯坦穆斯林联盟(领袖派)、巴基斯坦人民党、联合行动同盟等。

巴基斯坦国内生产总值(2004/2005 财年)1 014.3 亿美元，人均收入 736 美元。货币名称巴基斯坦卢比，汇率 1 美元约合 59.5 卢比(2005 年 12 月)。①

今天的巴基斯坦是个多民族国家，全国有四大民族和十几个小民族。旁遮普族占全国总人口的 63%，为第一大族，他们属于欧罗巴人种地中海类型，但混有蒙古人种血统，特点是高大魁梧，肤色稍白略带褐色，主要居住在旁遮普省。信德族是第二大民族，约占总人口的 18%，他们亦属欧罗巴种，但融入了帕坦人、俾路支人、阿拉伯人等民族的血统，是巴基斯坦率先接受阿拉伯—伊斯兰教文化的民族，主要分布在信德省和俾路支省。帕坦族约占总人口 11%。俾路支人约占 4%，他们是在中世纪由中亚南迁而来的游牧民族，在文化上受伊朗影响较大。这些民族尽管在历史和现实中存在差异，但他们有着共同的信仰——伊斯兰教，能够和睦相处。

孟加拉国亦是古代印度文明的组成部分。这里最早的居民是亚澳人，后来有属于蒙古人种的民族和雅利安人迁入，这几部分人长期融合，逐渐形成今天的孟加拉人。1947 年印巴分治后，孟加拉分属东巴基斯坦和印度。1972 年印巴战争后，东巴与西巴分离，成立孟加拉国。

孟加拉人民共和国(The People's Republic of Bangladesh)面积 147 570 平方公里，全国划分为 6 个行政区，下设 64 个县。首都达卡(Dhaka)，人口 1 200 多万。全国人口 1.35 亿，孟加拉语为国语，英语为官方语言。伊斯兰教为国教，信奉伊斯兰教的人口占 88.3%，信奉印度教的占 10.5%，信奉佛教的占 0.6%，信奉基督教的占 0.3%。

国家最高权力机构是国民议会。总统为国家元首，现任总统伊阿祖丁·艾哈迈德(Iajuddin Ahmed)，2002 年 9 月 6 日就任。政府总理(兼

① www.fmprc.gov.cn，中国外交部，2006/9/11。

任国防部长、能源矿产部长、人事部长、编制部长、吉大港山区事务部长，兼管总理办公室、内阁事务局、武装部队局和初级与大众教育局）卡莉达·齐亚(Begum Khaleda Zia,)，2001年10月就任。主要党派有民族主义党、人民联盟、民族党等。

国内生产总值(2004/2005财年)596亿美元，人均国内生产总值445美元。货币名称塔卡，汇率1美元＝61.39塔卡(2004/2005财年平均数)。①

孟加拉国基本为单一民族，孟加拉族占总人口的98.8%，其余20多个少数民族仅占总人口的1.2%。

六、印度尼西亚、马来西亚概要及其民族构成

印度尼西亚和马来西亚是东南亚的两个伊斯兰教国家，印度尼西亚还是世界上穆斯林最多的国家，全国2.15亿人口中约87%信仰伊斯兰教，这样算来印尼有1.87亿穆斯林，占全球穆斯林总数的六分之一。马来西亚穆斯林占总人口的比重为54%，但伊斯兰教被定为国教。

印度尼西亚是人类的发祥地之一，距今约70万年的爪哇人被认为是最早的猿人之一。大约在公元前2000年左右，居住在亚洲大陆南部的部落陆续移入印度尼西亚群岛，征服了原有的居民，成为今天印度尼西亚人的远祖。他们属于蒙古人种马来类型，也称马来人。大约在公元2世纪，印度尼西亚形成奴隶制国家。同时佛教、婆罗门教随印度人的到来而开始在印度尼西亚流传。公元3～6世纪印度尼西亚和印度往来密切，一些王国深受印度文化的影响。7世纪以后兴起的室利佛逝国佛教很盛。13世纪末伊斯兰教开始传入印度尼西亚，到14世纪中期，已盛行于印度尼西亚各群岛，并取代佛教、印度教成为印度尼西亚的主要宗教。16世纪以后，葡萄牙、西班牙、荷兰等西方殖民侵略者闯入印度尼西亚，印度尼西亚逐步沦为荷兰的殖民地。与此同时，天主教、基督教也传入印度尼西亚。第二次世界大战期间，日本占领印度尼西亚。1945年日本投降后，印度尼西亚走向独立，1949年印度尼西亚联邦共和国

① www.fmprc.gov.cn，中国外交部，2006/8/18。

宣告独立。

印度尼西亚共和国(The Republic of Indonesia)面积1 904 443平方公里,全国分为2个地方特区、30个省,首都雅加达(Jakarta),人口838.5万(2000年人口普查数据)。全国人口2.15亿(2004年印度尼西亚国家统计局数据),世界第四人口大国。

印度尼西亚为共和制国家,实行总统制,总统为国家元首、政府行政首脑和武装部队最高统帅。现任总统苏希洛·班邦·尤多约诺(Susilo Bambang Yudhoyono),2004年10月20日就任。议会由人民代表会议和地方代表理事会组成。主要政党有专业集团党、民主斗争党、建设团结党、民主党等。

2004年国民生产总值2 303万亿盾(约合2 678亿美元),人均1 246美元。汇率(全年均价)1美元=8 600印尼盾。①

今天的印度尼西亚是个多民族国家,共有一百多个民族。主要的民族有爪哇族、巽他族、马都拉族、马来族、米南加保族、亚齐族、巴达族、巴厘族、布吉斯族、望加锡族以及华人、阿拉伯人、印度人等。

爪哇族是第一大民族,占总人口的45%,主要居住在爪哇岛,历史悠久,文化发达。巽他族是第二大民族,占总人口的14%,主要分布在西爪哇南部沿海地区,他们与爪哇族在相貌、语言、文化等方面都很相近。马都拉族是第三大民族,约占总人口的7.5%,主要分布在马都拉岛和爪哇岛的东部地区。马来族约占总人口的7.5%,主要居住在苏门答腊岛的东部、邦加岛以及加里曼丹岛沿海地区。米南加保族约占总人口的3%,主要分布在苏门答腊岛西部。亚齐族、巴达族、巴厘族、布吉斯族和望加锡族等的人数均在三四百万以上。另外,还有数以百万计的华人、阿拉伯人、印度人,他们大多加入印度尼西亚国籍。

马来西亚先民的历史同样很悠久。前期马来人早在四千五百多年前就由亚洲内陆迁来。大约在公元前300年左右,又一批马来人从北方迁来,被称为后期马来人,他们是现代马来人的祖先。公元1～2世纪马来西亚出现一些小邦国,由于有不少印度人迁来,所以这些小国深受印

① www.fmprc.gov.cn,中国外交部,2006/9/13。

度文化影响。唐代以来，陆续有一些华人来到马来西亚。7～13 世纪，伊斯兰教随阿拉伯商人传入马来西亚，并在马六甲王国时期（1402～1511 年）得到广泛传播，取代印度教成为主要的宗教，马来西亚的伊斯兰化主要在这一时期完成。16 世纪以来，马来西亚遭到葡萄牙、荷兰、英国的侵略，18 世纪后期逐渐沦为英国的殖民地。第二次世界大战之后，马来西亚走向独立。1957 年马来亚联合邦宣告独立，成为一个主权国家。1963 年马来亚联合邦与新加坡、沙捞越、北婆罗洲合并成立马来西亚联邦，1965 年新加坡退出联邦成为独立国家。

马来西亚（Malaysia）面积 330 257 平方公里，全国分为 13 个州，另有首都吉隆坡（Kuala Lumpur，人口约 130 万）、纳闽联邦、联邦政府行政中心——布特拉加亚三个联邦直辖区。全国人口 2 626 万（截至 2005 年底）。马来语为国语，通用英语，华语使用也较广泛。伊斯兰教为国教，其他宗教有佛教、印度教和基督教等。

统治者会议由 13 个州的元首组成，其职能是在 9 个世袭苏丹中轮流选举产生国家最高元首和副最高元首，现任国家元首端古·赛义德·西拉杰丁（TUANKU SYED SIRAJUDDIN Ibni Almarhum Tuanku Syed Putra Jamalullail），于 2002 年 4 月 25 日就任。

最高立法机构国会由上议院和下议院组成，政府总理兼财政部长和国内安全部长达图·斯里·阿卜杜拉·艾哈迈德·巴达维（Datuk Seri Abdullah Ahmad Badawi），2003 年 10 月任总理，2004 年 3 月大选后连任。主要政党有马来民族统一机构（简称巫统）、马来西亚华人公会、马来西亚印度人国大党等。

2005 年马来西亚国内生产总值 4 945.44 亿林吉特，人均国内生产总值 4 930 美元。货币名称林吉特，汇率 1 美元＝3.6645 林吉特（2006 年 4 月）。①

今天的马来西亚由三十多个民族组成。马来族为第一大民族，约占全国总人口的 61.5%，该族绝大多数人信仰伊斯兰教。华人占总人口的 23.6%左右，大都加入了马来西亚国籍，他们的先辈绝大多数是 19

① www.fmprc.gov.cn，中国外交部，2006/9/12。

世纪以后来到马来西亚的华工。印度人和巴基斯坦人约占总人口的7.1%,其中的绝大多数也是近百年来移居马来西亚的印度人和巴基斯坦人的后裔,他们多信印度教。

第二节 阿拉伯—伊斯兰教诸民族的特点

一、沙特阿拉伯人的特点

沙特阿拉伯是伊斯兰教兴起之地,一千三百多年来一直是穆斯林朝拜的圣地,在伊斯兰世界这里的宗教气氛最为浓重。沙特阿拉伯是当代世界最大的石油输出国,大量的石油收入使沙特阿拉伯很快改变了贫穷落后的面貌,一跃跨入人均国民收入很高的富国行列。传统和现实两方面的特殊情况使现代沙特阿拉伯人特点显著。

沙特阿拉伯人最大的特点是恪守伊斯兰传统。相对于其他各大宗教,伊斯兰教对穆斯林日常生活的戒规既多且严。但是随着时代的变迁和社会的发展,一些国家的穆斯林在遵守戒规方面已有所变通,然而沙特阿拉伯人基本上能恪守祖训,在日常生活的许多方面,严格奉行伊斯兰教的传统戒规,这在妇女身上表现得尤为突出。

在整个穆斯林世界,沙特阿拉伯妇女所受约束最多。她们的社会地位低下,在社会上扮演从属者的角色,其主要职责是操持家务、传宗接代。婚姻由父亲决定,婚后如果不育,丈夫可另娶二至三妻,离婚的主动权也在丈夫手里,财产继承方面妇女只享有男子二分之一的遗产继承权。此外,在社会生活中沙特阿拉伯男子和妇女仍实行分离制。妇女不得与家庭以外的男子接触,不得接待男宾,当然她们的闺房外人是绝对不能进入的。她们也不能与男子一起参加公开场合的集会活动,公共汽车上分成男区女区,机场有专供女性用的候机室,餐厅专设供妇女用餐的包间,公园或男女分区或分日轮流向男性和女性开放,男女学生在学校严格分开,女大学生不能直接听男教师的课,只有通过闭路电视来听。电视台的播音员原本是清一色的男性,1995年之后女性播音员出现，但不能和男性播音员一起播报节目。在同一部门里，男女不能当面洽商工作，只能通过电话进行联系。成年女子出门必须用长袍、头巾和面纱把身体捂得严严实实，且必须由男性亲戚或仆人陪同，不能单独外出。由于诸多约束，沙特阿拉伯女性的就业率很低，仅占就业总人数的5.5％，而且大多是当教师，做医护人员，主要是为女性服务。

沙特阿拉伯人对真主和先知的信仰非常虔诚，这种崇信是发自内心深处，影响着日常生活的各个方面，他们自律意识很强，所以社会秩序良好。日常用语中"真主"、"以真主的名义"、"如果真主愿意的话"、"感谢真主"之类的词语出现频率很高。相对而言，年老者和文化程度较低者更为虔诚。

沙特阿拉伯不少男人宠爱猎鹰。过去在狩猎时鹰是不可缺少的帮手，现在养猎鹰主要是为了炫耀男子汉的气概和富有。与鹰相关的器具，如捕鹰用的网、架鹰的厚皮手套、给鹰戴的皮眼罩、驯鹰用的木圆盘等都很畅销。

沙特阿拉伯人有喜好香料的传统。香料有两种，一种是作为调味品放入食品和饮料中，另一种是供熏烧。沉香为沙特阿拉伯香料之王，尽管价格昂贵，但几乎每家都存放这种可以经久散发芬芳的珍贵香木。乳香是供焚烧用的香料，每逢重大节日、贵宾来临、喜庆宴会都要烧熏乳香。

二、埃及人的特点

埃及是阿拉伯文化、非洲文化、欧洲文化荟萃之地，在埃及人身上除了表现出阿拉伯穆斯林十分虔诚的共性外，还有一些特殊之处。

首先埃及人开放、热情。由于埃及自古以来就是一个开放的地区，所以埃及人几乎没有排外的情绪，他们视外国人如同本国人，对朋友甚至外来陌生人都很热情，很容易接近，他们非常乐意请朋友甚至是刚刚认识的人到家中做客，并给予热情招待，此时客人不必推辞，而且做客也并不一定要携带礼品。

其次埃及人乐善好施。善待他人，向穷人施舍，帮助别人解困是伊斯兰教的传统美德，埃及人在这方面做得很好。乐于助人做善事被看作天经地义，是取悦于真主积宗教阴德之举。他人有难，不论是熟人还是生人，他们都会主动全力相助，不求任何回报。在埃及，偷盗和犯罪行为很少，社会气氛安祥，人际关系良好。

埃及人的第三个特点是乐观而且健谈。尽管埃及人并不算太富裕，但他们普遍乐观，不论男女均爱说、爱笑、爱乐、爱热闹，而且特别健谈，聊起天来滔滔不绝，埃及的政治家、外交家更是以善于演讲而著称。埃及人能以微笑面对困难，不论遇到什么麻烦，他们从不怨天尤人，而是泰然处之，在他们看来，所发生的一切都是真主的安排，他们是天生的乐天派。

埃及人还有一个特点是生活节拍较慢，从不着急。他们习惯于悠闲自在的生活节奏，走路不慌不忙、不紧不慢，绝不像日本人、美国人那样行色匆匆。埃及人办事按部就班、慢条斯理，如果你急着催他，埃及人会告诉你，耐心是美。而且埃及人在回答别人的问题时，常常不直接说“是”或“不是”，而一律代之以“如果真主愿意的话”。埃及人还有一句口头禅，即“马来希”，意为没关系、不要紧。凡是做错事或双方遇到小小不快，他们往往都说“马来希”，既有自嘲又有宽容，化解了诸多矛盾冲突。

三、伊朗人、土耳其人的特点

伊朗是一个民族走廊，又是一个文明古国，多民族长期的相处和融合以及古老文化的熏陶，使伊朗人具有许多优良品格和特点。

第一个特点是宽容。尽管伊朗人绝大多数是穆斯林，但仍有不少民族信仰其他宗教，如犹太教、琐罗亚斯德教、基督教、天主教等，但诸种教徒均能和睦相处。伊朗人能对其他众多的少数民族平等相待。伊朗人与外邦人交往同样表现出一定的宽容精神。但需要说明的是，伊朗人的宗教感情较强烈，对于有辱真主的言行是绝不宽容的，前些年伊朗宗教领袖霍梅尼下令追杀西方作家拉什迪便是例证。

伊朗人的第二个特点是真诚、勇敢。自古以来伊朗人崇尚真挚、顽强、勇敢的品格，视正大光明、廉洁正直为美德，认为谎言是万恶之源，说谎是最大的耻辱，所以伊朗人很重视对儿童、青年的诚信教育。勇敢和忠诚在伊朗男子身上有充分的体现，怯懦和屈服最受鄙视。伊朗男子还以对妻子和家庭的忠诚感和责任感强而闻名。

尊老爱幼、尊重他人是伊朗人的又一特点。伊朗人不仅非常敬重自己的父母和长辈，而且对邻居和同事及路人也相当尊重，不讲有伤他人的话，更不做有损他人之事。在伊朗，老人和妇女儿童处处受到关照。

此外伊朗人也是好客、乐于助人、喜欢交往的民族，同时也很敏感，尤其是涉及宗教信仰领域的问题。

土耳其民族在伊斯兰大家庭中较为独特。一是土耳其地跨欧亚，生存环境特别；二是土耳其在近代历史上曾有过统治亚、非、欧广大地区的经历；三是在20世纪早期土耳其经历了一场深刻的世俗化改革运动，这样在今天的土耳其人身上就表现出与众不同的特点来。

首先，这是一个开放和兼容程度较高的民族。地理上的过渡性使土耳其人向世界全方位开放，欧洲、亚洲及南方、北方的人群和文化在这里交汇，因而土耳其人不论在外表还是内心兼具欧亚民族的特点。相对而言，伊斯坦布尔的土耳其人欧化程度要高些，而安那托利亚地区的亚洲风情要浓些。

其次，这是一个自豪感很强的民族。土耳其人不仅为奥斯曼帝国时期的强大而骄傲，有明显的恋旧情节，而且也为他们拥有多样化的文化与传统而自豪，这种文化的多元性使他们能够在西方世界和阿拉伯世界之间游刃有余地周旋，从而争得有利的国际地位。正如一位土耳其人士所言，他们一手握着欧洲朋友的手，一手握着亚洲朋友的手，可谓左右逢源。

第三，另一个更为明显的特点便是较高的世俗化。在20世纪20～30年代，土耳其革命领袖凯末尔曾开展了一场大规模的世俗化运动，不仅实行了政教分离，而且对广大穆斯林的穿着打扮和行为模式都作了很大改革，从而使男子把礼拜帽换成了欧式礼帽，妇女出门也无须穿长袍戴面罩，男女隔离制度也被取消，鼓励妇女迈出家门走向社会去工作，一夫多妻制受到限制，而对酒精饮料的禁绝也不那么严格了，清真寺做礼拜开始使用土耳其语。这些改革虽然曾受到伊斯兰世界的广泛批评，但在土耳其并未出现大的反复。世俗化已深入土耳其社会的许多方面，尤其在大城市，土耳其的伊斯兰气氛远没有阿拉伯地区浓厚。

四、巴基斯坦人、孟加拉人的特点

巴基斯坦的伊斯兰化程度很高，但历史相对来说不很久。在伊斯兰教传入之前，这里盛行佛教、印度教，古代文化传统根深蒂固，这一特殊背景使巴基斯坦穆斯林的等级观念较明显。虽然历史上不同种姓不能通婚、不能交往、不能同席等制度早已不复存在，但人们仍有尊下之分。巴基斯坦穆斯林被分成阿什拉夫和阿杰拉夫两类。阿什拉夫为“贵人”，主要包括赛义德、谢赫、帕坦、莫卧儿等四种人。赛义德被看成伊斯兰教创始人穆罕默德的外系子孙，地位较高；谢赫自称为阿拉伯人或波斯人的后裔，改信伊斯兰教的印度教上层种姓也在此列；帕坦人和莫卧儿人曾经都是统治民族。阿杰拉夫为“卑贱者”，主要指下等种姓和从事下等职业的人，分为三类，一是未纳入谢赫种姓的拉其普特人，二是各种手艺人，三是改奉伊斯兰教的不可接触者。当然，在法律上他们是平等的，日常交往也无严格限制，只是在缔结婚姻时才会看重门第和等级。

巴基斯坦是一个以农业为主的国家，世世代代的农村生活养成了巴基斯坦人纯朴、诚信、倔强的性格。他们感情真挚、待人热情，重诺言、守信用，能吃苦耐劳，在事关人格尊严的问题上显得倔强不屈，是个不轻易认输的民族。这一点在与印度的民族关系上得到充分的体现。

孟加拉人是一个非常温良礼让的民族。他们非常尊重别人，尤其对长辈、老师更显出十分的恭敬，必以“您”相称，而且有时要行“触脚吻手”礼，即先用双手触摸长辈的脚背，再亲吻一下自己的手指。他们从不打断别人的谈话，几人谈话时如果某人有事要走，一定要请求另外几人的原谅。家中来客，主人要到门口甚至路口迎接，客人来访主人不作时间上的提示，客人爱待多久就待多久，离去时要把客人送到门口或路口。即使是仇人到来，在家里也要友善相待，不能侮辱对方。在讨论问题时，不管对方说得有无道理，都不能伤害对方的感情。如果要指出某人的不礼貌举动，口气也是和风细雨。他们很少争吵，斗殴之事极少见。

也许是孟加拉国河流众多、低洼多水、水涝飓风等自然灾害频仍的缘故，许多孟加拉人的表情多了几分严肃和忧郁，少了几分活泼和欢乐，同时这个民族又能够坦然面对种种不幸。

五、印度尼西亚人、马来西亚人的特点

印度尼西亚人和马来西亚人不仅在人种方面与西亚、南亚的穆斯林迥异，在文化传统和性格特点上也有明显的不同。

印度尼西亚人是一个乐于接受外来文化的民族。自从公元前2世纪进入奴隶制社会以来，不断有外来民族进入印度尼西亚，同时也不断把不同文化带入印度尼西亚，而印度尼西亚人大都能够将其融入自己的民族之中。公元3～6世纪，印度的梵文及婆罗门教对印度尼西亚影响很深，9～10世纪佛教、印度教在印度尼西亚很盛行，日惹附近著名的婆罗浮屠佛塔以及印度教陵庙群都是这时的遗构。13世纪以后印度尼西亚又很快进入了伊斯兰化时代，并最终成为以穆斯林为主的民族。16世纪以后，随着欧洲殖民者的到来，天主教、基督教也进入印度尼西亚，而且随着印度尼西亚一步步沦为荷兰的殖民地，基督教得到广泛传播。另外中国传统文化也随着历代中国商人而传入印度尼西亚，特别是在三宝垄等地，以郑和的名字命名的庙、祠、井为数不少，如三宝公庙、三宝洞、三宝井等。时至今日，印度尼西亚仍是东西方文化和阿拉伯文化交汇之地，印度尼西亚人尽管多是穆斯林，但印度尼西亚仍是一个多元文化的国度，伊斯兰教的氛围远没有西亚地区浓烈。

印度尼西亚人很珍视独立和自主。经历了西方殖民者的长期统治以及二战中日本的占领，印度尼西亚人很看重民族的独立。印度尼西亚曾是不结盟运动的主要倡导者，不轻易依赖于任何大国，强调要自己掌握自己的命运。印度尼西亚人的民主和自立意识也相对较强，个性也较为突出。

印度尼西亚是著名的歌舞之邦。印度尼西亚人民普遍喜爱音乐，印度尼西亚民歌优美动听，巴厘舞蹈更是世界驰名，宗教舞、民间舞、古典舞、现代舞异彩纷呈，享有很高的声誉。

印度尼西亚人富于互助协商精神。邻里互相借钱是常事，双方约好还期，债主一般不催，否则便是失礼，当然借债者一般均会如期奉还。不论国事、民事或团体内部之事，印度尼西亚人多能通过协商解决，一般不会激化矛盾，协作精神可嘉。

马来西亚在人种、文化和历史方面与印度尼西亚有不少相似之处，如主要民族都属广义的马来人，文化的多元性和宗教的多样性，以及长期受西方列强的殖民统治等经历。不过马来西亚的华人比重较大，中国文化的影响要更大更深，尤其是在大中城市，而穆斯林所占比重没有印度尼西亚那么大。

马来西亚穆斯林尽管在宗教礼仪方面与西亚无多差异，但在日常生活中的约束远没有阿拉伯地区那么严格。在公共场合，男女之间并无严格界限，节日里互相在一起跳舞也并无不可，妇女在街上也不必纱巾蒙面，女子接受教育和走向社会渐趋普遍。

马来西亚人愉快乐观。他们喜欢开玩笑，微笑被认为是社交上的一种礼貌，即使平时也很少显出忧愁来。他们对宾客很热情，一般要用上好的茶点招待，不大在意客人是否带来礼品。

六、各民族的标志

穆斯林国家的国旗大都和伊斯兰教密切相关。

沙特阿拉伯的国旗是绿色长方形，中间以白色阿拉伯文写着“万物非主，唯有真主，穆罕默德，是主使者”这一清真言，经文下是一把出鞘长剑。

埃及的国旗由自上而下三个长方形条构成，依次为红、白、黑色，白色长条中央绘有金色雄鹰。红色代表1952年推翻末代国王法鲁克一世的革命活动，白色象征革命的胜利，黑色表示结束了殖民统治的苦难。雄鹰为国徽图案。

伊朗国旗从上往下由绿、白、红色三个长条组成，居中的白色条略宽，中央有红色国徽图案，绿色条下部和红色条上部均有一行“真主伟大”，都是11句，用白色阿拉伯文书写。绿、白、红三色象征伊斯兰信念、和平、勇敢，两组各11句“真主伟大”，暗示1979年2月11日伊斯兰革命胜利日。国徽由四弯新月、一卷经书、一把宝剑组成阿拉伯文安拉字样。

土耳其国旗是红色底佩以白色新月和五角星。红色代表1923年土耳其革命，新月和五角星既是土耳其信仰的标志，又象征吉祥幸福，新月抱星象征人民的团结。

巴基斯坦国旗为白、绿二色，靠近旗杆的白色竖条约占四分之一，其余为绿色，中间有白色新月抱五角星图案。绿色是伊斯兰教的象征，白色代表国民中信仰印度教、佛教、基督教等的民族，新月和五角星则表示巴基斯坦为伊斯兰教国家。

孟加拉国旗为绿底衬托中央一轮红日。绿色既表示信仰，又象征国土的蓬勃生机，红日象征人民经过浴血斗争迎来了国家独立的黎明。

印度尼西亚国旗上红下白各占一半，红色讴歌勇敢和正义，白色代表自由和纯洁。此二色为印度尼西亚人民喜爱的传统色彩。

马来西亚国旗左上角为蓝底佩以黄色新月和14角星，其余部分为红白相间14条色带。14代表马来西亚联邦的13州和联邦政府(1965年新加坡退出之前代表14州)，新月代表伊斯兰信仰，蓝色小长方形表明与英国的传统关系，黄色是马来西亚地方9位苏丹所用的高贵颜色，红白二色为马来人喜爱的传统颜色。

第三节　阿拉伯—伊斯兰教诸民族的风俗习惯概要

一、姓名与称呼

阿拉伯各民族大多有名无姓。名字一般由三部分组成，即本人名、父亲名和祖父名，有时还可加上曾祖父、高祖父之名，仿佛一个家谱世系。阿拉伯人的名字约两千多个，较常用的一千个左右。这些名字多来源于阿拉伯的历史、政治、宗教、风俗习惯、道德观念、地理环境等，他们特别乐意取历史上的先知、哈里发和其他著名人物的名字，如穆罕默德、阿里、易卜拉欣等，也热衷于取名“阿卜杜”(意为奴仆)，如阿卜杜拉(真主的奴仆)、阿卜杜·拉赫曼(拉赫曼的奴仆)，以表示对后者的尊敬。

由于名字较长，所以在日常生活中平辈之间及长辈对晚辈多直呼本人名。当然，在社交场合要把本人名和父名一起称呼。对于有地位有头衔的人物，往往要在名字外加"谢赫"(长者、尊者)或具体的职务和头衔，如总统、将军、大使、教授、船长等。

另外，在一些情况下并不直接说出本人名，而代之以"某某之父"、"某某之母"、"某某之子"，我们常常在阿拉伯名字中发现"艾布"、"乌姆"、"伊本"、"宾特"，意即之父、之母、之子、之女。

阿拉伯女子的名字婚后一般不改，可以在名后加上丈夫的名字，如苏姗·穆巴拉克，即埃及总统穆巴拉克夫人。

伊朗穆斯林在姓名和称呼方面已完全阿拉伯化，与阿拉伯穆斯林相同。

土耳其穆斯林的姓名构成与阿拉伯人大致相同，多是本人名加父名(个别情况下加母名)，父名和母名也可称作姓。但在称呼上有所不同。一般交往中要在名字后加"贝依"(先生)和"哈纳姆"(小姐或女士)，对地位较高者则要在姓前加"巴依"或"巴扬"，意为"先生"或"女士"。昵称则是在名字或称谓后加上"吉恩姆"，意即"我亲爱的……"或"我的小……"、"我的好……"，如"爸爸＋吉恩姆"、"儿子＋吉恩姆"、"朋友的名字＋吉恩姆"。

巴基斯坦人的取名方法与阿拉伯人大体相同，安拉的 99 个尊称、穆罕默德以及其他圣者的名字广为人用。但有时在名字后要加上部落、种姓或民族的名称。称呼方面也有特点，一般不直呼其名，而是在称谓后加"将"、"琪"，表示尊敬或亲昵，如称兄长为"帕依将"，称姐姐为"阿巴琪"。在社交中对于尊者往往在名字前冠以职业或职务，如"阿拉玛"(大学者)；如果是平辈则称"萨希卜"、"杰纳卜"，相当于先生。

孟加拉穆斯林的姓名通常也是三部分，先知穆罕默德打头，第二部分为本人名，第三部分是姓，第一部分也可与第二部分互换位置。称呼时只用本人名。妇女一般不采用父姓或夫姓，而喜欢取一些有女性特点的姓，如"阿妮塔"、"莎玛莉"等。

印度尼西亚人的姓名是名前姓后，一般用父姓，女子结婚后要在名字后加上丈夫的姓名。在称呼上，人称代词不分性别，哥哥、姐姐、弟弟、妹妹都用同一个词。社会上称男性为"爸"、女性为"妈"，只表示尊敬，并无亲属的含意。

马来西亚人并无固定的姓，通常只有本人名，儿子以父名为姓，父亲则以祖父名为姓，所以一家几代不同姓，姓名之间往往用“宾”隔开，表示“某某之子”，用“宾蒂”隔开则表示“某某之女”。凡朝觐过麦加者可在名字前加上“哈吉”(男性)和“哈贾”(女性)。在称呼方面，同辈男性在名字前加“兄”，女则加“姐”，称呼上一辈则冠以“父”、“母”，再上一辈统统加“公”，自己一律谦称“儿”，夫妻之间以兄妹相称。

二、宗教信仰

伊斯兰教是本章诸民族共同信仰的宗教，穆斯林占总人口比例大都在90%以上，且有一些国家把伊斯兰教定为国教。当然，这并不意味着这些国家的公民没有信教的自由，事实上，这些国家中或多或少亦存在其他宗教的信徒。另外，伊斯兰教之中也有教派之分。

作为世界三大宗教之一的伊斯兰教，产生于公元7世纪的阿拉伯半岛，较基督教和佛教分别晚了600年和1200年，其创始人是出身麦加的先知穆罕默德，他大约用了二十二年完成了创教大业，不仅统一了半岛民众的信仰，也成就了半岛的统一，建立起政教合一的阿拉伯国家。在他之后，伊斯兰教随着穆斯林军队对外扩张的脚步迅速传遍了西亚、中亚、南亚、北非和欧洲的比利牛斯半岛，成为又一世界性宗教。

伊斯兰教是严格的一神教。在穆斯林心目中宇宙世界只有一个神，即安拉(真主)。他创造天地万物，主宰宇宙和人间，洞悉自然界和人类社会一切现象，执掌过去、现在和未来。伊斯兰教要求穆斯林要信安拉、信使者、信天使、信天经、信末日，合称为五大信仰，有的伊斯兰学者把信前定作为第六大信仰。穆斯林要履行五方面义务，即念功、拜功、斋功、课功、朝功，合称五功，有的学者还把圣战作为第六大功课。

成为穆斯林并没有严格的入教仪式。出身穆斯林家庭者一般自然就是穆斯林，出身非穆斯林家庭的人只要口念“万物非主，唯有真主，穆罕默德，是主使者”这一清真言，表白自己的信仰，并按伊斯兰教的要求去做，那就是穆斯林了。

伊斯兰教在其发展过程中形成了许多派系，其中信众最多的是逊尼派，其次为什叶派，还有哈瓦立及派、苏非派等。

伊斯兰教是和社会生活紧密结合的宗教，不仅是穆斯林精神世界的寄托，而且对他们的日常生活各方面都有深刻影响，既是一种宗教，又是一种生活方式。所以，相对于佛教、基督教，伊斯兰教对人类社会的实际影响要更大些。

伊斯兰教是沙特阿拉伯的国教，几乎全民信仰伊斯兰教，其中约85%信奉逊尼派，15%信仰什叶派。逊尼派通常定义为“遵守逊奈者”，即仿效穆罕默德“道路”或“行为”的人，该派承认穆罕默德之后的历代哈里发都是合法的继承人，在历史上影响最大，整个穆斯林世界中约有85%属于逊尼派。伊斯兰教的第一圣地麦加、第二圣地麦地那都在沙特阿拉伯境内，每年朝觐的时节（回历十二月上旬），世界各地的穆斯林大量云集麦加，去朝拜天房（克而白），进而使沙特阿拉伯一直保持着伊斯兰世界心脏的地位。

埃及同样把伊斯兰教定为国教，穆斯林占总人口的91%以上，以逊尼派为主。埃及穆斯林大都异常虔诚，除了每天在早晨、中午、半下午、傍晚和午夜做五次礼拜之外，每星期五的聚礼到场比例很高。星期五是伊斯兰教集体做礼拜的日子，音译为“主麻”日，届时，穆斯林大都要到附近的清真寺去聆听伊玛目的讲经，并做集体礼拜，场面壮观、肃穆。

和沙特阿拉伯不同的是，埃及约有8%左右的基督教徒。埃及的基督教称科普特教，信众多是科普特人，不受罗马天主教或东正教的领导，自成一体。其最高领袖称牧首，驻开罗，牧首之下设大主教，全埃及约有1 200座教堂和8所修道院。此外，埃塞俄比亚的科普特教会亦受开罗领导。科普特教以罗马皇帝戴克里先的登基日（公元284年8月29日）为纪元开始之日。

伊朗穆斯林占总人口的98.8%，其中91%为什叶派。什叶派形成于穆罕默德之后的哈里发时代，“什叶”意为“阿里的追随者”，阿里是穆圣的堂弟兼女婿，是第四任哈里发，之后倭马亚家族夺取哈里发位置。该派认为只有穆罕默德的直系即阿里的后代，才可以做伊玛目（领袖），而不承认其他哈里发的继承权。什叶派在伊斯兰世界属少数派，但在伊朗长期被奉为国教。

伊斯兰教以外，伊朗尚有古老的琐罗亚斯德教（拜火教）、犹太教、亚美尼亚基督教等其他宗教存在。

土耳其约有99%的民众是穆斯林，多属逊尼派，其余的人分别信奉东正教、天主教、新教和犹太教等，他们主要是希腊族、亚美尼亚族及犹太人。

伊斯兰教是巴基斯坦的国教，穆斯林约占总人口的95%，主要是逊尼派，有少量属什叶派，此外，具有神秘色彩的苏非派在巴基斯坦有一定影响。“苏非”本意为羊毛，因苦行者穿粗羊毛织的长袍而得名，他们主张在爱的基础上找一条比讲求形式的逊尼派更便捷的途径接近真主，其身份往往是保密的。在巴基斯坦还有少量的印度教、锡克教、琐罗亚斯德教和基督教信众。

孟加拉国约88%的居民为穆斯林，以逊尼派为主，伊斯兰教为国教。另有10%的人口信印度教，0.7%信佛教，0.3%信基督教。

印度尼西亚是一个多教并存的国家，但穆斯林约占总人口的87%，主要属逊尼派，但内部分成两种派系，一派称阿邦安，一派称散蒂利。前者也叫爪哇穆斯林，其信仰中夹杂有爪哇原始宗教成分，后者遵从较严格的伊斯兰教义。官方承认的另外四大宗教是：基督教（6.5%）、天主教（3.1%）、佛教和印度教。

马来西亚定伊斯兰教为国教，穆斯林主要是马来族人和部分印度族人，约占总人口的54%左右，属逊尼派。此外，佛教在华人中较流行，而马来西亚华人中不少人主张五教同宗（佛、道、儒、伊斯兰、基督教）。印度教和基督教也有不少信众。

三、迷信与禁忌

穆斯林有许多共同的禁忌。

在肉食方面严格禁食猪肉，这可能是源于阿拉伯民族视猪为肮脏的瘟神的古代习俗。他们也不食狗、蛇、马、驴以及猛兽鹰鹞等动物，自死的动物及未经阿訇诵经宰杀的动物也在禁食之列，但死鱼在埃及等地不在禁食之列。

饮品方面禁止饮酒，认为饮酒易导致人神志迷乱，酿出祸端，所以穆斯林要戒酒。这一点在沙特阿拉伯最为严格，不仅禁白酒、果酒，连啤酒也不许喝，造酒、卖酒、运酒都被禁绝。在有些国家禁酒不甚严格，起码在宴会上是可以喝啤酒或葡萄酒的。

服装方面由于伊斯兰教禁止女性暴露躯体肌肤，所以在户外不仅不能穿短袖衫、短裤，也不能以太薄太透的面料做衣服。

清真寺是圣洁之地，进入时应脱鞋或穿鞋套，而且应先迈右脚。在马来西亚还要先洗脚方能进入。

伊斯兰教禁拜偶像，所以不应将人或动物之塑像赠送穆斯林，印有肖像的礼品也不宜送出。

穆斯林男女界限分明，男性到穆斯林家中做客一般女主人要回避，客人不该询问女主人的情况。

穆斯林普遍忌讳左手，握手、呈递东西尤其倒茶、端饭都不能用左手。这是因为方便之后是用左手清洗，所以视其不洁。

遵照《古兰经》，穆斯林是禁止赌博的。

埃及人讨厌黑色和蓝色，偏爱白色和绿色。而马来西亚人视白色为不吉，也忌用黄色。

伊朗人忌讳向前伸出大姆指，认为那样做是侮辱别人，也忌讳在别人面前打呵欠、打嗝。

孟加拉人在吃饭时禁止说话，如果非说不可，也要长话短说，绝不许在饭间嬉戏开玩笑。

印度尼西亚人和马来西亚人均视头部为神圣，禁忌触摸别人的头，连小孩也不例外。也不能用右手食指去指人指物。

此外，不同民族还有一些不同的迷信。

埃及人相信右耳鸣是有人在骂他，右眼皮跳则预兆倒霉之事要发生，而左耳鸣则是亲友在惦记他，左眼皮跳会有好运。

伊朗人迷信数字“7”，认为“7”能带来好运。

土耳其人普遍相信一种由蓝色珠子做成眼睛状的东西能避邪，所以有为儿童或宠物佩戴的习惯。

印度尼西亚人迷信老虎，在有老虎出没的地区，人们不敢直呼老虎，而是称其“祖先”、“祖宗”。

马来西亚人迷信看手纹和相面术，他们还相信晚上有“家鬼”出没，所以夜里听到有人叫，不可随便应答，以免招来灾祸。

四、服饰特点

伊斯兰教诸民族在服饰方面既有共性也各有特点。大体说来，长至脚面的袍服是他们共同的传统服装。

沙特阿拉伯男人大都穿白色宽松大袍，外罩一种毛料制作的拖地披风，成年人大都披白色或彩色头巾，并用黑箍固定在头上。女子多穿宽大的黑斗篷，并用纱巾把头部和面部遮盖起来，她们喜欢佩戴各式金银首饰，头箍、银链、鼻环、耳环、项链、戒指、手镯、脚铃应有尽有。

埃及男子如果在政府部门工作，上班时间一般着西服，但一般平民仍穿名为“吉尔巴伯”、“吉拉皮亚”的大袍，配以小帽，但头巾远没有沙特阿拉伯那么普及。埃及妇女虽以各色袍服居多，但城里年轻姑娘们对裙装亦十分喜爱。当然女性要围头巾，中年以上者往往还要戴面纱。

伊朗人的袍服上紧下松，头巾多缠绕于头，并不用箍，青年男子也喜着西装。女子的袍服和头巾远比男子普及，但在政府部门工作的女性要穿长外套、长裤子，头巾也与农村妇女不同。

土耳其人在服饰方面西化程度较高，西装裙服较为普及，尤其在大城市。传统的土耳其服装有三要素，即“明堂”（无领长袖短衫）、“库沙克”（腰带）和“沙尔代尔”（灯笼裤）。

巴基斯坦人的民族服装是名为“葛米兹”的宽松套衫和名为“西尔瓦尔”的长裤，二者被称为“国服”。男子往往在套衫外再穿一坎肩，多缠头巾。长纱巾或披单是女性不可缺少的。

孟加拉女子最普遍的服装叫纱丽，面料颜色不同，但式样穿法无多差异，一块约 5.5×1.4 米的大布按一定程式从上到下裹在身上即成。

印度尼西亚最普遍的服装是衬衫和纱笼。纱笼是一种约 2.5×1.5 米的圆筒裙，男女均可穿着，男子多戴黑帽或缠头巾，对襟长袖衫有领；女子要配丝绸披肩、对襟长袖衫无领，喜戴金银首饰。

马来西亚人的穿着与印度尼西亚人相似。男子上着名为“巴汝”的无领衬衫，下着叫“卡因”的纱笼，头上有时戴白色无边帽，女子多穿长袖无领衫，下着纱笼，肩披纱巾。

多数穆斯林民族还有一个共同特点，即喜欢赤足穿拖鞋。

五、社交礼仪

伊斯兰教诸民族都崇尚礼仪，而且有不少共同的礼俗。

穆斯林相遇都要互致问候或施见面礼。如果是不太熟悉的人，则互致问候语“愿真主赐你平安”。如果是熟人朋友，阿拉伯人、土耳其人、巴基斯坦人要行拥抱礼或贴面礼，并致以一连串的问候，如“你好吗？”“身体怎样？”等。孟加拉人见面多行握手礼，但男女之间一般不握手，以注目点头代之。马来人见面行触手礼，相互伸出右手，触摸一下对方的手心，然后双手合十，再摸一下心窝，同时互致“愿真主保佑你”，印度尼西亚人见面除握手致意外，有些人习惯于行鞠躬礼。

上门做客都会受到热情接待。埃及穆斯林会对客人反复说：“你遇到的是亲人，欢迎你！”然后让座、上茶，客人应把茶喝完，否则意味着主人的女儿嫁不出去。沙特阿拉伯人保持了游牧民族的好客传统，有客人至，主人会反复表示欢迎，并以上好的茶叶和咖啡招待，而且迎客和送客一般要熏香或喷洒乳香，以示尊敬。土耳其人对客人更是热情，不仅要用红茶、甜点招待，在一些地方还保留送走客人后在其身后泼水以表祝福的风俗。巴基斯坦人同样热情，在信德等地，有向贵客赠送披巾、敬献花环的习俗。到印度尼西亚人家中做客，不必像其他国家那样脱帽，敬烟的方式也很特别，主人往往把烟倒出烟盒一半，客人先将外露最长的那支按进烟盒，而后选取露出烟盒最短的那支，以示谦虚。

出席穆斯林家庭举行的宴会，被邀请者一般要带点礼品，视宴会的性质可带鲜花、糖果、小工艺品或金饰等，客人要讲究衣着整洁。在埃及、土耳其等地，赴宴迟去一二十分钟是正常现象，早到反倒不好，这一点与欧洲一些民族类似。

六、饮食特点

由于《古兰经》对穆斯林的饮食有明确规定，所以伊斯兰教各民族在饮食方面有许多共同之处。

肉食方面以牛、羊、骆驼肉和鸡、鹅等家禽肉为主，烹饪方法以烧烤最为多见，烤鸡、烤鹅、烤牛羊肉都是遍受欢迎的佳肴。被誉为世界三大烹饪之一的土耳其菜系就是以丰富多样的烧烤而著称，其中的烤全羊是最隆重的一道大菜，喜庆宴会必然少不了。制作方法是先用香料把宰杀洗净的羔羊周身涂抹一遍，放入调料中浸渍，再将大米、松子、杏仁等塞入羊肚，然后放进特制大烤箱内烤上几小时便成。食用时整羊伏于大盘上，肚子里的填料取出放在盘四周，香味四溢，令人垂涎，如果在家中，则是各自动手撕下来吃，宴会上多由厨师操刀当场切割分与众人。

主食方面埃及和沙特阿拉伯是以面食为主，最普遍的食物是大饼和面包。尤其是埃及人，几乎一日三餐少不了大饼。它是由面粉加盐和水发酵后烘成，呈扁圆形，价格不贵，味道可口，广受欢迎。伊朗和土耳其的主食是面食、米饭各半，面食仍以大饼、面包为主。米饭的吃法多是油焖米饭或肉菜伴米饭。南亚和东南亚的伊斯兰教民族则以米饭为主。巴基斯坦人常在米饭中加入各种作料，马来人常用糯米做成糕点，印度尼西亚人则喜欢用香蕉叶或棕榈叶把大米或糯米包成菱形蒸熟而食，称其为“克杜巴”。马来人和印度尼西亚人均喜食咖喱饭。

调味方面，本章所述各民族大都喜欢各种香料，其中尤爱辛辣调味品。印度尼西亚、马来西亚均是著名香料产地，而沙特阿拉伯、埃及、土耳其等地又是香料高消费地区，这种爱好与他们喜食牛羊肉大有关系。胡椒、豆蔻、大料、辣椒、生姜等是他们共同偏爱的香料。

咖啡和红茶是伊斯兰教诸民族共同喜好的主要饮品。许多埃及人早餐必喝红茶，沙特阿拉伯人、巴基斯坦人则喜喝奶茶，伊朗人喜欢酸奶。土耳其咖啡以其独特的烹煮法闻名于世，他们将咖啡粉加糖加水后放在一个长柄开口小壶中烹制而成，不经过滤直接饮用，味醇而浓。印度尼西亚盛产咖啡，印度尼西亚人自然嗜饮咖啡。

伊斯兰教诸民族还有喜好甜点的习惯。不论是西亚还是南亚、东南亚的穆斯林都对甜食很感兴趣，也喜食各类干鲜水果。

在饮食方法上，穆斯林诸民族多有右手抓饭的习惯，这在南亚、东南亚以米饭为主的民族中尤为普遍，与之相应饭前饭后洗手是必不可少的程序。这些民族均有主人为客人加菜添饭的习俗，客人务必将主人所加之食品吃光。

七、传统节日

穆斯林各族共同的节日主要有开斋节、宰牲节、圣纪，合称三大节。此外还有盖德尔之夜、阿舒拉日、白拉特夜、登霄之夜、法蒂玛纪念日等。

开斋节是穆斯林斋月结束后的盛大节日。斋戒是穆斯林五功之一，按教法规定，满11岁的男子和满9岁的女子每年的伊斯兰历九月要封斋，每天从日出至日落不得进任何饮食。不便封斋者或日后补斋或以施舍代之，斋满29天之后寻看新月，月牙初见后的次日即为开斋节。节日主要活动有：晨礼后进食少许以示开斋，并表达对真主的感恩之情；交纳开斋捐；在清真寺举行盛大的会礼；礼毕大家共诵圣辞互致问候。

宰牲节是各族穆斯林最隆重的节日，时间在教历十二月十日，此日即朝觐活动的最后一天。宰牲节是为纪念古代先知易卜拉欣。相传，他对安拉无比虔诚，他表示只要安拉降旨，牺牲爱子伊斯玛仪也在所不惜。安拉为考验其忠诚，在梦境中默示他履行诺言。当易卜拉欣真要牺牲爱子祭献时，安拉降旨以一只羊来代替。穆罕默德创教后便将杀牲祭献列为朝觐活动内容之一。该日的主要活动有：穆斯林群众举行盛大的会礼庆祝活动，会礼前戒食半日，会礼后进食；宰牲节前备好羊、牛、骆驼，宰牲之肉要分成三份，一份自用，一份馈友，一份施舍。节日期间还要祭奠亡人，走亲访友，逛会赶集。

圣纪即穆罕默德的生日，时间为教历三月十二日。相传穆罕默德去世的日子也是三月十二日，称圣忌。二者合并纪念，俗称圣会。节日主要活动为诵经、赞圣、讲述穆罕默德的生平事迹。

教历九月二十七日为高贵的盖德尔之夜。据传公元610年该日夜里安拉始降《古兰经》。此夜穆斯林要聚集清真寺诵经礼拜，甚至彻夜不眠，谓之守夜或望夜。

教历一月十日为阿舒拉日。安拉于此日创造天国、火狱和人类。穆罕默德的外孙、阿里的次子侯赛因于公元680年此日遇难。所以此节具有双重意义。

教历八月十五日夜为白拉特之夜。“白拉特”本意是清白无辜，引申赦免之意。是日白天要戒食，晚上礼拜念祷词，祈求安拉免罪并赐好运。

教历七月二十七日夜为登霄之夜，据载穆罕默德于公元621年是日夜乘天马来到耶路撒冷，从一块岩石上登霄遨游七重天，见到古代众先知和天园。因此，耶路撒冷成为伊斯兰教第三大圣地，岩石上建起的清真寺即阿克萨清真寺，又名远寺。当晚穆斯林要诵经、礼拜，以示纪念。

法蒂玛是穆罕默德之女、阿里之妻，于公元632年教历十月十四日病故，什叶派尊其为圣母，每逢此日各地穆斯林要举行纪念活动。

除了这些共同的节日外，各民族还有自己的传统节日。埃及每年8月底或9月初要过尼罗河泛滥节。伊朗人每年要过春节，时间是伊朗太阳历的一月一日，约当公历3月20日前后。在土耳其，5月第二个星期日为母亲节，6月第二个星期日为父亲节。3月23日为巴基斯坦日，纪念1940年全印穆斯林联盟该日通过建立独立国家的决议；8月14日为巴基斯坦独立日，纪念1947年巴基斯坦宣告独立。3月26日为孟加拉国的独立日。8月31日是马来西亚的国庆节，纪念1957年马来西亚联合邦独立。11月22日为印度尼西亚的母亲节。

思考题

1. 伊斯兰教民族主要分布在世界哪些地区？全世界约有多少穆斯林？穆斯林最多的国家是哪个？

2. 埃及民族是如何完成阿拉伯化的？埃及最大的少数民族是哪一族？其信仰如何？

3. 伊朗主要有哪些民族？巴基斯坦的民族构成如何？

4. 简述沙特阿拉伯妇女的社会地位。

5. 埃及人的性格特点主要有哪些？

6. 伊朗人和土耳其人的特点分别有哪些？

7. 巴基斯坦穆斯林为什么分成两大类？

8. 为什么说孟加拉人温良礼让？

9. 为什么说印度尼西亚文化具有多元色彩？

10. 简介沙特阿拉伯和马来西亚国旗。

11. 阿拉伯人姓名有何特点？

12. 穆斯林的五大信仰和五功分别是什么？

13. 伊斯兰教的第一圣地在哪里？伊斯兰教的主要教派有哪几个？

14. 伊朗穆斯林大多属于什么教派？什叶派与逊尼派的主要区别是什么？

15. 穆斯林的饮食禁忌主要有哪些？为什么接物待人忌用左手？

16. 穆斯林女性在着装上有何要求？

17. 穆斯林喜食的肉类主要有哪些？喜欢的饮料主要有哪两类？

18. 简介伊斯兰教的三大节日。

主要参考书

1. 刘元培编著:《沙特阿拉伯》,辽宁教育出版社,2001年。

2. 吴德成、王湘瑛著:《埃及》,世界知识出版社,1999年。

3. [伊朗] 法劳马勒齐著:《伊朗旅游指南》,世界知识出版社,2000年。

4. 杨兆钧著:《土耳其现代史》,云南大学出版社,1990年。

5. 汤平山著:《印度尼西亚》,当代世界知识出版社,1998年。

6. 申明河编著:《马来西亚》,辽宁教育出版社,1998年。

7. 韩振乾、张双鼓主编:《世界风情大全》,书海出版社,1991年。

8. 传兵、夏叶编著:《世界各国国旗国徽》,重庆出版社,1996年。

9. 李荣建、宋和平编著:《外国习俗与礼仪》,武汉大学出版社,1996年。

10. 王兴斌主编:《中国旅游客源国概况》,旅游教育出版社,2000年。

第十三章　佛教、印度教国家的民俗

学习目的

- 了解佛教、印度教诸民族的构成
- 熟悉佛教、印度教诸民族的特点
- 掌握佛教、印度教诸民族的风俗习惯

基本内容

佛教、印度教诸民族的构成
- 佛教、印度教民族的内涵
- 日本概要及其民族构成
- 韩国概要及其民族的形成
- 泰国概要及其民族构成
- 印度概要及其民族构成

佛教、印度教诸民族的特点
- 日本人的特点
- 韩国人的特点
- 泰国人的特点
- 印度人的特点
- 各民族的标志

佛教、印度教诸民族的风俗习惯概要

●姓名与称呼
●宗教信仰
●迷信与禁忌
●服饰特点
●社交礼仪
●饮食特点
●重要节日

第一节　佛教、印度教诸民族的构成与分布

一、佛教、印度教民族的内涵

佛教、印度教民族是指以这两种宗教的任何一种为主要信仰的民族。如果这样的民族在国家中是主要民族，我们也可以称这些国家为佛教或印度教国家。

佛教、印度教国家主要集中在亚洲。它们分别是：印度，印度教徒占总人口的82%。尼泊尔，印度教为国教，教徒占总人口的89.5%。不丹，居民大多信仰藏传佛教中的噶举派，该教被视为国教。斯里兰卡，佛教为国教，69.3%的国民信奉南传佛教，另有15.5%信奉印度教，二者合计约占总人口的85%。缅甸，佛教为国教，88.6%的居民信仰小乘佛教。泰国，90%以上的居民信仰佛教，佛教是国教。柬埔寨，佛教为国教，约90%的民众信仰小乘佛教。老挝，90%左右的居民信仰佛教。蒙古国，喇嘛教（藏传佛教）是国民的传统信仰。以上国家是最为典型的印度教、佛教国家，国民的90%左右为这两大宗教的信奉者。

亚洲还有一些传统的佛教国家。它们是：日本，据统计日本信仰佛教者约8 200万，虽没有神道教信众多（约9 500万），但许多日本人往往是既信佛又信神道。韩国，佛教信徒约1 100多万，占信教总人数（2 336万）的47%，居各教之首。越南，约有2 000万佛教徒，是越南第一大宗教，他们主要信奉大乘佛教。新加坡，这个华人占总人口76.1%的国家，佛教、道教是影响最大的宗教。

此外，亚洲的马来西亚、中国也拥有数量可观的佛教徒。

毛里求斯这个非洲岛国是亚洲以外唯一一个印度教占优势的国家。其居民的51%是印度教徒。大洋洲的小岛国斐济的印度教徒占国民比例也较高，达到40%，仅次于基督教徒（51%）。

在这十几个国家中，从旅游关系和地区影响的角度考虑，我们选择日本、韩国、泰国、印度作为本章主要的介绍对象。

二、日本概要及其民族构成

日本国(Japan)陆地面积 377 880 平方公里，包括北海道、本州、四国、九州四个大岛和其他 6 800 多个小岛屿。分为 1 都(东京都)、1 道(北海道)、2 府(大阪府、京都府)和 43 县(省)，下设市、町、村。首都东京(Tokyo)，人口约1 256万(截至 2006 年 1 月)，全国人口约1.277 4亿(截至 2006 年 2 月)。主要宗教为神道教和佛教，信仰人口分别占宗教人口的 49.6%和 44.8%。

宪法规定日本实行以立法、司法、行政三权分立为基础的议会内阁制；天皇为日本国和日本国民总体的象征，无权参与国政；天皇明仁，1989 年 1 月即位，第 125 代天皇，年号"平成"。国会由众、参两院组成，为最高权力机关和唯一立法机关。

内阁为最高行政机关，对国会负责。现任首相安倍晋三，2006 年 9 月就任。主要政党有：执政的自民党、公明党，在野的民主党、共产党、社民党等。

日本是世界第二经济大国，目前 GDP 约占世界总量的 15%，占亚洲的 60%。2005 年国内生产总值 5 029 053 亿日元(约 45 668 亿美元)，人均 393.7 万日元(约 35 751 美元)。货币名称日元(Yen)，汇率 1 美元=117 日元(2006 年 9 月)。[①]

日本基本属单一民族国家，主要民族为大和族，约占总人口 99%以上。主要的少数民族是北海道地区的阿伊努族人(又称虾夷族)和琉球人。另有为数不多的外国侨民。

日本人自称为大和民族。按照日本古代的神话传说，太阳女神——天照大神派她的天孙降临日本，建立了大和国，繁衍了大和民族。实则，大和民族是逐渐进化形成的。大和族属蒙古人种东亚类型，其远祖早在数万年前就繁衍生息于日本的土地上。当时的日本还不是岛国，而是与亚洲大陆连在一起。大约距今 1 万年前，日本与大陆分离，开始独立进化。其进化的步伐要慢于大陆。直到秦汉时期，随着中国的先进文化通

---

① www.fmprc.gov.cn，中国外交部，2006/10/5。

过朝鲜半岛的输入，日本先民的发展速度才大大加快。大约公元2～3世纪后，日本开始进入文明社会，先后出现了邪马台国、大和国。大约在4世纪末5世纪初大和国成为统一强大的国家。正是因为大和国的缘故，日本人才自称大和民族。

由于岛国特殊的地理环境，大和民族在历史进程中很少与其他民族融合，保持了血统相对的单纯性。但是在文化、宗教等方面，古代的大和民族深受中国文化和佛教的影响。

阿伊努族是日本列岛较早的土著居民，属蒙古人种马来类型，起初居住在日本南部，后来被大和族逐步驱赶到北海道。如今，阿伊努人约有2.4万左右。

琉球人大部分生活于琉球群岛，也叫冲绳人，人口约120万。他们与大和族同属蒙古人种，但并非同族。大约在17世纪以后才并入日本。

旅居日本的侨民中以朝鲜人、韩国人居多，总数约在70万左右。华侨人数在6万人以上。

三、韩国概要及韩民族的形成与演变

大韩民国(Republic of Korea)面积9.96万平方公里，全国划分为1个特别市(首尔)、9个道6个广域市，首都首尔(Seoul)，人口979.6万(2005年)，全国人口4 725.4万(2005年)，通用韩国语，50%左右的人口信奉佛教、基督教等宗教。

宪法规定，总统既是国家元首，又是政府首脑和武装力量总司令，任期5年，不得连任。现任总统卢武铉，2002年12月19日当选，2003年2月25日就任。国会是立法机构，实行一院制，共299个议席，每届任期4年。国务总理辅助总统工作，现任总理韩明淑，2006年4月就任。主要政党有开放国民党、大国家党、民主劳动党、新千年民主党等。

韩国是新兴工业国家，2005年国内生产总值7 875亿美元，人均国民收入16 291美元，货币名称韩元，汇率实行浮动汇率制，1美元=948.2韩元(2006年6月7日)。[①]

---

① www.fmprc.gov.cn，中国外交部，2006/7/27。

韩国基本上是单一韩民族国家。韩民族也即朝鲜族，属蒙古人种。据考证，朝鲜族来自中亚一带。早在三千多年前，居住在中亚细亚阿尔泰山脉一带的部族向东移动，经西伯利亚和中国东北来到朝鲜半岛定居，与当地原有居民融合，逐渐形成为一个新的民族——朝鲜族。大约在公元前3世纪，朝鲜半岛东南部有三大部落联盟，分别称为马韩、辰韩、弁韩，合称三韩。在公元前后，马韩统一三韩建立辰国。

在此前后，半岛西南部又兴起百济，北部则为高句丽国，出现三国鼎立局面。大约在7世纪后期，新罗和百济吞灭辰国。10世纪早期，高丽国灭新罗和百济，统一了朝鲜半岛。高丽即"高山丽水"之意，因而朝鲜族又有高丽民族之称。14世纪末，高丽国被李氏政权取代，并迁都汉城，改国名为朝鲜，意为"朝日鲜明"。李氏朝鲜后期内忧外患，为了振兴国家，于1897年改国号为"大韩帝国"，简称"大韩"或"韩"。

1910年，朝鲜沦为日本殖民地。1945年日本战败投降后，美国和前苏联以北纬38°线为界，将朝鲜一分为二。1948年南北分别成立"大韩民国"和"朝鲜民主主义人民共和国"。至此，朝鲜民族被分成两半，各自走上不同的道路。从人口数量上看，韩国远多于朝鲜。

韩国没有少数民族，但有少量外侨，其中华侨约3万余人。

四、泰国概要及其民族构成

泰王国(Thc Kingdom of Thailand)面积513 115平方公里，全国分中部、南部、东部、北部和东北部五个地区，共有76个府，府下设县、区、村。首都曼谷(Bangkok)是唯一的府级直辖市，注册人口584万，全国人口6 476万(2005年12月31日)，泰语为国语。90%以上的居民信仰佛教，马来族信奉伊斯兰教，还有少数信奉基督教新教、天主教、印度教和锡克教。

国王普密蓬·阿杜德(Bhumibol Adulyadej)，拉玛九世王。1946年即位，1950年5月5日加冕。国会分下议院和上议院，下议员500人，任期4年，上议员200人，任期6年。主要政党有泰爱泰党、民主党、泰国党、大众党、皇家人民党等。

2005年国内生产总值71 000亿泰铢(约合1 762.5亿美元)，人均国民生产总值 107 001 泰铢(约合 2 655 美元)。货币名称铢,汇率(全年均价)1 美元≈37.95 铢。[①]

泰国是个多民族国家,全国共有三十多个民族。主要有泰人、寮人、华人、马来人、高棉人,另外还有苗、瑶、桂、汶、克伦、掸等民族。各民族的名称很复杂,有本民族的自称、各支系的自称、别的民族的不同叫法,但各民族都爱用本民族的自称。

泰人自称泰族或泰民族,泰语意为自由的民族,历史上曾称为暹罗族,是泰国第一大民族,占总人口的 40%。

寮人也即老挝族,是泰国的第二大民族,占总人口的 35%,主要居住在泰国的北部和东北部靠近老挝的地区,与老挝人同族。老挝族与泰族在生活习俗方面较接近,语言文字上也使用泰语。所以二族界限不是太清。

华人即华裔泰人,人数在 600 万以上,占总人口的比重为 11%。华人旅泰的历史可以追溯到唐宋时期,但第一个高峰是元代灭南宋和南诏时,大量中国傣族人南迁泰国境内。鸦片战争后,在大批华工被贩卖到东南亚的矿山和种植园的过程中,又有大量华人来到泰国,他们主要在锡矿和橡胶园劳动,为泰国的发展做出了贡献。今天,600 多万华人大都讲泰语,在泰国经济生活中占有举足轻重的地位,是泰国民族大家庭中不可或缺的一员。

马来人约占总人口的 3.5%,总数在 200 万左右,他们与马来西亚的马来族为同一民族,主要居住在泰国的南部地区。

高棉人即高棉血统的泰人,占总人口的 2%,数量在 120 万以上,他们与柬埔寨的主要民族高棉族同为一族,主要居住在东南部靠近柬埔寨的地区。

生活在北部和西北部山区的苗族、瑶族、掸族、克伦族等二十多个少数民族被统称为山地民族,人数均不是太多,总共 60 多万人,但保存着本民族的语言和文化传统。

值得指出的是,泰国是东南亚唯一没有沦为殖民地的国家。泰国历

---

① www.fmprc.gov.cn,中国外交部,2006/9/13。

史上先后经历了素可泰王朝(1238 年建立)、阿瑜陀耶王朝(1350 年建立,后改称暹罗国)、吞武里王朝(1767 年华人血统的民族英雄郑信建立)和曼谷王朝(1782 年建立)。19 世纪中叶以后,尽管西方列强也侵入泰国,但泰国艰难地保持着民族独立。1932 年,国王颁布宪法,实行君主立宪政体。1939 年改暹罗国为泰王国,1945 年恢复暹罗国名,1949 年再改为泰王国,简称泰国。

五、印度概要及其民族构成

印度共和国(The Republic of India)面积约 298 万平方公里(不包括中印边境印占区和克什米尔印度实际控制区等),印度政府称其领土为 328.78 万平方公里。首都新德里(New Delhi),连同老德里人口共 1 385.1万(2001 年),全国人口 10.9 亿(2005 年中央统计局数字),英语和印地语同为官方语言。

宪法规定印度为联邦制民主共和国,采取英国式的议会民主制。议会由联邦院(上院)和人民院(下院)组成。国家元首是总统,现任总统阿卜杜尔·卡拉姆(A. P. J. Abdul Kalam),2002 年 7 月 25 日就任。现政府总理曼莫汉·辛格(Manmohan Singh),2004 年 5 月就任。主要政党有国民大会党(英迪拉·甘地派)、人民党、共产党(马克思主义)、泰卢固之乡党等。

国内生产总值(2005/2006 年度)259 534 亿卢比(约 7 750 亿美元),人均 23 810 卢比(约 714 美元)。货币名称印度卢比,汇率 1 美元=44.93卢比(2004/2005 年度平均数)。①

印度是一个历史悠久的文明古国,在五六千年的历史进程中,印度屡遭异族的入侵和占领,从而成为一个人种繁多、血统混杂、语言纷繁的多民族国家。

从人种上说,将近 11 亿印度人,有的接近于欧洲的白种人,属雅利安人种;有的又像非洲的黑种人,近似于尼格罗人种;有的则是棕褐色的黄种人,属于蒙古人种。世界三大人种皆有,所以,人称印度为“人种

① www.fmprc.gov.cn,中国外交部,2006/8/25。

博物馆”。同时，每一人种都不是那么纯，或多或少混杂着一些其他人种的血统，因而就出现大量不同的混合人种。

从民族的角度来说，印度有大大小小数百个民族或部族，是世界上民族成分最复杂的国家之一。以人数来衡量，印度主要的民族有印度斯坦人、孟加拉人、泰卢固人、马拉提人、古吉拉特人、奥里萨人、旁遮普人、拉贾斯坦人等。

印度斯坦人是印度的第一大民族，约占总人口的 46.3%，主要分布在北方邦、中央邦、哈里亚纳邦和拉贾斯坦邦等地。这是一个族源相同、语言文化和生活习俗相近的地区性民族集团，是共同的语言——印地语把他们联系在一起。

孟加拉人约占总人口的 7.7%，与孟加拉国的孟加拉人同族，主要分布在西孟加拉邦、比哈尔邦和奥里萨邦，操孟加拉语。

泰卢固人又称安得拉人，约占总人口的 8.6%，主要分布在安得拉邦以及卡纳塔克邦和泰米尔纳德邦的部分地区。泰卢固人是典型的混血种，雅利安人、达罗毗荼人、蒙古人种的特点兼而有之。

马拉提人约占全国人口的 7.6%，主要分布在马哈拉施特拉邦，他们是雅利安人、达罗毗荼人和希腊人的混血种。

古吉拉特人约占总人口的 4.6%，主要集中于古吉拉特邦，操古吉拉特语，是由达罗毗荼人、雅利安人与塞西安人的混血而成。

奥里萨人约占总人口的 3.8%，主要集中于奥里萨邦，是达罗毗荼人和雅利安人的混血后裔，身材较矮，肤色较黑。

旁遮普人约占总人口的 2.3%，主要分布在旁遮普邦，与巴基斯坦的旁遮普人为同族，由雅利安人、塞西安人、匈奴人、蒙古人混血而成。

拉贾斯坦人约占全国人口的 2.2%，主要集中在拉贾斯坦邦，在中央邦和安得拉邦也有分布，操拉贾斯坦语。

比较大的民族还有泰米尔人、阿萨姆人，主要分布在泰米尔纳德邦和阿萨姆邦。

此外，印度还有数以百计的部落民族，有人称他们为森林民族或原始民族，他们约占总人口的 8.2%，多居住在山区、森林及一些边缘地带。

第二节　佛教、印度教诸民族的特点

一、日本人的特点

岛国岛民这种独特的自然和社会环境造就了日本民族的特殊性格。概而言之，日本人主要有以下几方面的特点：

首先是热爱自然。日本列岛四面环海，山川纵横，雨量充沛，植被茂密，有着令人赏心悦目的优美自然环境。自古以来，生活在列岛上的日本人对大自然充满兴趣，有着热爱大自然的悠久传统。这在日常生活中的许多方面都有所体现。在穿着方面，善于打扮的日本姑娘把大自然的美景巧妙地移植在和服上，梅、菊、樱、牡丹等花卉图案最受宠爱。在传统饮食方面，许多品名都与自然界的各种物名有关，如牡丹饼、御楸、松风、红梅烧等都是点心的名称，樱正宗、菊正宗、剑菱、山川则是酒名，而菊室、梅室、樱室则是餐馆名称。在取名方面，许多女性都取名阿花、阿松、阿蝶、阿菊之类。他们还用植物形容人的品性，如樱花——潇洒、松树——柔韧、野草——顽强等。日本人有赏花、赏月、赏雪的习惯。这种酷爱自然的传统使得日本人对自然山水旅游景点很感兴趣。

其次是吃苦耐劳。与其他民族比较，日本人很明显的一个特点是工作十分勤奋。他们一般都是提前上班，推迟下班，尤其是白领阶层，大都要在下班时间过后仍自觉自愿地再多干一段时间，而且工作中严肃认真，尽心尽责，工作效率较高。外国人称日本人为“工作狂”。应当承认二战以来日本的经济能够迅速恢复并高速发展，成为仅次于美国的第二经济大国，与这种拼命工作的民族特性是分不开的。日本人这种吃苦向上的拼搏精神是与自然和社会环境联系在一起的。日本的山川虽然俊美，但自然灾害相对较多，台风、暴雨、地震、海啸、火山爆发等频频发生，而且列岛大部分地区农耕的自然条件也不理想，在这样的背景下要生存，必须付出艰辛的努力。这是日本民族吃苦耐劳的自然根源。从社会根源上看，明治维新以来，日本民族奋发图强，形成有能力的人通过个人奋斗逐步提高社会地位的格局，因此，官吏、军人、职员等普遍养成勤奋工作的好习惯，以求改善自己的社会地位。

其三是善于学习。日本民族在成长发展的历史长河中，深感岛国的局限，所以对外来先进文化持欢迎态度，一部日本历史在很大程度上是学习吸收其他民族先进文化成果的过程。在古代，他们主要从中国传统文化中汲取养分。隋唐时期，迈入文明社会大门历史还不算长的日本民族，对高度发达的中国古代文明羡慕不已，不断派遣留学生远涉重洋来华学习，学成归国后，按照中国先进的典章制度来改造日本社会，这就是著名的“大化革新”。仿唐建制大大加速了日本社会的进步。在近代明治维新前后，日本民族充分意识到了日本国的落后，所以全方位学习、引进欧美先进的政治思想和体制及科学技术，并加以消化吸收，从而使日本走上了富国强兵的道路，摆脱了沦为殖民地的命运。二战以来日本经济的崛起，同样得益于大量引进美国和欧洲的先进技术。所以人称日本是一个“善于模仿”的民族。

其四是重视义理人情。日本是一个非常讲究道德规范的民族，他们特别看重义理和人情。义理属于社会生活规范，体现在上下级关系、主从关系、师徒关系、对等关系、朋友关系、邻里关系等许多方面，大家都要遵循约定俗成的规范，这当中有平等也有不平等，有顺从也可能有对立，但大家都视之为天经地义。在日本，人际关系是非常重要的生存条件之一。人情即个人的私情。受封建社会道德观念的影响，日本人特别在意别人给予自己的好处——恩。在他们看来有天皇恩、父母恩、主人恩、他人恩、师傅恩等，对此都要铭记不忘，而且要时时想着如何报恩，即所谓知恩必报。忘恩负义是大逆不道。所以在日本社会中人情味较浓，集体、家庭的凝聚力归属感较强。

二、韩国人的特点

韩国人是特点较为鲜明的民族，其主要性格特点如下：

其一是强烈的民族自尊心。由于20世纪前半叶韩国沦为日本的殖民地，深深体验到了亡国为奴之痛，所以独立后的韩国人十分珍视民族的尊严，有强烈的民族自尊意识和爱国精神。他们很注重韩国人在外国人眼中的形象，对事关民族荣辱之事十分敏感，这点在对日本人的交往中表现得尤为明显。在韩国，每天下午 5 点都要准时播放国歌，行人需要停步至国歌播完方能赶路，电影院和剧院在演出前要先播放国歌，观众须起立，外国人也不能例外。

其二是强烈的拼搏精神。二战之前的韩国是贫穷的殖民地，但独立后经济蓬勃发展，很快摆脱落后的境地，步入中等发达国家的行列，在世界上的经济实力排位节节上升。这一巨大的进步是与韩国人肯吃苦、能拼搏的特性联系在一起的。在这方面韩国人并不逊色于日本人。这种精神不仅表现在工作中和事业上，而且在体育比赛中也有淋漓尽致的体现。在许多国际大赛上，韩国运动员都表现出旺盛的斗志和顽强的拼搏精神，进而在比赛中取得优异成绩。

其三是良好的伦理道德精神。自古以来韩国深受中国儒家文化的影响，有父慈子孝的良好传统。韩国人的家庭观念较强，家庭关系和睦，晚辈尊敬长辈，夫妻各尽其职。在公共场合，尊老爱幼是普遍的社会风尚，行路、乘车处处都能感到老幼所受到的特殊关照。在现代企业中，尽管领导和被领导等级明显，但双方仍能和睦相处。

其四是具有团队协作精神。尽管韩国人的个性较为鲜明，但并不缺乏团队协作精神。韩国男子人人都要服兵役，这既是国防的需要，也培养了韩国男子超强的忍耐吃苦精神和集体协作意识。这种协作精神在经济生活、社会生活中随处都能感受到，在体育比赛中看得更明显。

三、泰国人的特点

泰国人的第一个特点是虔诚信佛。尽管泰国是一个多民族国家，但不同的民族有相同的信仰，全国超过 90%的居民信仰佛教，是全球信佛比例最高、佛教气氛最浓厚的国家之一。泰国城乡佛教寺庙比比皆是，数不胜数，而且个个香火旺盛。泰国男子人人都要出家到寺庙当一段时间的和尚，长则数年，短则数月。否则，国王不得执政，贵族不得袭爵，平民不得结婚。同时要举行隆重的剃度仪式。当然也有不少人终生出家当和尚。僧人的社会地位很高，无论是贵族还是平民，遇到僧人必须行礼，而僧人却不必还礼。向僧人行礼等于礼佛，因为袈裟代表佛。泰国人日常生活中大都能奉行佛教的规约，表现出对佛的极大虔诚。

泰国人的第二个特点是对皇室的尊敬。泰国是个君主立宪制国家，曼谷王朝的国王虽然已远不像君主专制时代那么大权在握，只是名义上的国家元首和三军总司令，但在民众心目中仍然是至高无上的。泰国的国庆节即现任国王普密蓬·阿杜德的诞辰纪念日(12 月 5 日)，军队要举行效忠国王的检阅和宣誓仪式。5 月 5 日国王的加冕纪念日也是泰国的重要节日。4 月 6 日还要庆祝曼谷王朝的建立。戏剧、电影开演之前要奏赞颂国王的歌曲，大家都要起立。总之，国民对国王无比爱戴，皇室是泰国的象征。

泰国人的第三个特点是礼让和蔼。受佛教长期的影响，泰国人显得谦逊和蔼。不仅家庭中长幼有序，互敬互爱，亲情浓郁，气氛温馨，而且在社会上人们的自律意识也很强，大都能与人为善，礼让为先，互谅互助，以礼相待，极少有当众与他人争吵的事情发生，即使别人有什么过失，也不当面让人难堪，表现出良好的社会公德。

泰国人的第四个特点是擅长歌舞。歌舞是泰国人生活中不可缺少的组成部分，尤其是泰国妇女以能歌善舞著称。每逢过节、庆祝丰收、欢迎宾客、结婚迎亲或拜神祈雨等场合，人们都要用歌声和舞蹈来表达内心的感情。泰国舞蹈分为古典舞和民族舞两类。古典舞高雅而寓意深刻，多在宫廷和宗教、纪念性典礼中表演；民族舞丰富多彩，形式多样，多在民间和节庆时表演，著名的民族舞蹈有长甲舞、蜡烛舞等。

四、印度人的特点

印度地域广大、人口众多，民族和信仰繁多，各地居民有着不同的习俗和特点，很难找出一些准确的词汇来概括印度人的特点，不过如下四方面大体上反映了多数印度人的特征：

其一是等级观念根深蒂固。早在上古时代，印度就盛行种姓制度。雅利安人入主印度后，根据征服者、被征服者以及个人所从事职业的不同，将居民分成四个等级，由高到低依次为婆罗门、刹帝利、吠舍、首陀罗，此外还有不可接触的贱民(旃陀罗)。各等级的职业和地位是世袭不变的，实行等级内部通婚制。这就是种姓制度。尽管入主印度的统治者在历史上不断更替，但种姓制度却长盛不衰。即使到了强调法律面前人人平等的民主时代，政府采取了立法等措施加以废除，但种姓制度由于根深蒂固，仍然对印度社会有广泛的影响，各种姓之间的界限虽不像古代那么森严，但依然看得很清晰，这在农村尤为明显。种姓之间的利害冲突也屡有发生。不过，从长远看，随着时代的进步，种姓制的残余影响是减弱的趋势。

其二是开朗热情。与印度炎热的气候相吻合，印度人的性格热情奔放、开朗大方。这一点在与陌生人尤其是外国人交往时表现得尤为明显。如果碰到外国人问路，他们总是不厌其烦地告诉该怎么走；如果他不知道也不会说不知道，而多半会先去问别人，然后再告诉你。印度人嘴边常说的一句话是“没问题”，实际上有时说此话者心中并没有把握，结果往往正相反，问题大大地有。也许是太热心助人，印度人的时间观念不是太强，约好的时间晚到 20～30 分钟习以为常。

其三是健谈善辩。与开朗热情的性格相联，印度人普遍长于言谈，善于辩论。谈起话来语速较快，口若悬河，而且条理不乱。凡是有讲话的机会他们大都会争相发言，沉默寡言的印度人较少。在各种讲演和记者招待会上，他们从不畏首畏尾，而是先滔滔不绝地讲上十几分钟，亮明自己的观点，然后才提出问题。

其四是擅长歌舞。音乐是印度人民生活中的有机组成部分，一个人从出生到死亡，一生中的任何关头和生活中的任何事情都有歌声相伴。尤其在农村，不论下田还是干活，总能听到歌声。印度音乐节奏明快而热烈，既动听又富于感染力。舞蹈与音乐是孪生兄妹，印度人不仅能歌而且善舞，尤其是印度少女个个都是舞蹈天才，只要听到音乐的节拍就会翩翩起舞。印度舞蹈流派众多、内容丰富，既有适于大众即兴参与的通俗舞蹈，也有要求极严的专业舞蹈。无论哪类舞，都具有很高的观赏性和表现力。

五、各民族的标志

日本的国旗是太阳旗，白底中央有一轮红日。太阳旗体现日本民族对太阳的崇拜。按照传说，日本民族是太阳神的子孙，日本又位于东方，他们以为是太阳升起的地方。太阳旗早在公元8世纪就作为天皇旗出现,16世纪丰臣秀吉侵略朝鲜的军舰上亦悬挂太阳旗。白色象征神圣、纯洁、正义,红色代表真挚、热忱和博爱。

韩国的国旗是太极旗。白底,中间有红蓝太极两仪构成一个圆心,四周有乾、坤、离、坎四卦(蓝色)。按照八卦的本意,乾、坤代表天和地,离、坎代表火和水,两仪代表阳和阴。而其当代的象征意义是,白底代表土地,两仪组成的圆代表人民,四卦代表政府。此旗早在1883年已正式被李氏朝鲜使用。1948年大韩民国成立时又将太极旗定为国旗。

泰国的国旗是红、白、蓝三色五条旗,上下两条是较窄的红条,中间是最宽的蓝条,红蓝条之间是两条稍宽的白条。红色象征各民族团结一致建设国家的活力,白色象征对佛主的虔诚,蓝色代表国王。

印度的国旗是橙、白、绿自上而下组成的三色旗,白条中间有一个24根辐条组成的蓝色法轮。橙色象征无私、克己、献身的美德,白色代表光和真理,绿色代表信心。法轮取自佛教,引申为神圣之轮、真理之轮和永远前进之轮。

第三节　佛教、印度教诸民族的风俗习惯概要

一、姓名与称呼

日本人的姓名绝大部分使用汉字,姓名排列与我国汉族相似,姓在前名在后,子取父姓世代相袭。

日本人在明治维新之前只有贵族有姓,一般平民有名无姓。明治维新时为了编制户籍,要求人人都要有姓,于是平民多以地名、住所或与生活相关的事物为姓。因此,日本人的姓数量繁多,据说多达12万个姓。但最常见的姓有40多个,其中铃木、佐藤、田中、渡边、山本、高桥、小林、中村、伊藤、斋藤为十大姓,总人口约一千一百多万,仅铃木一姓就有二百多万人。女子婚后一般改姓丈夫的姓。

日本人的名字一般为两个字,所以姓名合起来以四字居多。日本人

取名时多体现排行，男子如太朗、次郎、三郎、正一、正二、长男、次男。男子名最后一个字以郎、夫、雄最为常见。女子名多以子字结尾，如春子、惠子、芳子、千代子、顺子、高子、明子、温子等。子字原本是贵族女子的特权，现在平民女子亦可使用。

在称呼方面，一般情况下男性称先生，女性称女士或小姐，与西方相似。在公司或政府部门，对上级一般要称呼职务，如课长、部长、社长、大臣等。在家中，对父母、长辈、兄、姐不能直呼其名，而以双方的关系称呼，如父亲、姐姐等。一旦新婚夫妇生子之后，夫妻之间的称谓便发生变化，丈夫称妻子“妈妈”、“母亲”，妻子称丈夫“爸爸”、“父亲”，老年夫妻则以“爷爷”、“奶奶”相称。这是日本特有的“孩子本位称呼法”。

韩国人的姓名更接近中国人。姓在前名在后，姓大多是一个字，名大多为两个字，而且兄弟或同代人的名字中总有一个字是相同的，以表示辈分。据统计，韩国共有 411 个姓，是世界上姓氏较少的国家。最常见的姓有金、李、朴、崔、郑，合称五大姓，其总数超过全国人口的一半。此外，姜、赵、尹、张、林也属大姓。与中国相同，韩国也有复姓，如鲜于、雨宫、冈田、长谷川等。女子结婚之后仍为父姓，并不改换丈夫之姓。女子起名多用顺、玉、姬、子等字。

韩国人一般不直呼别人的名字，即使在兄弟姐妹之间也是如此，一般要以彼此的关系来称呼对方，如哥哥、弟弟等。陌生人之间则以先生、小姐、夫人来称呼。韩国人的乡土地域观念很强，在初见面作自我介绍时，往往在姓名之后加上祖籍。

泰国人的姓名是名在前姓在后，译成中文时中间以一个圆点隔开，如普密蓬·阿杜德。泰国人一般以父名作为族姓，从姓中可以看出是否同属一个家族。女子婚后要改姓丈夫的姓。

泰国人的姓名之前往往要加上冠称，冠称包括官衔、学位、职务、职称、尊称等，从姓名上往往能看出某人的社会地位。在当面称呼时，男性称“乃”（先生），女性称“娘”（女士），如果表示尊敬，则不论男女均可以在名字前加“坤”。

印度人也是名在前姓在后，但各地在组合和称谓上有很大不同。南印度人大都要在姓名之前冠以村名，而西印度人的姓名多是三部分，即本人名＋父亲名＋姓。女子婚后要随夫姓。种姓制的影响在姓名上也有表现，不同种姓的人在名字后多缀以表示种姓的专用姓。出身婆罗门种姓的人多加“夏尔玛”，刹帝利种姓多加“瓦尔玛”，吠舍种姓则加“古普塔”，首陀罗种姓要加“达萨”，而贱民在姓名之前要加“陀罗”。锡克族人和拉其普特人多以“辛格”为名，意为狮子，取其勇敢雄猛之喻意。女子在名字后多加“考尔”，意为公主。

二、宗教信仰

日本人的宗教信仰主要有神道教、佛教、基督教，其中尤以前二者为盛。

神道教是日本民族的本土信仰，是一种以自然神和祖先神为崇拜对象的古老宗教。神灵主要有太阳神、风神、海神、港神、树神、草神、山神、明神、荒神、皇祖神、皇孙命、稻冰命等，全国各地修有大量神社，据统计大小神社有 8 万之多，供信徒祭神参拜所用，许多青年男女也乐意在神社举行婚礼。在众多神社中，以三重县的伊势神宫影响最大，日本民间曾流传“一生当中，一定要参拜一次伊势神宫”的说法，伊势神宫是供奉天皇祖先皇祖神的地方。东京的靖国神社，因立有二战特级战犯东条英机等人的牌位，日本政要屡有参拜，引起国内外的强烈抗议而广为人知。神道教是日本的民族宗教，全国约有 9 000～10 000 万人信仰神道，可谓第一大宗教。

佛教是在公元 6 世纪经中国、朝鲜传入日本，并在随后的历史上广为传播，而且与神道互相渗透，形成许多宗派，对日本社会影响深远。日本佛教主要派别有天台宗、真言宗、净土宗、临济宗、曹洞宗、黄檗宗、日莲宗、时宗、法相宗、华严宗、律宗等，各派有寺庙七万多处，信众八千二百多万。日本佛教最大的特点是神佛合一，许多人神道教和佛教一并信仰，既参拜神社，又烧香礼佛。

基督教是 16 世纪随着西方殖民者而传入日本的，现有信徒一百万左右。

韩国人的宗教信仰较为复杂，影响较大的宗教有佛教、儒教、基督教、大倧教、萨满教。

佛教是公元4世纪从中国传入，在历史上有过广泛影响。现在韩国佛教共有26个宗派，9 200多座寺庙，信徒1 100万左右，其中和尚、尼姑2万多人，为韩国第一大宗教。1982年各宗派成立韩国佛教宗团协会，该协会将佛诞日正式定为假日。

儒教是以孔孟儒家学说为信条的伦理道德规范。儒学对韩国精神文化影响颇深，曾经被定为国学和国教。现有232所孔庙设有乡校，传播传统的价值观和礼仪，有教职员近12 000人，信徒78万多。将其视为生活哲学的人就更多了。汉城的成均馆是儒教的中心，每年春秋两季都要举行祭孔大典。韩国的佛教徒也深受儒教的影响，接受儒教关于忠孝诚爱的信条，可谓佛儒贯通。

基督教于16世纪末传入韩国，现在是韩国的第二大宗教。其中新教各派共有23 346个教堂，33 851位传教士，约540万信徒；天主教拥有2 353个教堂，4 797位传教士，信徒约159万。

大倧教是新兴宗教，创立于1910年。该教只供奉檀君牌位，不举行祭典仪式。认为造化神桓因、教化神桓雄、治化神桓俭三位一体。以公元前2459年10月3日桓雄降临为开天节，以公元前2243年3月15日桓俭开始治理天地为御天节。现有教庙344座，传教士3 921人，信徒96 000多人。

萨满教也称巫教，是韩国最古老的传统信仰。它源于原始社会人们对自然力和鬼神的崇拜，对存在于山川、天体、岩石、树木等自然界的精灵顶礼膜拜。巫师是人和神灵之间的沟通者，人遇不幸，要请巫师通过所谓法术消灾赐福。萨满教至今仍然在韩国民众中有广泛影响。

泰国有“黄袍佛国”、“千佛之国”的称誉，佛教是其国教，佛教信仰根深蒂固。世界佛教联谊会总部设在泰国。早在公元3世纪，佛教就传入泰国。13世纪素可泰王朝就将佛教定为国教，延续至今。今天的泰国有佛寺32 000多座，9 200多所学校设在寺院内，僧侣30万之众。男子都要有出家的经历，成年女子也要举行剃度仪式，但不必住寺。几乎所有的泰国人都喜欢在脖子上佩挂小佛像。家家户户大门旁要设神龛，女子每天都要向佛像献鲜花，每日清晨和睡觉前佛教徒都要拜佛祷告。需要指出的是，泰国佛教属南传小乘佛教，更接近于原始佛教，没有太多的宗派。寺庙建筑乃至佛像造型与北传大乘佛教也有所不同。

除佛教外,较有影响的宗教是泰国马来人所信奉的伊斯兰教。

宗教在印度历史上和现实中有着巨大的影响。佛教、印度教源于印度,伊斯兰教也曾一度统治印度,基督教随着西方殖民者的到来在印度也广为传播。所以有一种说法,要认识印度必须从宗教入手。

印度教是当今印度第一大宗教,全国有近九亿信徒,占总人口近82%。印度教是由古老的婆罗门教演化而来的一种多神信仰,并吸收了佛教、耆那教的一些教义,最后形成于公元8世纪。印度教有三大圣典:"吠陀"、"奥义书"和《薄伽梵歌》。基本信仰与教义可概括为四点:梵我同一、吠陀天启、业报轮回和解脱。梵我同一是最核心的信念。"梵"是宇宙的最高本体和万物的始基,无形无象,不可描述;"我"即个体灵魂,灵魂是梵的显现,二者是统一不二的。解脱是印度教的最终目的和人生的最高目标,指人的灵魂摆脱肉体和生死轮回的束缚,达到无苦无欲、无限福乐的境界。印度教主供三大神:创造之神梵天、保护之神毗湿奴、毁灭之神湿婆。印度教最具影响的三大派别是毗湿奴派、湿婆派、性力派。印度教坚持并强化了种姓制度。

今天印度的佛教徒虽然极少,但佛教发源于印度,而且在印度历史上曾有强大影响。释迦牟尼于公元前6世纪～公元前5世纪创立佛教后,佛教在印度历史上经历了三个600年。第一个600年是原始佛教和部派佛教时期,在这一时期中后期佛教分化为上座部佛教和大众部佛教,即小乘佛教和大乘佛教。第二个600年是大乘佛教时期。第三个600年是密乘佛教时期。12世纪伊斯兰教传入印度后,佛教在印度一蹶不振。佛教在印度以外的传播大致有三条路线,即向东南亚发展的南传佛教(小乘佛教);向中国、朝鲜、日本等地发展的北传佛教,也叫汉传佛教(以大乘佛教为主);向西藏、青海、蒙古等地发展的藏传佛教。佛教的根本教义是四圣谛,即苦、集、灭、道;佛教的经典总称为《大藏经》,分经、律、论三藏;佛教主要供奉对象是诸佛和诸菩萨。

印度有穆斯林1.3亿多,约占总人口的12%,大多是不满印度教森严的种姓歧视制度而转信伊斯兰教的低种姓阶层,大多集中在北方邦、比哈尔邦、西孟加拉等邦。

印度的基督教徒约占总人口的2%，信徒在2 000万以上，大多由低种姓和贱民转信而来，主要分布在西部和东北部一些邦。

锡克教是产生于印度的又一宗教。16世纪初那纳克创始于印度西北部的旁遮普地区，起初的本意是试图超脱印度教与伊斯兰教的纷争，所以其教义兼有印度教和伊斯兰教的因素，为严格的一神教。锡克教徒有严格教规：禁止抽烟；婚姻神圣，一夫一妻；不拜偶像，冥冥之中自有主宰；终身必须遵守蓄长发戴发梳、佩短剑、戴铁手镯、穿短裤和至膝长衫；保护弱小并随时准备战斗。锡克教徒约占印度总人口的2%，主要分布在旁遮普邦和德里等地。

三、迷信与禁忌

日本民族的迷信和禁忌较多。尽管现代科技日新月异，但不少日本人仍迷信占卜和算命，出门办事要看日子，并对耳鸣、咬腮、梦兆特别在意，认为男子25岁和42岁、女子19岁和33岁是应特别小心的"坎"。由于这些内容与旅游接待关系不大，所以不必赘述。

日本人的禁忌表现在许多方面。颜色方面，不喜欢紫色，认为它代表悲伤；最忌讳绿色，认为它是不祥之色；喜欢红色、黄色，也喜欢红白相间色彩。花卉方面，忌讳荷花图案，荷花为祭奠用花；不喜欢淡黄色或白色的花卉及花卉图案；一般人不能使用菊花图案，菊花为皇室专用；喜欢樱花、松、竹、梅。数字方面，日本人最忌讳"4"和"42"，因为"4"与"死"发音相同，"42"是"死"的动词形。因此房号、楼层号、宴会桌号、车号、礼品数应尽量避免用"4"开头或结尾。"9"和"6"也是不受欢迎的数字。"9"与"苦"同音，"6"是强盗的标记。"13"也是应当回避的数字。行为方面，忌讳三人并排照相，认为被夹在中间者会遭不幸。送礼时宜送成双成对的礼物，但新婚礼物应避免2或2的倍数，如果送钱宜送3、5、7万日元。不宜将梳子、手绢作礼品，因为梳子发音与"苦死"同，手绢会联想到擦眼泪。饮食方面，日本人一般不吃猪内脏，对肥猪肉也不感兴趣。做客吃饭忌一碗就够，主人也不宜一勺就盛好一碗。筷子不可单只使用，两个人用筷子同时夹食物也在禁忌之列。

韩国人迷信生辰八字，婚姻双方的生肖不能相克，婚期要择双日，单日意味着过不长久。交接东西要用右手，认为“右尊左卑”。韩国人喜欢单数，不喜欢双数。普遍忌“4”字，因为韩语中“4”与“死”同音，传统上认为不吉利，因此“4 号楼”、“4 号房”、“4 号桌”均要回避，甚至敬酒不能敬 4 杯、点烟不能连点 4 人。逢年过节忌讳说不吉利的话，更不能生气吵架。忌到别人家剪指甲，吃饭时忌带帽子，也不宜把盘中菜吃得精光。未征得同意，不能在长辈、上级面前抽烟。交谈中应回避国内政治以及与朝鲜、与日本的关系，也不宜询问男主人妻子的情况，但喜欢谈论个人的情况。忌送外国烟，因为持有或吸洋烟要罚款，酒对男子是好礼物，但是不宜送给女子，接受礼品不宜当面打开。

泰国人的禁忌多和佛教有关。对泰国人来说头是神圣不可侵犯的，不得抚摸别人的头部，也不得越过他人头顶传递东西，连理发师给人理发也要先说一声“对不起”。泰国人吃饭和递东西都用右手，不能用手指指人。路遇和尚要绕开其身影，踩其身影为不敬行为，和尚和尼姑的身体严禁异性接触。男女之间讲究授受不亲，即使在公开场合跳舞，身体也不可接触。游览佛寺前，先检查一下衣着，袒胸露背及穿背心短裤者禁止入内，进佛殿要脱鞋，不能踩门槛。泰国人喜爱红色和黄色，禁忌褐色，但忌讳用红笔签名。忌讳狗的图案。与泰国人交谈应避开政治、王室等话题，也不要赞美别人的婴儿。

印度人的迷信和禁忌也很多。许多印度人外出都要讲究日子。南印度部分地区星期一、六莫去东，星期二、三莫北行，星期五、日勿西行，星期四不能往南走。在办公室和写字楼里，写字台只能放在东北角或西南角。晚上睡觉不能头朝北脚朝南，他们认为这是死神行动的方向，因为阎罗王是住在南方的。在印度，妻子不能叫丈夫的名字，为此在一些特殊情况下会闹出许多误会。对于数字，印度人大都喜欢奇数，忌讳偶数。送礼金尾数必须是单数，互相拥抱要从左边开始，次数也应是单数。印度教要求凡是神圣的地方进去时都要脱鞋，如神庙、厨房，在印度教看来厨房是神圣之地。吃饭前先要往地上洒点要喝的水、扔点要吃的饭菜，表示先让神吃，然后人才能吃。吃饭时忌讳两人同时夹一盘菜。印度人递接东西均只用右手，不用左手，也一般不用双手。印度教徒视牛为神，绝不会宰牛、吃牛肉、穿牛皮衣和牛皮鞋。对猴子也很尊敬，视猴子为忠诚的化身，不能当着他们的面说牛或猴子不好。印度城乡常常可见神牛在街上走来走去，汽车和行人都要避让，如果神牛啃吃货摊上的蔬菜和水果，摊主不仅不加驱赶，反而受宠若惊。蛇也是不少印度人崇拜的对象，他们视蛇为长寿和生殖力量的象征，所以也不要说蛇的坏话。

四、服饰特点

和服是日本民族的传统服装。明治维新以前不论男女皆穿和服，明治维新之后穿西服的人渐渐多起来。今天的日本人，男子多穿西服，尤其是公司职员几乎一律穿西服。女子上穿西服，下穿短裙，也很普遍。但在节日、毕业典礼、婚礼以及其他一些隆重场合，如茶道、花道、香道等，人们仍穿和服。男式和服比较简单，而女式和服色彩斑斓、图案美丽、宽大舒展、美观大方。和服不用纽扣，用带子在腰后打结，男服带子较窄，女服带子较宽。女式和服背后都有一个背包，或方形或蝴蝶形或花瓣形，主要起装饰作用。未婚和已婚女子的和服各有讲究。未婚者穿宽袖外服和红领衬衣并要赤足；已婚者穿紧袖外服和素色衬衣，还需穿布袜、木屐，梳理不同的发型。

韩国男人的传统服装是短袄、长裤、坎肩、长袍。袄多为白色，右襟在里，左襟在外，不用扣子，用袄带在右胸前系成一定样式的活结。裤子十分宽大肥硕，用细带扎住裤脚。坎肩套在袄外，颜色花纹较丰富，但黑色居多。冬天在外面再穿一件长大衣——韩袍。韩国中老年男子喜欢戴帽子。女装的特点是紧身短袄配裙子，未婚多穿长及小腿的筒裙，婚后则穿长及脚面的宽大长裙。韩国女子喜欢戴头巾，也喜好发带、钗、簪等头饰。

泰国人的传统服装较为朴素。男子上穿短袖对襟衫，下身着纱笼或西裤。女子穿仅及腰间的紧身超短上衣，下身穿状似裙子的纱笼。在一些较隆重的场合，泰国女子多穿“集叻达”服，上装为长袖立领，下装是筒裙，颜色大多较为艳丽。女子大都喜欢描眼线、抹口红、染指甲、修眉。男女都爱佩戴戒指、项链等首饰，胸前挂佛像十分普遍。

印度尽管民族各异，但在穿装方面共性还是很明显的。印度男子的传统服装叫“古尔达”和“托蒂”。“古尔达”即肥硕宽大长至膝盖的上衣，一般是圆领或无领；“托蒂”是一块缠裹在腰间的布料，也叫围裤，有的还带滚边，长至脚面。印度男子多包头巾，头巾长达数米，颜色以红、白、蓝色居多，包法各式各样，拉贾斯坦人和锡克人的头巾最为鲜艳。有时人们还在头上插有羽毛。锡克男人都要蓄长发、留大胡子。印度的近代民族服近似于中山装，小竖领，一排扣子很醒目，印度领导人在一些正式场合多穿此服，而一般印度人更多的是穿西服。印度人有爱穿凉鞋不喜穿袜的习惯。印度女性的传统服装是“纱丽”和“旁遮普”服。“纱丽”通常是一块 6 米宽的布料或丝绸，穿法是从腰部缠起，最后披盖在肩上或蒙在头上。“纱丽”色泽艳丽、料面多样，穿起来舒适大方美丽。里面要穿紧身胸衣，露出双臂和腰部，下身穿衬裙。“旁遮普”服上身是一条宽松的长外衣，一般在领口、胸前和袖口绣有美丽的图案，下身是一条紧身裤子，脖颈上披围一条薄纱巾，行走起来随风飘动，很是潇洒。印度妇女特别爱打扮，从头到脚有许多装饰物。前额正中大都点一个醒目的吉祥痣，只有寡妇不能点。妇女出嫁时要戴鼻环，从小就戴上耳环。手镯和戒指最为普及，不仅女性戴，男性也戴。项链、脚镯、脚铃也是女性喜欢的饰物。即将做新娘的女子还要在手背上画上各种图案。

五、社交礼仪

日本民族十分讲究礼仪。传统的见面礼是鞠躬，即屈体礼。行礼时双手自然下垂放在衣裤两侧，躬腰的幅度有大有小，一般在 30°～45°之间，如果表示特别尊敬，可弯腰成 90°。鞠躬最讲究用眼神把自己的诚意传达给对方。女性鞠躬时要左手搭在右手上放在胸前行礼。现代日本人见面互相握手也很多见，尤其是与外国人交往，其讲究与国际惯例相同。日本成人初次见面有交换名片的习惯，一般是地位较低者先给对方，递交时要将名片正对着对方，接到名片要仔细观看，再行收起。到日本人家中做客或约会，必行先预约，而且双方都务必准时。登门访问应尽量避开早晨、夜晚及吃饭时间，以尽可能少给别人添麻烦为原则。做客时讲究坐姿。在榻榻米上正确的坐法叫“正座”，即双膝并拢跪地，臀部压在脚跟上。较轻松的坐法男性为盘腿坐，女性为横坐，即双腿稍许横向一侧，身体不压住双脚。谈话尽量不询问对方的个人隐私，如年龄、收入、婚姻等。而且男性一般不造访一人单住的女性，有事应邀其至咖啡馆或其他场所谈话。日本人在见面和分手时不仅彬彬有礼，而且“您好”、“请多关照”、“给您添麻烦了”等客气话必不可少。

韩国人非常崇尚礼貌礼仪。见面礼分鞠躬、点头、握手、拥抱等形式，视双方的关系、地位和性别而定。不论行何种礼，表示尊敬或关怀的问候语必不可少。韩国人受儒教男尊女卑的影响，有重男轻女的传统。聚会致辞一反西方惯例，以“先生们、女士们”开头，出门、上车时妇女要让男子先行。在社交场合，男女分开活动。韩国人做客赴宴礼节较多，客人一般应带点礼品，韩国男性多喜欢名牌纺织品、领带、打火机、电动剃须刀和酒，女性喜欢化妆品、手提包、手套、围巾，孩子则喜欢食品。宴会上主人非常热情，敬菜要敬三次，对主人的第一、二次敬菜宜推让，第三次才接受。韩国人喜欢互相斟酒，喝交杯酒，妇女要给男性斟酒，而不给其他女性斟酒，对主人所斟之酒拒喝是不礼貌的。如果不胜酒力，可在杯中剩一点。

泰国有“礼仪之邦”的雅称。泰国人见面行合十礼。一般的规矩是地位低的年纪轻的人主动行礼，行礼时双掌相合，十指伸直，高举至前额，两拇指靠近鼻尖，身子略躬，头微低，表现得十分恭敬。长者尊者还礼，双手合十，举到胸前即可。平辈相见，合掌的两拇指靠近下巴。女子行礼时，要把右腿略向前跨一小步，双腿自然微屈。在行礼时，女性要说“萨瓦蒂，卡”，男性要说“萨瓦蒂，卡叻”，其意可根据不同场合理解为您好、早上好、再见、走好等等。在与外国人交往时也行握手礼，但男女之间、僧人和俗人之间不握手。泰国人对自己特别尊敬的人如父母、恩师、王室成员等有行跪拜礼的传统。给别人递东西时用右手，用左手被认为极不礼貌。泰国人讲究坐姿，不能翘起腿把鞋底对着别人，应双腿并拢。从坐着的人面前走过，应微微屈身低头以示歉意，不可昂首挺胸，大摇大摆。

印度人的见面礼节以合十礼为多，一边合掌行礼，一边面带微笑地道一声“纳玛斯戴”，该词可在见面、分手各种场合通用，是表示吉祥和尊敬的用语。如果见到自己最为敬重的人则要行触足礼，即躬身用自己的右手触摸对方的右足尖,然后再触摸一下自己的额头,表示自己的头与对方的脚相触。对方用手摸一下行礼者的头顶以示还礼。当然也有干脆跪下用自己的前额去触及对方的脚尖者。妇女见到长辈或外人时,要用“纱丽”盖住头,以示礼貌。当然,在城市里,见面互相握手也已很普遍。印度人热情好客,对于客人不论是否有约都竭诚欢迎,往往全家都出来问候。有的地方还为客人洗脚、按摩,然后以美味款待。当然,做客者要带点礼物,否则会被认为不礼貌。在递接礼品时都要用右手或双手,千万不能只用左手。

六、饮食特点

日本人的饮食颇具特色。作为“稻作民族”,日本人的主食以稻米为主;作为海岛民族,其副食以各种鱼类和其他海产品为主,肉类的消费量不是太高。在日本,餐饮烹饪叫做料理。日本料理以鱼类、蔬菜为主要原料,讲究“三个五”,即五味、五色、五法。五味指甜酸咸苦辣,五色指白黄红青黑,五法是指生煮烤烫蒸五种做法。较著名的料理有怀石料理、河豚料理、烩饭料理、寿司料理、锅料理、精进精理等。其中怀石料理被认为是日本传统美食的代表、日本料理的精髓。茶怀石料理是与茶道配套的。以春季茶怀石料理为例,先吃生鱼片、大酱汤、白饭,再上煮菜、烤食和小菜,最后是一杯清酒及香汤、泡饭。饭后进入茶席。河豚料理一般生吃。烩饭料理是现代的日本快餐。寿司料理最为日本人所喜爱,主要用料是各种生鱼、生虾片以及鸡蛋片和各种新鲜蔬菜,用米饭卷起来吃。锅料理类似中国的砂锅,配料各地自有特色。精进料理是素食餐,主料是豆腐。对于中国料理,日本人多喜粤菜和淮扬菜以及不太辣的川菜和京、沪菜,偏好甜、酸和微辣。日本人喜饮绿茶和咖啡,也爱喝清酒(低度白酒)和啤酒。

韩国饮食介于中国和日本之间。主食以米饭为主,菜肴以炖煮烤为主,基本不炒菜。味道喜清淡凉辣,忌油腻。喜吃各种鱼类和牛肉、鸡肉,尤喜食狗肉,而不太喜欢食羊肉。凉拌蔬菜和泡菜每日必吃,生拌鱼肉、鱼虾酱也广受欢迎。韩国人爱吃汤饭,如排骨汤饭、牛肉汤饭、鳕鱼汤饭等,还爱喝清汤和酱汤。韩国男人以好喝酒著称,据说韩国人均消费白酒名列世界前茅。韩国人普遍爱吃辣椒，对中国的川菜很感兴趣。

泰国人的饮食类似于其他东南亚民族。主食主要是大米，副食以蔬菜和鱼类为主，不爱吃红烧菜肴，忌食牛肉。泰国人喜欢葱、蒜、姜、辣椒等刺激性的调味品，尤喜辣椒，流传“没有辣椒不算菜”的俗语。泰国菜肴以辣、酸、鲜、冷为特点，特别爱吃辣汤，喜欢中国的粤菜。咖喱饭是泰国的传统饭菜，是用米饭调以辣椒、椰酱、肉片或鱼片，再配以蔬菜和竹笋烹制的椰酱辣汤做成，并要放入其他香料。泰国人喜欢甜食，喜欢冰茶，吃西瓜、喝果汁爱放点盐末。

印度饮食五花八门，没有十分典型的代表性特色，视宗教信仰和地域而差异明显。主食主要是米饭和面食(南米北面)，沿海鱼虾丰盛，内地以羊肉最受欢迎。印度教徒绝不吃牛肉，穆斯林以及高种姓印度教徒不吃猪肉，并有许多虔诚的教徒是素食主义者。印度菜肴以调料丰富而著称，咖喱粉广泛使用，几乎每道菜都少不了咖喱粉，如咖喱鸡、咖喱鱼、咖喱土豆、咖喱菜花、咖喱饭、咖喱汤应有尽有。印度咖喱粉是用胡椒、姜黄、茴香等二十多种香料调制而成的香辣调料，呈黄色粉末状。印度人吃菜以煮为主，而且大多煮得稀烂，再放上咖喱粉。印度人嗜好甜食，而且甜得发腻。印度人喜欢的饮料是茶，但人人都有喝凉水的习惯。招待客人、进餐之前都先上一杯凉水，而且是生水，上餐馆、住旅馆服务员也是用凉水招待。

七、传统节日

日本有许多节日，法定节假日有13个，还有不少民间传统节日。其中一些节日与中国汉族相同。比如，五月初五端午节，七月初七七夕节，八月十五中秋节，九月初九重阳节，这些节日日本民间都要过，而且过法也与中国相似。纯粹日本民族的本土节日有节分、偶人节、樱花节、登山节、七五三节等。

节分在2月3日，是驱除邪气迎接春天、祝愿幸福的节日。此日有吃掉和自己年龄相同数目的“福豆”之习惯，以求无病无灾。

3月3日偶人节，也叫桃花节，是女孩子的节日。该日阖家欢聚向女孩祝福，长辈要送给女孩小偶人。

3月中旬到4月中旬是郊游赏花的樱花节。

7月1日到8月21是登临山峰的登山节，期间富士山尤为热闹。

11月15日的七五三节是一个节祭日。凡有5岁男孩和3岁、7岁女孩的人家，必定让孩子身着和服到神社参拜，求神灵保佑孩子健康成长。

最隆重的节日莫过于过年。从12月13日就开始准备，到来年2月8日才最后结束，其中以初夕夜听108响钟声为高潮。过年期间要吃年糕、拜年、祭年神、挂年绳，也有给孩子压岁钱的习惯。

韩国的民俗节日大多与中国相同。正月初一过春节，有全家人团聚守岁迎新年的习俗。正月十五上元节，人人都要喝“耳明酒”、吃“药饭”（米饭里加枣、蜜、栗子等），希望新年不断听到好消息。五月初五端午节，妇女要用菖蒲煎水洗头，用菖蒲根削成簪子，刻上“福”、“寿”二字以驱邪。八月十五中秋节，白天要到祖坟上祭奠，晚上要赏月。政治性节日有3月1日独立日，纪念1919年3月1日反日独立运动的开始。8月15日的光复节，纪念1945年这天摆脱日本36年的殖民统治。

泰国的传统节日主要有宋干节、华人春节、万佛节、水灯节等。

宋干节是泰国的新年，时间在公历4月13～15日。主要内容有浴佛、堆沙、放生、游行、泼水，其中浴佛最为隆重，泼水最为开心热闹。宋干节正值春耕前夕，雨季即将来临，酷热将要离去，过此节有求雨、祈丰收的意义。我国云南傣族也过此节，名为泼水节。

农历三月十五日是万佛节，善男信女要在清晨到佛寺施斋拜佛，有人还在这一天接受五戒或八戒。

水灯节在十二月十五日，晚上在河里放河灯。天空一轮明月，水里万盏彩灯，河边人山人海，场面非常壮美。节日期间还要进行选美比赛，优胜者冠以“水灯皇后”之美誉。

泰国华人仍保持过中国农历春节的传统。

印度大概是世界上节日最多的国家之一，有人说印度的节日比一年的天数还多。较大的节日就有一百多个，地方性节日则更多。

1月26日是印度的国庆节，是全国性最大的政治节日，各地都要举行各具地方特色的庆祝活动，以纪念共和国宪法的颁布（1950年1

月 26 日）。

印历二月十五日是佛陀诞辰节，也是世界佛陀日，纪念释迦牟尼佛的降生。

洒红节，也叫霍利节，是印度教徒最重大的节日，在 3 月间(印历十二月)庆祝。此节如同中国人过春节一样热闹，人们互相祝贺，彼此洒水、抹红取乐。节日期间，教徒们可以尽情地表达自己的感情，男女之间也没那么多戒律了，不同种姓之间也没有森严的界限了，可谓印度的狂欢节。

每年 9、10 月份，印度举国同庆 10 天，欢度十胜节。这也是印度教的重大节日。

10 月到 11 月之间，印度教的另一个重要节日是灯节，家家户户张灯结彩，庆祝活动历时半个月。

此外，穆斯林、锡克教徒、基督教徒都有自己的宗教节日。

思考题

1. 泰国和印度主要各有哪些民族？
2. 日本民族和韩国民族主要各有哪些特点？
3. 日本十大姓、韩国五大姓各是什么？
4. 日本男子和女子取名的主要特点是什么？
5. 神道是怎么样的一种宗教？
6. 为什么把泰国称为“黄袍佛国”？
7. 印度教的基本信仰与教义是什么？三大神分别叫什么？
8. 佛教在印度经历了哪三个时期？佛教是如何向外传播的？
9. 锡克教的严格教规是什么？
10. 日本人的数字禁忌和颜色禁忌主要是什么？
11. 泰国人的禁忌主要有哪些？
12. 印度妇女的衣着打扮有哪些特点？
13. 韩国人敬菜敬酒有何讲究？

14. 印度的触足礼是怎么一回事？

15. 日本料理的五味、五色、五法各指什么？

16. 韩国人饮食的主要特点有哪些？

17. 试比较泰国人和印度人的饮食特点？

18. 简介下列传统节日：三五七节、宋干节、洒红节。

主要参考书

1. 范作申著:《日本》,世界知识出版社,1998年。

2. 金良浚主编:《日本》、《韩国》、《泰国》,旅游教育出版社,1999年。

3. 陈池等著:《韩国》,当代世界出版社,1998年。

4. 王树英著:《印度》,当代世界出版社,1998年。

5. 江亦丽等著:《印度》,世界知识出版社,1998年。